Karin Herter
Jo und Jo in Kenia

Für Robert

*Das wichtigste Stück des Reisegepäcks ist und
bleibt ein fröhliches Herz
(Hermann Löns (1866-1914)*

Impressum

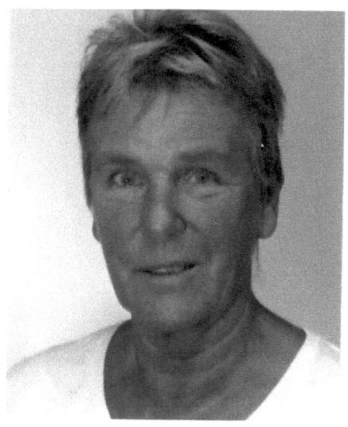

Text: Karin Herter
Die Autorin:
Karin Herter, geb. 1945 in Leipzig. Seit über 50 Jahren wohnhaft in
Bensheim an der Bergstraße.
Verheiratet, zwei Kinder und fünf
Enkelkinder

Cover: Aquarell von Karin Herter
Layout: Knut und Katja Herter
Lektorat: Katja Rettig

Herstellung und Verlag:
BoD-Books on Demand, Norderstedt
ISBN: 978-3-8370-0423-6

Bereits erschienen:

Insektensucht: 2010 BoD - Books on Demand, Norderstedt,
ISBN: 9 783 839 139 264
Vogelsucht: 2010 Kurt Gioth - Printlogistik, karin@natur-erkunden.de

Prolog

„Kannst Du bitte einmal die Türe zumachen? Es zieht und mir fliegen sämtliche Notizen weg"! rief Johanna, kurz Jo genannt. Ihre Freundinnen benutzten gerne diese Namensabkürzung und deshalb staunten sie sehr, dass auch Jonas von seinen Freunden einfach nur Jo genannt wurde. Das führte öfters zu lustigen Situationen und deshalb beschlossen beide nach ihrer Hochzeit, sich lieber mit dem vollen Namen zu nennen.

„ Was schreibst Du denn schon wieder?", erwiderte Jonas.

„ Ich schreibe über unsere Reisen nach Kenia, aber so muss ich alles erst wieder ordnen!"

„Du wolltest doch kein Buch mehr schreiben?!", brummelte Jonas. Er dachte bereits an das in Gedanken-Nichtdasein von Johanna. Ging das denn alles schon wieder los? Er schloss aber dennoch die Tür, der eheliche Frieden war ihm einfach wichtiger. Es stimmte ja, sie hatten gemeinsam schon oft in Afrika Urlaub gemacht. Warum also nicht ein Buch darüber schreiben? Johanna ließ sich sowieso nicht davon abbringen. Ihr Sternbild ist Löwe und wer kann schon einen Löwen zähmen, wenn dieser gerade voller Tatendrang ist?

„Dann bin ich einmal gespannt, was Du noch alles darüber weißt", lenkte er ein.

„Keine Sorge, ich habe sämtliche Alben beschriftet und schon einmal ein kleines Buch darüber geschrieben. Hast Du das etwa vergessen?"

„Nein, das habe ich nicht, das war aber etwas anderes". Damals war es ein Geschenk für seinen Schwiegervater und für die Kinder. Das war ja alles in Ordnung, aber nun schon wieder eines? Johannas ersten Bücher hatten sehr viel Zeit in Anspruch genommen, mal ganz vom Geld abgesehen. Jonas kämpfte innerlich noch mit seiner Zustimmung.

„Siehst Du, dann ist doch alles ganz einfach. Ich schreibe es ja auch für Dich", säuselte Johanna. Nichts wäre schlimmer, als einen Mann um sich zu haben, der mit einem neuen Buch nicht einverstanden wäre. Sie musste irgendeinen Weg finden, um ihn davon zu überzeugen. Am besten, ich fange die ersten Seiten einfach an und danach wird mir schon etwas einfallen, dachte sie für sich.

„ Besteht die Chance, dass ich Dich umstimmen kann?", fragte Jonas noch einmal nach.

„Nein, das kannst Du nicht", sagte Johanna lachend. Das Schmunzeln im Gesicht von Jonas war nicht zu übersehen. Sie hatte gewonnen und begann zu schreiben.

1989
Diani Beach, Südküste

Johanna und Jonas saßen im Wohnzimmer. Das Fernsehprogramm war wieder einmal nicht sehr unterhaltsam. Johanna ließ ihren Gedanken freien Lauf, während Jonas immer wieder einmal mit der Fernbedienung zippte. Sie dachte an die im August bevorstehende Silberhochzeit. Was sollten sie tun? Wegfahren oder zu Hause bleiben und zusammen mit allen feiern? Das wäre sicherlich eine Menge Arbeit. Wollte sie sich das antun? Aber wohin sollten sie denn fahren? Sie musste so langsam mit Jonas darüber reden.

„Jonas, meinst Du, wir könnten zu unserer Silberhochzeit wegfahren? Wäre das eine Idee?", begann sie zu fragen.

"Ja, können wir", kam die knappe Antwort von Jonas zurück. „Mach´ doch gleich einmal einen Vorschlag", grinste er.

Typisch Jonas, dachte Johanna, aber wenn das Thema schon einmal angeschnitten wurde, wollte sie es auch fortsetzen.

„Sollen wir irgendwo hin fliegen? Das wäre doch toll. Irgendwo hin wo es warm ist? Vielleicht nach Afrika? In Kenia ist es um diese Zeit doch bestimmt noch warm."

„ Keine schlechte Idee, aber wie kommst Du auf Kenia?" Das wusste Johanna eigentlich auch nicht. Sie hatte wohl hin und wieder über Safaris gelesen, aber so richtig befasst hatte sie sich mit diesem Land eigentlich nicht. Nun, da der Gedanke aber da war, wollte sie auch daran festhalten.

„Wir können uns ja einmal Reiseprospekte holen und nachsehen, was alles kosten würde." Jonas zeigte bereits Interesse.

„ Dann werde ich gleich morgen welche holen", freute sich Johanna. Das ging ja schneller als sie erwartet hatte.

Am nächsten Tag brachte sie die Prospekte mit.

Bevor man in ein fremdes Land fährt oder fliegt, sollte man sich doch ein wenig mehr als normal darüber informieren. Man kann nicht einfach in ein Flugzeug steigen und sagen, ich fliege nach Kenia. Etwas vorbereitet muss man schon sein.

Schnell fand Johanna beim Durchblättern der Prospekte die Reiseinformationen. Waren denn ihre Impfungen noch aktuell?

Als Jonas abends von der Arbeit nach Hause kam, fragte sie sofort: „Jonas, wo sind denn unsere Impfpässe? Ich kann sie nicht finden!"

„Gute Frage, wir müssen einmal in einem Ordner nachsehen. Ich glaube, ich habe sie abgehängt", erwiderte er.

Für solche Dinge war er nun einmal zuständig; das hatte sich in all den Jahren so ergeben.

„Hier steht etwas von einer Gelbfieberimpfung und einer Malariaprophylaxe."

„Dafür werden wir wohl erst einmal zu einem Arzt gehen. Mal sehen, was dieser dazu sagt." meinte Jonas. Begeistert klang das nicht gerade. Er ging äußerst selten zum Arzt und auch nur, wenn es sich überhaupt nicht vermeiden ließ.

„Lass uns das gleich morgen tun. Wer weiß, was wir noch alles brauchen und alles zusammen spritzen lassen oder einnehmen ist sicherlich nicht so gut." Johanna war schon völlig aufgeregt. „Weißt Du was, ich freue mich schon sehr auf unsere Reise!" Sie fiel ihm um den Hals, ehe er sich versah.

Den Termin beim Hausarzt bekamen beide ziemlich schnell. Sie erzählten ihm von ihrer bevorstehenden Reise nach Kenia. Nachdem sie über sämtliche Risiken aufgeklärt waren, blieb vorerst nur noch die Gelbfieberimpfung ein Thema. Für die Malariaprophylaxe war noch Zeit, aber für die Gelbfieberimpfung müssten sie nach Heidelberg in das Tropeninstitut fahren.

Zu Hause wieder angekommen holten sich Johanna und Jonas einen Termin und nach einigen Tagen fuhren sie nach Heidelberg. Da beide an der Bergstraße wohnen, war der Weg dorthin nicht weit. Das Tropeninstitut fanden sie gleich, da es sich auf dem Gelände der Universität befindet und man nur den Schildern nach fahren muss. Dabei ist es egal, aus welcher Richtung man kommt.

Gelbfieber ist eine vor allem in den tropischen Gebieten Afrikas, Mittel- und Südamerikas verbreitete Viruserkrankung. Die Übertragung geschieht durch Viren der Stechmücke Aedes. Es können nicht nur Menschen, sondern auch Tiere davon befallen werden. Dieser Virus gehört zu der Familie der Flaviviren. Zu diesen gehört ebenfalls der Dengue Virus und das Hepatitis C Virus. Hat man einen Virus dieser Art, bekommt man Schüttelfrost mit Fieber, Kopf-und Gliederschmerzen, der Puls ist sehr langsam, Erbrechen und Übelkeit inbegriffen. Das alles kann wieder vergehen, aber oft kann auch die Leber anschwellen, die Nieren versagen und man muss Blut erbrechen. Man kann also daran sterben, da es noch kein spezielles Medikament gegen Gelbfieber gibt. Es ist also sehr wichtig, dass man sich zur Vorbeugung impfen lässt. Da diese Impfung zehn Jahre anhält, ist sie ein langer Schutz auf vielen Reisen.

Wie bei alle Impfungen können Nebenwirkungen auftreten: Grippeähnliche Symptome, Hautrötungen oder Schwellungen.

„Das war ja gar nicht schlimm", sagte Johanna auf der Heimfahrt." Nach zehn Wochen könnten wir eigentlich schon losfliegen, denn ab da sind wir schon geschützt." Jonas gab keine Antwort, sondern konzentrierte sich auf den laufenden Verkehr auf der Autobahn. Sie kann es schon wieder nicht abwarten, dachte er.

„Zuhause werden wir uns aber gleich ein Hotel aussuchen oder?" Johanna gab nicht nach. Sie wollte einfach schon geraume Zeit vorher alles wissen. Es musste ja schließlich genau überlegt werden, was man alles mitnehmen würde. Männer! Sie meinen immer, alles geht von alleine. Johanna merkte, dass sie etwas unwirsch wurde. Also gut, verschieben wir alles auf später. Es eilte ja auch wirklich nicht. Ein gutes Vierteljahr lag ja noch dazwischen.

Nachdem beide wieder Zuhause waren, legte Jonas den Afrikaprospekt auf den Tisch. „Dann wollen wir einmal nachsehen, was uns gefallen würde", grinste er. „Nord- oder Südküste?" Johanna stutzte. Schon wieder war sie darauf hereingefallen. Und das nach fast fünfundzwanzig Ehejahren. Jonas wollte sie nur zappeln lassen. Sofort setzte sie sich zu ihm. Seite für Seite sahen sie alle Angebote durch, verglichen die Preise und blieben schließlich bei einem nicht ganz so teuren Hotel hängen. Ja, dieses würde ihnen gefallen. Die Gebäude nicht so hoch und auch sonst machte alles einen guten Eindruck. Außerdem hatten sie gehört, dass Kenias Südküste am schönsten sei. Dann würden sie ja auch noch mit einer Fähre übersetzen; auf einer Fähre war Johanna noch nie gewesen.

Jetzt nahm alles Gestalt an.

„Jonas, wir müssen noch einmal zum Arzt", fiel Johanna ein.

„Warum denn das?" Jonas gefiel das überhaupt nicht. „Haben wir etwas vergessen?"

„Ja", erwiderte Johanna. „Wir brauchen noch eine Impfung. Gegen Hepatitis! Und dann lassen wir auch gleich noch unseren Impfpass nachsehen. Mal sehen, ob unsere Tetanusspritze aufgefrischt werden muss."

„Dann bringen wir das auch so schnell wie möglich hinter uns", sagte Jonas.

Johanna besorgte einen Termin beim Hausarzt.

Am nächsten Tag gingen sie erst einmal zum Reisebüro und buchten. Freudestrahlend erzählten sie alles ihren beiden Kindern. Diese fanden es toll, zumal sie sowieso schon immer gesagt hatten, eine Silberne Hochzeit betrifft ja nur die Eheleute und nicht die ganze Verwandtschaft.

Johanna und Jonas blühten sichtlich auf. Elf Jahre hatten sie gar keinen Urlaub gemacht, aber jetzt wollten sie alles nachholen.

In Gedanken waren beide schon am Kofferpacken. „Lange Hosen und Socken für den Abend, dürfen wir nicht vergessen", sagte Jonas.

„Du wirst doch nicht glauben, dass ich abends Socken anziehe? Bei den Temperaturen?!" Johanna fand das nicht witzig, aber Jonas hatte ja Recht, denn beide wollten ja keine Malaria bekommen.

"Ich werde sie nicht vergessen", brummelte sie deshalb zurück. „Ganz wichtig sind unsere eigenen Medikamente und Mückenschutz", fügte sie schnell noch hinzu.

Sie wollte dort entscheiden, ob sie Socken brauchte oder nicht, aber das vermied sie zu sagen. Man muss ja nicht immer alles vorher ausdiskutieren, hinterher reichte auch. Auf was man aber alles achten sollte! Keine Eiswürfel im Getränk und auch so kein Eis; nur gekochte Speisen essen und auf rohe Salate und Wurstwaren verzichten. Na, sie würden sich dran halten.

Oft saßen sie da und blätterten in einem Reiseführer. Kenia musste wirklich schön sein. Was man da alles sehen konnte! Die Vorfreude war riesengroß und der Abflug rückte immer näher. Es galt, sich um die Malariaprophylaxe zu kümmern.
„Lassen wir uns Resochin oder Lariam verschreiben?", fragte Johanna Jonas.
„Ja, welches ist denn besser?"
„Keine Ahnung, ich glaube Resochin muss man anders nehmen."
„Ja, jede Woche zwei und immer am gleichen Wochentag. Lass uns Lariam nehmen. Die Wirkung ist ja genauso und für uns sicherlich einfacher."
„Stimmt, sie soll auch verträglicher sein. Wir müssen aber daran denken, dass wir sie nach dem Urlaub auch noch nehmen müssen", bemerkte Johanna noch. Sie hatten sich entschieden, es blieb bei Lariam.
Pünktlich eine Woche vor Abflug schluckten beide eine Tablette. Der Beipackzettel listete sämtliche Nebenwirkungen auf.
„Jonas, hast Du über die Nebenwirkungen gelesen?", fragte Johanna.
„Hier stehen ja einige: Epileptische Anfälle, Halluzinationen, Angstzustände und lauter solche Sachen", fuhr Johanna fort.
„Was liest Du das aber auch! Nebenwirkungen haben doch alle Medikamente. Wollen wir nach Kenia oder wollen wir nicht?!" Jonas konnte solche Art von Fragen gar nicht leiden. Immer dieses Nachlesen.

„ Du brauchst gar nicht zu brummeln, die Beipackzettel sind zum Lesen da. Ich werde ja einmal fragen dürfen oder?"
Nach drei Tagen fragte Johanna: "Jonas, spürst Du irgendwelche Nebenwirkungen?"
„Nein, Du?"
„Ich merke auch nichts", beantwortete Johanna seine Gegenfrage. Sie war richtig froh darüber. Die Koffer waren fast fertig gepackt. Nur noch ein paar Kleinigkeiten hineingeben und dann kamen noch die Kofferanhänger dran. Deckel zu und fertig.
„Wo sind denn unsere Impfpässe?"
„Liebe Güte Johanna, kannst Du überhaupt noch schlafen ohne an Medikamente und irgendwelche Pässe zu denken?" Jonas fand es mittlerweile schon etwas nervig. Aber sie hatte Recht, sie wollten ja nichts vergessen.
„Ich habe sie zu dem Handgepäck gelegt. Du musst nur richtig

hinsehen", antwortete er. Innerlich dachte er, wer weiß, ob wir die überhaupt brauchen. Aber gut, Johanna wurde täglich nervöser und er machte sich ja schließlich auch Gedanken.

„Hast Du sie gefunden?"

„Ja, habe ich. Jetzt haben wir aber wirklich alles zusammen", lachte Johanna.

„Wirklich?", kam prompt die Antwort von Jonas. „Was machst Du mit Deinem Ehering? Ziehst Du den aus? Wir hatten uns doch schon darüber unterhalten, dass wir keinerlei Schmuck mitnehmen oder?"

„Stimmt, aber dabei hatte ich nicht unbedingt an den Ehering gedacht. Eher an Kettchen oder eben normale Ringe. Muss das wirklich sein? Ich bekomme meinen Ehering so schlecht vom Finger." So richtig einverstanden war Johanna damit nicht.

Bis sie den Ring vom Finger bekam, würde es ewig dauern, aber gut, sie wollten ja vorsichtig sein. Ihr schoss der Gedanke durch den Kopf: Warum fliegen wir eigentlich nach Kenia, wenn man auf so vieles aufpassen muss? Sicherlich hätte es doch andere schöne Ziele gegeben. Aber nun war es sowieso zu spät. Der Ehering kam ab und somit war alles erledigt.

Den Flughafen Frankfurt/Main kannten beide ja schon von früher, denn manchmal war sie mit den beiden Kindern dort gewesen. Auf der Aussichtsterrasse konnte man so schön nach den Flugzeugen sehen. Das machte den Kindern Spaß, jedenfalls als sie noch klein waren, und ebenso Johanna und Jonas. Da hatte man das Gefühl, man würde in den nächsten Flieger einsteigen und auch weg fliegen.

Jetzt war es natürlich ganz anders. Jetzt war es Wirklichkeit. Ein tolles Gefühl für beide.

Nachdem sie ihre Flugtickets ausgehändigt bekamen und Johanna nachsah, in welcher Reihe sie wohl saßen, staunte sie nicht schlecht.

„Johannes, Du hast ja „Raucher gebucht!", sagte sie erfreut. Johannes war Nichtraucher und konnte es überhaupt nicht leiden, wenn sie rauchte. „Willst Du Dir das antun?" Johannes grinste. Es hatte ihn wohl einige Überwindung gekostet, aber er betrachtete es als kleine Zugabe zu dem Silberhochzeitsflug.

„Habe ich das getan?", fragte er deshalb mit einem Grinsen im Gesicht. "Ich werde es einfach aushalten. Wer raucht schon nachts an einem Stück." Abwarten, dachte Johanna.

Jonas saß am Fenster, daneben Johanna und am Gang ein Mann. Er sah nicht unsympathisch aus, allerdings machte er es sich gleich sehr bequem. Für Johanna wurde es ziemlich eng, aber warum gleich aufregen? Im Laufe des Fluges würde sich das sicherlich noch ändern. Sobald sie in der Luft waren, die Sicherheitsmaßnahmen gezeigt worden waren, kam die Speisekarte.

Es gab zum Abendessen:

Dreikornsalat mit Apfel, Sellerie und Ananas in Sahne.
Rindersteak mit Kräuterbutter, Brokkoli, Anna Kartoffeln.
Schwedenfrüchte - Butter - Käse - Brötchen, Kaffee oder Tee.

Ein Getränk zum Abendessen wurde nicht berechnet.
„ Das liest sich aber lecker." Johanna war total begeistert. „Und hier steht auch gleich noch das Frühstück darunter!"
Orangensaft, gekochter Schinken, Salami und Klosterkäse.
Joghurt, Butter, Marmelade, Plundergebäck und Vollkornbrot.
Dazu Kaffee oder Tee.
„Klasse", freute sich auch Jonas.
Nach der Warterei am Flughafen waren beide hungrig. Klar, vor Aufregung hatten sie zu Hause nicht gerade viel gegessen.
„Das schmeckt aber sehr gut", sagte Johanna gleich nach dem ersten Bissen. Allerdings war es doch recht eng.
Die DC 10-30, mit der sie flogen, hatte wirklich nicht viel Platz für die Beine und manchmal dachte Johanna, ihr Nachbar rücke immer näher zu ihr heran. Mit angewinkelten Armen saß sie da und bemühte sich, die Gabel und das Messer ohne anzuecken zu benutzen.
Jonas nickte nur. Er war in Gedanken schon in Kenia. Vor ihrer Reise hatten sie viel über das Land gelesen, gerade auch über die Temperaturen. Nicht unwichtig, wenn man so weit fliegt. Schnell fanden beide heraus, dass der August nicht so ganz für „nur Sonne" geeignet war, aber die Silberhochzeit war definitiv in diesem Monat.
Als könne Johanna Gedanken lesen, fragte sie: „Ob wir immer schönes Wetter haben werden?" „Sicherlich", erwiderte Jonas. „Wir fliegen ja schließlich nicht ins Hochland. Dort ist im Juli und August die kälteste Zeit. Nachts etwa 10° mindestens. An der Küste ist es auf jeden Fall viel wärmer. Hast Du Dein schlaues Buch über Suaheli mit? Wir können ja ein bisschen rein gucken. Der Flug dauert ja noch ein paar Stunden."
Dazu hatte Johanna eigentlich keine Lust. Ihr Nachbar schlief fest und sie überlegte, wie sie am besten zur Toilette kommen würde. Ohne diesen aufzuwecken ging das sicher überhaupt nicht.

Gut, dann würde sie noch eine Weile warten und so begann sie doch in dem kleinen Büchlein zu lesen. Da standen ja wirklich viele Sätze, mit denen man vielleicht etwas anfangen konnte. Aber wie wurde denn alles ausgesprochen? Nein, so machte es keinen Sinn. Zuerst wollte sie die Sprache von den Afrikanern selber hören. Dann war immer noch Zeit, sich intensiver um alles zu kümmern. Man musste ja auch nicht gleich alles überstürzen. Außerdem hatte sie gelesen, dass Afrikaner in der Schule Deutsch und Englisch lernen. Wenn das der Fall war, dann wäre die Verständigung wesentlich einfacher. Sie schlug das Buch zu und packte es wieder weg.

Ob ich jetzt erst einmal zur Toilette gehe? Warum soll ich denn auf diesen fremden Mann neben mir Rücksicht nehmen? fragte sie sich. Er hatte bereits angefangen zu rauchen, obwohl Johannes und sie noch beim Essen waren. Das fand sie einfach unverschämt und anstandslos. Nein, so etwas darf man nicht durchgehen lassen und schon stand sie auf und ging zur Toilette. Dort stand sie eine Weile in der Schlange und als sie wieder auf dem Rückweg war sah sie schon von weitem, dass ihr Nachbar bereits wieder schlief. "Kann ich bitte wieder auf meinen Platz?", fragte Johanna. Keine Antwort, aber er stand bereitwillig auf. „Ein unangenehmer Patron", dachte sie, aber es war ihr letztendlich egal. Der Flug würde schon vorbeigehen.

„Meine Damen und Herren", ertönte eine freundliche Stimme. „Wir befinden uns genau über dem Äquator und wir erklären Sie für getauft." Die Stewarts liefen durch die Reihen und gaben allen einen Aufkleber: „Mit Condor über den Äquator". „Prima", sagte Johanna zu Jonas, „den kleben wir dann später mit ins Album."

„Wenn Sie rechts aus dem Fenster blicken, können Sie den Kilimandscharo sehen", kam erneut eine Durchsage.

„Schade", sagte Jonas, „wir sitzen auf der falschen Seite. Den sehen wir aber auf dem Rückflug." Eventuell hätte man ja nach rechts sehen können, aber da einige aufstanden, war es unmöglich.

„Du hast Recht, dann sehen wir ihn eben auf dem Heimflug." Johanna war schon ein wenig enttäuscht.

„Komm, verzieh nicht so Dein Gesicht. Jetzt dauert es auch nicht mehr lange, bis wir in Mombasa landen."

Etwa eine Stunde vor der Landung, bekamen alle Passagiere Formulare ausgeteilt. „Die sind für die Einreise und wenn Sie Fragen haben, wir helfen Ihnen gerne", sagte die Stewardess.

„Na Klasse, alles steht auf Englisch da. Ich denke, dass bekommen wir aber hin", sagte Jonas. Im ganzen Flugzeug wurde es auf einmal unruhig. Manche konnten gar nichts alleine ausfüllen, anderen fehlten nur manche Worte. Man half sich aber gegenseitig. Zum Schluss konnten alle Zettel ausgefüllt eingesammelt werden.

Gespannt warteten alle auf die Landung. Aber was war denn das? Dicke Wolken über Mombasa! Es rüttelte ziemlich und die Stimmung von Johanna sank genauso beharrlich wie das Flugzeug. Sie hatte schönes Wetter erwartet und nun das?

„Bis wir im Hotel sind, hat es sicher wieder aufgehört", beruhigte Jonas Johanna. Wir haben ja noch eine große Strecke vor uns und das bisschen Regen wird uns doch jetzt nicht die Laune verderben oder?" Immer nur Sonne im Kopf, dachte Jonas für sich. Er mochte die Sonne auch, aber Johanna übertrieb es mal wieder.

Das Flugzeug landete einige hundert Meter vom Flughafengebäude entfernt.

„Oh, das ist ja ein Miniflughafen", sagte Johanna. „ Ob da überhaupt alle Passagiere zügig abgefertigt werden können?"

„Warte es doch ab", erwiderte Jonas. „Mir ist es auf jeden Fall schon recht warm. Geht es Dir auch so?"

„Ja, allerdings vermisse ich den Geruch nach Afrika, über den so viel zu lesen ist." Johanna hielt die Nase in die Luft und schnupperte.

„Das kann ich sowieso nicht glauben. Ein Land kann man nicht riechen." Jonas war durch und durch ein Realist.

„Ist ja auch egal", lenkte Johanna ein. Jetzt musste man schließlich nicht diskutieren; jetzt wollte sie nichts wie von den Zollbeamten abgefertigt werden. So bequem war es ja im Flugzeug auch nicht gewesen. So langsam machte sich bei ihr die Müdigkeit bemerkbar. Mit 44 Jahren fühlte sich Johanna eigentlich noch jung, aber manchmal kam es ihr doch vor, als sei sie schon viel älter. Vom Äußeren natürlich nicht. Sie trug ihre schwarzen Haare immer kurz und mit Jeans zog sie sich eher sportlich als elegant an. Nur gut, dass sie Jonas nicht einholen konnte, denn er war ja schon 50 Jahre, dachte sie dann schnell. Sie schielte zu ihm hinüber. Er sah noch aus wie am ersten Tag. Seine ganz kurzen Haare gaben auch ihm ein junges Aussehen. Ja, wenn er dann erst braun gebrannt war, sah er schon toll aus. Sie musste wesentlich mehr in der Sonne liegen, während er schon bei den ersten Strahlen Farbe bekam.

Die Schlange vor den Schaltern nahm kein Ende. Hin und wieder ertönte ein „Jambo" und alles ging sehr, sehr langsam voran. Die meisten Beamten sprachen Englisch, aber es verstanden auch viele deutsch. Sie hatten demnach deutsch und englisch in der Schule gelernt.

„ Jetzt muss man auch noch nachweisen, wie viel D-Mark man dabei hat. Was soll das denn?" Jonas brummelte vor sich hin. „Und wir müssen genau aufschreiben, für was wir unser Geld ausgegeben haben. Das wird auf dem Rückflug kontrolliert."

"Das stand aber nirgends", erwiderte Johanna. „Wir bekommen das schon hin, obwohl ich es auch sehr ungewöhnlich finde."

„Doch, das steht bei den Währungs- und Devisenbestimmungen: Kenia-Schillinge dürfen weder ein noch ausgeführt werden! Bei der Einreise ist die Summe des mitgeführten Bargeldes auf einem Formblatt (currency declaration form) zu deklarieren. Auf diesem wird jeder Wechselbetrag eingetragen und bei der Ausreise muss alles übereinstimmen. Man darf auch nur bei Banken oder in Hotels wechseln. Das wird ganz streng kontrolliert."

Da hatte Jonas wohl etwas gründlicher alles gelesen, dachte Johanna. Nachdem sie den Schalter hinter sich hatten, mussten beide abermals in einer Schlange anstehen. Jetzt wollte ein Zöllner wissen, ob sie Freunde in Kenia hätten und ob sie Geschenke mitgebracht hätten. Zum Glück mussten sie ihre Koffer nicht öffnen. Jonas war schon etwas angesäuert, aber in einem Land wie Kenia hätten beide sicherlich den Kürzeren gezogen. Man sah Jonas aber an, dass er nicht mehr gut gelaunt war.

Johanna war riesig erleichtert als sie dann das Flughafengebäude verlassen konnten. Sofort wurden sie von schwarzen Menschen umringt, die alle die Koffer zum Bus tragen wollten. Zum Glück stand auch gleich ein Reiseleiter da, der sie alle zum Bus brachte. Als die Koffer verstaut waren, alle anderen Hotelgäste endlich auch im Bus saßen, konnte es endlich losgehen. Endlich waren sie in Mombasa angekommen. Was Johanna alles über diese Stadt gelesen hatte:

Mombasa sei im Grunde genommen keine sehenswerte Stadt. Das zeigte schon die Geschichte, denn auch Vasco da Gama zog es vor, weiter nach Malindi zu segeln.

Viele Völker tummelten sich früher in der Stadt und viele Religionen trafen aufeinander wie: Sunniten, Hindus, Schiiten, Parsen, Jainas, Methodisten, Anglikaner, Katholiken und es war der afrikanische Geisterglaube vorhanden.

Viele wollten Mombasa erobern: Die Portugiesen schlugen immer wieder Aufstände nieder und erbauten zum Schutz das Fort Jesus, aber auch dieses half nichts. Schließlich konnte der Sultan von Oman mit seiner Familie eine lange Zeit herrschen, aber erst durch die Engländer erlebte Mombasa einen Aufschwung.

In dieser Stadt waren beide also angekommen. Johanna hatte das Gefühl, als sei ganz Mombasa am Flughafen. Nein, natürlich nicht 380 000 Einwohner, aber überall standen schwarze Menschen. Ein eigenartiges Gefühl.

Gespannt blickten Johanna und Jonas aus dem Fenster. Die Fahrt zur Lakoni-Fähre führte zum Teil mitten durch Mombasa. Zuerst waren die Häuser noch einigermaßen ansehnlich, aber dann sahen sie auch viele, die Fenster ohne Scheiben hatten. Wäsche hing überall heraus. Dazwischen immer wieder Blechhütten. Vor diesen saßen Menschen und machten Feuer. Es qualmte sehr und der verbrannte Geruch drang auch in den Bus. Von weitem sahen sie die Elefantenzähne, das Wahrzeichen von Mombasa, die in einem Bogen über eine Straße ragten.

Je weiter der Bus in Richtung Hafen fuhr, um so mehr Menschen liefen auf der Straße.

„Jonas, wollen all die Menschen auf die Fähre?", fragte Johanna.

„Kann schon sein", erwiderte Jonas. „Vielleicht sind sie auf dem Weg zur Arbeit. Mach´ Dir keine Gedanken, die Fähre wird schon groß genug sein."

Kurz vor der Fähre hielt der Bus. „Alle aussteigen", sagte der Reiseleiter." Ihre Wertsachen lassen sie im Bus. Er wird abgeschlossen.

Personen dürfen nicht im Bus bleiben. Bitte folgen Sie mir nacheinander und bleiben Sie zusammen."

Folgsam liefen alle dem Reiseleiter hinterher.

Auf der Fähre herrschte ein unheimliches Gedränge. Johanna erschrak.

„Oh, Jonas, ich habe meine Uhr noch an. Was mache ich denn nun? Am Arm ist sie sicherlich besser aufgehoben als in irgendeiner Tasche, oder?"

„Ja, lass sie einfach an. Es wird sie Dir bestimmt niemand wegnehmen", sagte Jonas. „Ich halte einfach meine rechte Hand darüber, damit sie keiner sieht." Johanna ärgerte sich. Warum hatte sie daran nicht gedacht. Jonas lachte.

„Hast Du etwa Angst?", fragte er.

„Nein, habe ich nicht. Ich habe doch gelesen, dass Wertgegenstände gerne gestohlen werden. Sieh doch mal, wie der eine Mann dort nach meiner Uhr sieht!"

„Nun siehst Du aber Gespenster Johanna." Jonas war sich zwar auch nicht so sicher, aber so wertvoll war die Uhr von Johanna sowieso nicht. Aber es stimmte ja, sie wurden mehr oder weniger von allen beobachtet. Sie hielten wahrscheinlich alle Touristen für reich.

Johanna und Jonas waren froh, als sie die Fähre verlassen konnten und stiegen schnell in den Bus ein, der sie nun endlich zum Hotel bringen würde.

Der Reiseleiter verteilte Zettel. Auf diesen standen Safaris und verschiedene Ausflüge.

„Wir sehen uns alles im Hotel an, da haben wir mehr Ruhe oder?", fragte Johanna.

„Ja, jetzt sehen wir uns erst einmal die Umgebung an der Südküste an", erwiderte Jonas. Er war zwar auch schon recht müde, aber die Neugier auf alles ließ ihn kein Auge zu machen.

Sie fuhren durch Lakoni, dem Vorort von Mombasa, und weiter auf der Küstenstrasse in Richtung Süden. Gerade sah alle noch ziemlich trostlos und schmutzig aus, aber nun fuhren sie durch eine üppige Palmenlandschaft. Es gab auch viele Reis -und Maniokfelder zu sehen. Neben der Straße herrschte reges Treiben. Überall standen Holz-und Blechhütten zwischen Kokospalmen, es qualmte an allen Ecken und Enden. Die Menschen saßen herum, stierten vor sich hin, andere hatten es eilig. Frauen mit und ohne Kinder transportierten etwas auf dem Kopf. Mal war es ein großer Korb, ein Wasserbehälter oder auch Bananen. Zwischen den Häusern und Blechbuden spielten Kinder; neben verbeulten Autos, zwischen Hühnern und Hunden. Für „Weiße" ein völlig ungewöhnlicher Anblick.

„Jonas, wo sind wir bloß hingeraten? Kann man denn so leben?"

Johanna war deprimiert. Wie oft wurden im Fernsehen Bilder und

Landschaften aus Afrika gezeigt. Dass es ein armes Land ist, wusste jeder. Nein, die gezeigten Bilder konnten niemals dieses reale Leben widerspiegeln. Jonas gab keine Antwort. Johanna hatte Recht. So hatte er sich Afrika auch nicht vorgestellt, aber nun waren sie da und es konnte ja nur besser werden.

„Sieh mal, hier auf der Karte kommt nur noch Ngombeni und Tiwi, danach schon Diani Beach. Wir sind sicher bald im Hotel, Johanna." In der Stimme von Jonas lag Vorfreude. „Dann haben wir 35 km hinter uns, vorausgesetzt, dass die Angaben stimmen."
Johanna gab keine Antwort. Was sie unterwegs alles gesehen hatte, lag ihr einfach auf dem Magen. Dennoch war sie auf das Hotel neugierig. Es sollte zwischen Korallenfelsen stehen. Das war schon ungewöhnlich. „Ich freue mich, wenn wir bald im Hotel sind, Jonas."

Der Empfang im Hotel war sehr herzlich. „Jambo Mama, Jambo Papa" wurden beide begrüßt. Als alle Formalitäten erledigt waren, wurden Johanna und Jonas zu ihrem Zimmer gebracht.
Das Gebäude lag in einer schönen Gartenanlage im zweiten Stock.
„Guck mal Jonas, überall stehen Palmen. Wir können auch das Meer sehen. Wir werden schnell die Koffer auspacken und danach sehen wir uns erst einmal das Hotel an. Wir essen ja sowieso erst abends".
„ Wir können die Koffer ja auch später noch auspacken und gleich losgehen?", erwiderte Jonas. „Nein, erst auspacken. Wir wollen die Sachen ja noch anziehen und ich habe keine Lust ganz zerknittert auszusehen! Alles ist wirklich lange genug im Koffer zusammengepresst gewesen." Johanna wollte nicht weiter diskutieren. „Männer" grummelte sie vor sich hin und fing mit dem Aus-und Einräumen an.
So langsam ging ihr die Klimaanlage gegen den Strich. Draußen war es so schön warm, aber in ihrem Zimmer erschien es Johanna viel zu kühl.
„Jonas, sieh lieber einmal nach, wie man die Klimaanlage abstellt. Hier ist es einfach kühl. Wir sind in Afrika und ich möchte lieber schwitzen als frieren!"
„Ich werde nachsehen, aber bist Du nicht endlich fertig? Das dauert ja ewig". Na toll, dachte Johanna, gleich am Anfang wird genörgelt. Das braucht im Urlaub ja kein Mensch. Sie legte schnell noch die Bücher auf den Nachttisch und sagte:
„ Du hättest Dir besser eine kurze Hose angezogen als mich zu drängen schneller zu sein." „ Stimmt, aber dazu brauche ich sicher nicht lange", erwiderte Jonas.
„Oh, hier sind aber viele Treppen." Johanna war nicht gerade in bester Laune. Keiner Wunder nach dem Flug und der doch recht langen Anfahrt. Sie war einfach nur müde und am liebsten hätte sie sich einfach auf's Bett gelegt und ein paar Stunden geschlafen. Aber nein,

Jonas wollte gleich das ganze Hotel erkunden. Bei drei Wochen Urlaub hätte das ihrer Ansicht nach schon noch Zeit gehabt, aber Jonas war unermüdlich.

Es war gerade Flut. Die Wellen schlugen an den Strand.

„Was wird denn hier angeschwemmt?", fragte Johanna. „Das ist ja ganz schwarz?"

„Seegras", erwiderte Jonas. „Man sagt, dann ist das Meer gesund. Weißt Du, die Fische können im Seegras laichen. Was Du hier siehst, sind abgestorbene Blätter."

„Und wo ist das Korallenriff? Ich kann es nirgends finden?", fragte Johanna.

„Warte doch ab bis Ebbe ist, dann siehst Du es sicher. Ich bin auch gespannt, wie weit es vom Strand entfernt ist."

Jonas hatte schon Bilder gesehen, auf denen es abgebildet war. Es hatte ihm gefallen, denn da der Indische Ozean auch Haie beherbergte, war das Korallenriff ein Schutz für die badenden Menschen. Davon hatte er Johanna allerdings nichts erzählt. Man soll Frauen nicht unnötig beunruhigen. Er war schon froh, dass sie nicht die Flosse bei der Ausfahrt der Fähre aus dem Hafen von Mombasa gesehen hatte. Logisch, dass Haie im oder am Rand des Hafenbeckens gar manches zu fressen finden. „Lass uns noch etwas trinken gehen und dann ziehen wir uns für das Abendessen um."

Abends im Speisesaal waren Johanna und Jonas überrascht. Alle Tische waren sauber eingedeckt und für jeden Tisch gab es einen eigenen Kellner. Beide hatten Halbpension gebucht, dass Essen wurde serviert, den Salat mussten sie sich selbst holen.

„Jonas, den Salat kannst Du gleich vergessen. Man soll hier nichts Ungewaschenes essen."

„Denkst Du, den hätte niemand gewaschen?" Jonas grinste, aber schon kam von Johanna die Antwort: „ Ist das Wasser denn auch sauber, mit dem der Salat gewaschen wird?" Das wusste Jonas natürlich auch nicht und so beschlossen beide, auf den Salat einfach zu verzichten.

Nach einem Abstecher an der Bar, fielen beide todmüde ins Bett und schliefen bis in den frühen Morgen.

Als Johanna am nächsten Morgen aus dem Fenster sahen, staunte sie nicht schlecht.

„ Jonas, da sind Affen! Guck mal", rief Johanna. „Sind die niedlich. Ob die beißen?"

„Keine Ahnung, aber sicher sind sie an Menschen gewöhnt, wenn sie so durchs Hotel springen", kam die Antwort.

„Das sind Grüne Meerkatzen, ich habe über sie gelesen", sagte Johanna. „Das darf doch nicht wahr sein, guck mal, da schießt jemand mit einer Steinschleuder auf sie!" Johanna ging wütend auf den Balkon und rief ganz laut „No!" Der Boy grinste nur und verschwand hinter einem Gebäude. „Wie kann man denn auf Affen mit einer Schleuder schießen!" Johanna konnte das nicht verstehen.

„Ich weiß, dass sie manchmal zu einer Plage werden können", sagte Jonas.

„Das ist kein Grund, eine Schleuder zu nutzen!" Johanna hatte dafür kein Verständnis. „Man könnte sie doch auch einfach so verjagen!"

„Johanna, komm lass es gut sein. Wir sind hier in einem fremden Land und völlig ahnungslos. Sie werden schon ihre Erfahrung mit diesen Tieren haben. Lass uns lieber gehen."

Als beide später mit einem Ehepaar ins Gespräch kamen und von den Affen erzählten, wurden sie von der Frau gewarnt. Die Affen können kräftig zubeißen. Eine Touristin musste nach so einem Biss nach Mombasa ins Krankenhaus. Diese Affen haben Bakterien, die Europäer nicht vertragen. Dieses gilt natürlich für alle Tiere. Mit dieser Warnung hatte sich für Johanna und Jonas das Thema erst einmal erledigt.

Später lagen sie unter Palmen am Strand.

„Hier gibt es ja wirklich eine Vielzahl von fremden Tieren", rief Johanna. Da an dem Stamm sitzt ein Gecko."

„Das ist aber nichts Besonderes oder?"

„Doch, denn das ist ein Gelbkopf-Zwerggecko!"

„Sag´ bloß, Du hast ihn sofort erkannt?" Johanna und die Tiere. Selbst in Kenia fand sie alle toll.

„ Ich habe Dir doch gesagt, dass ich viel über Kenia gelesen habe. Auch über die Artenvielfalt. Dieser hier hat einen gelben Kopf und einen blauen Körper. Guck doch, am Hals ist er fast schwarz. Deshalb ist es ein Männchen."

„Was Du so alles weißt!"

„Ja, weiß ich auch. Die Weibchen haben einen hellen Hals."

„Das Bild habe ich mir auch gemerkt. Sicher meinst Du nicht den Hals, sondern die Kehle." verbesserte Jonas Johanna.

„Sei nicht so pingelig, wenn Du das Bild auch gesehen hast, dann weißt Du ja was ich meine."

Es sollte aber nicht das einzige fremdartige Tier bleiben.

Eines Tages war ein Gezeter und Geschrei oberhalb vom Pool. Einige Boys schlugen auf etwas ein. Ziemlich hellgrün sah das Tier aus. Es bäumte sich immer wieder nach oben.

„Das ist eine Grüne Mamba", rief der herbeigeeilte Bademeister. Johanna sträubten sich die Haare. Im Hotel eine Grüne Mamba?

„Keine Sorge", sagte der Bademeister, „die sind schon mal da. Meistens leben sie in Bäumen oder Sträuchern."

Super, dachte Johanna, dann muss man ja überall aufpassen. Ein Glück, dass der Bademeister sehr gut deutsch sprach. Auf Englisch hätte sie sicher nicht alles verstanden.

„Diese Schlangen sind auch für Menschen giftig. 10 bis 20 mg genügen schon. Man muss sofort ins Krankenhaus."

Johanna war bedient. Zum Glück fiel ihr ein, dass Schlangen normalerweise Menschen nicht angreifen. Eben nur, wenn sie sich bedroht fühlten. Auf jeden Fall wollte sie nirgends im Gras barfuß laufen.

Im Innenhof des Hotels gab es einen kleinen Teich. Sie gingen nur selten dort hin, denn sie hatten ja zu Hause gelesen, dass man stehende Gewässer meiden sollte, aber die Webervögel zogen beide an wie ein Magnet. Diese kleinen Vögel gehören in die Ordnung der Sperlingsvögel. Sie flochten in dem Schilf ihre Nester.

„Das muss ein Männchen sein", sagte Johanna zu Jonas. „Die Männchen fangen an zu bauen und wenn alles dem auserwählten Weibchen gefällt, dann vervollständigt sie den Innenausbau. Das ist ein langer Weg bis dahin, denn die Weibchen sind sehr wählerisch. Aus diesem Grund bauen die Männchen mehrere Nester, denn eines wird ihr ja sicher gefallen. Sieh doch mal, sie bauen von oben nach unten!" Jonas freute sich auch über die kleinen gelben Vögel und antwortete:

„Die Männchen sehen wieder einmal schöner aus. Guck, die Männchen sind gelb-schwarz und dort sitzt ein Weibchen. Das ist nur gelb."

Er war froh, dass Johanna nicht gesehen hatte, wie eine Krähe sich einen Vogel geschnappt hatte. Das mochte sie gar nicht. Sie war immer auf der Seite der schwächeren. Das große Vögel auch etwas fressen mussten, übersah sie einfach.

So gingen die Tage dahin. Beide hatten keine Lust auf eine Mombasa Tour oder gar auf eine Safari.

„Wir könnten doch einmal ein Stück der Straße entlang laufen", fragte eines Tages Johanna. „Es gehen doch immer Touristen dort bis zu einem Geschäft hin. Wir laufen einfach mit oder?"

Jonas war einverstanden, denn bis jetzt hatten sie ja nur das Hotel kennengelernt. Das war wirklich Erholung pur! Morgens faul in der Sonne liegen, schwimmen und lesen; essen, trinken, schlafen und am nächsten Tag begann alles wieder von vorne.

So liefen sie aus dem Hotel nach links eine kurze Strecke der Straße entlang. Es gab da nicht viel zu sehen. Bis auf eine Regentonne, die wie einen kleinen Eingang hatte. Von dort krabbelte ein kleines Mädchen heraus, aber bevor sie auf die beiden Zulaufen konnte, drehten Johanna und Jonas um. „Wir hätten irgendeine Süßigkeit mitnehmen sollen", sagte Johanna.

„Nein", erwiderte Jonas. „Süßigkeiten machen zwar allen Kindern Freude, aber überlege doch einmal, gibt es hier vielleicht in der Nähe Zahnärzte? Wenn sie von allen Touristen nur eine Kleinigkeit bekommen, dann wird das über den Tag verteilt doch ganz schön viel. Ich denke nicht, dass das für die Zähne gesund ist."

„Ja, Du hast Recht, Jonas."

Daran hatte Johanna überhaupt nicht gedacht. Sicher, viele hatten gesagt, man solle Süßigkeiten oder Kugelschreiber verteilen. Letztere waren dann doch sinnvoller. Schade, dass sie von zu Hause keine mitgenommen hatten, aber das war nun nicht mehr zu ändern.
Sie liefen zurück.
„Dann lass uns einfach noch nach rechts laufen. Vielleicht ist dort ja wenigstens ein Geschäft oder ähnliches."
Johanna wollte noch nicht zurück ins Hotel. Irgendetwas musste es ja noch zu sehen geben. Tatsächlich kamen sie an einen Laden und gingen hinein. Andenken, Kleidungsstücke und allerlei Schnick-Schnack waren zu sehen. Johanna gefielen die vielen aus Holz geschnitzten Tiere. Sie stellten alle wilden Tiere aus Afrika dar.
„Sollen wir solche Elefanten mitnehmen?" Johanna fragte vorsichtig, weil sie wusste, Jonas hielt sowieso nichts von Souvenirs.
„Nein, das lassen wir sein", kam auch prompt seine Antwort. „ Irgendwann sieht die sowieso keiner mehr an." Johanna schmollte eine Weile. Im Stillen gab sie ihm natürlich Recht. Auf Dauer waren alle Figuren nur Staubfänger, aber eigentlich...... Sie fand sie eben schön.
„Vielleicht sind die Figuren bei den Beach-Boys am Strand billiger?"
Johanna hatte viele am Strand gesehen, die mit Touristen handelten. Oft verjagte sie der Bademeister, aber das war mehr oder weniger nur zum Schein. Kaum war er wieder in der Hotelanlage, kamen sie zurück und ließen sich bei ihren Geschäften nicht stören. Ein tägliches Spiel.
„Lieber nicht, die hauen uns sowieso nur über's Ohr und außerdem mag ich nicht handeln."
Damit war die Sache also erledigt.

Irgendwie herrschte eines Morgens eine gewisse Unruhe unter den anwesenden Afrikanern. Manchmal sah Johanna einen einzelnen Mann ganz oben auf der Treppe zum Pool stehen. Er suchte irgendetwas am Strand, aber was?
Die Flut ging gerade zurück. Bald konnte man das vorgelagerte Riff sehen.
„Jonas, guck einmal dort oben an der Treppe steht ein Afrikaner, der nicht ins Hotel gehört."
„Ich sehe darin nichts Besonderes. Vielleicht ist er von WWF?"
„WWF ? Kannst Du mir sagen was das heißt?".
„Kann ich", lachte Jonas.
„World Wildlife Fund . Zuerst sollten nur die Regenwälder geschützt werden, aber dann wurden daraus immer mehr Naturbereiche. Vor allem auch seltene oder vom Aussterben bedrohte Tiere. Hast Du das neulich nicht in der Zeitung gelesen? Der Name wurde geändert in: „World Wilde Fund For Nature", auf Deutsch „Welt-Naturstiftung". Die Abkürzung vom Anfang ist aber geblieben."
„Nein, das habe ich sicher überlesen. Ich bin mir aber sicher, dass diese

Menschen Uniformen anhaben und nicht so aussehen wie dieser Mann dort oben. Jetzt sieht er durchs Fernglas. Wenn der Bademeister kommt, werde ich ihn fragen. Der weiß das sicherlich."

„Tu das, damit Deine Neugier gestillt ist."

Johanna wartete bis der Bademeister geduscht hatte. Das tat er jeden Morgen bevor er seine Arbeit begann. Ein reinlicher Mensch, dachte sie zuerst, aber dann erfuhr sie, dass er zu Hause gar keine Gelegenheit zum Duschen hatte. Ja, sie waren eben in Afrika.

„Hast Du eine Ahnung was der Mann dort oben an der Treppe für eine Funktion hat?", fragte Johanna.

„Ja, habe ich", war seine etwas knapp geratene Antwort.

Eigenartig, dachte Johanna. Er ist doch sonst immer so freundlich. Es lag etwas in der Luft. Das spürte sie, aber vielleicht hatte er auch nur nicht gut geschlafen. Er hatte ihnen ja erzählt, dass sie keine Klimaanlage hatten. So einen Luxus gab es nur für Reiche Afrikaner oder eben für Touristen.

Sie nahm sich vor, weiter auf diesen Unbekannten zu achten.

Am Strand war unterdessen alles wie immer. Die Beach -Boys standen bei den Gästen und plauderten in den verschiedensten Sprachen. Einige gingen wütend weg, weil manche mit ihnen nichts zu tun haben wollten. Immer wieder wurden Fahrten zum Riff angeboten.

„So eine Fahrt könnten wir auch machen oder?", fragte Johanna. Salomon, ein junger Kenianer, hatte sie schon öfters angesprochen. Für zwanzig D-Mark wolle er sie hinfahren.

„Nein, das ist ja viel zu teuer. Wir können auch bei Ebbe bis dorthin alleine laufen oder schaffst Du diese Entfernung nicht?"

„Wieso soll ich die paar Meter nicht schaffen?" Johanna war leicht angesäuert. Sie hätte gerne den jungen Mann etwas verdienen lassen, aber das wollte sie Jonas nicht so sagen.

„Ich schaffe das schon. Wir laufen gleich los, wenn die Ebbe anfängt. Dann schaffe ich das ohne mit der Wimper zu zucken. Mit Badeschuhen wäre es natürlich besser, aber Du hast gesagt, wir brauchen keine!"

„Ja, ich hatte ja nicht ahnen können, dass wir zum Riff laufen würden. Komm, wir laufen weiter am Strand entlang."

„Was ist denn jetzt los?" Johanna sah entsetzt Jonas an. Hinter ihr kam der Mann von der Treppe mit einem Knüppel in der Hand an ihr vorbei gestürmt. Alle Beach-Boys rannten so schnell sie konnten weg, aber schon kam noch ein Afrikaner mit einem Knüppel. Auf jeden, den sie noch erwischen konnten, schlugen sie brutal ein.

„Nein", schrie Johanna. „Sie haben doch gar nichts Böses getan!"

„Polizei ! Das sind Banditos. Wir werden sie schon alle noch einfangen", antwortete der Afrikaner.

„Sei ruhig, Johanna, Du machst es nur schlimmer. Komm schnell, wir gehen ins Hotel zurück." Jonas wollte keinen Kontakt zur Polizei. Von

ihr hörte man nichts Gutes. „Komm schon, wir können keinem helfen!"
Bedrückt erreichten sie das Hotel. Gleich am Anfang standen mehrere
Elefanten aus Holz, die die Beach-Boys schnell hatten fallen lassen.
„Die bringe ich aber in Sicherheit. Morgen lege ich sie dann wieder
genau an diese Stelle zurück."
„Wenn Du meinst." Jonas war auch nicht gerade über diesen Einsatz der
Polizei erfreut. Allerdings fragte er sich, ob es auch wirklich Polizisten
waren.

Sie blieben noch eine Weile am Strand stehen und beide hingen ihren
Gedanken nach. Ein Beach-Boy war noch in der Nähe vom Riff, aber die
Flut kam und was machte er dann? Die beiden Polizisten standen noch
da. Sie grinsten, denn sie wussten, dass die Flut ihnen helfen würde.
Sollte der Beach-Boy ruhig noch eine Weile da draußen denken, er sei
in Sicherheit. Die Flut würde ihn schon zurück bringen.
Ganz so lange warteten die beiden aber nicht. Sie schnappten sich
einfach ein Boot und ließen sich zu dem Beach-Boy hin rudern. Mit
ängstlichem Gesicht begann er zu rudern. Man sah ihm an, dass er
dieses nur widerwillig tat, aber er konnte sich nicht gegen die Polizisten
wehren. Vor dem Gefängnis hatten sie alle Angst. Die Polizisten zerrten
den Beach-Boy ins Boot und schlugen heftig auf ihn ein.
„Nein, mehr sehe ich mir jetzt aber nicht mehr an. Mir ist schon ganz
übel."
„Du hast Recht Johanna, ich mag das auch nicht weiter verfolgen.
Wir sind sowieso machtlos. Wir gehen ins Zimmer und dann gibt es
sowieso bald Essen."
„Oh, an Essen brauche ich erst einmal nicht denken. Nur schnell weg
von hier."

Beim Essen war Johanna immer noch recht schweigsam. Wie konnte
man denn so auf einen Menschen einschlagen?
„Ich werde morgen früh gleich den Bademeister danach fragen, ob das
hier immer so ist."
„Ja, der weiß das sicherlich."
Jonas las gerade die Menü-Karte.
„Was magst Du denn essen, Johanna? Es gibt Kalbfleisch mit
Thunfischsoße oder gegrillten Fisch mit Soße. Sieh doch einmal, sie
haben sogar Consomme Brunoise hingeschrieben."
„ Ja, sie geben sich wirklich alle Mühe, aber ich esse lieber gegrilltes
Hühnchen mit Kartoffeln und Gemüse."
„Das Apfelkompott danach lasse ich weg. Dafür nehme ich den Kenia
Käse und den Kenia Kaffee hinterher."
Na endlich, dachte Jonas. So langsam erhellte sich das Gesicht von
Johanna wieder. Sie war eben doch recht sensibel. Nicht, dass es ihm
nichts ausgemacht hätte, aber was hätten sie denn tun sollen. Gegen die

Polizei in Kenia sollte man sicherlich nicht aufmucken.

Am nächsten Morgen wartete Johanna auf den Bademeister. Als er kam begrüßte er alle mit Jambo und begann mit seinem täglichen Duschbad.

„Warum werden die Afrikaner denn geschlagen?" Johanna wollte es gleich wissen und nicht erst warten, bis der Bademeister Lust zum Plaudern hatte.

„Sie haben keine Arbeitserlaubnis", kam die knappe Antwort.

„Aber deshalb muss man doch nicht auf sie einschlagen, oder?"

„Bei uns ist das so. Sie wissen alle, wie gefährlich das Handeln ohne Erlaubnis für sie sein kann. Die Erlaubnis kostet allerdings Geld, das viele dafür gar nicht haben. Sie müssen ihre Kinder ernähren und Schulgeld bezahlen. Werden die Beach-Boys geschnappt, kommen sie direkt ins Gefängnis. Dort müssen sie lange auf eine Verhandlung warten. Es ist alles sehr traurig, aber ich kann auch nichts dagegen tun." Nach diesen Sätzen ging er seine Runde. Ihm war es unangenehm über die kenianische Polizei zu reden. Wahrscheinlich hatte er sowieso vor ihr Angst.

So nahm Johanna die geretteten Holzelefanten und stellte sie an einen Felsen am Strand. Es dauerte nicht lange als eine Stimme sagte: „Assante sana, Mama."

Es war der Beach-Boy, dem sie gehörten. Er strahlte über das ganze Gesicht. Johanna freute sich mit ihm. Es sind eben manchmal die kleinen Taten, die eine frohe Stimmung erzeugen.

„Mama, kommst Du mit Papa mit zum Riff?"

Johanna hatte sich mittlerweile an diese Anrede der Beach-Boys gewöhnt. Wussten sie keinen Namen, dann reichte Mama und Papa.

„Ach nein, heute nicht", erwiderte Johanna.

„Wir laufen lieber morgen ganz früh los."

Sie besprach alles mit Jonas. Es war nicht so weit bis zum Riff. Beide würden spielend den Weg hin und zurück schaffen bevor die Flut kam.

„Ja, wenn wir Badeschuhe hätten?"

Johanna hatte wohl in dem Geschäft an der Straße welche gesehen, sogar einige anprobiert, aber sie hatten ihr entweder nicht so richtig gepasst oder nicht gefallen.

„Wir schaffen das auch ohne Schuhe. Wir müssen nur aufpassen, dass wir uns nicht in irgendeinem Loch die Knöchel verstauchen." Jonas sah darin überhaupt kein Problem.

„Lass uns auch ein Hemd oder T-Shirt mitnehmen. Nicht, dass wir uns einen Sonnenbrand holen. Vor allem auch einen Hut."

„Ja, ja und eincremen müssen wir uns auch."

Jonas lachte. Johanna dachte wirklich an alles. Nur gut, dass das Thema Polizei nun vergessen war.

Am nächsten Tag liefen sie zum Riff.

„Ich habe gelesen, es sind etwa sechshundert Meter bis zum Riff. Ob das stimmt?"

„Meine Schritte zähle ich aber nicht. Ich gucke lieber nach Tieren."
Jonas wollte nicht immer alles hundertprozentig wissen.

„Weißt Du, was das für ein Riff ist?", fragte Johanna weiter.

„Meiner Ansicht nach ist es ein Saumriff. Ich habe einmal die Abbildungen von den verschiedenen Riffarten gesehen. Saumriffe sind häufig. Ich kann mich aber auch irren."

„Wenn es eines ist, dann hat es sich von der Küste aus zum Meer ausgebreitet. Ist doch gut, wenn man vor einer Reise sich über alles informiert."

„Schon, aber nicht jeder hat Interesse an der Natur."

„Da hast Du Recht, denn sonst würden die Touristen nicht jede Menge Muscheln mit nach Hause nehmen. Hast Du den Muschelverkäufer am Strand gesehen?"

„Ja, habe ich. Er wollte mir auch welche verkaufen. Allerdings wird er nicht lange dort sitzen, denn die Männer vom WWF habe ich schon durchs Hotel laufen sehen."

„Dann ist ja schon wieder jemand auf der Flucht!"

„Ich denke, die vom WWF sind nicht so brutal. Fang´ aber bitte nicht wieder davon an. Guck lieber genau wohin Du trittst. Halt, dort ist ein Seeigel."

Johanna hatte ihn schon längst bemerkt. Sie hatte einmal in Jugoslawien eine Anzahl von Stacheln in der Hand gehabt. Das fand sie nicht witzig und deshalb war sie immer vorsichtig.

„Kannst Du Dir vorstellen, wie schwer das Leben hier für all die kleinen Lebewesen ist? Auch für die Korallen, Algen und Weichkorallen. Das Riff-Dach ist ja unheimlich dem Wind und den Wellen ausgesetzt."

„Das ist schon ein richtiges Naturwunder. Deshalb muss man es unbedingt schützen."

„Jonas, komm schnell. Was sind denn das für welche?"

„Liebe Güte Johanna, ich habe zwar sehr viel darüber gelesen, aber ein Experte bin ich bei all den Lebewesen auch nicht."

„Komm einfach und sieh sie Dir an."

In einem kleinen Wasserloch befanden sich winzige Fische.

„Das sind Gobies, die kleinsten Fische hier am Riff."

„Gobies?"

„Ja, das sind wohl die kleinsten Wirbeltiere. Toll, dass Du sie entdeckt hast."

„Der sieht fast durchsichtig aus. Sieh einmal, an seinem Kopf sind lauter dunkle Punkte. Aber ehrlich, wo hast Du das denn gelesen?"

„Ach, Du musst mir auch immer den Spaß verderben, Johanna. Das hat mir der Bademeister gesagt. Er meinte, vielleicht haben wir ja Glück und wir sehen einen."

„Und woher weiß er das?"

„Vielleicht aus der Schule? Sie leben doch hier am und mit dem Riff. Da lernt man sicher auch einiges über die Fische. Es fahren ja auch viele zum Fischen hinaus aufs Meer."

„So kann es sein, aber dort ist ein Einsiedler-Krebs."

Beide kamen aus dem Staunen gar nicht mehr heraus. Eigentlich sah das Riff von weitem gar nicht so toll aus, aber nachdem sie mitten drauf standen, war es doch ein Erlebnis. Sie blieben noch eine Weile. Die Hotelanlage konnten sie von weitem sehen und all das Treiben am Strand.

„Jonas, am Hotel sieht man Kamele."

„Dann lass uns wieder zurück laufen. Vielleicht treffen wir ja noch auf sie."

So liefen sie wieder vorsichtig zurück. Johanna taten mittlerweile die Füße weh. Immer wieder war irgendetwas spitzes unter ihren Fußsohlen. Auf Dauer war das kein Vergnügen.

„Ohne Schuhe ist das Laufen echt schwierig", brummelte auch Jonas vor sich hin.

„Sollten wir noch einmal so eine Tour machen, dann kaufen wir uns wirklich Badeschuhe oder?"

„Meinst Du, wir fliegen noch einmal nach Kenia?"

Ja, das war die Frage, die beide beschäftigte. Allerdings hatte noch keiner sie ausgesprochen.

Als sie wieder am Strand angekommen waren, sahen sie die Kamele in voller Größe. Drei ausgewachsene und ein noch junges. Freudestrahlend lief Johanna auf sie zu. Sicher ist ein Kamel nichts weltbewegendes, aber so ganz aus der Nähe war es doch etwas anderes. Ob sie es wohl einmal streicheln durfte?

Die Afrikaner, die ganz in der Nähe saßen, beobachteten sie. Egal, sie ging ganz nahe heran. Da rief Jonas: „Johanna, lass es lieber sein."

Und ehe sich Johanna sich versah, standen die Afrikaner um sie herum.

„Mama, möchtest Du darauf reiten?"

„Nein, ich möchte sie nur streicheln. Jonas, hole doch einmal den Foto. Das ist doch einmal eine schöne Aufnahme."

„Mama, ein Foto kostet Geld."

„Nur für ein Foto mit Kamelen, die sowieso da stehen?"

„Ja, Foto kostet Geld."

„Johanna, bleib weg. Für Geld brauchen wir kein Foto!"

Johanna war enttäuscht, aber die Afrikaner gaben nicht nach. Dann eben nicht, dachte sie und ging zu Jonas zurück. Dieser hatte den Foto schon in der Hand und grinste.

„Komm, lass uns zur Liege gehen. Mir tun meine Füße weh. Diskutieren mag ich jetzt auch nicht mehr."

„Hast Du gesehen, die Afrikaner sehen echt wie Kameltreiber aus, die man so von Aufnahmen her kennt."

„Stimmt", antwortete Johanna. „Sie sind sicher keine richtigen Kenianer. Ihre Vorfahren waren eher Araber oder so eine ähnliche Rasse. Nachts wollte ich ihnen auch nicht begegnen."

„Wir gucken sie uns von weitem an und wenn wir wieder zu Hause sind, zeige ich Dir einmal ein schönes Bild."

„Wieso ein Bild?"

„Du kennst mich doch schon über fünfundzwanzig Jahre, oder? Dann müsstest Du wissen, dass ich auch ohne Geld eine Aufnahme hinbekomme. Ich hoffe nur, dass das Bild etwas geworden ist."

„Das sieht Dir ähnlich. Aber toll, ich freue mich schon darauf."

„Heute ist hier ja richtig etwas los! Jonas, da kommen Massai!"

Von weitem hatten sie sie schon öfters gesehen, aber nun standen sie ziemlich in der Nähe.

„Die sehen ja toll aus. Komm` Jonas, wir gehen einfach einmal zu ihnen hin."

„Wenn Du es unbedingt willst."

Jonas hatte das ewige Händeschütteln eigentlich satt. Jeder Beach-Boy wollte eine Hand und wenn er sie ihm nicht gab, kam es Jonas vor, als sei der Afrikaner beleidigt. Dafür drückten sie dann umso mehr Johannas Hand. Wenn sie aber einfach einmal den Arm um sie legten, schritt er ein. Das ging ja gar nicht. Nicht, dass sie etwas wollten, aber das Anfassen ärgerte ihn doch. Vor allem, weil Johanna offensichtlich nichts dagegen hatte. Jetzt war sie tatsächlich fasziniert von den schwarzen Menschen mit den roten Tüchern. Dabei waren alle ziemlich dünn. Da Jonas sich nicht den Urlaub verderben wollte, ging er ebenfalls auf sie zu.

Offensichtlich wollten die Massai gar nichts verkaufen. Sie standen im Halbkreis auf ihre Stöcke gestützt und unterhielten sich. Dann kam aber doch einer zu Johanna und Jonas. Er sagte: „Heute Abend Massai-Tanz im Hotel. Kommst Du Mama?"

„Ach so, ich soll gar nicht mitkommen oder?" Jonas war verärgert, doch der Massai bemerkte es sofort und fügte hinzu: „Papa Du auch?"

„Mal sehen." Die Antwort von Jonas fiel knapp aus. Johanna sagte vorsichtshalber nichts.

Jonas war öfters ohne Grund eifersüchtig, aber warum sollte sie sich darüber aufregen. Sie würden sowieso abends zu den schon angekündigten Massai-Tänzen gehen.

Sie gingen zurück zur Liege.

„Die Massai wollten gar nichts verkaufen", begann Johanna das Gespräch.

„Wir hätten sowieso nichts kaufen können", kam die Antwort von Jonas.

„Wieso nicht?"

„Ja denkst Du vielleicht, die Massai geben uns eine Quittung?"

„Ich brauche sowieso keine Quittung."
„Hast Du vergessen, dass wir alle Ausgaben am Zoll belegen müssen?"
„Doch nicht Kleinigkeiten oder?"
„Es hieß, sie wären am Zoll sehr streng. Ich habe keine Lust auf Ärger."
Und wegen einem Massai-Souvenir sowieso nicht. Das dachte er lieber
nur.
„Dann eben nicht." Johanna ärgerte sich. Wie konnte man nur so genau
sein. Jonas hatte ja Recht, aber mehr als etwas wegnehmen konnten
Zöllner ja nicht.

Abends saßen viele Touristen zusammen an den Tischen und warteten
auf die Massai. Zuvor wurde aber erst noch Jambo, Jambo Bwana
gespielt. Ein Lied, dass alle mitsangen, wenigstens den Anfang
des Textes. So richtig Suaheli sprechen konnte ja doch keiner. Alle
beschränkten sich auf Jambo, das man zur jeder Tageszeit sagen konnte.
Die Reiseprospekte waren voll mit hilfreichen Redewendungen,
deshalb konnten Jonas und sie aber wenigstens asante sana (vielen
Dank) und auch tafadhali (bitte) sagen. Beide dachten sich, dass es sich
so gehört, wenn man in ein fremdes Land fährt.

Die Massai kamen auf die Tanzfläche und bildeten einen Halbkreis.
Danach fingen sie an zu singen. Eigentlich waren es nur Silben die sie
in gleichmäßigen Tönen von sich gaben. Dabei neigten sie sich nach
vorne und beugten leicht die Knie vor und zurück.
„Die sehen genauso aus wie am Strand", sagte Johanna.
„Ich glaube, sie haben noch ein paar Perlenketten mehr um", erwiderte
Jonas.
„Ja, die Ohrläppchen erscheinen jetzt noch länger. Das muss ja
schrecklich wehtun, wenn sie so ein großes Loch gestochen bekommen."
„Andere Länder, andere Sitten oder? Das ist nur ein Piecks, Johanna.
Die Ohrläppchen werden doch dann immer mehr gedehnt. Ich denke,
das könnte man bei uns in einem Piercing-Studio auch. Mit Sicherheit
wäre das steriler. Ich möchte gar nicht wissen, wie sie das machen."
„Ich habe noch gar keine Massai-Frau gesehen."
„Ich auch nicht, aber diese kümmern sich sicher lieber um die Kinder
und das Vieh."
„Du meinst sicher müssen."
„Stimmt, hier zählen Frauen ja nicht viel."
Eine ganze Weile verharrten die Massai in ihrem Singsang. Danach
traten einzelne hervor und fingen an, mit beiden Beinen in die Höhe zu
springen. Dabei schrien sie im „U".
„Das ist schon ein eigenartiger Tanz."
„Jonas, das sind junge Massai . Man nennt sie Morani. Sie müssen erst
noch ihre Tapferkeit beweisen. Das ist so eine Art Kriegstanz. Lach
nicht, das habe ich irgendwo gelesen."

„Dachte ich mir", grinste Jonas. Johanna las sowieso sehr viel. Es wunderte ihn nicht, dass sie vor ihrem Abflug nach Kenia erst noch ganz viel über Land und Leute erfahren wollte.

„Weißt Du auch wo die Massai leben?"

„Klar. Sie leben immer in der Nähe von Nationalparks. Einige wohnen in Tansania, aber die meisten im Süden von Kenia."

„Davon sind wir hier aber ein Stück entfernt."

„Sie werden eben hier in der Gegend irgendwo wohnen. Ich denke solange, bis die Urlauber alle wieder Kenia verlassen haben."

„Ja, so wird es wohl sein. Hier am Strand mit den vielen Hotels ist auf jeden Fall mehr los als bei ihnen zu Hause. Frauen, die sie bewundern und dabei noch ein bisschen Geld verdienen."

„Das musstest Du natürlich bemerken. Sie sehen nun einmal anders aus als all die anderen Afrikaner."

Nachdem der Tanz zu Ende war, schlenderten Johanna und Jonas zu den Verkaufsständen, die die Massai aufgebaut hatten. Es gab jede Menge an Bunten Perlenarmbänder, Schlüsselanhänger mit winzigen Perlen besetzt, Sandalen, die vorne abgeschnitten waren und wohl eher für die Afrikaner von Bedeutung waren. Johanna blieb vor eine Perlenkette stehen.

„Jonas, guck mal, die sieht doch direkt schick aus. Zu meiner braunen Farbe."

„Was soll sie denn kosten?"

„Warte, ich frage gleich einmal."

Der Massai antwortete: „Zwanzig D-Mark."

„Nein Johanna, das ist zu viel für so ein paar Perlen."

„Ich versuche einmal zu handeln."

Johanna gab noch nicht auf.

„Das ist zu viel, die kann ich nicht nehmen."

„Fünfzehn D-Mark."

„Nein, auch zu teuer."

„Mama, willst Du, dass ich gar nichts verdiene?"

Das wollte Johanna natürlich nicht, aber die Perlen sahen aus wie aus einem Kinderbastelkasten. Sie waren nur hübsch angeordnet.

„Für zwölf D-Mark nehme ich sie. Sag einfach ja und Du hast sie verkauft."

Der Massai lachte und sagte zu Jonas:

„Mama kann handeln."

Somit gelangte die Halskette in den Besitz von Johanna.

„Die ziehst Du zu Hause sowieso nicht an." Jonas war sich da ziemlich sicher.

„Wer weiß, und wenn nicht, dann habe ich eben eine Erinnerung an Kenia. Das macht ja auch nichts."

Es war ein schöner Abend gewesen.

Johanna und Jonas saßen nachmittags nach dem Schwimmen öfters auf dem Balkon und sahen den Grünen Meerkatzen zu. Es gelang Jonas, sie immer näher heran zu locken.

„Lass das doch Jonas, das soll man doch nicht tun! Gerade erst hat eine Frau erzählt, sie hätte gesehen, wie so ein kleines Äffchen mit ihrem Bikinioberteil weg gesprungen sei."

„Klar, Grüne Meerkatzen sind ja auch Allesfresser", erwiderte Jonas lachend.

„ Sicher, sie mögen besonders Bikinis. Ich hatte es aber ernst gemeint."

„Guck doch, gleich ist einer bei uns auf dem Balkon."

Jonas ging ins Zimmer und holte sich ein Vivil.

„Was gibt das denn jetzt? Du willst doch dem Affen nicht etwa ein Vivil geben?" Johanna war entsetzt.

Der Affe kam tatsächlich immer näher und mit einem Satz saß er auf dem Balkongeländer.

Johanna lief schnell ins Zimmer und schloss die Balkontüre. Sie hatte auf jeden Fall keine Lust sich kratzen zu lassen.

Jonas hielt dem Affen das Vivil hin. Dieser guckte und nahm ganz vorsichtig dieses kleine Stück. Zuerst roch er daran und schließlich schleckte er es weg. Unglaublich.

„Bringst Du mir noch eines Johanna?"

„Nein, ich mache die Tür nicht auf, solange der Affe da ist und außerdem kann Vivil wohl auch nicht gesund sein."

Jonas lachte. Tiere wissen doch eigentlich von alleine, was sie fressen dürfen oder nicht. Aber gut, morgen war auch noch ein Tag.

„Ist Dir schon einmal aufgefallen, dass die Grünen Meerkatzen sehr viel auf der Erde laufen? Sie turnen gar nicht so oft in den Bäumen herum."

„ Ja, unser Balkon ist aber nicht auf der Erde. Sag´schon, was Du noch über diese Affen weißt. Eher gibst Du doch keine Ruhe."

„ Stimmt. Grüne Meerkatzen leben immer in der Nähe von Wasser, weil sie viel trinken. Damit meine ich aber nicht das Meer, eher Seen und Flüsse. Hier muss also ähnliches in der Nähe sein."

„Keine Ahnung, wir sind ja nur im Hotel und der unmittelbaren Umgebung geblieben. Ich denke, sie trinken hier wohl eher aus Tümpeln."

„Was schätzt Du, wie viele Tiere sind in so einer Affengruppe?".

„Keine Ahnung, ich habe sie noch nicht gezählt."

„Dann rate doch einfach mal so."

„Na, fünfzig werden es schon sein, die hier durch´s Hotel toben."

„Ganz gut Jonas, es können bis zu achtzig sein. Ihr Gebiet ist bis zu einem Quadratkilometer groß." „ Und wann bekommen sie ihre Jungen?" Mal sehen, ob Johanna das auch wusste.

„Wenn die Regenzeit anfängt. Ist doch klar, denn dann gibt es genug zu fressen. Sie bekommen auch nur ein Junges. Und wenn Du es noch genauer wissen willst, das dauert etwa 160 Tage."

„Komm, lass uns noch ein bisschen vor dem Essen laufen."

„Nein, ich mag nicht schon wieder nass werden. Sieh mal auf die Uhr, die Flut kommt gerade."

Johanna fand das gar nicht witzig. Sie hatte gedacht in Afrika sei es im August nur heiß, aber stattdessen regnete es fast jeden Nachmittag beim Eintreffen der Flut.

„Ach komm, die paar Tropfen schaden doch nicht."

„Von wegen Tropfen! Das Wasser kommt wie aus einer Badewanne angeschossen. Darauf habe ich keine Lust."

Jonas machte dieser tägliche Schauer nichts aus, aber Johanna hatte da wirklich so ihre Schwierigkeiten. Kaum wurde sie etwas nass, bekam sie Gänsehaut und Schüttelfrost. Klar, wenn man den ganzen Tag in der Sonne liegt, ist der Körper ja aufgeladen. Seiner offensichtlich nicht so sehr.

„Dann bummeln wir eben durchs Hotel."

Irgendwann geht auch einmal ein Urlaub zu Ende. Es hieß Kofferpacken. Johanna und Jonas sollten schon früh morgens geholt werden. Kein Wunder, denn der Weg zur Fähre dauerte schon einige Zeit, ebenso das Übersetzen.

„Unsere Kleider riechen! Und etwas klamm sind sie auch." Johanna schüttelte den Kopf.

„Dann hätten wir wohl öfters die Klimaanlage anlassen sollen."

„Ja, sicher, aber dann war es uns ja zu kalt."

„Täusche ich mich, oder sind die Koffer schwerer geworden?"

„Klar, wenn Du die Luftfeuchtigkeit mitnimmst!"

„Freust Du Dich schon auf zu Hause Johanna?"

„Ja, sicher. Hier war es schön, aber nun mag ich auch mal wieder essen so wie es mir gerade einfällt. Nicht mehr gucken, ob vielleicht irgendwelche Bakterien vorhanden sein könnten."

„Stimmt. Ich freue mich auch auf Dein Essen."

Beide wurden schon kurz nach vier Uhr abgeholt. Es war ein recht herzlicher Abschied. „Kwaheri Mama und Papa. See you again?"

Ja, das konnten beide nicht beantworten. Sie waren mit den Gedanken schon unterwegs.

Der Bus fuhr los. Es war noch recht dunkel, aber hin und wieder liefen schon Afrikaner auf der Straße entlang. Vor ihren Hütten qualmte es bereits und manchmal konnte man den Geruch von Kaffee wahrnehmen. Ja, so ein kenianischer Bus hat keine so dichten Scheiben. Alles wackelte bei jedem Loch in der Straße. Und es waren nicht wenige.

Je näher sie zum Anlegeplatz der Fähre kamen, umso mehr Menschen liefen in die gleiche Richtung.

„Oh, ich glaube, die Fähre wird sehr voll.“
„Ja, das denke ich auch. Die wollen ja alle zur Arbeit oder sich welche im Hafen suchen.“
Es herrschte tatsächlich ein großes Gedränge. Alle möglichen Gerüche umgaben die beiden. Sie waren froh, als die Fähre am anderen Ufer anlegte.
„Bei uns hätte sie so gar nicht losfahren dürfen. Die Fähre war ja hoffnungslos überfüllt.“
„Stimmt. Hier fahren wir nie wieder mit.“

Am Flughafen standen schon einige Busse. Vor dem Eingang eine riesige Menschenschlange.
„Ich glaube, wenn wir erst einmal da drin sind, haben wir es geschafft.“
Jonas war zuversichtlich. Immer wieder war zu hören: „Pole, pole“ (langsam) Aber mittlerweile waren viele ungeduldig. Es ging aber auch wirklich langsam voran.
„Hast Du das gesehen Jonas? Dort hat einer mit Kenia Schillingen gewunken und schon wird er nach vorne geholt.“
„Ja, so ist das hier. Wahrscheinlich weiß er wie hier alles abläuft. Man darf ja gar keine Schillinge ausführen“.
„Dann hat er sie clever bis zum Schluss aufgehoben.“

Als Johanna und Jonas an der Reihe waren, wurden ganz genau alle Belege durchgesehen. Kein Wunder, das es nicht voran ging. Immer wieder wurden sie gefragt, ob sie etwas zu verzollen oder noch Schillinge hätten. Beide schwitzten. Nicht vor Angst, sondern weil es bereits schon wieder sehr schwül, geradezu stickig war. Die Luftfeuchtigkeit war extrem hoch; die letzten Gewitterwolken waren noch zu sehen. Als dann endlich die Koffer gewogen waren, konnten sie in die Abflughalle hinein. Klimaanlage gab es keine, Sitzplätze auch nicht, so dass beide nur einen Stehplatz hatten.

Als sie im Flugzeug saßen fragte Jonas.
„Möchtest Du noch einmal nach Kenia fliegen?“
„Nein, sicher nicht. Mir hat die Armut so auf den Magen geschlagen. Bei der Hinfahrt und auch bei der Rückfahrt. Alles ist viel schlimmer als auf Fotos.“
„Ja, allerdings es war ein schönes Hotel. Die Zimmer sind alle sauber und auch das Essen hat geschmeckt. Ich habe gerade einmal überlegt Johanna, wahrscheinlich hatten wir einfach zu viel Angst.“
„Das mag stimmen. Ich würde eher vorsichtig statt Angst sagen. Das war aber nicht verkehrt. Nein, Jonas, wegen mir müssen wir nicht noch einmal nach Kenia fliegen.“
„Ist Dir aufgefallen, dass es keine Zimmermädchen gab, sondern nur diese Boys, die sauber machten?“

„Sicher Jonas. Vielleicht war das eine Vorsichtsmaßnahme des Hotels oder? Es könnte ja sein, dass einzelne Männer Gefallen an ihnen gefunden hätten."

„Obwohl die Aids-Gefahr so hoch ist?"

„Wie sagst Du immer: Jeden Morgen steht ein Dummer auf. So meine ich das jetzt."

„Das stimmt. Aber sag mal, sehen Frauen denn nicht nach diesen Zimmerjungen?"

„Ich glaube eher nicht. Das werden sie schon herausgefunden haben."

Als sie wieder zu Hause waren und dann später die Fotos ansahen, fanden beide den Urlaub in Kenia schön; auch das Bild mit den Kamelen.

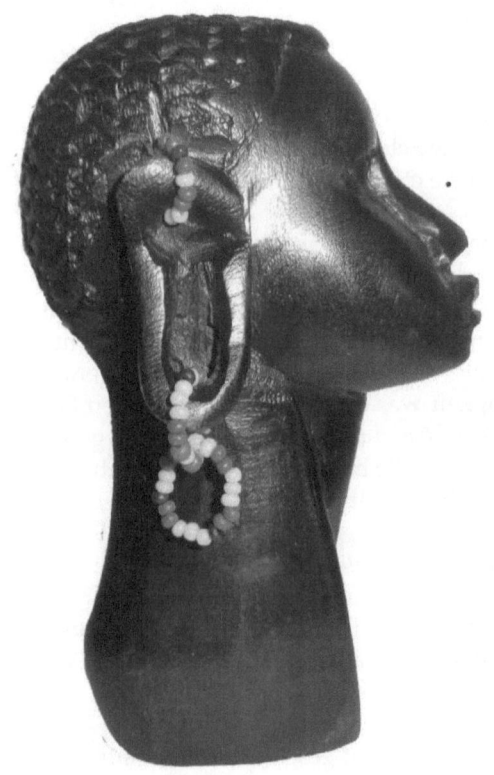

Büste einer Masai Frau aus Holz

1990
Mombasa – Stadtfahrt, Nairobi und Amboseli Nationalpark

„Ich glaube, wir können unseren Urlaub schon planen."
Jonas sah in seinen Terminkalender.
„Ja, können wir. Wo möchtest Du denn gerne hin Johanna?"
„Lass uns einfach zusammen überlegen. Wollen wir in die nähere Umgebung oder eine Fernreise machen?"
„Das sollten wir zuerst entscheiden."
„Vielleicht doch noch einmal nach Kenia?"
„Ich dachte, Du wolltest dort nicht mehr hin?"
„Ja, wollte ich eigentlich nicht, aber im Nachhinein war es doch schön. Vielleicht sollten wir in einer Jahreszeit hin fliegen, in der es keinen Regen gibt. November wäre doch gut oder."

Noch nie hatte Johanna solchen Schüttelfrost wie in Kenia gehabt. Sie hatte gedacht, in Afrika würde nur die Sonne scheinen. Das war natürlich falsch, aber von November bis Ende März sollte die perfekte Reisezeit sein.
„Vielleicht könnten wir dann doch etwas unternehmen?"
„Ja, wir haben ja gemerkt, dass alles friedlich abgelaufen ist."
„Logisch, wenn man nirgends hingeht."
„In Ordnung Johanna, wir werden uns aber ein anderes Hotel aussuchen, eines an der Nordküste. Mit der Fähre möchte ich nur ungern noch einmal fahren."
„Dort gibt es bestimmt auch schöne Strände. Komm, wir gehen zum Reisebüro."

Sie fanden ein Hotel am Shanzu-Strand, achtzehn Kilometer von Mombasa entfernt. Der Prospekt lobte den feinen, ruhigen Sandstrand, eingerahmt von Palmen. Damit keiner einen Rückzieher machen konnten, buchten sie die Reise einschließlich einer Safari: Massai-Spezial.
„Ist dir schon einmal aufgefallen, dass bei der Safari Masai- Spezial das Wort „Massai" mit nur einem „s" geschrieben ist?"
„Stimmt. Masai Mara wird auch unterschiedlich geschrieben. Ich habe es vor kurzem sogar mit drei „a" gelesen. Also so: Maasai Mara."
„Ich auch, und man kann sie zusätzlich auch noch mit zwei „ss" schreiben. Massai."

„Das ist schon etwas eigenartig, aber ich schreibe sie im Fotoalbum weiterhin mit zwei „a" und zwei "s." So gefällt mir der Name."

„Dann müssen wir auch wieder Lariam nehmen, Jonas."
„Ja, das haben wir ja schon gemacht. Ich habe überhaupt keine Nebenwirkung bemerkt."
Johann überlegte, ob sie sagen sollte, dass sie zu Hause erst Probleme damit hatte. Müde und irgendwie schlaff war sie sich vorgekommen. Das ging natürlich vorbei, aber es war trotzdem unangenehm. Eigenartig, dass Jonas nichts an sich bemerkt hatte oder hatte er auch lieber geschwiegen? Sie beschloss nichts zu sagen.
„Dieses Mal nehmen wir aber etwas für die Beach-Boys mit."
„Ich sehe gleich einmal nach, was ich entbehren kann. Guck Du auch einmal bei Deinen Sachen. Aber nicht so viel, wir müssen alles ja auch tragen können."

Anfang November waren sämtliche Vorbereitungen erledigt. Voller Vorfreude stiegen sie in das Flugzeug ein und nach einem ruhigen Flug erreichten sie Mombasa.
„Das darf jetzt aber nicht wahr sein, Jonas. Es regnet."
„Der vergeht doch schnell wieder, das wirst Du sehen. Bis wir aus dem Flughafen draußen sind, scheint bestimmt schon wieder die Sonne, Johanna."
Die Abfertigung schleppte sich dahin. Einige hatten ihren Einreisezettel fehlerhaft ausgefüllt, es war schwül und so langsam ungemütlich.
„Pole, pole" hieß es immer wieder.
„Die sind aber auch langsam." Johanna wurde ungeduldig. Da sie schon die Zöllner sehen konnte, suchte sie sich einstweilen schon einen aus. Einen, der sympathisch aussah.
„Wir gehen zu dem in der Mitte."
„Von mir aus, aber eigentlich ist es ja egal. Wir haben nichts dabei, was verboten wäre".
Da täuschten sich aber beide sehr.
„Wie oft waren Sie schon in Kenia?", fragte etwas später der Zöllner.
„Einmal."
„Haben Sie hier Freunde?"
„Nein."
„Sie haben keinen Freund voriges Jahr gefunden?"
„Nein."
„Öffnen sie bitte Ihren Koffer."
„Jonas, was soll denn das?"
„Weiß ich nicht, aber lass ihn ruhig hineinsehen. Macht doch nichts."
Der Zöllner fing an, die Bekleidungstücke aus dem geöffneten Koffer hochzuheben.
„Man könnte glatt meinen, er würde etwas suchen." Johanna fand

das unerhört. Alles war so schön zusammengelegt und nun kam alles durcheinander.

„Wieso hast Du so viele Hosen dabei?", kam die nächste Frage.

„Weil ich die brauche."

„Alle?"

„Ja."

„Und die Hemden?"

„Brauche ich auch."

„Hast Du ein Feuerzeug?"

„Nein, ich rauche nicht." So langsam wurde es Jonas zu viel.

„Mama, hast Du ein Feuerzeug?"

„Ja, habe ich. Das brauche ich und den Kugelschreiber auch."

Der Zöllner klappte den Koffer wieder zu, sie konnten den Flughafen verlassen.

„Das war aber eine schwere Geburt", lachte Jonas.

„Unglaublich finde ich das. Wie kann man denn als Zöllner die Leute anbetteln?"

„Das hast Du doch gesehen. Sich darüber ärgern bringt gar nichts. Hier sitzen Polizisten und Zöllner am längeren Hebel."

„Manche kamen schneller durch, das habe ich gesehen. Wieso?"

„Ein Geldschein hilft Wunder, aber das sehe ich nicht ein." Jonas hielt schmieren für den falschen Weg und Johanna stimmte ihm zu.

Vom Flughafen aus fuhren sie mit dem Bus die Magongo Road entlang, ein Stück die Mombasa Road und konnten von weitem wieder die Elefantenzähne sehen.

„Die würde ich gerne einmal aus der Nähe sehen."

„Warte es doch ab, Johanna, wir haben ja genug Zeit und vielleicht gibt es ja vom Hotel so eine Art Stadtrundfahrt. Die können wir dann ja mitmachen."

„Oh ja, das würde mir gefallen."

Die Nyali Road führte sie in Richtung Norden zur Malindi Road. Auf dieser fuhren sie noch eine Zeit lang und kamen dann wohlbehalten in ihrem Hotel an.

Die Eingangshalle war ein Teil eines typisch afrikanischen Rundbaus mit einem Makudi- Dach. Davor saßen Afrikaner und trommelten zum Empfang. Einige von ihnen hatten schon Cocktails zur Begrüßung in der Hand.

„Jambo Mama und Papa. Karibu." Das war ja echt eine sehr freundliche Begrüßung.

„Was heißt noch mal Karibu?"

„Das heißt Willkommen. Vielleicht sollten wir uns doch etwas mehr mit der Sprache befassen, Jonas."

„Ich denke, die kann man nicht so einfach lernen. Zu Hause kann man ja rein gar nichts davon verwenden."

„Wir könnten uns aber im Urlaub besser verständigen."

„Nun hör´ aber auf. Wir sind doch gerade erst angekommen."

„Denkst Du daran, dass wir ein Zimmer im ersten Stock bekommen? Ebenerdig möchte ich keines."

„Ist das wieder so eine Vorsichtsmaßnahme von Dir?"

„Ja."

Sie bekamen das gewünschte Zimmer. Alles sah etwas spartanisch aus, aber es gab genug Stauraum für ihre Kleidung. Sauber war es, das sah man auf den ersten Blick und an das dunkle Holz würden sie sich gewöhnen. Als erstes schalteten sie die Klimaanlage aus und warteten auf die Koffer.

„Dass die Koffer extra gebracht werden ist wirklich nicht so gut." Johanna schwitzte.

„Vielleicht hatten sie sowieso nicht alle in diesen klapprigen Bus hinein gepasst. Ist Dir das auch aufgefallen Johanna?"

„Sicher, da war so gut wie nichts dicht. Er war ja noch schlimmer, als der vom vorigen Jahr."

„Ich würde vorschlagen, wir packen demnächst unser Handgepäck anders. Vor allem, wenn wir in so ein warmes Land fahren."

„Stimmt, vor allem kommen kurze Hosen mit hinein. Das ist ja mit den warmen Sachen kaum auszuhalten."

„Ja, vor allem Badesachen."

Es klopfte an die Tür und ein Boy brachte die Koffer.

„Jambo Mama, habari?" Er stellte die Koffer ab und wartete.

„Danke", sagte Johanna, aber was hieß denn habari? Und warum ging er nicht gleich wieder?

„Jonas, ich glaube er möchte Geld."

„Ich habe noch keines, ich muss erst wechseln und der Bankschalter vom Hotel hatte vorhin noch zu."

„Dann muss es auch einmal ohne Geld gehen. Wir sollten immer etwas Kleingeld gleich dabei haben."

„Ich werde daran denken, aber vielleicht sehen wir ihn ja später noch."

Nachdem alle Kleidungsstücke eingeräumt waren, gingen beide los, um die Hotelanlage zu erkunden.

„Der Pool ist aber nicht gerade groß", sagte Johanna.

„Damit werden wir schon auskommen", lachte Jonas. „Aber lass uns lieber gleich einmal an den Strand gehen."

Sie liefen Richtung Meer, durch eine prächtige Gartenanlage und dann sahen sie es endlich unten.

„Das Hotel steht aber hoch auf dem Felsen."

„So war es aber auch in dem Reisekatalog angegeben", erwiderte Jonas. „Wir müssen eben immer ein Stück laufen."

„Ein Stück ist gut und dann noch viele Stufen." Johanna fand das nicht ganz so schön.

„Ich weiß, Du möchtest vom Bett aus gleich am Strand liegen. Bewegung schadet uns nicht."

Nach einigen Metern kamen sie an einem Askari vorbei. Er war dunkelblau gekleidet und hatte einen Stock an seinem Gürtel befestigt.

„Askaris nannte man doch früher Soldaten oder Polizisten, stimmt das?"

„Ja, das war noch in der Kolonialzeit."

„Ich glaube, Karl May hat sie in einigen seiner Bücher erwähnt. Das muss in einem von den ersten sechs gewesen sein, da sie im arabischen Raum spielen. Damals haben sie mich aber nicht sonderlich interessiert. Du weißt ja, dass Geschichte in meinem damaligen Alter, für mich nicht so wichtig war. Ja, und nun stehe ich in der Nähe von einem echten Askari. Das ist wirklich toll. Wenn wir wieder zu Hause sind, können wir ja nachsehen."

„Du wirst doch nicht glauben, dass ich nachlese", lachte Jonas.

„Ist ja auch egal, auf jeden Fall sorgen hier die Askaris für unsere Sicherheit."

„Mit einem Knüppel am Gürtel?"

Jonas hatte da so seine Zweifel, aber er wollte Johanna auch nicht unnötig beunruhigen. Nachdem sie die Fahrt vom Flughafen bis zum Hotel heil überstanden hatten, schien sämtliche Gefahr gebannt. Er hatte hin und wieder von Überfällen auf Touristen gelesen, aber Johanna lieber nichts davon erzählt. Es wird schon alles gut gehen, dachte er.

Der schneeweiße Strand ließ dann den etwas längeren Weg und die Stufen vergessen. Herrlich sah das aus. Beide waren begeistert. Es war zwar gerade Ebbe, aber bei Flut würden sie sofort im Meer baden gehen.

„Jambo Mama, jambo Papa. Bist Du wieder da?", ertönte es gleich aus mehreren Kehlen.

Sofort waren sie umringt von einigen Beach-Boys.

„Oh, das sind aber viele! Und alle wollen uns begrüßen."

„ Nein, die wollen etwas verkaufen." Jonas war etwas ungehalten.

„Ich war hier noch gar nicht. Aber trotzdem Jambo", antwortete er.

„Von wo kommst Du?"

„Deutschland?"

„Wie lange bleibst Du?"

„Drei Wochen."

„Hast Du T- Shirt mitgebracht?"

„Nein, habe ich nicht und nun reicht es." Jonas zog Johanna an der Hand weg.

„Wir sind ja noch lange da", sagte Johanna schnell noch.

„Wenn das hier jeden Tag so ist, dann gefällt mir das aber nicht." Jonas wollte in aller Ruhe am Strand entlang laufen.

„Du wirst sehen, wenn wir ein paar Tage da sind, dann legt sich das von allein."

„Das will ich aber auch hoffen." Jonas guckte böse. Johanna hatte wieder einmal Mitleid, aber Jonas würde sich die Beach-Boys schon vom Hals halten.

Als sie weiter den Strand entlang liefen, folgte ihnen in einem Abstand von ein paar Metern ein Junge. Zuerst bemerkten es beide gar nicht, aber als sie wieder zurück liefen, lief dieser auch wieder mit.

„Wir haben Gesellschaft bekommen, Jonas."

„Ja, ich sehe es. Sicher will er auch etwas."

Da täuschte er sich, denn er sprach sie nicht an.

„Er hat nur denselben Weg wie wir."

„Hin und zurück?"

„Vielleicht war es vorhin ja auch ein anderer."

„Nein, es war dieser Junge. Egal, wir laufen wieder ins Hotel."

Damit war alles erst einmal erledigt.

Als beide am nächsten Morgen schon recht früh an den Strand kamen, waren noch nicht viele Beach-Boys zu sehen. Nur der Junge saß etwas weiter oben und las eine Zeitung. Ab und zu sah er den Hotelboys zu, die Löcher gruben, das Seegras zusammen rechten, um es danach in den Löchern zu versenken. So wie es aussah, war das eine tägliche Beschäftigung. Für die Touristen sollte eben alles sauber aussehen.

Nachdem Johanna und Jonas aus dem Meer heraus kamen, war der junge Kenianer auf einmal neben den beiden.

„Guten Morgen", sagte er in gutem Deutsch.

„Guten Morgen", erwiderten Johanna und Jonas.

„Möchtest Du die Zeitung lesen?" fragte der Junge.

„Was ist das denn für eine?"

Jonas fand ihn scheinbar nett, denn sonst wäre er ja nicht stehen geblieben, dachte Johanna.

„Es ist die Daily Nation .Sie wurde von Aga Khan 1959 gegründet."

„Aga Khan?"

„Ja, geboren 1936 in der Schweiz, aber einige Jahre seiner Kindheit hat er in Nairobi verbracht."

„Donnerwetter", sagte Jonas. „Du weißt aber viel!"

„Ja, ich lese sie jeden Tag", erwiderte der Junge.

„Steht da auch Sport drin? Von Europa, meine ich."

„Ja, Du kannst sie gerne lesen."

Jonas nahm die Zeitung und setzte sich in den Sand, um nach dem Sport zu suchen.

„Du sprichst aber gut deutsch", sagte unterdessen Johanna.

„Das lernen wir in der Schule."

„Wie heißt Du?"

„Helmut, und Du?"

„ Das ist aber kein afrikanischer Name. Ich heiße Johanna und das ist Jonas."

„Die meisten von uns sind getauft. Jetzt muss ich aber weiter. Jonas, die Zeitung kannst Du behalten."

„Hat er eben Jonas gesagt?", wunderte er sich.

„Ja, er wollte wissen wie wir heißen." Johanna war sich gar nicht mehr so sicher, ob das Jonas so auch wollte. Dieser blieb aber gelassen.

„Wieso schenkt er mir die Zeitung?"

„Keine Ahnung. Auf jeden Fall wollte er nichts verkaufen."

„Stimmt. Ich werde ihm morgen die neuste Ausgabe von der Daily Nation kaufen."

„Lieber nicht. Er ist ja schon so früh am Strand. Wer weiß, wann er sie sich holt."

„Dann finden wir etwas anderes für ihn."

Von diesem Tag an trafen sie sich täglich. Sah Helmut sie, kam er sofort auf sie zu und begrüßte beide. Das hatte zur Folge, dass sämtliche anderen Beach-Boys nicht mehr kamen, um Johanna und Jonas etwas zu verkaufen. Sie winkten nur von weitem und widmeten sich anderen Touristen.

Helmut war scheinbar in der Schule gut, denn sein deutsch war einwandfrei zu verstehen. An Erdkunde hatte er sehr großes Interesse. So malte er immer wieder Erdteile in den Sand und war ganz stolz, wenn Jonas diese dann erkannte. Das Thema Fußball war unendlich. Nicht nur von Afrika, sondern er kannte auch die europäischen Vereine. Oft gesellte sich ein weiterer Junge dazu, den Helmut aber sofort wieder weg schickte. So ganz nebenbei erwähnte er auch seinen Namen.

„Er heißt Ronaldo und interessiert sich auch sehr für Fußball."

„Na, dann passt ja sein Name", erwiderte Jonas.

Lagen beide einmal am Pool, wurden sie von Helmut sofort gefragt, ob alles in Ordnung sei. Beide hatten sich schon daran gewöhnt, zumal er auch nach Tagen keinen Wunsch äußerte. Da waren die Askaris doch anders. Oft wurden sie nach einem T-Shirt oder Socken gefragt.

„Gibst Du mir Deine Schuhe?" war eine gern gestellte Frage.

„Nein, die brauche ich doch selbst."

„Aber wenn Du wieder heim fliegst gibst Du sie mir?"

"Die sind aber schon defekt."

„Das macht nichts. Mein Bruder ist Schuhdoktor."

„Dann warte bis zum letzten Tag. Ich werde es mir noch überlegen." Jonas lachte.

„Ich werde sie wirklich hier lassen", sagte er zu Johanna.

„Ich weiß nicht, hoffentlich vergessen wir das nicht."

„Mach` Dir keine Gedanken Johanna, die Askaris sind wirklich nicht auf den Mund gefallen. Er wird uns schon von alleine daran erinnern."

Nachdem Johanna und Jonas sich etwas eingelebt hatten, beschlossen sie nach Mombasa zu fahren.
Eine Tagestour, die um neun Uhr beginnen sollte. Mit einigen Touristen warteten sie in der Eingangshalle, aber der Bus ließ auf sich warten.
„Wann kommt denn nun endlich der Bus?" Johanna war ungeduldig.
„In Kenia gehen die Uhren anders", antwortete eine Frau. „Daran werden Sie sich gewöhnen, wenn sie noch eine Zeit lang hier sind."
„Ich weiß", antwortete Johanna. „Poole, poole."
Der Bus kam mit fast zwei Stunden Verspätung an.
„Viel besser sieht der Bus aber auch nicht aus als der, der uns vom Flughafen hierher gebracht hat."
Jonas begutachtete ihn.
„Das sind hier eben solche alten Modelle. Es ist ja nicht weit bis Mombasa. Das werden wir schon überstehen."
„Du hast Recht, wir steigen ein."

Einige Meter vom Hotel hielt der Bus an und ein kenianischer Reiseführer stieg ein.
Nach einer kurzen Begrüßung sagte er: „Meine Damen und Herren, mein Name ist Ali. Wir fahren zuerst zu den Elefantenzähnen. Diese gekreuzten Stoßzähne nennt man auch Tusks. Dort steigen wir kurz aus. Danach geht es weiter zu den Markthallen. Ich bitte Sie, zusammen zu bleiben und besonders auf ihre Wertsachen zu achten. Alles weitere dann später."
Schon bald war der Bus in der Moi-Avenue, der früheren Kilindi Road. Kurz vor einem Park hielt er an. Gespannt sahen alle aus dem Fenster. Überall herrschte ein reges Treiben. Menschen und Autos. Hier standen einige Buden. Davor eine Vielzahl von Menschen, die auf die Touristen warteten. Und da standen die gekreuzten Stoßzähne direkt über der Straße.
„Das ist das Wahrzeichen von Mombasa. Wer aussteigen will, kann gerne aussteigen. Wir verschließen den Bus, Sie können ihre Handtaschen im Bus lassen", sagte der Reiseleiter.
„Dann lass uns auch aussteigen, Jonas. Ich möchte einmal dicht an die Stoßzähne heran gehen."
„Sicher, ich will sie ja schließlich auch aufnehmen."

Kaum setzten sie einen Fuß auf den Bürgersteig, wurden sie von vielen Afrikanern umringt.
„Hast Du Kugelschreiber, hast Du Bonbon für die Kinder, hast Du T-Shirt", so tönte es ununterbrochen. Ebenso: „Komm her, hier ist mein Shop. Heute billiger Jakob."
Johanna und Jonas bahnten sich einen Weg und dann standen sie direkt

vor den Zähnen.

„Die sehen aber arg verrostet aus", sagte Johanna. „Wenn man dicht daran steht, sieht man das erst richtig."

„Stimmt, aber irgendwie sind sie ja doch sehenswert." Jonas fotografierte eifrig.

Nach kaum zehn Minuten rief der Reiseleiter alle zum Einsteigen auf.

„Wir müssen weiter, wir sind etwas spät dran. Wir kommen jetzt gleich an dem Castle Hotel vorbei. Wie Sie sehen, ist es im Kolonial Stil erbaut. Hier sitzen hauptsächlich die Touristen gerne."

Sie bogen in die Digo Road ein, folgten dem Straßenverlauf und kamen so zu dem Gemüsemarkt. „Bitte bleiben sie zusammen. Sie können gerne etwas kaufen."

„Oh, hier riecht es ja sehr." Johanna hielt ihre Nase in die Luft.

„Klar, bei den vielen Angeboten. Hast Du schon einmal daran gedacht, wie alles hier hinein transportiert wird?"

„Ja, schlimm. Ich habe die völlig überladenen Wagen auch gesehen. Bei uns würden Gabelstapler zu sehen sein, aber hier?"

Sie liefen alle kreuz und quer, aber es war vorauszusehen, dass niemand etwas kaufen würde. Warum auch, denn man bekam im Hotel ja alles, was man wollte.

Die Gerüche wurden immer stärker je näher sie dem Ausgang kamen.

„Hier riecht es jetzt aber stark nach Gewürzen", bemerkte Johanna.

„Wir gehen jetzt über die Straße zum Gewürzmarkt", erwiderte der Reiseleiter. „Sind alle da?"

Es waren alle zusammen geblieben.

In dem Gewürzmarkt gab es alle Gewürze, die man sich so vorstellt.

„Ob die alle günstig sind?", fragte Johanna.

„Das musst Du wissen, Johanna".

„Wir lassen das lieber. Wir laufen ja noch weiter durch Mombasa und ich mag nicht alles tragen."

„Ist es Dir zu heiß?", fragte Jonas.

„Das kann man wohl sagen. Heiß und dann noch der starke Geruch der Gewürze. Ich bin froh, wenn wir wieder draußen sind."

„Das ist eben Afrika und da wolltest Du hin."

„Ich beschwere mich ja auch nicht, Jonas."

„Meine Damen und Herren, wir laufen jetzt zu der Altstadt. Auf dem Weg dorthin, sehen wir uns den Jaina Tempel an. Es ist ein indischer Tempel, aber wie oft angenommen wird, ist er kein Hindu-Heiligtum, sondern der Jainismus ist eine eigenständige Religion, die im fünften Jahrhundert vor Christus entstanden ist. Jainas lehnen die Hindu Götter ab, ebenso das Verbot zu töten. Sie leben vegetarisch und üben nur Berufe aus, die nichts mit dem Töten von Tieren zu tun haben."

Kurz darauf standen alle vor dem weißen Marmortempel.

„Sie können den Tempel betreten, aber bitte die Schuhe ausziehen. Ich passe auf diese auf." Der Reiseleiter ging zu den Stufen.

„Dieser Tempel entstand erst nach dem zweiten Weltkrieg. Sieht man sich den Baustil an, dann stellt man fest, dass er der Bauweise von Gujarat, einer Provinz in Indien, sehr ähnelt. Zum Beispiel die offenen Hallen und ganz charakteristisch sind auch die schlangenförmigen Dachstützen, wie Sie sie sehen.

Im Tempel sehen Sie dreiundzwanzig Thirtankaras. Es sind die Vorgänger des Religionsstifters Mahavira. Dieser lebte etwa zur gleichen Zeit, in der der Buddhismus entstanden ist. Sieht man sich die Figuren genau an, dann werden Sie feststellen, dass sie den buddhistischen sehr ähneln. Die Figuren wurden in Indien angefertigt und nach Mombasa gebracht.

Aber bitte, gehen Sie hinein."

„Jonas, denkst Du dran, dass ich mir das alles gleich im Bus notiere. Ich kann dann die Fotos besser beschriften."

„Ja, mache ich. Man kann sich ja auch nicht alles merken. Hast Du schon einmal etwas von Gujarat gehört?"

„Nein. Ich denke das haben wohl alle nicht. Demnach kann man ja auch keine Ähnlichkeit feststellen. Er hat eben alles brav gelernt, was er uns erzählen soll. Ich denke, er macht das gut. Es ist nicht langweilig."

„Ja, man kann ihm gut zuhören", erwiderte Jonas.

„Haben Sie alle Ihre Schuhe wieder? Dann laufen wir weiter", sagte der Reiseleiter, nachdem er alle schnell durchgezählt hatte.

„Wir gehen jetzt in den arabischen Teil der Stadt. Mombasa war im achtzehnten Jahrhundert in drei schmale Streifen unterteilt. Ganz im Westen wohnten die armen Leute, in der sogenannten Lehmstadt. Im mittleren Teil wohnten die reichen Araber. Viele Kaufleute, Reeder und natürlich Verwaltungsbeamte. Man nannte diesen Stadtteil auch die „Steinerne Stadt". Im Osten hatten die Portugiesen ihren Stadtteil errichtet, mit vielen Grünanlagen.

Wir laufen jetzt zur Dawoodi-Bohra Moschee. Sie wurde 1986 neu erbaut. Achten sie bitte auf die schönen Minaretts. Sie wurde nach einer Moschee in Jemen erbaut."

Je näher sie kamen, desto mehr roch es nach Fisch.

„Wir sind ganz in der Nähe vom Fischmarkt", sagte der Reiseleiter. „Er wird nur vormittags abgehalten. Gleich daneben ist der Fleischmarkt."

„Ich glaube, ich esse heute nichts mehr. Sieh einmal, dass Fleisch hängt hier einfach so herum und tausende von Fliegen haben etwas zu fressen!" Johanna schüttelte sich.

„Das sieht wirklich nicht appetitlich aus. Wir hätten das lieber nicht gesehen. Kühlhäuser gibt es hier scheinbar nicht."

Auch Jonas fühlte ein Unwohlsein in der Magengegend.

„Jonas, stecke bitte den Foto ein. Ich glaube, hier darf man auch nicht fotografieren", sagte Johanna. „Er hat davon nichts gesagt oder doch? Meiner Ansicht nach hat er nur den Hafen erwähnt, weil es dort manchmal sehr brutal zugeht. Das sollen Touristen nicht sehen. Es wäre ja für Kenia nicht gut, wenn etwas davon dann in der Presse zu finden wäre."

„Ich weiß es jetzt auch nicht mehr so genau. Stecke ihn doch einfach ein. Wir werden uns auch so merken, was wir gesehen haben."

Jonas steckte den Foto weg, aber Johanna wusste auch, dass er ihn jederzeit hervor holen konnte, wenn er etwas Interessantes sehen würde. Hoffentlich nicht, dachte sie im Stillen.

Sie wurden zu einer Plattform geführt. Von dort konnten sie die Dhaus sehen.

„Früher waren hier beinahe eintausend Dhaus, aber heute sind es nur noch fünfhundert. Man findet diese Art von Segelschiff in allen Häfen des Indischen Ozeans. Es werden aber immer noch Gewürze aus Sansibar importiert. Kaffee und Tee werden in arabische Länder exportiert."

„Das sieht aber wirklich toll aus", sagte Johanna. „Schade, dass man nur noch wenige sehen kann."

„Die Technik geht eben weiter", erwiderte der Reiseleiter.

„Meine Damen und Herren, wenn Sie nach rechts sehen, erkennen Sie die Mandhry Moschee. Wir laufen jetzt dort hin. Bitte folgen Sie mir."

„Jonas, lass den Foto weg." Johanna wurde ärgerlich. Unnötige Gefahren brauchte sie nicht.

„Schon erledigt", grinste Jonas. „Du kannst zu Hause dann nachsehen, was ich gesehen habe. Da brauchst Du Dich jetzt gar nicht aufzuregen."

Sie liefen die Mbarak Hinaway Road entlang. Der Reiseleiter blieb stehen.

„Die Mandhry Moschee ist die älteste in Mombasa. Sie wurde 1570 erbaut. Dort halten die Sunniten ihre Andacht ab. Die Sunniten sind eine muslimische Glaubensgruppe."

„Sieh einmal, das Minarett ist konisch geformt", sagte Johanna.

„Ja, kegelförmig", erwiderte Jonas.

„Die vorhergehende Moschee fand ich hübscher."

„Darauf kommt es sicher nicht an."

Der Reiseleiter zählte nochmals alle durch. Es fehlte keiner.

„Gerade in so einer lebhaften Stadt, wäre es sicher schlimm gewesen, wenn sich jemand verlaufen hätte. Ohne Ortskenntnisse noch dazu."

Allein der Gedanke daran gruselte Johanna.

„Stimmt, aber wir bekamen es ja mehrfach gesagt. Da muss man schon einmal hören."

Wie von selbst führte Ali seine Gruppe hin zu einem Kaufhaus.

„Das ist jetzt schon etwas eigenartig, oder?", fragte Johanna.

„Ich kann mir vorstellen, dass Ali irgendeine Provision bekommt, wenn er Touristen anbringt, die dann auch noch etwas kaufen."

„Das wird schon so sein. Dann wollen wir uns das einmal ansehen."

Johanna hatte im Hotel bei einigen Frauen einen Anhänger aus Gold in der Form von Afrika gesehen. Das war jetzt doch eine gute Gelegenheit um einmal nach dem Preis zu fragen. Jonas hatte zwar gemeint, sie hätte genug Anhänger, aber wer hat schon genug.

Die Schmuckabteilung war gleich ganz vorne. Und dort lagen diese Anhänger von Afrika in allen Größen.

„Jonas, ich habe sie gefunden!"

„Das war wohl auch nicht schwer. Hier wissen die Menschen auch, wie man an Geld von Touristen kommt. Aber wer weiß, ob das Gold echt ist?"

„Das ist natürlich ein Risiko, aber den Anhänger haben so viele."

Johanna sah Jonas an, aber dieser blieb bei seinem ersten Gedanken, es könne kein echtes Gold sein.

„Jetzt schmolle nicht, Johanna. Wir nehmen diesen Elefanten. Der ist nicht aus Gold und sieht trotzdem gut aus, oder?"

„Ja, schön ist er. Ein bemalter Stein oder so ähnlich. Ich hätte zwar lieber ein „Afrika", aber zur Erinnerung geht dieser kleine Elefant auch."

Somit war der eheliche Frieden wieder hergestellt.

„Jetzt befinden wir uns am Haupteingang des Fort Jesus. Es wurde 1593 bis 1596 von den portugiesischen Besatzern gebaut, um die Zufahrt zu dem alten Hafen zu schützen. Mombasa konnte man in dieser Zeit nur per Schiff erreichen. Die Mauern sind bis zu zweieinhalb Zentimeter dick und bis zu sechzehn Meter hoch. Es half aber nichts gegen die Eroberer, den Osmanen. Diese setzten einen Statthalter ein, der aber die erste Gelegenheit dazu ergriff, die Herrschaft von Oman abzuschütteln. Er erklärte 1746 die kenianische Küste für unabhängig.

Danach entstand ein goldenes Jahrhundert. Der Schiffshandel blühte zwischen Europa und Indien. Begehrt waren Elfenbein, Tee, Kaffee und Gewürznelken.

Es blühte aber auch der Sklavenhandel. Die meisten brauchte man selbst an der Küste, aber auch die Franzosen brauchten Sklaven auf den Plantagen ihrer indischen Kolonien. Nach über hundert Jahren beendeten die Engländer die Sklaverei. Das Fort nutzen sie als Gefängnis."

„Und seit wann regiert Moi?", fragte ein Mann. Offensichtlich wollte er die Geschichtszahlen etwas abkürzen.

„Er ist seit 1978 Präsident von Kenia. Sein Name lautet: Daniel Arap Moi. Er löste Jomo Kenyatta ab, als dieser starb. Sein Amt bekam er automatisch, wurde aber zehn Jahre später wieder gewählt.

Für viele Kenianer war Jomo Kenyatta ein sehr guter Präsident. Bei ihm erhielt Kenia die volle Unabhängigkeit. Jomo Kenyatta war Mitglied bei KCA (Kikuyu Central Association). Das war eine wichtige Gruppe, die sich für die schwarze Bevölkerung einsetzte. Senkung der Steuern und Landrückgabe. Es haben sehr viele um ihn getrauert.

Jetzt lassen Sie uns aber durch das Fort gehen. Es wurde 1958 renoviert und zum Nationaldenkmal erklärt.

Auf der linken Seite sehen Sie das Haus des Kommandanten. Von da führt eine Treppe direkt zum Meer. Eine Schwachstelle, denn von dort konnten die Angreifer gut hinein gelangen. Wir laufen jetzt über die Wehrmauer an der Seeseite in den hinteren Teil des Forts."

„Was sind denn das für Überreste?", fragte Jonas.

„Die sind von einer Zisterne und diese dort sind von einer portugiesischen Kirche", antwortete Ali."Sehen Sie dort, fast in der Mitte, befindet sich die „Hall of Mazrui", fuhr er fort. „Dort wurden die Audienzen abgehalten. Achten Sie auf die Türen, die sind aus Holz geschnitzt."

„Und wo ist das Museum?", fragte eine Frau.

„Pole, pole Mama, da kommen wir noch hin. Das ist dort in dem langgestreckten Kasernengelände."

Im Museum roch es etwas muffig, aber das lag sicher an den vielen verschiedenen Holzarten, die zu sehen waren. Außerdem war es sehr warm und sicher wurde nicht sehr oft gelüftet.

„Hier sehen Sie eine umfangreiche Keramiksammlung", begann Ali seine Erklärungen. „Tonscherben , echtes Porzellan aus China, Portugal, Japan und Persien. Hier zum Beispiel ist eine alte Seekarte und hier sehen sie Geld. Es sind tatsächlich Kaurimuscheln, die als Zahlungsmittel verwendet wurden."

„ Muscheln? Es gibt aber gar keine Kaurimuschel. Die heißen doch Kaurischnecken", sagte Johanna. "Muscheln haben nämlich keinen Kopf."

„Misch Dich doch nicht ein, Johanna, er hat es sicher so gelernt." So genau wollte das sicher gar keiner wissen, dachte Jonas. Johanna wollte nur mal wieder ihr biologisches Wissen zeigen.

„Ich weiß wohl, dass Kauri ein Zahlungsmittel war. Im Sudan bekam man für sechzig Kauris einen Sklaven."

„Na, das ist aber schon eine Weile her. Das hast Du ja vorhin gehört."

„Ihre Frau hat sicher recht", sagte Ali, der mitgehört hatte. „Ich finde es gut, wenn alles was ich sage, auch aufgenommen wird. Ihre Frau ist für mich ein erfreuliches Beispiel und ich habe noch etwas dazu gelernt."

„Meine Damen und Herren", fuhr Ali fort, „ wenn Sie alles weitere gesehen haben, werde ich Ihnen noch einige schön geschnitzte Türen und Balkone zeigen. Sagen Sie einfach Bescheid und noch ein kleiner

Tipp: Draußen ist ein Stand mit Getränken. Das nur, falls jemand durstig ist."

„Gute Idee", sagte Johanna. „Ich habe wirklich Durst."

„Dann lass uns nach draußen gehen. Ich habe jetzt genug von alten Gegenständen."

Der sogenannte Getränkestand bestand aus einem klapperigen, kleinen Tisch auf dem einige Wasser-und Cola-Flaschen standen.

„Jambo Mama, jambo Papa", rief gleich ein junger Mann. „Habari?"

Jonas kaufte für jeden eine Flasche Wasser und staunte nicht schlecht, als ein vor ihm einkaufender Afrikaner viel weniger bezahlt hatte.

„Johanna, hast Du das gesehen? Der Mann vor mir hat ja viel weniger bezahlt!"

„Ja, das habe ich bemerkt. Das finde ich nicht so gut."

„Da sieht man wieder einmal, dass Touristen ausgenutzt werden. Hier kann man ja auch nicht handeln, aber scheinbar hätte ich das tun sollen."

„Ach, lass es gut sein. Er freut sich, dass er uns über das Ohr gehauen hat und wir werden nicht arm davon. Hier brauchen sie doch die Schillinge."

„So sehe ich das nicht. Dein Mitleid mit allen in Ehren, aber fair sollte es schon zugehen."

„Dann sagen wir eben beim nächsten Mal etwas. Jetzt hilft es sowieso nichts mehr."

Ali sagte zu ihrem Gespräch nichts, obwohl er ganz in der Nähe stand. Sicher wusste er Bescheid.

„Ali, was heißt eigentlich „habari?"

„Habari yako? Das heißt „Wie geht es Dir?". Man antwortet dann: „mzuri". Das heißt: „Mir geht es gut". Suaheli ist nicht schwer."

„Na ja, ich weiß ja nicht. Mal sehen, ob ich mir das merken kann", lachte Johanna.

Als wieder alle vollzählig vor dem Fort standen, zählte Ali sie schnell noch einmal durch.

„Bevor wir zum Bus laufen, zeige ich Ihnen die versprochenen geschnitzten Türen und Balkone. Bitte kommen Sie mit."

Sie bogen zuerst nach rechts in eine Straße ein, die später zur Ndia Kuu Road führte. Schon gleich am Anfang blieben sie vor einem alten kolonialen Wohnsitz stehen, der einen geschnitzten Balkon aus Holz hatte.

„Das Geländer sieht ja noch gut aus, aber alles andere? Ziemlich verkommen."

„Ja, die Fenster mit Brettern vernagelt und auch sonst bröckelt alles. Aber vielleicht gibt es noch bessere."

„Wir werden auch noch gut erhaltene Gebäude sehen. Vor allem, die

Balkone aus Rosenholz sind interessant", sagte Ali.

Mittlerweile war es aber allen ziemlich heiß. Die vielen neuen Eindrücke, die Menschen und das Laufen wurde mit der Zeit anstrengend.

Einer fragte: „Wo steht denn der Bus?"

„Der steht am Jaina Tempel. Wir laufen jetzt links in die Old Kilindi Road hinein, an der Jaffery Moschee vorbei und kommen dann nach wenigen Minuten zu unserem Bus."

Da der Bus keine Klimaanlage hatte, schwitzen alle weiter, aber wenigstens konnten sie sitzen.

„Ich habe das Gefühl, als ob meine Füße qualmen", sagte Johanna.

„Nicht nur das, meine sind total staubig", erwiderte Jonas.

„Wir sind aber auch durch sandige Gegenden gelaufen", lachte Johanna. Ihr hatte alles Spaß gemacht. Sie hatte so viel Fremdartiges entdeckt und war begeistert davon.

„Um Mombasa kennenzulernen langt ja niemals so ein Busfahrt. Wir waren ja nur in der Altstadt, aber es gibt sicher auch noch einen neueren Stadtteil."

„Wenn wir wieder einmal nach Kenia kommen, sehen wir uns dann die anderen Stadtteile an." Johanna sah Jonas fragend an.

„Das kann ich jetzt noch nicht sagen. Warten wir es einfach ab."

„Dir hat es aber auch gefallen oder?"

„Ja, und wenn man bedenkt, dass wir eigentlich niemals mehr nach Afrika wollten, dann haben wir bis heute doch schon einiges gesehen. Allerdings hat Ali die schöneren Balkone aus Rosenholz unterschlagen."

„Du hast Recht, Jonas. Es war schon gut, dass wir noch einmal hierher geflogen sind. Die Balkone haben mich aber ehrlich gesagt nicht wirklich interessiert. Das war sicher aus Zeitdruck."

Am nächsten Tag wurden sie von Helmut gleich gefragt, wo sie denn gewesen seien. Er habe sie vermisst. Jonas erzählte es ihm und auch, dass es beiden gefallen hatte.

„Warum habt Ihr mich nicht gefragt? Ich hätte Euch auch Mombasa gezeigt." Kam die völlig unerwartete Antwort von ihm.

Verdutzt sahen sich Johanna und Jonas an. Das hatten sie aber wirklich nicht gedacht.

„Du hast doch gar kein Auto", antwortete Jonas.

„Nein, aber ich kenne welche, die ein Auto haben. Wir hätten Euch alles gezeigt."

Johanna sah Jonas an und wartete gespannt auf seine Antwort. Die kam auch prompt.

„Du wirst doch nicht annehmen, dass wir mit Euch gefahren wären. So lange kennen wir Dich   doch noch nicht. Das musst Du verstehen."

„Ich bin kein Bandito."

„Das habe ich auch nicht gesagt. Es ist jetzt sowieso zu spät und deshalb brauchen wir gar nicht darüber zu diskutieren."

Daraufhin herrschte eine Weile Schweigen, aber dann erzählte Helmut, dass sie mit ihm ja auch eine Safari machen könnten.

„Auch zu spät, die haben wir schon von zu Hause aus gebucht."

„Von zu Hause ist das viel zu teuer", warf Helmut ein. „Mit Kenianern ist es billiger."

„Soll ich Dir erzählen, was ich über Eure Safaris gehört habe?"

„Was denn?"

„Die Autos sind nicht sicher genug. Es gibt keine Versicherung, wenn etwas passieren sollte. Die angeblichen Hotels haben gar keine Zimmer frei. Das Benzin wird unterwegs alle und keiner hat genug Geld dabei. Noch mehr?"

„Nein, nicht noch mehr. Das stimmt sowieso nicht. Das hat Euch Eure Reiseleitung erzählt, damit sie das Geschäft machen."

„Nein, das hat uns eine Touristin erzählt, die das erlebt hat."

Daraufhin wurde Helmut ganz ruhig. Er stand nach einer Weile auf und sagte, er müsse jetzt nach Hause.

„Jonas, warum hast Du ihn denn jetzt so verärgert?", fragte Johanna.

„Ich habe nichts Falsches gesagt. Du warst doch auch dabei als die Frau es uns erzählte. Das kann er ruhig wissen. Vielleicht erzählt er es ja auch seinen Kollegen. Dann würden diese auch nicht mehr so mogeln."

„Du glaubst im Ernst, dass sie Dein Urteil über ihre Safaris ernst nehmen? In hundert Jahren nicht."

„Prima, jetzt streiten wir uns wegen nichts und wieder nichts. Komm gehen wir lieber ins Wasser." Jonas war schon etwas verärgert. Auf wessen Seite stand Johanna eigentlich?

Als sie wieder am Strand saßen, setzte sich ein einzelner Massai in ihre Nähe. Er war zuvor mit einigen anderen Massai vorbeigelaufen. Irgendwie stach er von den anderen ab. Zwar hatten alle Massai's eine schmale Figur, aber dieser war doch erheblich dünner. Was er wohl wollte? Vielleicht war einfach nur müde vom Laufen?

Die nächsten Tage änderte es sich nicht. Kaum saßen Johanna und Jonas da, kam dieser Massai und setzte sich dazu. Allerdings nur, wenn Helmut nicht in der Nähe war.

„Jonas, ich glaube, Helmut mag den Massai nicht", sagte eines Tages Johanna. „Er beachtet ihn überhaupt nicht."

„Das ist mir auch schon aufgefallen. Sonst begrüßen sich ja alle überschwänglich. Vielleicht mag der Massai Helmut auch nicht?"

„Ich werde Helmut einmal danach fragen."

„Lass das lieber. Es ist ja auch egal", erwiderte Jonas.

Bei Ebbe liefen Johanna und Jonas öfters ein Stück in Richtung Riff. Eines Tages kam ein junger Afrikaner auf sie zu.

„Guten Morgen, Mama und Papa. Habt Ihr gut geschlafen?", fragte er.

„Ja, Danke gut und Du?"

„Nicht so gut wie Ihr", lachte er. „Ich habe keine Klimaanlage in meinem Zimmer."

„Wir haben zwar eine, aber die machen wir nicht an", lachte Jonas. „Wie heißt Du?"

„Ich heiße Zacharias, weißt Du, der mit der Geige."

„Wir sind Johanna und Jonas. Was verkaufst Du?"

„Ich fahre mit meinem Boot zum Riff hinaus. Wollt Ihr mit?"

„Nein, wir waren schon am Riff. Es wird sich nach einem Jahr nicht groß verändert haben. Wir schnorcheln ja nicht."

Zacharias akzeptierte diese Antwort.

„Ich habe Euch voriges Jahr gar nicht gesehen?"

„Da waren wir an der Südküste."

„Habt Ihr Kinder?"

„Ja, zwei und Du?"

„Ich habe drei. Der kleinste kommt nächstes Jahr in die Schule. Das ist sehr teuer."

„Wohnst Du hier in der Gegend?"

„Ja, etwa eine halbe Stunde zu Fuß entfernt. Ich laufe jeden Morgen hierher um zu arbeiten."

„Verdienst Du mit dem Boot genug Geld?"

„Es reicht meistens. Manchmal ist es auch knapp und dann essen nur die Kinder."

Mittlerweile waren sie schon am Sandstrand angekommen.

„Ich muss jetzt arbeiten. Wir sehen uns morgen wieder." Mit diesen Worten ging Zacharias wieder zu seinem Boot zurück.

„Der war aber gar nicht aufdringlich", sagte Johanna zu Jonas.

„Stimmt, aber ich traue ihm nicht so richtig. Da kommt bestimmt noch etwas nach", erwiderte Jonas.

„Was sollte denn nachkommen? Er verkauft doch nur seine Bootstouren."

„Ich weiß es nicht, ich habe nur so ein Gefühl."

Innerlich schüttelte Johanna ihren Kopf. Wie konnte man nur so misstrauisch sein.

Sie liefen zurück, als Helmut kam.

„Gut, dass Du kommst Helmut. Ich muss Dich gleich einmal etwas fragen", sagte Johanna.

„Was denn?", fragte Helmut zurück.

„Guck mal, dort drüben sitzt ein einzelner Massai in der Böschung. Was ist denn mit ihm? Du weißt ja, er setzt sich oft in unsere Nähe, aber er sagt nichts."

„Er nennt sich „Langer Mann", aber mehr weiß ich nicht." Helmut hatte offensichtlich keine Lust über den Massai zu reden. Stattdessen fragte er: „Jonas, wann beginnt denn Eure Safari?"

„In zwei Tagen", antwortete Jonas. „Wir sind schon sehr gespannt."
„Wie lange bleibt Ihr?"
„Zweieinhalb Tage. Zuerst mit dem Flugzeug nach Nairobi und dann mit dem Jeep in den Amboseli Nationalpark. Wir werden in der Massai Safari Lodge übernachten."
„Dann wünsche ich Euch viel Spaß."
„Danke, aber wieso heute schon?"
„Ich bin morgen nicht hier", antwortete Helmut.
„Dann sehen wir uns danach wieder."

Auf dem Weg zum Hotel wurden sie von Shandrack gerufen. Dieser war ein Beach-Boy, allerdings mit eigenem Shop. Diesen baute er jeden Morgen auf. Mit einer unglaublichen Hingabe polierte er einen Holzelefanten nach dem anderen. Bei ihm gab es alle möglichen Souvenirs. Unter anderem auch Masken, Ketten und Gürtel. Zu gerne wollte er Johanna und Jonas etwas verkaufen. Deshalb unterhielt er sich mit den Beiden, wann immer sie vorbei kamen. Er kam aus der Nähe von Nairobi und war nur während der Saison an der Küste. Bis dahin hatte Jonas alle Versuche abgewehrt, aber Johanna wollte unbedingt so eine Ananasschale aus Speckstein.
„Nun lass uns doch endlich eine kaufen", sagte sie deshalb zu Jonas.
„Zuerst muss ich mit ihm handeln. Ich will ja nicht mein Gesicht verlieren", erwiderte Jonas.
Und so wurde gehandelt. Zum Schluss hatte Johanna ihre Schale, Shandrack seine Schillinge und noch ein T-Shirt dazu.
„Wer ist denn nun der Gewinner?", fragte Johanna, die lieber etwas abseits gewartet hatte.
„Wahrscheinlich er", lachte Jonas. „Wenn wir außerhalb einmal eine ähnliche Schale sehen, werde ich mir dort den Preis sagen lassen. Mal sehen, was dabei herauskommt."

Als sie abends gemütlich an einem Tisch saßen, kam Samson. Er war derjenige, der eigentlich alles machte, was er gesagt bekam. Sei es morgens Koffer tragen, fegen in der ganzen Hotelanlage oder eben abends die Aschenbecher ausleeren. Dieses tat er, indem er jede Zigarette einzeln aus dem mit Sand gefüllten Aschenbecher zog. Statt einer Kehrschaufel hatte er einen Pappdeckel dabei, aber wenigstens war der Besen einigermaßen in Ordnung.
Es blieb nicht aus, dass Samson recht viel Kontakt zu den Touristen hatte.
„Jambo Mama, jambo Papa, habari?"
„Hapana, Samson", sagte Johanna. Sie war stolz, dass sie sich gemerkt hatte, was habari heißt. Allerdings verwechselte sie es mit hapana.
„Hapana Mama, Nzuri sana, asante", war sofort seine Reaktion.
„Wie bitte?"

„Hapana heißt „nein" Mama. „Nzuri sana, asante" heißt „Sehr gut,danke."

„Und wie antworte ich jetzt darauf?"

„Asante sana, das heißt „Vielen Dank".

„Ich werde es mir merken", lachte Johanna.

Samson freute sich, wenn er jemandem ein paar Wörter Suaheli beibringen konnte und Johanna wollte schon ein bisschen mehr lernen als nur das ewige „Jambo".

Als Samson wieder wegging, sagte er : "Lala salama Mama und Papa".

„Das musst Du mir jetzt aber auch noch übersetzen, Samson."

„Das heißt „Gute Nacht".

Endlich ging es zum Flugfeld. Zuerst bekamen alle ein Frühstück. Die Twin Otter stand schon bereit. Eigentlich standen zwei Maschinen dort, aber nur eine davon flog nach Nairobi.

„Ich bin erst einmal gespannt, wer alles mit uns nach Nairobi fliegt", sagte Johanna zu Jonas.

„Ist doch egal", erwiderte dieser.

„Das finde ich aber nicht. Hast Du diesen ganz dicken Mann gesehen? Hoffentlich steigt er nicht bei uns mit ein."

„Warum denn nicht? Die Maschine schafft das schon", antwortete Jonas.

„Lieber nicht, der wiegt doch etliche Kilos."

Nachdem   alle gefrühstückt hatten, wurden sie zum Einsteigen aufgefordert.

„Jonas, der Mann fliegt sicher mit der anderen Maschine, denn bis jetzt ist er noch nicht eingestiegen."

„Sag mal, kannst Du an nichts anderes mehr denken?"

Da ertönte eine Stimme: „Ist noch irgendwo ein Platz frei, hier ist noch ein Passagier."

Ohne sich groß umzudrehen hob eine Frau in der vordersten Reihe ihre Hand: „Ja, bei mir."

Johanna staunte nicht schlecht, denn es stieg der kiloschwere Mann ein. Er quälte sich regelrecht zwischen den Reihen hindurch und setzte sich zu der Frau.

„Oh Jonas, wenn das nur gut geht." Johanna war entsetzt.

Jonas sagte lachend: „ Das wird noch lustig. Hast Du gesehen, ihm hat es nichts ausgemacht, dass einige über seine Körperfülle gelacht hatten."

„Nein, lachen muss ich nicht über ihn. Er ist sicher sehr krank. So einen dicken Menschen habe ich ja noch nie gesehen."

„Dann können wir jetzt losfliegen", sagte der Pilot und verschwand in seiner Kabine.

Schnell waren sie über den Wolken. Ab und zu wurden sie ein bisschen durchgeschüttelt. Wenn ein größeres Wolkenloch kam und sie plötzlich absackten, dann schrie auch einmal jemand auf, aber das fanden Johanna und Jonas nicht weiter schlimm. Die Twin Otter war eben ein kleines Flugzeug.

Ganz herrlich war der Blick ohne Wolken.

„Dort ist der Kilimandscharo", rief Johanna.

„Man kann deutlich den schneebedeckten Gipfel sehen. Toll!"

„Ich habe gelesen, wenn wir in der Lodge sind, können wir ihn noch besser sehen." Johanna freute sich schon darauf.

„Zuerst fahren wir aber durch den Nairobi Nationalpark. Das wird sicher auch schön."

„Meine Damen und Herren, ich sage Ihnen jetzt die aktuellen Temperaturen von Nairobi. Momentan sind es 16°. Ich hoffe, sie haben auch etwas wärmere Kleidung dabei?"

„Na Klasse, von 33° auf 16°. Wir werden ganz schön frieren." Johanna schüttelte sich innerlich.

„Das hätten wir wissen müssen, Johanna. Soviel ich weiß, zählt Nairobi zu den höchstgelegenen Städten Afrikas."

„Egal, da müssen wir eben durch. Vielleicht wird es ja noch wärmer. Es ist ja noch früh am Tag. Ist Nairobi eigentlich sehr groß?"

„Knapp über 1 400 000 wenn ich das richtig behalten habe. Die Einwohnerzahl steigt ja ständig an."

„Ach Du liebe Güte, jetzt regnet es auch noch. Wir holen als erstes unsere Jacken aus dem Gepäck."

Nachdem sie zu viert im Jeep saßen, ging die Fahrt los.

„Wir fahren jetzt in den Nairobi Nationalpark. Er wurde 1946 eröffnet. Mit seinen 117 Quadratkilometer, ist er nicht sehr groß, aber wir haben fünfhundert Vogelarten und achtzig verschiedene Säugetierarten. Sehr stolz sind wir auf unser Schutzgebiet für Nashörner. Wir fahren jetzt ungefähr sieben Kilometer und dann sind wir am Eingang angekommen. Mein Name ist Tom. Ich beantworte alle Fragen, falls sie etwas wissen möchten."

„Was für Nashörner sind das denn?", fragte Johanna.

„Das sind Spitzmaulnashörner. Wir haben einen idealen Lebensraum für sie. Der Park besteht überwiegend aus einer Savannen Landschaft. Es gibt aber auch sehr viele Bäume im Hochland, ebenso fließen Flüsse hier durch. Die Nashörner finden also genug zu fressen."

„Und was fressen sie?", fragte Johanna weiter.

„Sie fressen weiche Pflanzen, aber auch vor dornigen machen sie nicht halt. So, wir sind da. Ich bezahle jetzt und dann fahren wir los. Aussteigen dürfen Sie nicht und die Fenster bleiben zu. Wer noch eine Toilette aufsuchen muss, sollte das jetzt tun."

„Bei dem Wetter muss man auch kein Fenster aufmachen", sagte Jonas.

„Nein, sicher nicht. Guck, es regnet wenigstens nicht mehr."

„Hast Du gesehen, da über den Weg liefen Rehe."
„Nein", lachte Tom. „Das sind Impalas."
„Impalas?"
„Ja, eine afrikanische Antilope. Sie können bis zu neun Metern weit und drei Meter hoch springen. Hier gibt es ganz viele davon."
Johanna lachte. Sie konnte jetzt die Impalas etwas besser ansehen. „Aus der Nähe sehen sie wirklich nicht wie Rehe aus." Tom lachte mit.

Der erste Stopp war an einem Denkmal.
„Hier wurden 1989 mehrere Millionen Tonnen Elfenbein verbrannt. Auf Anordnung von Daniel Arap Moi. Er wollte ein Zeichen gegen Wilderei setzen und machte so weltweit auf alles aufmerksam. Das haben Sie zu Hause sicher auch gelesen?" Tom drehte sich ein wenig nach hinten.
„Wir haben im Fernsehen einen Bericht darüber gesehen", antwortete Jonas. „Hat denn die Wilderei aufgehört?"
„Nein, es gibt immer noch Wilderer, aber es ist schwieriger für sie geworden."
Nachdem sie wieder los fuhren rief eine Frau:
„Ist das dort hinten ein Nashorn?"
„Ja", sagte Tom. „Wir dürfen aber nicht näher hinfahren, weil wir angewiesen wurden, auf den Wegen zu bleiben."
„Schade", erwiderte die Frau, "ich hätte es gern ganz nah gesehen."
„Das lässt sich nicht immer einrichten, wir sind hier nicht in einem Zoo." Damit war das Thema für Tom erledigt.
„Ich habe aber gelesen, der Nationalpark ist eingezäunt." Die Frau ließ nicht locker.
„Der Park ist auf drei Seiten mit einem Zaun versehen. Eine Seite ist offen. Dort bildet der Mbagathi Fluss die natürliche Grenze." Tom verstand nicht wirklich, was ein Zaun mit einem Zoo zu tun haben sollte. Hier waren alle Tiere frei und wild. Trotz der Zäune. Man konnte sie eben nicht so von der Nähe aus sehen.
Zum Glück waren die ersten Giraffen, Büffel und Geparden zu sehen. Alle sahen aus dem Fenster und erfreuten sich an ihnen. Es war wirklich schade, das nicht die Sonne schien. Aber wenigstens regnete es nicht.
Nach zwanzig Kilometern kamen sie in der Massai Safari Lodge an. Ziemlich durchgeschüttelt.
„Jonas, mir tut alles weh. Das war aber eine holperige Fahrt."
„Johanna, wir sind mit einem afrikanischem Jeep gefahren", erinnerte sie Jonas. „Hier ist so manches anders als bei uns. Das vergeht wieder".
„Das wollen wir hoffen. Sieh einmal, der Mann dort will uns wohl begrüßen."
„Das ist aber kein Afrikaner."
„Herzlich Willkommen in unserer Lodge", sagte der Mann.
„Wir befinden uns 1300 Meter über dem Meeresspiegel. An der Grenze des Nairobi Nationalparks und an den Ufern des Flusses Embasaki.

Wie Sie dann sehen werden, sind wir dem Namen Massai gerecht geworden. Es befinden sich überall Kalebassen, Massai-Speere und ebenso die verschiedensten Schilder der Massai. Die Kalebassen sind Gefäße, in denen Flüssigkeit transportiert wird. Man höhlt ausgereifte Kürbisse aus, lässt sie langsam trocknen und so bildet sich eine wasserundurchlässige Außenhaut. Vielleicht kennen Sie die Kalebasse auch aus der Musik. Dort wird sie auch verwendet. Jetzt wird Ihnen aber ein Boy ihre Zimmer zeigen."

„Hier sieht es aber schön aus." sagte Johanna zu Jonas. „Überall stehen Rundbauten."

Es war wirklich schön und schnell packten beide ihre Taschen aus.

„Und das alles in der Wildnis. Wie die das wohl bewerkstelligt haben?"

„Hier sind genug Menschen, die dringend Arbeit suchen, Johanna."

„Ja, ich habe es ja in Mombasa gesehen. Vor allem, mit welchen primitiven Mitteln sie das tun. Bei uns wird ein Bau sofort eingestellt, wenn kein Gerüst vorhanden ist. Wie die überall herumturnen.

„Dann weiß man erst, wie gut wir es haben", antwortete Jonas.

„Komm, wir sehen einmal nach, ob die anderen auch schon fertig sind. Ich möchte auch gerne wissen, wie es weiter geht."

Beide gingen wieder zurück zu der Eingangshalle. Dort stand schon der Manager.

„Ich werde Ihnen jetzt den weiteren Ablauf sagen. Sie können wählen, ob Sie nach dem Essen auf die Pirsch oder nach Nairobi fahren wollen. Ich komme übrigens aus Irland."

„Oh, aus Irland", sagte Johanna. „Das hätte ich jetzt aber nicht vermutet."

„Vielleicht etwas ungewöhnlich für einen Iren, aber ich liebe Afrika und habe meinen Entschluss noch nicht bereut. Ich möchte Ihnen allen aber noch einen kleinen Tipp geben: Wenn Sie hier eine Schlange sehen, bleiben Sie zuerst stehen, gehen ganz langsam drei Schritte zurück und dann rennen Sie was sie nur können weg."

Das hätte er ruhig weglassen können, dachte Jonas. Schon brachen einige Frauen in Panik aus. Nur gut, dass Johanna ruhig blieb.

„Schlangen greifen Menschen aber nur selten an", sagte Johanna. „Das habe ich gelesen. Sie wehren sich, wenn man sie stört oder belästigt."

„Ja, lass uns lieber überlegen was wir heute Nachmittag machen. Pirsch oder Stadtrundfahrt?"

„Wir fahren mit nach Nairobi oder? Auf die Pirsch gehen wir ja morgen noch den ganzen Tag. Einverstanden? Wer weiß, ob wir da noch einmal hinkommen." Johanna sah Jonas fragend an.

„Einverstanden, wir werden gleich einmal Bescheid sagen. Dann essen wir jetzt erst einmal etwas."

Als Beide zum Speisesaal kamen, saß ganz in der Nähe der Dreizentner

Mann in einem Korbstuhl; er kaute bereits.

„Kein Wunder, dass er so dick ist", sagte Johanna. „Er hätte ja ruhig noch warten können."

„Sicher, aber das war sicher nur ein Snack", antwortete Jonas.

Im gleichen Moment sagte ein Boy zu dem Mann: „Herr Dr. Sowieso, bitte kommen Sie zu Ihrem Tisch."

Aber was war das? Der Mann konnte nicht aus dem Korbsessel heraus. Er war richtig darin eingeklemmt. Die Boys zogen an seinen Armen, aber der Sessel hing an seinem Po fest. Schon wandten sich einige ab, weil sie lachen mussten. Endlich erbarmte sich ein anderer Tourist und zog an dem Sessel, so dass das Drama beendet war.

Dr. Sowieso lachte. „Das ist mir schon einmal passiert. Mir macht es nichts aus, wenn Sie darüber lachen. Das würde mir auch so gehen." Nach diesen Sätzen nahm er Platz. Auf einem ganz normalen Stuhl.

Johanna und Jonas fuhren nach dem Essen nach Nairobi.

„Nairobi liegt ein Grad südlich des Äquators in 1700 Metern Höhe und hat ca. eine Million Einwohner", meldete sich der Reiseleiter zu Wort. „Mein Name ist John. Wir fahren jetzt erst einmal zum Uhuru-Park. Uhuru heißt auf Suaheli Freiheit. Dieser Park trennt das Geschäftszentrum von der restlichen Stadt, die sich aufwärts zu den Hügeln hinzieht. Dort werden wir sehr viele Pflanzen sehen. Zum Beispiel Kandelabereuphorbien. Das ist ein Wolfsmilchgewächs. Darin befindet sich sehr giftiges Latex. Ein Tropfen davon genügt, um blind zu werden. Bei uns wird er als Viehzaun angepflanzt, weil Raubtiere diesen giftigen Zaun nicht durchbrechen. Es gibt weiterhin Aloen, viel Rasen und ganz dort hinten sehen Sie das Kaffee braune, trichterförmige Dach des Turmes von dem Kenyatta Konferenzzentrums. Jomo Keyatta wurde 1963 der erste Ministerpräsident von Kenia. Weiter vorne sehen Sie den 12-stöckigen Uhrturm des Parlaments. Wir fahren dann weiter durch das Diplomatenviertel."

„Das waren aber Erklärungen im Schnelldurchlauf", sagte Johanna. „Wir hätten ruhig aussteigen können, stattdessen sehen wir uns das Diplomatenviertel an. Ist das denn etwas Besonderes?"

„Vielleicht sind die Kenianer einfach nur stolz auf die vielen Diplomaten, die sich hier befinden. Wir werden schon noch aussteigen", erwiderte Jonas.

Das kam dann für beide schneller als gedacht. Der Bus hielt mitten in der Stadt.

„Sie haben jetzt eine Stunde Zeit. Sie können sich die Geschäfte ansehen. Wir treffen uns wieder an dieser Stelle", sagte John. „Danach fahren wir zum Museum. Das öffnet erst in einer Stunde. Sehen Sie, dort drüben ist ein richtig afrikanisches Kaufhaus."

„Dann werden wir einfach einmal hinein gehen, Johanna."

„Ja, mehr kann man in dieser Straße sowieso nicht anfangen."

Kaum waren sie in dem Kaufhaus, kam ein junger Afrikaner auf sie zu.

„Hier entlang, hier finden Sie alle Arten von Souvenirs."

Johanna und Jonas taten ihm den Gefallen. Der junge Mann folgte ihnen auf Schritt und Tritt.

„Sage einmal, bewacht uns dieser Mann?" Johanna empfand ihn als sehr störend.

„Kann schon sein. Kümmere Dich einfach nicht um ihn. Hier sind Holzelefanten. Sie sehen irgendwie besser aus als die vom Strand."

„Dann nehmen wir zwei mit oder?" Johanna war sofort am Handeln.

„Ja, mal sehen, wie weit der Mann mit dem Preis herunter geht. Aber Du machst das schon."

„Jonas, leben und leben lassen. Ich habe ein paar Schillinge eingespart. Den Kassenbon müssen wir aufheben für die Rückkontrolle unseres Geldes."

"Daran habe ich im Moment gar nicht mehr gedacht. Du hast recht, Johanna."

Nach einiger Zeit verließen sie das Kaufhaus. Gegenüber war ein europäisch aussehendes Schuhgeschäft.

„Jonas, ich muss da einmal hinein."

„Schuhe kaufen?"

„Nein, ich müsste einmal zur Toilette. Ich glaube, hier ist alles sauber. Ich werde einmal fragen ob das geht."

Die Verkäuferin wunderte sich zwar, aber sie zeigte Johanna den Weg. Im Laden war alles blitzblank, aber als Johanna die gezeigte Tür aufmachte, erschrak sie richtig. Was war denn das? Es war ein dunkler, sandiger Gang und es roch abscheulich. Vorsichtig ging sie vorwärts. Gut, da war noch eine Tür. Sie machte sie auf und wäre am liebsten schnell wieder weggegangen. Es war so eine Art Donnerbalken. Und nun? Augen zu und durch, dachte sie. Gegen die eigene Natur kann man eben auch nichts machen.

„Alles in Ordnung?", fragte Jonas.

„ Ja, aber ich glaube, nächstes Mal setze ich mich lieber unterwegs hinter ein Gebüsch."

„Oder vor einer Fahrt nicht so viel trinken", lachte Jonas.

Dann kam der Bus. Alle stiegen ein und John sagte: „Ich zeige Ihnen jetzt noch die University of Nairobi und danach fahren wir zum Museum."

„Ach, schon wieder nur Gebäude." Johanna hatte keinen Spaß daran.

„Ist doch nicht schlimm", erwiderte Jonas. „Vielleicht kommen wir automatisch daran vorbei und John will nur etwas erzählen."

„Ja, so wird es wohl sein." Johanna sah weiter aus dem Fenster.

John hatte wohl mitgehört, denn er sagte: „Die Universitäten liegen auf der Strecke. Wir fahren jetzt auf dem Uhuruhu- Highway in Richtung

Norden. Rechts davon befindet sich auch das Nationaltheater."

„Jonas, ich habe so das Gefühl, als ob wir das alles schon einmal gesehen haben", sagte Johanna während der Fahrt.

„Vielleicht sind wir hier vorbeigefahren, aber von dem Nationaltheater hat John eben nichts gesagt."

„Dann hat er es sicher vergessen und holt es jetzt nach. Ist ja auch egal."

Nach wenigen Minuten kamen sie zum Nationalmuseum. Gleich vor dem Eingang stand ein riesiger Elefant. Viele ließen sich erst einmal davor fotografieren.

„Das Museum wurde am 22.September 1930 eröffnet. Wir gehen zuerst in die Abteilung Flora und Fauna", sagte John, nachdem er alle durchgezählt hatte.

Es gab jede Menge ausgestopfte Tiere zu sehen. Riesige Käfer, unzählige Schmetterlings-und Vogelarten. Zwar waren alle etwas mit Staub bedeckt, aber trotzdem sehenswert.

„Sieh einmal Jonas, da ist ja ein großer Nektarvogel", rief Johanna.

„Die meisten Arten davon leben in Afrika", sagte ein Tourist, der hinter Johanna und Jonas stand.

„Er gehört zu den Sperlingsvögeln", fuhr der Mann fort.

„Dann kenne Sie sich aber gut aus", antwortete Johanna.

„Ja, ein wenig. Und das dort ist ein Fischadler. Den kann man auch bei uns in Europa sehen. Im Norden und im Osten."

Jonas lief schon einmal weiter. Hoffentlich kommt Johanna auch gleich nach, dachte er. Wenn sie etwas Neues aus der Vogelwelt sehen und hören konnte, dann vergaß sie schon einmal, dass er auch noch da war. Deshalb rief er zu: „Ich gehe schon einmal zu dem Skelett dort drüben."

„Jonas, ich bin ja schon da. Ist das ein Skelett von einem Wal?"

„Ja, da steht es auch auf dem Schild. Sieh einmal, der nachgebildete Elefant dort hat auch einen Namen!"

„Ahmet, der Elefant. Hat der aber lange Stoßzähne gehabt!"

„Wir gehen jetzt in die Geologische Abteilung", sagte John. „Bitte folgen Sie mir. In dieser Abteilung wird die Entstehung des Rift Valleys erklärt."

„Das ist doch der ostafrikanische Graben?", fragte Jonas.

„Ja, er geht von Ostafrika bis nach Südwestasien. Das wird uns aber jemand erklären, der sich damit besser auskennt. Der Mann kommt gleich, bitte bleiben Sie hier stehen."

Nach wenigen Minuten kam tatsächlich ein Afrikaner. Er begann sofort mit der Erklärung:

„Wenn man an einen Bruch denkt, dann denkt man vielleicht an einen glatten Riss. Das ist aber nicht der Fall, denn es blieben Bergriegel und Vulkane stehen, die Wasserscheiden bildeten. Dadurch wurde das Rift Valley in mehrere langgezogene Becken unterteilt. Durch die

Wasserscheiden entstanden an den tiefsten Stellen meist sehr salzhaltige Seen. Es entstanden aber auch sehr heiße Zonen. Zum Beispiel in der Gegend um den Vulkan Teleki. Dort ist der tiefste Teil des Rift Valleys. Wirtschaftlich gesehen kann man diese Gegend nicht nutzen.

Eine vielleicht bekanntere Gegend ist der Nakuru-See, berühmt durch seine Flamingos. Nakuru heißt auch die Hauptstadt der Porvinz Rift Valley. Hier bilden niedrige Hügelketten die Wasserscheiden. In dieser Gegend ist das Klima günstig, so dass dort eine dichte Besiedelung herrscht.

Wieder eine sehr wüstenhafte und heiße Gegend gibt es im Magadi Becken. Der Magadi See ist der südlichste See in Kenia. Etwa hundert Kilometer von Nairobi entfernt. Aus ihm wird seit langer Zeit Soda abgebaut. Ich sage extra Soda, weil sicherlich keiner etwas mit dem Wort „Trona" anfangen kann. „Trona" heißt das Salzgemisch, aus dem Kochsalz und Pottasche gewonnen wird. Pottasche wird unter anderem zur Herstellung von Glas verwendet, aber das wissen Sie sicher."

„Zum Backen kann man auch Pottasche verwenden", meldete sich Johanna zu Wort. „Es ist ein Treibmittel für Plätzchen und Lebkuchen."

„Nun habe ich auch noch etwas dazu gelernt", lachte der Afrikaner. „Nur werden bei uns kaum Plätzchen gebacken. Für solches Gebäck fehlt uns das Geld für die Zutaten. Auf jeden Fall ist Pottasche ein Produkt, das vielseitig zu verwenden ist.

Ich will aber nicht vergessen, den Baringo-See zu erwähnen. Das ist ein Süßwassersee. Er liegt am östlichsten Arm des Ostafrikanischen Grabens. Ach ja, der Naiwasha See natürlich auch. In beiden Seen kommen sehr viele Fische vor. Ein ganz besonderer Fisch ist der Tilapia. Ein Buntbarsch. Für Touristen ist es dort sehr interessant, die Fütterung der Schreisee -Adler mit zu erleben. Dieser Adler ist ein afrikanischer Greifvogel, der im See ein hohes Nahrungsangebot vorfindet. Es leben dort aber auch Flusspferde und Krokodile."

„Ich glaube, wir müssen jetzt aber weiter. Wir wollen ja noch zu den Schlangen", sagte John. „Bitte kommen Sie mit. Wir verlassen das Gebäude und laufen hinüber zu dem Schlangenpark. Dort warten zweihundert giftige und ungiftige Schlangen auf Sie."

„Wollten wir nicht auch zu den ausgestellten Waffen und den anderen Gegenständen von früher?"

Johanna hatte noch nicht genug von Geschichte.

„Dafür reicht uns leider die Zeit nicht", erwiderte John. „Es ist ja nur eine halbtägige Fahrt. Ich muss sehen, dass ich alles vorgeschriebene mit Ihnen tue."

So liefen sie zum Schlangenpark. Dort sollten sich auch Leopardenschildkröten befinden.

„Ich freue mich schon auf die Schildkröten", sagte Johanna zu Jonas. „Weißt Du wie alt die werden?"

„Ich glaube, in Gefangenschaft ungefähr fünfundsiebzig Jahre. Ich bin mir aber nicht ganz sicher, ob das stimmt", erwiderte Jonas.

„Sie haben eigentlich gar keine Feinde. Außer dem Menschen oder?"

„Am besten lesen wir überall die Schilder genau. Dann weißt Du Bescheid. Ich bin ja schließlich kein wandelndes Tierlexikon."

Dann kamen sie an wirklich vielen Schlangen vorbei. An schwarzen und grünen Mambas, Puffottern und Pythons.

„Sieh mal, hier steht: Die Puffotter ist eine Vipernart und sie kommt in ganz Afrika vor."

„Ja", sagte John, „eine ausgewachsene Puffotter hat so viel Gift, dass sie vier bis fünf Menschen damit umbringen kann. Das gute ist, dass sie eigentlich nachtaktiv ist und wenn man nicht auf sie tritt oder ihr zu nahe kommt, beißt sie nicht."

„Ausprobieren möchte ich das aber nicht", sagte Johanna. „Und die Python? Ist die auch so giftig?"

„Pythons sind Riesenschlangen. Sie können bis zu fünf Metern lang werden. Man bezeichnet sie auch als Würgeschlangen, weil sie ihr Opfer erwürgen. Demnach sind sie nicht giftig, aber sehr kräftig."

„Wie kommen denn die Jungen zur Welt? Werden da Eier ausgebrütet oder bezeichnet man die Python als lebend gebärend?"

„Die Pythons brüten die Eier aus, aber sehen Sie, da ist eine Boa, sie bringt lebende Junge zur Welt."

„John, Du weißt aber gut Bescheid mit Schlangen", sagte Jonas.

„Ja, ich mag diese Tiere sehr. Dort sind die Kobras." John hatte sehr schnell bemerkt, dass Johanna alle Tiere mochte. Die Schlangen vielleicht nicht so sehr, aber es interessierte sie einfach alles. Jonas hörte besser bei Zahlen der Geschichte zu. Ein recht gut zusammen passendes Paar. Er lächelte bei diesen Gedanken. Seine Frau hatte nur für wenig Interesse. Bei ihr stand jeden Tag an erster Stelle das Beschaffen von Nahrung auf dem Programm.

„Kobras sind auch giftig oder?", fragte Johanna.

„Ja, sie gehören zu den Giftnattern. Einen Biss von ihr überlebt ein Mensch meistens nicht. Diese Bisse kommen aber relativ selten vor. Kobras sind gegenüber dem Menschen nicht aggressiv. Sie fressen hauptsächlich andere Schlangen oder Echsen."

„Ich sehe schon die Krokodile", sagte Jonas.

„Die dösen den ganzen Tag so vor sich hin", antwortete John. „Es sind Nil-Krokodile, die in ganz Afrika zu finden sind. Haben Sie gewusst, dass Krokodile Nester bauen?"

„Nein, das haben wir nicht", antwortete Johanna. „Ich dachte, sie graben Löcher und legen ihre Eier hinein. Danach machen sie das Loch wieder zu. Wie viele Eier legen sie denn?"

„Das stimmt bei dem Nil-Krokodil. Die Alligatoren und das Leistenkrokodil bauen einen Hügel aus Pflanzenresten. Sie legen ungefähr fünfzig Eier, die die Mutter bewacht. Sind sie geschlüpft,

haben sie einige Feinde, aber wenn sie ausgewachsen sind nicht mehr."
Nachdem alle wieder zusammenstanden sagte John: „Wir fahren jetzt
wieder zur Lodge. Ihre Tour ist somit beendet. Ich hoffe, sie haben
einen kleinen Einblick bekommen und danke Ihnen, dass Sie mir so gut
zugehört haben. Vielleicht sehen wir uns ja einmal wieder. Ich wünsche
Ihnen noch einen schönen Aufenthalt in unserem Land."

So fuhren sie wieder Richtung Lodge. Dort standen schon die anderen,
die die Pirsch mitgemacht hatten. Eifrig wurde darüber geredet, wer
nun mehr von dem Nachmittag gehabt hatte.
„Weißt Du was Johanna, ich ziehe mir jetzt die Badehose an und springe
in den Pool. Mir ist gerade sehr warm."
„Da bin ich aber gespannt. Mich bekommst da nicht hinein. Ich setze
mich lieber in die Sonne. So viel haben wir heute ja nicht davon
abbekommen."
„Ich weiß, für Dich war es mal wieder nicht warm genug, aber es hat
wenigstens nicht geregnet. Ich gehe auf jeden Fall in den Pool." Jonas
lief schnell zum Zimmer und zog sich um.
Ehe sich Johanna versah, war Jonas in den Pool gesprungen, aber
genauso schnell war er auch wieder draußen.
„Das Wasser ist mir doch zu kalt".
„Da hast Du recht, aber wenn Du Dich erkältet hast, bist Du eben
selbst dran schuld", sagte Johanna. „Zieh Dich schnell um. Wir können
sowieso gleich zum Essen gehen."

Das taten beide dann auch. Sie staunten sehr, als sie in den Speisesaal
kamen. Alles war richtig elegant eingedeckt. Sie wurden paarweise zu
ihrem Tisch geführt; fast jeder hatte seinen eigenen Kellner.
„Hättest Du geglaubt, dass man in dieser Gegend, um nicht zu sagen
Wildnis, so bewirtet werden kann? Wir passen alle mit unserer Kleidung
gar nicht so richtig zu den Tischen", sagte Johanna zu Jonas.
„Nein, so habe ich mir das auch nicht vorgestellt. Das ist sicherlich ein
komisches Bild für die Afrikaner. Statt in schicker Kleidung sitzen alle
in Safari Klamotten da."
„Ich finde das ärgerlich. Die Reiseleitung hätte uns das vorher schon
sagen können, oder?" Johanna fand alles schrecklich unangenehm.
„Lass es gut sein, wir sind ja nicht die einzigen und wahrscheinlich
auch nicht die ersten, die in Jeans da sitzen. Wir können es jetzt sowieso
nicht mehr ändern."
Nach dem Essen saßen sie alle noch eine Weile zusammen. Es wurde
mit der einbrechenden Dunkelheit merklich kühler.
„Jonas komm, wir werden morgen früh geweckt", sagte Johanna. „Sieh
einmal, hier hängt eine Karte vom Nairobi Nationalpark. Da sind die
einzelnen Gebiete mit Namen versehen. Die will ich mir schnell noch
aufschreiben, damit ich zu Hause weiß wo wir waren."

„Gute Idee, hast Du denn einen Block dabei?"
„Klar, bei diesen Namen geht das nur schriftlich", lachte Johanna.
So schrieb sie auf: „Kingfisher". Darunter stand: Eisvogelschlucht. In dieser Gegend war ihre Lodge.
„Ich habe aber keinen Eisvogel gesehen, Du?," fragte sie deshalb.
„Nein, ich auch nicht. Johanna, es ist nicht immer alles gleich da, bloß weil es irgendwo draufsteht."
„Ja, ich weiß. Das war ja auch bloß eine Frage."
Sie schrieb weiter:
„Impala Point", „Rhino Drift" Nashornfurt, „Hyrax Valley" Klippschliefertal, „Hyena Dam" Hyänendamm, „Baboon Escarpment" Pavianhang, Lion Corner" Löwenecke, „Eland Hoolow" Antilopenhöhle und „Vultures Roost" Geierhorst.
„So, das habe ich notiert. Nun aber schnell ins Bett." Johanna nahm Jonas am Arm und sie liefen los.
„Meinst Du, die Tiere wissen, dass sie dort wohnen?", fragte Jonas.
„Nein, sicher nicht, aber die Safari Führer haben auf diese Art einen Anhaltspunkt. Kann ja sein."

Auf dem Weg zu ihrem Rundbau fanden sie nicht den richtigen Weg.
„Hier sieht sich alles so ähnlich und keinen Menschen kann man fragen." Johanna fühlte ich plötzlich nicht mehr so wohl.
„Es ist aber auch wirklich stockdunkel. Wir werden unser Zimmer aber bestimmt noch finden", sagte Jonas.
Plötzlich, wie aus dem Nichts, sagte eine Stimme: „Kann ich Ihnen helfen?"
Beide erschraken sehr, denn den Askari hatten sie überhaupt nicht bemerkt. Es war nur das Weiß seiner Augen zu sehen, denn zu seiner dunklen Hautfarbe war er auch noch mit einem dunkelblauen, langen Mantel bekleidet! Fast unsichtbar.
Der Askari lachte, als er bemerkte, wie sehr er die Beiden erschreckt hatte.
„Sagen Sie mir ihre Zimmernummer, ich bringe Sie hin."

Am nächsten Morgen konnten sie, vor der Fahrt in den Nairobi Nationalpark, die Affen bestaunen. Durch ein Fenster, von dem man einen guten Ausblick zu den gegenüberliegenden Bäumen hatte, sahen sie die Paviane herumturnen.
„Das ist einmal verkehrte Welt. Bei uns sind die Affen hinter Glas und hier sind wir es", sagte Johanna.
„Ja, es sieht aus, als ob sie uns etwas vorturnen", antwortete Jonas.
„Allerdings ist der Unterschied zu einem Zoo, dass Affen und Menschen beide in Freiheit leben, oder?"
„Du weißt schon wie ich es gemeint habe. Jetzt sind wir ja relativ weit weg und sie sehen trotzdem noch recht groß aus. Weißt Du wie groß

Paviane werden?"

Statt Jonas antwortete der Manager, der hinter Ihnen stand: „ Sie können über einen Meter groß werden und etwa 30 kg wiegen. Sie leben meist in großen Gruppen. Meist gemischt, Männchen und Weibchen, aber manchmal bilden ein Männchen und mehrere Weibchen auch eine Gruppe."

„Wie in einem Harem", lachte Jonas.

„Ja, das kann man so sagen. Das sind dann meistens Mantelpaviane. Es gibt ja verschiedene Arten. Ich glaube, jetzt müssen Sie aber zu ihrem Jeep gehen. Der Fahrer wartet schon auf Sie. Ich wünsche Ihnen noch eine schöne Zeit."

„Wie heißen denn diese Tiere, die hier am Weg entlang laufen?" Das wollte Johanna unbedingt noch wissen.

„Das sind Klippschliefer. Wussten Sie, dass diese Tiere mit Elefanten verwandt sind?" Fragend sah der Manager sie an.

„Mit Elefanten?" Johanna konnte das gar nicht glauben. Die Klippschliefer sahen eher einem Murmeltier ähnlich.

„Ja", antwortete der Manager. „Man kann es, wenn man sie lange beobachtet, an den nachwachsenden Zähnen vom Oberkiefer erkennen. Wir leben hier mit diesen Tieren und Sie werden es kaum glauben, manchmal gebe ich ihnen auch einen Namen. Sie werden zwar nicht zahm, aber irgendwann hat man sich seinen bestimmten Klippschliefer herausgesucht. Bricht aus irgendeinem Grund etwas von einem Zahn ab, wundert man sich später, das der Zahn wieder in voller Länge da ist."

Tatsächlich stand Tom schon draußen vor seinem Jeep.

„Jonas, wir fahren wieder mit Tom, ja?"

„Ja, machen wir."

„Jambo Mama und Papa. Steigen Sie bitte ein. Die anderen sitzen schon drin. Ich werde nur schnell das Gepäck noch verstauen."

Es dauerte nicht lange bis sie wieder am Tor zum Nationalpark waren. Der Weg führte hindurch zum Wilson Airport in Nairobi. Es waren schon viele Tiere unterwegs, vor allem Springböcke, aber auch Gnus und Kaffernbüffel. Elefanten waren aber nicht zu sehen.

„Das nennen sie also Pirsch", bemerkte Johanna.

Tom fuhr zwar langsam, aber man merkte, dass er pünktlich am Flughafen sein wollte.

„Tom, halte doch einmal an. Was sind denn das für Tiere?", fragte sie deshalb.

„Das sind Dikdiks", antwortete er.

„Das habe ich ja noch nie gehört. Die sind aber sehr klein", sagte Johanna.

„Ja, es ist eine Antilopenart. Die kleinste." Tom sah auf seine Uhr. Diese Johanna konnte aber auch Fragen stellen. Die Zeit drängte, zumal er auch nicht so schnell durch den Nationalpark fahren durfte. Meistens hatte er bis jetzt Touristen gefahren, die mit einem kurzen Fotostopp zufrieden waren, aber jetzt musste er doch wesentlich öfter anhalten. Da er aber keinen Ärger haben wollte, sagte er: „Sehen Sie dort drüben, da stehen Massai-Giraffen!"

„Ja, ich sehe sie", antwortete Johanna. „Ein bisschen näher kann man aber sicher heranfahren oder?"

„Kann ich machen, dort führt ein schmaler Weg hin", erwiderte Tom. Die Giraffen ließen sich nicht stören und fraßen weiter.

„Sie sehen aus wie Netzgiraffen", sagte Johanna.

„Ähnlich. Da muss man aber etwas davon verstehen. Diese hier haben sehr weit auseinander liegende Flecken. Das Fell kann auch etwas dunkler sein. Daher Masai-Giraffen. Sie werden auch etwas größer als die Netzgiraffen. Nun fahren wir aber weiter."

Doch nach einer Weile musste er schon wieder anhalten. Diesmal fragte eine Touristin:

„Sind das dort etwa Perlhühner?"

„Ja, das ist das Hemperlhuhn. Sie fressen alles. Pflanzen oder kleine Tiere. Aber jetzt werde ich den letzten Stopp machen. Sehen Sie dort die Straußenherde?"

Alle blickten gespannt in eine Richtung. Tatsächlich, man sah einige Hälse.

„Das sind die größten Vögel der Erde", sagte Tom ganz stolz. „Sie leben in Savannen und Wüsten."

„Ja, und in der Lodge waren sie eingesperrt!", warf Johanna ein.

„Sie werden dort gezüchtet. So wie bei Ihnen zu Hause die Hühner. Die werden von Ihnen auch gegessen, oder? Außerdem sind es in der Lodge auch nur wenige. Sie werden sicher die Eier verwenden. Das weiß ich nicht genau."

Danach hielt Tom nicht mehr an. Die Zeit drängte.

Am Flughafen angekommen, lud er das Gepäck aus und sagte: Kwaheri, ich muss gleich weiter. Es kommen neue Gäste, mit denen ich zur Pirsch fahren werde."

„Kwaheri Tom", kam fast einstimmig von allen. Nun mussten sie erst noch ein Stück fliegen und dann wartete der Ambosli Nationalpark auf sie.

„Hoffentlich sehen wir dort mehr Tiere als hier", sagte Johanna.

„Sicher", erwiderte Jonas. „Das Wetter hat sich gebessert. Wenn die Sonne so bleibt, werden wir sicherlich schwitzen."

„Macht nichts, wir sind ja schließlich in Afrika. Frieren kann ich zu Hause."

Auf dem Flug zum Amboseli Nationalpark, flogen sie unter den Wolken. Auf diese Weise konnten sie sehr gut die Landschaft unter ihnen sehen. Rote Erde mit Rissen, hellbraune Straßen und einige Hügel. Aber dann sahen sie den Kilimandscharo. Ein wunderschöner Anblick.

Nach der Landung wurden sie gleich zu einem Jeep gebracht. Das Gepäck wurde verstaut und nach dem alle einen Platz gefunden hatten, fuhren sie los.
„U hali gani? Unasema Kijerumani?" fragte der Fahrer des Jeeps.
„Keine Ahnung, was er gesagt hat. Hast Du das verstanden Johanna?"
„Nein, habe ich nicht. Hoffentlich kann er englisch. Das wird sonst nicht lustig, wenn wir nichts verstehen."
„Ich habe gefragt: „Wie geht es Ihnen? Sprechen Sie deutsch? Mein Name ist Josef und ich spreche deutsch. Wenn Sie Fragen haben, ich kenne mich in der Tierwelt aus", sagte er lachend.
„Dann ist es ja gut", sagte Johanna. „Ich werde Sie schon genug fragen."

„Zuerst möchte ich Ihnen etwas über den Amboseli Nationalpark erzählen: Dieser Park liegt ca. 1200 Meter über dem Meeresspiegel. Mit seinen 390 Quadratkilometern kommt er natürlich nicht an die Größe des Masai-Mara-Naturschutzgebietes heran, aber hier gibt es ebenso eine Vielzahl an Tieren, die sich sehen lassen kann. Meist kann man den Kilimandscharo, der ja hinreichend fotografiert wurde, manchmal mit einer Herde Elefanten davor oder auch mit Giraffen von überall im Park sehen. Heute müssen wir noch ein bisschen warten. Es ist noch neblig, aber ich verspreche, wir werden ihn sehen.
Wenn man Kilimandscharo sagt, dann bezeichnet man damit das Bergmassiv. Der höchste Berg ist der Kibo. 5.895 m hoch. Er ist einer der drei zusammengehörenden Vulkane. Keine Angst, sie schlafen", lachte Josef.
„Gehörte er nicht früher zu Deutschland?", wollte jemand wissen.
„Ja, in der deutschen Kolonialzeit. Da hieß er Kaiser-Wilhelm-Spitze", antwortete Josef. „Jetzt fahren wir erst einmal los. Gegen Mittag werden wir Ihnen ein Essen nach Großwildjägerart servieren."
„Ach Du liebe Güte, was werden wir denn da zu essen bekommen?", fragte Johanna.
„Warte es doch ab", erwiderte Jonas. Ihm war es jetzt erst einmal egal. Er wollte Tiere sehen.
Josef konnte sich ein Grinsen nicht verkneifen. Typisch Europäer. Immer Bedenken, wenn sie an Essen dachten. Na, sie würden sicher Augen machen.

Zuerst sahen sie Büffelherden.
„Das sind Kaffernbüffel. Hätten Sie gedacht, dass sie zu den gefährlichsten Tieren Afrikas zählen? Wenn sie in die Enge getrieben wird, greifen sie sogar Löwen an", sagte Josef.
Johanna flüsterte: „Das kann ich gar nicht glauben."
„Dann frage doch Josef", erwiderte Jonas.

„Stimmt das wirklich?", fragte Johanna sofort.

„Ja. Vielleicht ist Ihnen aufgefallen, dass manchmal Skelette von Büffelköpfen in der Nähe von manchen Dörfern liegen."

„Nein, so viele Dörfer haben wir noch nicht gesehen. Und wenn, dann haben wir nicht darauf geachtet", antwortete Johanna und fuhr fort: „Die Wege sind hier aber sehr staubig. Dabei fahren doch nur drei Jeeps hintereinander. Vor allem fahren alle ja langsam."

„Das kommt von dem feinen Vulkanstaub", antwortete Josef. „Der stammt vom Kilimandscharo. Von diesem Staub hat der Amboseli Nationalpark seinen Namen."

„Von dem Staub?", fragte Johanna weiter.

„Ja, denn das Wort Amboseli heißt in der Sprache der Massai „Salziger Staub". Die Massais haben übrigens eine eigene Sprache. Man nennt sie Maa. Die Samburu, die sie oft am Strand finden, sprechen ebenso Maa."

„Aber sie sprechen auch Suaheli, soweit ich das bemerkt habe", erwiderte Johanna.

„Natürlich. Wir sagen aber Swahili. Wenn Sie schon einmal an der Südküste waren, dann haben Sie sicher auch bemerkt, dass einige Wörter anders klingen."

„So wie bei uns die verschiedenen Dialekte?"

„Ich denke ja. Allerdings war ich noch nicht in Deutschland. Deshalb will ich es auch nicht fest behaupten."

„So wird es schon sein", antwortete Johanna. „Ich weiß es auch nicht."

Die Grünen Meerkatzen sprangen entlang des Weges. Eine Scheu vor Menschen oder den Jeeps war nicht zu erkennen.

„Dort hinten ist ein Tümpel", sagte Josef. „Sehen Sie die Flusspferde. Leider können wir nicht näher heran fahren, aber erkennen können Sie sie?"

„Ich sehe nur Ohren, Augen und Nasenlöcher", lachte Johanna.

„In unseren Nationalparks gibt es recht viel von ihnen. Früher waren sie oft eine Gefahr für die Wasser holenden Frauen. Sie sind gefährlich, auch wenn sie so ganz schwerfällig erscheinen. Besonders die Flusspferd-Bullen", erzählte Josef.

„Und wie merkt man das?", wollte ein Mann wissen.

„Sie fangen an zu gähnen. Das ist das erste Alarmzeichen", erwiderte Josef. „Löwen und auch Krokodile haben schon öfters den Kürzeren gezogen. Gefährlich sind sie auch, wenn man ihnen den Rückzug zum Wasser abschneidet."

„Dabei sehen sie im Wasser so friedlich aus."

Mitten in der Wildnis hielten sie an.

„Sie können aussteigen, wir laufen einige Meter bis wir unser Essen einnehmen können", sagte Josef.

„Ich glaube, ich bleibe im Jeep", sagte Johanna.

„Warum denn?" fragte Josef.

„Dort vorne steht ein Büffel!"

„Der stört keinen", lachte Josef. „Um die Mittagszeit gehen Tiere nicht auf die Jagd. Der träumt nur so vor sich hin."

„Hoffentlich weiß der Büffel, dass Mittagszeit ist", erwiderte Jonas.

„Sie brauchen wirklich keine Angst haben."

Mit diesen Worten stieg Josef aus und alle folgten ihm.

Nach wenigen Schritten sahen sie weiß eingedeckte Tische mit Bänken, einen großen Grill und daneben das Büfett. Es gab gegrillte Lende, Kartoffeln in Folie, Salat und Obst.

„Das ist ja der helle Wahnsinn", sagte Jonas. „So hatte ich mir das aber nicht vorgestellt."

Der Dreizentner Mann ließ sich gleich drei ganze Lenden auf den Teller legen.

„Ich bin sprachlos, Jonas", sagte Johanna. „Meinst Du, er isst das alles auf?"

„Das ist doch egal, aber guck einmal wie die anderen ihn anstarren." Jonas konnte sich ein Grinsen nicht verkneifen.

„Kein Wunder", erwiderte Johanna. „Hier haben viele Menschen Hunger und er isst wie geistesgestört. Da muss man sich ja darüber wundern."

Um sie herum war zwischen den Sträuchern eine Vielzahl von sehr bunten Vögeln. Zwischendurch kamen sie angeflogen, um etwas auf zu picken. Es sah so aus, als hätten sie auf uns gewartet.

Josef sah, dass Johanna die Vögel beobachtete.

„Das dort ist ein Schwefelgirlitz", sagte er.

„Der sieht unserem Girlitz aber sehr ähnlich", sagte Johanna. „Und da sitzt ein Maskenweber." Johanna war begeistert.

„Maskenweber?", fragte Josef. „Woher wissen Sie das denn?"

„Im Hotel haben wir auch Weber-Vögel", antwortete sie. „Sie sind sehr gesellig. Das habe ich einmal irgendwo gelesen. Sie sitzen öfters mit anderen Körner-Fressern zusammen. Wahrscheinlich ist das dort ein Männchen. Es hat ein ganz schwarzes Gesicht, wie eine Maske. Aber die anderen dort drüben, betteln ja richtig."

„Die kenne ich nun wieder sehr genau", lachte Josef. „Das sind Glanzstare. Die gibt es auch bei uns in den Dörfern. Sie sehen so schön bunt aus. Das Blau glänzt richtig, wie Metall."

„Bei uns zu Hause glänzen die Stare auch metallisch. Aber so schön bunt sind sie nicht. Können diese hier auch viele andere Vogelarten nachahmen?"

„Ja, das können sie."

„Bei uns auch. Manchmal ahmen sie den Bussard nach. Ich meine sehr oft, es sei einer da, aber dann ist es „nur" ein Star."

„Bussard? Ich habe einmal von dem Madagaskar-Bussard gehört, aber

hier habe ich noch keinen gesehen."
„Sehen Sie, von dem habe ich noch nichts gehört."

„Aber nun müssen wir aufbrechen. Bitte laufen Sie mir alle nach. Wir fahren gleich weiter."
Jonas fand das sehr gut. Endlich war Schluss mit der Vogelkunde. Johanna konnte einfach nicht genug bekommen. Für sie schien es die Hauptsache zu sein, sich mit einem Afrikaner zu unterhalten.
Als ob Johanna seine Gedanken gelesen hätte sagte sie: „Was machst Du denn für ein Gesicht Jonas? Das hat Dich wieder mal nicht so richtig interessiert oder täusche ich mich?"
„Doch, hat mich interessiert, aber irgendwann muss man auch mal wieder aufhören."
Damit war das Thema erledigt.

Was war das doch für ein Zufall, dass sie genau an einem Massai-Dorf vorbei fuhren. Drei Massai kamen ihnen sofort entgegen. Alle hielten ihre Fotos bereit, denn diese Menschen sehen nun einmal recht interessant aus. Da sagte Josef aber: „Die Massai lassen sich nur gegen Schillinge fotografieren. Bedenken Sie das bitte."
„Die Massai sind doch reich oder?", wollte Jonas nun wissen. „Sie haben doch viel Land und große Tierherden."
„Es verdient sich aber jeder gerne etwas dazu oder?", erwiderte Josef. „So ist das bei uns auch."
Natürlich dachte Jonas nicht daran, Geld für ein Foto zu bezahlen. Johanna wollte noch zu ihm sagen, er solle es lieber lassen, aber da hatte er schon längst geknipst.

Auf der Fahrt zur Lodge sahen sie unzählige Herden von Zebras. Manchmal waren sie auch direkt zwischen Gnus.
„Wieso sind die Zebras denn mitten in einer Gnuherde?", wollte jemand wissen.
„Zu ihrem Schutz", sagte Josef. „Werden sie zum Beispiel von einem Löwen angegriffen, dann kommen sie schneller weg als die Gnus. Die sind viel schwerfälliger."
„Die Gnus sehen eigentlich gar nicht so schwerfällig aus", warf Johanna ein. „Ich habe schon einmal einen Film über Tierwanderungen gesehen. Da versuchten sie über den Mara Fluss zu kommen."
„Das ist immer Ende Juni. Da kommen sie aus der Serengeti, weil dort alles vertrocknet. Gegen Ende des Jahres kehren sie wieder zurück. Haben Sie gewusst, dass der Gnu Bulle seine Herde bis zum Schluss gegen Feinde verteidigt? Er bleibt bis zu Letzt, um seine Kühe und Jungtiere zu schützen."
Josef lachte plötzlich. „Wir müssen anhalten, dort ist eine Ampel."
„Ampel", fragte jemand erstaunt.

„Ja, aber eine ganz natürliche. Sehen Sie dort den Elefanten an der Seite stehen? Sie wollen über den Weg. Einer allein wäre gefährlich, aber dort kommen die anderen. Gleich kreuzen sie unseren Weg."

Das war tatsächlich so. Einer nach dem anderen lief behäbig über den Weg.

„Das waren mindestens zehn Elefanten", bemerkte Johanna. „Wir scheinen sie gar nicht zu stören."

„Da hast Du Recht, Johanna. Ich komme mir vor wie in einem großen Zoo."

„Ja, nur ohne Zaun oder Gitter", reagierte Josef darauf. „Überlegen Sie einmal, wie viele Jeeps mit Touristen hier in jeder Saison herum fahren. Da haben sich die Tiere alle daran gewöhnt. Als Mensch muss man aber trotzdem vorsichtig sein. Es sind und bleiben wilde Tiere."

Sie fuhren weiter und kamen in eine Gegend, in der viele Akazien standen. Manchmal guckte ganz oben ein Giraffen Kopf heraus, während der restliche Körper bedeckt von Zweigen und Buschwerk war.

„Das die Giraffen dieses stachelige Grün fressen können", sagte Johanna zu Jonas. „Ich würde sie gerne einmal aus der Nähe sehen."

„Warte es doch ab, irgendwann wird es einmal klappen. Zur Not gehen wir eben in den Zoo", erwiderte Jonas.

„Das ist dann aber nicht so wie hier."

„Ich kann ja auch nichts dafür, dass wir nur auf dem Weg bleiben müssen. Denke doch auch an die Tiere. Die würden ja am laufenden Band gestört."

„Ja, stimmt. Daran habe ich eben nicht gedacht."

Den Kilimandscharo sahen sie die meiste Zeit wolkenverhangen.

„Sehen wir den Kilimandscharo auch einmal ohne Wolken?" fragte jemand.

„Ja", antwortete Josef. „Sehen Sie, gerade sehen Sie den schneebedeckten Gipfel über den Wolken. Den ganzen Berg kann man am besten früh morgens oder am späten Nachmittag sehen. Keine Sorge, wenn wir in der Lodge ankommen sind, haben Sie noch genügend Zeit ihn zu fotografieren."

Bald darauf hatten sie die Lodge erreicht.

„Karibuni", sagte der Manager, der sie alle schon erwartete. „Sie bekommen gleich ihren Bungalow zugeteilt, so dass Sie sich erst einmal frisch machen können. Wer in den Pool springen will, sollte aber zuvor wissen, dass das Wasser vom Kilimandscharo kommt. Es ist also kalt, aber bitte, unternehmen Sie ruhig einen Versuch."

„Das mache ich gleich", sagte Jonas.

„Wir gehen aber erst einmal das Gepäck verstauen. Ich möchte mir gerne alles ansehen", erwiderte Johanna. „Du wirst es ja abwarten können."

„Ja, aber danach dann gleich", lachte Jonas.

Es war wirklich so, wie es die Prospekte gezeigt hatten. Eine äußerst luxuriöse Lodge. Den Kilimandscharo konnten sie nun selbst bewundern. Es war ein wirklich beeindruckendes Bild und Jonas sprang tatsächlich in den Pool.

„Schön warm oder?", foppte ihn Johanna.

„Ich komme sofort wieder heraus. Das ist ja wirklich eisiges Wasser."

Schnell zog Jonas sich wieder um. Es wurde bereits zum Kaffee gebeten. Besonders angenehm war, dass der Manager den Kamin anzündete, was eine mollige Wärme erzeugte. Es war wirklich sehr gemütlich. Nicht sehr lange, denn es kam eine Tanzgruppe zur Unterhaltung der Gäste.

„Das ist ja ein Geschrei", sagte Jonas zu Johanna.

„Sicher irgendwelche Stammestänze", erwiderte Johanna. „Das ist doch einmal etwas anderes."

Als sie dann später zum Speisesaal gebeten wurden, bewunderten alle die eingedeckten Tische. Überall standen Kellner. Aufmerksam schoben sie die Stühle hin und fragten auch gleich nach den Getränken. „Poole, poole" (langsam, langsam) konnte man das wirklich nicht nennen.

„Bei uns ist noch ein Platz frei, Johanna. Siehst Du den Dreizentner Mann?"

„Nein, ich sehe ihn nicht."

„Dann sitzt er bei uns am Tisch."

„Macht doch nichts, Jonas. Das ist doch egal."

Die Getränke standen schon längst da, an den anderen Tischen wurde schon gegessen, doch an dem Tisch von Johanna und Jonas tat sich nichts. Die Kellner standen da und warteten. Aber auf was?

„Johanna, wir werden einmal nachfragen, wieso wir nichts bekommen oder?"

„Brauchst Du nicht, der Mann dort vorne erledigt das schon."

„Wir warten noch auf unseren Schwergewichtigen", sagte der Mann. „Er wird sicher demnächst kommen."

Es dauerte noch eine ganze Weile, aber dann kam Dr. Sowieso. Fröhlich, lachend und bester Laune probierte er in den Stuhl zu kommen. Das ging überhaupt nicht, weil dieser Armlehnen hatte. Die Kellner vergaßen ganz, was ihr Aufgabe war. Sie standen da und guckten. Allerdings hatten sie die Rechnung ohne den Oberkellner gemacht. Dieser scheuchte sie auseinander und ließ sie einen Stuhl ohne Armlehnen holen.

Alle am Tisch grinsten, die Kellner drehten sich lieber um. So einen Mann hatten sie sicher noch nie gesehen. Johanna musste schon fast über sie lachen. Das ging natürlich nicht. Deshalb bemühte sie sich

krampfhaft, keinen der Kellner im Blickfeld zu haben.
Als Herr Dr. Sowieso dann endlich saß, bekamen sie alle ihr Essen.

Danach saßen sie zusammen am Kamin. Dr.Sowieso erklärte, warum er so viel essen musste. Vor allem aber, dass er nach einem schweren Unfall keinen Geschmackssinn mehr habe. Alles schmecke gleich. Einem manchen wäre das sicher unangenehm gewesen, aber er erzählte noch so viele heitere Geschichten und was ihm schon alles wegen seines Körpergewichtes passiert sei. Dabei brachte er alle zum Lachen.
Danach gingen sie zu einer angestrahlten Futterstelle. Dort waren ganz schnell Hyänen zu sehen.
„Kommen Hyänen jeden Abend?", wollte Johanna wissen.
„Ja, die Streifenhyänen haben hier in der Nähe ihr Revier. Sie scheuen die Menschen nicht."
„Streifenhyäne?"
„Man nennt sie auch Tüpfelhyäne. Das ist egal. Auf jeden Fall ist sie ein Raubtier. Sie frisst fast alles, was sie bekommen kann. Auch Aas. Ihr ist es egal, ob die Beute groß oder klein ist."

Zum Abschluss gingen Johanna und Jonas mit zur Hemingway Bar.
„Das war ein schöner Tag, Jonas."
„Stimmt. Es war auch sehr interessant. Ob wir denn morgen einen Löwen oder ein Nashorn sehen werden?"
„Das will ich aber hoffen", erwiderte Johanna. „Immer Zebras, Gnus, Affen, Giraffen und unzählige Elefanten werden doch auf Dauer ein bisschen langweilig oder?"
„Langweilig würde ich nicht sagen. Warte es einfach ab. Morgen ist ja auch noch ein Tag."

Am nächsten Morgen packten sie wieder ihre Sachen zusammen.
Als sie fertig mit frühstücken waren, stand der Manager bereits am Ausgang, um alle zu verabschieden.
„Ich hoffe, es hat Ihnen hier bei uns gefallen", sagte er. „Ich wünsche Ihnen noch einen schönen Tag und vor allem einen guten Rückflug".

„Jonas, da vorne wartet schon Josef auf uns. Ich glaube, wir sollen einsteigen. Es sieht so aus, als ob er als erstes losfahren will."
„Dann steigen wir schnell ein", erwiderte Jonas. „Vielleicht sehen wir heute noch ein paar Tiere."
„Ja, Elefanten und Elefanten", lachte Johanna.
„Habari za asubuhi", sagte Josef.
„Habari was?", wollte Johanna gleich wissen.
„Das heißt: Guten Morgen", erwiderte Josef. Offensichtlich hatte er keine große Lust eine Unterrichtsstunde in Suaheli zu geben.
„Da habe ich wieder etwas dazu gelernt", sagte Johanna. „Wenn ich es

mir nur merken könnte", fuhr sie fort. „Suaheli ist doch recht schwer für mich."

„Wir werden jetzt in das Zentrum des Parkes fahren. Dort gibt es einen Ort namens Ol Tukai. Vielleicht kennen Sie ja den Film „Schnee am Kilimandscharo?" Dieser wurde dort 1948 gedreht. Da gibt es große Sumpfgebiete; ideal für Elefanten."

„Endlich mal wieder Elefanten", ertönte eine Stimme aus der hinteren Sitzreihe.

Josef stutze.

„Ich werde ihn sofort erklären, warum sich hier die Elefanten so wohl fühlen. Sie müssen wissen, hier sind sie sehr geschützt."

„Werden die Elefanten denn Tag und Nacht bewacht?"

„Es werden alle Nationalparks bewacht. Hier bekommen sie allerdings Hilfe durch die Massais."

„Sind diese denn hier angestellt? Ich dachte, sie sind ein freies Volk?"

„Nein, sie sind nicht angestellt. Sie passen auch so auf. Das hat natürlich einen Grund: Sie dulden niemals andere Jäger in ihrem Gebiet. Deshalb gab es hier nur sehr wenige Wilderer. Hier ist ein Camp in der Nähe, da laufen die Elefanten direkt durch."

„Glaubst Du das Jonas?", fragte Johanna.

„Ich weiß es nicht genau. Eventuell stimmt es ja. Wer weiß das schon."

Der Jeep hielt an. Zuerst wusste keiner recht warum. Nirgends war ein größeres Tier zu sehen.

„Haben Sie diesen Vogel dort drüben schon einmal gesehen?" fragte Josef.

Alle sahen nach links. Tatsächlich, keiner von ihnen hatte je so einen Vogel gesehen.

„Was ist das für einer", fragte schließlich Johanna.

„Das ist ein Sekretär."

„Heißt der wirklich so?"

„Ja, es ist ein Greifvogel. Eigentlich ähnelt er einem Kranich. Die Federn an seinem Hinterkopf sehen aus wie ein Schreibgerät von früher", sagte Josef.

„Einem Federkiel?", fragte Johanna.

„Ja, wenn das so heißt. Alle Worte weiß ich nicht mehr auf Deutsch", erwiderte Josef lachend.

„Der Sekretär fliegt nicht sehr oft. Mit seinen langen Beinen stelzt er durch das Gras und sucht nach Schlangen. Die greift er sich und zertrümmert ihren Kopf mit seinem Schnabel. Wenn so eine Schlange aber zu groß ist, fliegt er mit ihr auf einen Felsen und lässt sie einfach fallen."

„So machen das bei uns die Krähen auch", sagte Johanna. „Wenn sie eine Nuss nicht auf bekommen, lassen sie sie fallen. Oft an einer Straße, so dass ein Auto darüber fahren kann. Schon ist die Nuss geknackt."

Jetzt musste Josef lachen. Das konnte er sich nicht vorstellen.

Es gab nicht nur Tiere zu bewundern, sondern es änderte sich auch die Landschaft mit ihren Bäumen. Akazien in einer hohen Anzahl und Affenbrotbäume konnten sie bewundern.

„Man nennt ihn auch Baobab", erzählte Josef, als sie vor einem riesigen Baum anhielten. „ Diese Bäume hier sind mehr als 400 Jahre alt. Ihre Früchte werden von Elefanten, Antilopen und Pavianen gefressen. Ich habe selbst einmal so eine Frucht probiert. Sie schmeckt säuerlich."

„Ich habe einmal gelesen, dass sie in der Regenzeit das Wasser speichern können. Stimmt das?", fragte eine Frau nach.

„Ja, das stimmt. Sie halten große Hitze aus. Dann leben sie von ihrem gespeicherten Wasser", antwortete Josef. „Der Baobab hat aber auch einen Feind."

„Wen?", fragte Johanna.

„Es sind die Elefanten. Diese fressen nicht nur die Früchte, sondern sie nutzen den Wasserspeicher der Bäume. Mit ihren Stoßzähnen brechen sie die Rinde auf und kauen dann auf den Fasern herum."

„Der Baobab sieht schon einmalig aus", bemerkte jemand.

„Die Einheimischen sagen: Der Teufel riss ihn aus und steckte ihn mit den Wurzeln nach oben in die Erde", fuhr Josef fort. „ Das kann man so in der Trockenzeit sehen, wenn er ganz kahl ist und seine Äste nach oben streckt. Der Baobab gedeiht nur über 1200 m. In der Regenzeit hat er Blätter. Sie sehen aus wie Finger."

„Ich habe vorhin recht viele Akazien gesehen. Können die auch das Wasser speichern?", fragte Johanna.

„Das sind Schirmakazien gewesen. Sie sind ein Symbol der Savanne. Überall, wo es sehr trocken ist, kommen sie vor. Ihre Wurzeln greifen hinunter bis zum Grundwasser", antwortete Josef. „Hier gibt es auch noch kleinere. Die Zwergakazie. Die mag der Gerunuk."

„Gerunuk?", fragte Johanna. „Den Namen habe ich noch nie gelesen oder gehört."

„Das ist eine Giraffengazelle. Hier im Park lebt sie auch, aber ich bin mir nicht sicher, ob wir sie sehen werden. Sie fressen im Stehen. Das sieht eigenartig aus, weil sie sich dabei auf ihre Hinterfüße stellen und mit langgestrecktem Hals die Blätter herunter holen. Das können sie für sehr lange Zeit.

Nun fahren wir aber weiter zum Observations Hill. Von dort haben Sie einen herrlichen Blick über den Park."

Während der Fahrt sahen sie Elen Antilopen. 24 Tiere zählte Johanna.

„Die sehen so groß aus, wie bei uns die Kühe", sagte Johanna zu Jonas.

Dieser lachte und meinte: „Aber unsere Ochsen oder Kühe haben nicht so lange „Spieße" auf dem Kopf. Die hier sehen ja aus, als seien sie gedreht."

„Sind sie auch", sagte Josef. „Sie ist die größte Antilope der Welt. Sie kann in der Savanne, aber auch in der Feuchtsavanne leben. Das geht aber nur, wenn ein See, ein Flusslauf oder ein Sumpf in der Nähe ist. Die Elen Antilope kann bis zu 1000 kg schwer sein. Da könnte man denken, sie sei nicht so beweglich, aber das stimmt nicht. Ich habe sie schon riesige Sprünge machen sehen."

Josef hatte Recht. Von dem Observations Hill hatten sie einen tollen Blick über die Galeriewälder und die Savannen.

„Ganz dort hinten ist der Amboseli See", sagte Josef. „Nein, sehen Sie bitte auf die linke Seite. Wundern Sie sich nicht, wenn Sie nur eine braune Ebene entdecken. Dieser See füllt sich mit Wasser, wenn es am Kilimandscharo heftig regnet. Es kann sogar passieren, dass er überläuft. Für die Natur ist das schlimm, weil die alkalischen, abgelagerten Salze sich aus dem See lösen und die Pflanzen vergiften."

Den Kilimandscharo konnten sie nur Wolken verhüllt sehen, aber das machte keinem etwas aus. Jeder von ihnen hatte unzählige Aufnahmen gemacht. Es war eben ein sehr fotogenes Bergmassiv.

„Wir fahre jetzt weiter", sagte Josef.

„Werden wir wohl noch die „Big Five" sehen?", fragte Johanna.

„Das kann ich Ihnen nicht sagen", erwiderte Josef. „Bis jetzt habe ich von den anderen Fahrern noch keinen Hinweis bekommen, dass Löwen, Nashörner oder Leoparden zu sehen sind. Elefanten, Giraffen und Büffel haben Sie ja schon gesehen."

„Dann ist das wohl Glücksache?"

„Ja, so kann man das sagen."

„Wir fahren jetzt noch einen kleinen Umweg zum Engoni See . Danach zum Flugfeld."

„Was gibt es denn dort zu sehen?"

„Dort gibt es sehr viele Wasservögel. Sehen Sie, vor uns sind Thomson Gazellen."

„Sieh einmal, die haben ja an der Seite einen breiten schwarzen Seitenstreifen!", sagte Johanna.

Josef lachte. „Daran kann ich sie auch von der Grant Gazelle unterscheiden. Die Thomson Gazelle ist kleiner als die Grant Gazelle, allerdings sonst sehr ähnlich. Der Streifen hilft mir bei dem richten Namen für diese Gazellen Art."

Jetzt lachte auch Johanna. „Beinahe wie eine Eselsbrücke."

Na, ob Josef das verstanden hatte? Jonas wollte es ihm erklären, aber während der Fahrt wollte er ihn nicht unnötig ablenken. Er fuhr zwar sehr vorsichtig, aber da er sich beim Antworten oft herum drehte, war Jonas dann doch lieber still.

Es dauerte nicht lange, da sahen sie die ersten Reiher und Störche.

„Hier sind also unsere Störche", sagte Johanna.

„Nicht nur hier, sondern sie sind weitverbreitet überall in Afrika", erwiderte Josef. „Sehen Sie dort drüben, da sind Pelikane."

„Die kann man bei uns nur im Zoo sehen. Toll, dass wir sie hier beobachten können." Johanna war richtig begeistert.

„Vielleicht kommen sie vom Nakuru See hier her. Ich weiß es nicht so genau. Pelikane brauchen sehr viele Fische und sie können nicht tief tauchen."

„Und wer läuft dort über das Wasser?" So einen Vogel hatte Johanna noch nie gesehen.

„Lassen Sie uns erst einmal näher heran fahren. Da erkenne ich den Vogel besser." Und als sie näher dran waren sagte Josef: "Das ist für mich ein schwieriger Name. Aber ich will versuchen, ihn auszusprechen. Der Vogel heißt: „Blaustirnhühnchen, nein, da war noch ein Wort dazwischen". Nach einer kurzen Zeit der Erinnerung sagte er: „Er heißt Blaustirnblatthühnchen." Wobei er lachte. „Manche Namen kann ich mir nur schlecht merken. Für diesen Vogel fehlt mir eine Tierbrücke."

„Tierbrücke? Du meinst Eselsbrücke", erwiderte Johanna.

„Ja, das Wort habe ich gemeint. Deutsch ist aber wirklich keine leichte Sprache."

„Suaheli auch nicht", konterte Johanna.

Es waren wirklich sehr viele Vögel zu sehen, aber nachdem Josef einen Funkspruch bekommen hatte, fuhr er wesentlich schneller. Johanna hätte eigentlich gerne die Kronenkraniche aufgenommen, aber dazu blieb keine Zeit mehr.

„Wir müssen uns sputen", sagte er. „Sie wollen ja pünktlich abfliegen."

„Kann das sein, dass dort drüben Hunde sind?" Ein Mann hatte sie entdeckt.

„Nein, dass sind Schabrakenschakale. Sie sehen nur von weitem so aus. Sie sind vergleichbar mit Wölfen."

„Schade eigentlich, dass wir jetzt zurück an die Küste fliegen oder?", fragte Johanna Jonas.

„Nein, das reicht jetzt. Mir tut das ganze Kreuz schon weh. Die Wege sind ja voller Schlaglöcher gewesen. Und außerdem freue ich mich jetzt wieder auf die Wärme. Du nicht?"

„Doch, ich freue mich auch. Mir hat es aber sehr gut gefallen."

„Das habe ich bemerkt."

Solche Bemerkungen kannte Johanna. Sicher, sie hatte sich meistens mit Josef unterhalten, aber das waren ja ausschließlich die Tiere und die Natur, die sie interessiert hatten. Jonas redete ja auch mit wem er wollte. Das muss sich wirklich ändern, dachte Johanna und gab vorsichtshalber keine Antwort mehr.

Am Flugfeld verabschiedeten sie sich alle von Josef. Einstimmig stellten sie fest, dass sie doch sehr viel über die Tiere erfahren hatten. Es freute sie umso mehr, dass die Fahrer von den anderen Jeeps nicht so viel erzählt hatten. Das war zwar irgendwie gemein, aber es war einfach so.

„Kwaheri Josef."

Der Flug vom Amboseli Nationalpark verlief ohne Probleme. Die Landung war dagegen etwas eigenartig. Sie setzen im Gras neben der Piste auf. Es holperte und holperte, aber es ging ja alles gut. Für den Augenblick war aber das Schönste: Es war wieder heiß. Ja, das war Afrika.

Als Johanna und Jonas am nächsten Tag an den Strand kamen, erwartete sie schon Helmut.
„Jambo Mama, jambo Papa. Habari?", rief er gleich.
„Danke gut", erwiderten Johanna und Jonas.
„Hat es Euch gefallen?"
„Ja, es war sehr schön, aber manchmal recht kühl."
„Habt Ihr Löwen gesehen?"
„Nein, haben wir nicht."
„Wenn Ihr mit einem von uns gefahren wärt, hättet Ihr sie aber gefunden. Unsere Fahrer sind sehr gut."
„Das kann schon sein. Wir sind aber immer auf den Wegen geblieben. Sicher fahrt Ihr ganz anders."
Helmut grinste. „Wenn man Löwen sehen will, muss man auch anders fahren."
Er war wohl immer noch enttäuscht, dass sie mit einer organisierten Gesellschaft gefahren waren.
„Wie lange seid Ihr noch hier?", fragte er weiter.
Wir fahren übermorgen und werden schon ganz früh geholt", antwortete Johanna.
„Mama, hast Du weiße Socken für mich?", wollte Helmut sofort wissen.
„Ja, habe ich. Wir bringen sie morgen mit."
Der nächste Tag verging wie im Flug. Beide verteilten die mitgebrachten T-Shirts und natürlich die Socken. Abends saßen sie noch eine Weile an der Bar.
„Sollen wir uns morgen früh wecken lassen?", fragte Johanna.
„Nein, wir haben doch einen Wecker mit", antwortete Jonas.
„Sicher ist sicher oder?"
„Gut, dann werden wir noch Bescheid sagen."
Morgens um 3 Uhr wurden sie durch heftige Stockschläge an der Zimmertür geweckt.
„Nun sind unsere Nachbarn auch alle wach", lachte Jonas.

Am Flughafen nervten die Formalitäten. Jeden Schilling wollte irgendwer haben.
Jonas hatte sein weißes Hemd angezogen und in der Brusttasche hatte er noch einen Schein. Den wollte er zum Andenken mit nach Hause nehmen, aber.....
Diesen Schein sah eine Zöllnerin. „Hast Du Schilling Papa?", fragte sie

Jonas.

„Nein."

Sie deutete mit ihrem schwarzen Zeigefinger auf seine Hemdtasche und sagte: „Da ist noch ein Schein drin."

Jonas war wütend, aber was sollte er machen. Mit dem Zoll kann man sich nicht anlegen.

„Dann nimm ihn eben auch noch", sagte er.

Johanna erging es nicht besser. Sie musste zur Toilette und kam an einer Zollbeamtin vorbei.

Auch diese fragte nach Schillingen. Johanna musste sogar ihre Bauchtasche öffnen. Die Beamtin griff hinein und schon hatte sie ein 5 Mark Stück zwischen den Fingern.

„Und was ist das?"

„Das ist mein Geld von zu Hause und wie ich sagte, es ist mein Geld." Wütend nahm sie es der Afrikanerin aus der Hand und steckte es wieder in ihre Bauchtasche. Diese war zwar etwas verdutzt, aber sie sagte kein Wort.

„Das war ja wohl der Gipfel", schimpfte Johanna auf dem Rückweg zu Jonas. „Was glaubt die denn? Mein Geld wollte sie! Wenn sie unbedingt die Schillinge haben will, dann von mir aus, aber die DM gehört uns."

Mit diesen Worten endete ein sehr schöner Urlaub.

1991
Dhau Tour, Mombasa, Beach Boys

„Jambo Kenia, wir sind wieder da!", rief Johanna als sie auf dem Flughafen von Mombasa gelandet waren. „Kannst Du mir sagen, warum es bei unserer Ankunft jedes Mal regnet?", fragte sie Jonas.
„Keine Ahnung, aber Du weißt ja, dass der Regen wieder weg ist bis wir im Hotel sind", lachte Jonas. Er sah das nicht so eng.
Als sie endlich aus dem Flughafen raus kamen, standen schon die ersten Boys da und wollten die Koffer tragen. Nach der langsamen Abfertigung hatte keiner mehr Lust, sich von ihnen ansprechen zu lassen. „No", sagte Johanna. „Wir können das alleine."
Sie hatten das gleiche Hotel gebucht, in dem sie das Jahr zuvor waren. Warum sollten sie auch etwas ändern. Ihnen hatte es dort gefallen.
Kurz vor der Ankunft fragte Johanna: „Ob uns jemand wieder erkennt?"
„Die erkennen doch alle wieder. Sogar voriges Jahr uns, obwohl wir in dieser Gegend noch gar nicht waren", erwiderte Jonas.
„Da hatten wir aber auch zu keinem Afrikaner Kontakt", gab Johanna zu bedenken.
„Dann lass Dich eben einfach überraschen. Sie werden schon nicht an Dir vorbeilaufen."
„Was soll das denn jetzt heißen? Du meinst sicher: An uns vorbeilaufen."
„Dann eben so." Jonas hatte keine Lust zu diskutieren.
Sie waren noch mit den Papieren an der Rezeption beschäftigt, als eine Stimme hinter ihnen sagte: "Jambo, jambo Mama und Papa. Habari?"
Johanna und Jonas drehten sich um. Hinter ihnen stand Samson.
„Jambo Samson, wie geht es Dir?"

Samson freute sich wirklich über die beiden. Er strahlte über das ganze Gesicht. Von wegen sie werden nicht erkannt. Sie hatten fast jeden Abend Samson beim Saubermachen der Aschenbecher gesehen. Sehr oft war er bei ihnen kurz stehen geblieben und hatte sein deutsch aus dem hintersten Winkel hervorgeholt. Manchmal wechselte er zu einem noch unverständlicheren Englisch über, aber im weitesten Sinne hatten sie sich verstanden.
„Trägst Du jetzt Koffer?"
„Ja, ich bin jetzt ein Kofferträger und Zimmerjunge", erwiderte er.
„Dann hast Du ja eine bessere Arbeit bekommen. Toll!", sagte Jonas. Er hatte ihn immer bedauert, wenn er ihn abends sah.
„Ich bringe Euch zu einem schönen Zimmer", sagte Samson. Er nahm die beiden Koffer und lief los.

„Das ist einer", sagte Johanna. „Er tut gerade so, als hätte er die Zimmer ausgesucht. Ich denke, da will jemand aber schnell ein paar Schillinge."
„Ich werde daran denken", erwiderte Jonas.

Sie bekamen ebenerdig ein Zimmer. Das hatten sie eigentlich nicht gewollt. Beide dachten, sie seien oben doch etwas sicherer. Aber gut, das Hotel hatte ja in allen Zimmern Gäste. Etwas Negatives hatten sie noch nicht gehört.
Kaum hatten sie die Tür zum Balkon auf, kam auch schon ein Askari auf sie zu.
„Jambo Mama, jambo Papa. Habari?"
„Jambo", kam die Antwort von Johanna. So langsam wurde sie müde und weniger gesprächig.
„Ich passe auf Euch auf. Ich heiße Bill."
„Gut."
„Hast Du Kinder?", wollte er weiter wissen.
„Ja, zwei, aber nun bin ich müde und möchte mich etwas ausruhen."
Johanna machte die Tür schnell zu. Das würde etwas geben, wenn Bill dauernd vor dem Balkon sein würde. Aber das würde sie schon irgendwie abwenden.
Wie in allen Hotels, gab es auch in diesem eine Begrüßungsparty.
Es wurden sämtliche Safaris angeboten, Mombasa-Touren, Dhau-Fahrten und vieles mehr. Die Preise waren nicht gerade niedrig.
„Ich denke, wir lassen dieses Jahr die Ausflüge", sagte Jonas.
„Ich weiß nicht, einen könnten wir doch vielleicht mit machen?", erwiderte Johanna. „Vielleicht die Dhau-Fahrt?"
„Das können wir ja kurzfristig entscheiden." Jonas war nun auch endlich müde. Aber an Schlaf war vorerst nicht zu denken. Es war Sonntag und sonntags war immer etwas los. An diesem spielte die Safari Sound Band.
„Das ist ja eine tolle Band. Ich bin gar nicht mehr müde", sagte Jonas.
„Dann bleiben wir eben noch ein bisschen sitzen. Mir gefällt das auch. Ob sie auch Jambo, jambo spielen? Das haben wir doch voriges Jahr so gerne gehört."
„Kann sein."
Dann kam tatsächlich das Lied:

Jambo, jambo bwana
habari gani, mzuri sana.
Wageni, wakaribishwa,
Kenya yetu, hakuna matata.

„Wenn ich mir den Text doch bloß einmal merken könnte", sagte Johanna. „Vielleicht treffen wir ja einmal jemanden, der uns das Lied aufschreibt."

Diese sieben junge Leute der Band unterhielten die Hotelgäste bestens. Der Song Malaika, den Johanna und Jonas von Hary Belafonte kannten, wurde nun in Suaheli gesungen:

Malaika, nakupenda Malaika
Malaika, nakupenda Malaika
Nami nifanyeje, kijana mwenzio
Nashindwa na mali sina, we,
Ningekuoa Malaika
Nashindwa na mali sina, we,
Ningekuoa Malaika

„Das hört sich aber toll an", sagte Johanna. „Zum Glück sind wir noch nicht schlafen gegangen. Da hätten wir wirklich etwas verpasst. Malaika heißt „Engel" stimmt´s?" Ich habe es gerade von nebenan gehört. Hör mal, dieses Lied ist aber ebenso schön: Nakupenda wewe. Das klingt richtig schwermütig." Es folgten noch die Songs : Pole,Pole, Music in Afrika, Coconut, Karibuni Kenya und Ashante Sana.
„Wenn diese Band einmal jemand von einer richtige Plattenfirma hören würde, hätten sie bestimmt Erfolg", sagte Jonas.

Am nächsten Morgen gingen Johanna und Jonas gleich an den Strand. Unterwegs begegnete ihnen ein Askari, der sie natürlich gleich erkannte.
„Mama, bist Du schon wieder da?"
„Das fängt ja gut an", sagte Jonas. „Hast Du diesen Askari schon einmal gesehen?"
„Nein, habe ich nicht. Macht ja nichts, sie wollen einfach nur mit jemandem reden. Ist doch auch langweilig, den ganzen Tag nur herum zu stehen. Komm, lass uns weitergehen."

Am Strand kamen sie nicht weit, denn schon kamen die ersten Beach-Boy heran geeilt.
„Mama, Papa, seid Ihr schon wieder da?" Das schien ein Standartsatz zu sein.
„Wir sind eben noch zu weiß", sagte Johanna zu Jonas. „Sie erkennen sofort, wer neu angekommen ist. Wahrscheinlich wissen sie auch die genauen An-und Abreisetage."
„Das kann schon sein, aber sieh mal, wer dort kommt", erwiderte Jonas. „Das ist Helmut, ich erkenne ihn."
„Komm, lass uns einfach so tun, als würden wir ihn gar nicht kennen."
Daraus wurde nichts, denn dieser freute sich so sehr, so dass sie sich nicht verstellen konnten.
„Jambo, jambo", begrüßte er sie fröhlich. „Seht Ihr wie ich aussehe?"
„Ja, Du hast lange Hosen und ein schickes Hemd an", erwiderte Johanna lachend.

„Ich bin jetzt erwachsen. Da zieht man keine kurzen Hosen mehr an. Das Hemd habe ich gestern geschenkt bekommen. Ich bin jetzt verheiratet", sprudelte es aus ihm heraus.

„Verheiratet?"

„Ja, ich habe eine schöne Frau."

„Wenn Du noch eine Weile hier bist, können wir uns ja später noch unterhalten. Wir wollen jetzt erst einmal im Meer schwimmen, bevor die Ebbe kommt", sagte Jonas.

Als beide im Wasser waren, sagte Jonas: „Ich glaube Helmut nicht, dass er verheiratet ist. So alt ist er doch noch gar nicht oder was denkst Du?" Johanna glaubte es auch nicht, aber es war ja auch egal. Allerdings wollte sie auch nicht gerne beschwindelt werden. Helmut hatte aber keinen Grund zu lügen. Warum auch. Vielleicht hatte er ja auch nur eine Freundin.

Nachdem sie eine Weile geschwommen waren, liefen sie hinaus zum Strand. Sehr weit kamen sie aber nicht, denn „Komm in meinen Shop!" ertönte es gleich. „ Heute Sonderangebot."

Johanna musste lachen. Das Wort Sonderangebot hatte ihm sicher ein Tourist beigebracht. Es ertönte ein kurzer Pfiff und schon war der Beach-Boy weg. Sollte etwa die Polizei unterwegs sein? Nein, diejenigen, die einen Shop hatten, besaßen eine Lizenz. Nur die am Strand mit einem Bauchladen herum liefen oder einfach so die Touristen ansprachen, hatten keine. Johanna wollte aufpassen, ob sie einen Polizisten erkennen würde. Das war nicht sonderlich schwer. Meist waren sie einfarbig grau gekleidet. Nicht sehr einfallsreich, aber trotzdem jagten sie effektiv die Beach-Boys.

Helmut kam auf sie zu.

„Helmut, hast Du gepfiffen?", fragte Jonas.

„Ja, deshalb sind alle Beach-Boys weggegangen. Sie sollen Euch in Ruhe lassen."

„Danke, aber das regeln wir schon alleine. Irgendwie müssen sie ja etwas verkaufen. Wenn es mir zu viel wird, sage ich es."

Sie setzten sich in den Sand und unterhielten sich. Nach einer Weile bemerkte Johanna, dass nicht weit von ihnen entfernt, ein Massai ganz alleine saß.

„Sieh mal Jonas, den kennen wir doch auch?"

„Keine Ahnung. Doch, das ist doch der, der immer alleine am Strand entlang läuft."

„Ja, Langer Mann heißt er. An diesen Namen kann ich mich erinnern. Ich finde, das ist ein ungewöhnlicher Name für einen Massai."

„Wer weiß, wer ihm den gegeben hat." Jonas hatte sowieso schon voriges Jahr das Gefühl gehabt, dass sie auch die Europäischen Namen nur für die Touristen trugen.

„Papa", sagte Helmut. „Ich muss mich jetzt um meine Geschäfte kümmern. Wir sehen uns morgen wieder. Dann bringe ich auch die Zeitung mit."

„Was machst Du denn für Geschäfte?"

„Ich bewache ein Grundstück, das ein Ehepaar hier in der Nähe gekauft hat."

„Das glaube ich Dir jetzt aber nicht", erwiderte Jonas.

„Doch, ich werde Dir morgen den Brief mitbringen. Dann kannst Du alles selbst lesen."

Jonas und Johanna gingen weiter am Strand entlang.

„Jonas, hast Du bemerkt, dass etwas weiter unten am Wasser ein junger Mann läuft?"

„Ja, ich sehe ihn. Mal sehen, was er von uns will", antwortete Jonas.

Als sie an dem Felsen angekommen, der bei Flut den Spaziergang beendete, liefen beide wieder zurück. Der junge Afrikaner ebenso, allerdings nun fast auf gleicher Höhe. Nach ein paar Meter direkt neben ihnen.

„Seid Ihr zum ersten Mal in Kenia?", fragte er.

„Nein, wir waren voriges Jahr schon einmal da", antwortete Jonas.

„Was verkaufst Du?"

„Ich verkaufe nichts. Ich möchte nur besser Deutsch lernen", antwortete er.

„Das ist ja mal etwas ganz anderes", lachte Jonas. „Ungewöhnlich oder?"

„Nein, es gibt viele, die mehr lernen wollen", erwiderte der junge Mann.

Dann fing er an zu fragen: Wie sie heißen, in welcher Stadt sie in Deutschland wohnen würden, ob sie Kinder hätten und ob es dort jetzt kalt sei.

Bereitwillig bekam er Auskunft. Er machte einen guten Eindruck auf Johanna und Jonas.

„Ich heiße Thomas", sagte er. „Ich bin jeden Tag hier."

Als sie ungefähr in der Mitte des Strandabschnittes waren sagte Thomas: „Ich muss jetzt wieder zurück. Wir sehen uns morgen wieder."

Kurz darauf kam ein Beach-Boy mit einem Bauchladen direkt auf Johanna und Jonas zu.

„Jambo Rafiki", sagte er. „Ich habe viele schöne Sachen. Mama, guckst Du?"

„Dann kann ich ja ruhig weiter gehen", sagte Jonas.

„Papa Rafiki, komm gucken", erwiderte der Beach-Boy.

„Ich heiße Jonas und nicht Rafiki", erklärte ihm Jonas.

„Rafiki heißt „Freund", Papa", kam es zurück.

„Wieder ein Wort dazu gelernt", freute sich Johanna. „Ich werde es im Zimmer gleich aufschreiben."

Sie sahen sich beide den Bauchladen von ihrem neuen Rafiki an.

„Jonas, kann man denn von so etwas leben?"

„Das kann ich mir gar nicht vorstellen. Das sind ja lauter ganz kleine Figuren."

„Die sind aus Haifisch Knochen", sagte ihr neuer Bekannter. „Kaufst Du?"

„Nein, aber ich bringe Dir morgen ein T-Shirt mit."

„Danke Papa, Danke", sagte er und ging auf neue Kundensuche.

Da er Johanna und Jonas seinen Namen nicht genannt hatte, beschlossen die beiden ihn einfach Rafiki zu nennen. Sie waren sich ziemlich sicher, dass sie ihn noch öfters sehen würden.

Bevor Johanna und Jonas die Treppe zum Hotel hoch laufen konnten, ertönte es abermals: „Komm zu meinem Shop".

„Noch jemand, der etwas verkaufen will. Nun ist es aber genug für heute. Wir sind ja gerade erst angekommen. Lass uns einfach weiter gehen", sagte Jonas.

Johanna fand das eigentlich unhöflich, aber im Grunde genommen tat ihr jetzt auch etwas Ruhe gut.

„Ja, wir legen uns jetzt noch bis zum Mittagessen an den Pool. Da ist auch wesentlich mehr Schatten. Wir wollen ja nicht gleich am ersten Tag einen Sonnenbrand haben", erwiderte Johanna.

Im Hotel suchten sie sich eine Liege. Es wurde der Name auf einem Zettel notiert und nun konnten sie diese für den Urlaub als die ihre betrachten. Zwar gegen Geld, aber doch recht praktisch.

Ein Stück entfernt von ihnen lag ein älterer Mann. Dieser ging sehr oft ins Wasser. Die Treppen hinunter in den Pool. Seine Badeschuhe stellte er ganz anständig hin, allerdings kletterte er danach die Leiter auf der entgegen gesetzten Seite hoch. Wo waren aber seine Schuhe? Er schien es total vergessen zu haben. Er suchte überall, nur nicht an der Treppe zum Pool.

„Ich werde sie dem Opa einmal bringen", grinste Jonas. „Sonst sucht er sie ja morgen noch."

Das tat er auch, brachte sie ihm und sofort kamen sie ins Gespräch. Er war ein Schweizer, der schon 23 mal in Kenia war. Er hatte sogar die Anfänge der Hotels miterlebt.

„So oft waren sie schon in Kenia?", fragte Johanna, die sich dazu gestellt hatte. „Ich glaube, das könnte ich nicht!"

„Kenia ist ein wunderschönes Land", erwiderte der Opa. „Wie oft sind Sie denn schon hier gewesen?"

„Das ist unser dritter Urlaub in Kenia", sagte Jonas. Er erzählte, dass sie sich im ersten und zweiten Urlaub gar nicht alleine aus dem Hotel getraut hatten. Aber auch von Mombasa, Nairobi und der Safari zum Amboseli Nationalpark.

„Hier draußen gibt es einige Geschäfte und Lokale", sagte der Opa.

„Tagsüber können Sie dort ruhig hin gehen. Allerdings, wenn es dunkel wird, sollten Sie wieder hier sein."

„Da werden wir sicher noch hin gehen", sagte Johanna mit einem Seitenblick zu Jonas.

„Ja, werden wir", erwiderte dieser.

„Ich glaube, wir müssen uns umziehen. Vor dem Speisesaal wird schon getrommelt", bemerkte Johanna.

Das taten sie auch. Sie bekamen ihren Platz zu gewiesen als es ertönte: „Kenya Porretsch", Papa komm probieren."

Jonas ging mit seinem Teller hin und probierte die Suppe. Er war allerdings einer der wenigen Gäste.

„Das ist ja eine Pampe", sagte Johanna. „Und das schmeckt?"

„Ja, es ist wohl eine Art Lauchsuppe. Ich dachte erst, es sei Haferschleim", lachte Jonas. „Sie schmeckt wirklich. Probiere sie doch auch."

„Nein Danke, ich mag sowieso keine Suppen", gab Johanna zurück. Jonas dagegen aß überall Suppen gerne.

„Papa, noch?", fragte der Koch. Er war ziemlich klein und hatte eine riesige weiße Mütze auf. Das sah schon komisch aus.

„Ja, ich nehme noch einen Teller davon."

„Ich heiße Aolo und Du?", wollte der Koch wissen.

„Okay Aolo, ich heiße Jonas." Offensichtlich mochten sich die beiden.

Nach dem Essen legten sich beide wieder auf die Liege am Pool. Ein bisschen Schlaf tat gut, aber dieser nahm ein jähes Ende. Es trommelte und kreischte in voller Lautstärke.

„Was hat denn das zu bedeuten?", fragte Johanna.

„Dann guck doch", erwiderte Jonas. „Da drüben kommen afrikanische Tänzer."

Jetzt sah Johanna sie auch.

„Stimmt", sagte sie. „ich habe etwas von einer afrikanischen Nacht gelesen. Sicher wollen sie auf sich aufmerksam machen."

„Die ist aber nicht bei uns im Hotel", erwiderte Jonas. „Der Opa hat erzählt, man fährt bei Sonnenuntergang vom Boots-Steg Shimo la Tewa aus mit einer arabischen Dhow auf dem Mtwapa Creek zu einem Eingeborenendorf. Dort zeigen dann die Wakambas ihre Kriegstänze."

„Wakambas?", fragte Johanna.

„Da kommt ja auch der Opa", fügte sie hinzu. „Ich werde ihn gleich einmal fragen, ob er noch mehr über die Tänzer weiß."

„Er ist sicher auch durch diesen Lärm aufgewacht." Mittlerweile waren die Tänzer schon fast um den ganzen Pool getanzt.

Der Opa blieb an den Liegen von Johanna und Jonas stehen.

„Na, haben Sie auch so kurz geschlafen?", fragte er lachend.

„Ja", antworteten beide.

„Ich würde Sie gerne noch etwas über diese Tänzer fragen", sagte Johanna.

„Aber gerne, wenn ich die Fragen beantworten kann." Der Opa hatte seinen Spaß an Johanna. Ihm gefiel, dass sie so viel über Kenia wissen wollte. Vor allem interessierten sie die Menschen.

„Wer sind diese WakambaTänzer?", fragte sie gleich.

„Da muss ich ein bisschen von vorne anfangen", erklärte der Opa. „Man muss wissen, dass die Stämme Kenias in vier große Volksstämme zugeordnet werden. Gut zwei Drittel aller Kenianer zählen zu den Bantu, der wichtigste Bevölkerungsgruppe."

„Bantu?", wollte Johanna weiter wissen.

„Diese wanderten damals, ich habe die Jahreszahl vergessen, von Westen und Süden nach Kenia ein. Die fruchtbarsten Gegenden konnten sie danach als die ihren bezeichnen. Sie waren Bauern, einfallsreich und auch sehr kreativ. Noch mehr Interesse?", fragte der Opa.

„Ja, natürlich. Erzählen Sie ruhig weiter", erwiderte Johanna.

„ Zu dem bedeutendsten Bantu Stamm gehören die Kikuyo. Diese lebten im Hochland und litten am meisten unter der weißen Kolonialisierung. Man hatte ihnen einfach ihr Ackerland weggenommen. Heute ist das natürlich anders, aber auch eine andere Geschichte. Ich will noch etwas zu den Afrikanischen Tänzern sagen. Diese, die in Hotels ihre Darbietungen zeigen, sind meistens Giriamas. Das ist ein kleiner Stamm in der Nähe von Malindi. Also nördlich von Mombasa. Dieser Stamm gehört auch zu den Bantu Völkern. Sie haben weder den Islam noch die indische Kultur angenommen. So gesehen zählen sie zu den wenigen Küstenbewohnern, die sich diesen Einflüssen entziehen konnten."

„Dann ist es aber auch irreführend, wenn es heißt, die Wakambas zeigen ihre Kriegstänze, wenn es doch die Giriamas sind oder?", fragte Johanna nach.

„Vielleicht tanzen sie ja auch beide. Um das heraus zu finden, müsste man sich das Spektakel ansehen. Für mich ist das aber nichts mehr", erwiderte der Opa.

„Ich habe eine Idee Johanna", sagte Jonas. „Wir wollen doch die Dhau-Fahrt mit machen. Soweit ich weiß, bieten sie zwischen drin oder danach so eine Show an. Dann können wir sehen, wer nun wer ist."

„Prima, dann werden wir uns gleich morgen darum kümmern."

Am nächsten Tag buchten sie bei der Reiseleitung die Dhau-Fahrt. Es sollte am nächsten Tag gleich losgehen.

„Toll", sagte Johanna. „Ich freue mich schon darauf. Ob Helmut wieder sagt, dass wir auch mit Ihnen hätten fahren können?"

„Oh, das bestimmt nicht", erwiderte Jonas. „Ich will ja auch später wieder heil nach Hause kommen."

Beide gingen zum Strand, an dem Askari vorbei und die Treppen hinunter.

„Jambo Mama", ertönte gleich eine Stimme. „U hali gani?"

Jonas schüttelte den Kopf. Dass diese Händler immer nur die Frauen

ansprachen. Wahrscheinlich vermuteten sie, dass man mit ihnen bessere Geschäfte machen konnte. Trotzdem rief er ihm zu:
„Guten Morgen, habari?"
Johanna überlegte. Was hatte der der Händler anders gesagt? U hali gani? Was hieß denn dieses nun wieder? Ehrlich gesagt, hatte sie diese Wörter noch nicht gehört. Deshalb fragte sie nach: „Was heißt denn U hali gani?"
„Wie geht es ihnen? Heißt es. Ich heiße David."
„Mir hat man gelehrt, habari heißt wie geht es ihnen. Ist das jetzt falsch?" wollte Johanna nun wissen.
David grinste nur und da er gerade neue Touristen sah, ließ er diese Frage unbeantwortet.
„Jonas, sind diese neuen Wörter vielleicht so eine Art Hochdeutsch? Eben auf Suaheli?"
Nun musste Jonas aber lachen. „Du stellst vielleicht Vergleiche an. Du willst doch alles lernen. Ich bleibe bei habari. Das ist kürzer."

Helmut wartete schon mit der Zeitung in der Hand.
„Guten Morgen", sagte er. „Hast Du gut geschlafen?"
„Ja, habe ich", antwortete Jonas. „Du auch?"
„Nein, bei mir war es heiß. Ich habe keine Klimaanlage."
„Wir haben im Zimmer eine, aber wir machen sie nicht an", sagte Jonas.
„Dann willst Du schwitzen?", kam die nächste Frage.
„Ja, so wird es wohl sein."

Sie liefen ein Stück zusammen am Strand. Es war Ebbe. Viele Touristen liefen hinaus zum Riff. Natürlich immer in Begleitung von einem Beach-Boy. Teilweise liefen sie zusammen oder der Beach-Boy im angemessenen Abstand nebeneinander. Oft schimpften die Touristen über solche Begleitung. Johanna und Jonas machte es aber nichts aus.
Auf einmal blieb Helmut stehen und sagte: „Ich setze mich dort oben in den Sand und warte bis Ihr wieder zurück seid."
Nanu, dachte Johanna, was hat er denn jetzt? Dann sah sie aber warum. Zacharias kam direkt auf sie zu und begrüßte sie stürmisch: „Jambo Mama, jambo Papa. Seid Ihr wieder da?"
„Ja, wir sind wieder da", erwiderte Jonas.
„Ich habe Euch gestern schon gesehen, aber da hatte ich keine Zeit. Ich hatte gerade Verhandlungen geführt."
„Hast Du denn wenigstens ein gutes Geschäft gemacht?", wollte Johanna wissen.
„Nicht so richtig. Ich muss aber jeden Tag Geld verdienen. Für meine Tochter muss ich Schulgeld bezahlen. Man kann das auch eine Spende nennen. Essen müssen wir auch."
„Wir müssen auch jeden Tag unser Geld verdienen", antwortete Jonas.
„Aber Du hast schon Recht, uns geht es besser als Euch."

„Ihr seid sicher reich. So wie alle Touristen hier."

„Nein Zacharias, das sind wir nicht."

„Wir könnten nicht einmal einen Flug nach Europa bezahlen. Aber Ihr. Deshalb müsst Ihr viel Geld haben."

Zacharias blieb bei seiner Meinung über die Touristen. Johanna und Jonas fühlten sich in diesem Moment nicht ganz so wohl in ihrer Haut. Wie sollte man es jemanden erklären, der nur für den nächsten Tag arbeiten ging? Sie hatten schon von anderen gehört, dass die Beach-Boys mit ihrem verdienten Geld abends in die Bar gingen. Wenn das stimmte, dann wäre das ja sehr schlimm.

Zacharias verabschiedete sich und ging wieder zurück zu seinem Boot. Johanna und Jonas machten auch kehrt.

Der Opa freute sich, als er die beiden sah. „Schön, dass Sie wieder da sind. Kommen Sie, wir gehen an die Bar. Vor dem Essen schadet das bestimmt nicht", sagte er.

Hinter der Bar stand Josef, der Barkeeper. Es schien so, als würde er von früh bis abends dort arbeiten. Immer freundlich und gerne zu einem Spaß bereit.

„Hast Du eine Tochter?", war seine oft gestellte Frage. „Ist die was für mich?" Aber er konnte auch sehr ernst sein. Sein Deutsch war recht gut. Man verstand alles, was er erzählte. Ob dieses dann auch die Wahrheit war, konnte keiner beschwören. Das ist im Urlaub auch egal, dachte Johanna.

Die Getränke wurden nicht gleich bezahlt, sondern einfach nur unterschrieben. Das führte dazu, dass man wöchentlich einfach einmal überschlug, ob man tatsächlich all dieses getrunken hatte. Touristen hatten berichtet, dass schon oft gemogelt worden sei. Johanna und Jonas hatten im Jahr zuvor keine Beanstandung gehabt. Deshalb glaubten sie auch nicht diese Geschichten, obwohl... ab und zu überprüften sie auch diese Zettel.

Neben dem Opa stand ein junger Mann, namens Holger, mit dem sie recht schnell ins Gespräch kamen. Er wartete auf seine Verlobte, die abends noch anreisen würde. Johanna und Jonas hatten ihn das Jahr zuvor auch schon bemerkt. So wie er erzählte, war er auch schon öfters in diesem Hotel. Hier gab es doch recht viele Stammgäste, dachte Johanna. Sie fragte den Opa, ob er noch mehr hier kennen würde.

„Ja, ich kenne doch einige. Dort drüben im Rollstuhl, das ist Anne. Sie spielt ganz toll Tischtennis und schwimmt sehr gerne."

„Das habe ich schon bemerkt", erwiderte Johanna. „Sie macht sich scheinbar nichts aus ihrer Behinderung."

„Ihre Beine sind gelähmt, aber sie kommt damit klar. Holger hilft ihr manchmal aus dem Wasser, wenn er es bemerkt. Und dort ist ein Schweizer Ehepaar. Die Beiden kenne ich von Anfang an. Sie sprechen beide perfekt Suaheli. Das war am Anfang ein großer Vorteil für mich. Das Ehepaar dort auf der linken Seite des Pools, ist hier auch mehr oder weniger zu Hause. Leider hat der Mann Krebs. Seine Frau kümmert sich rührend um ihn. Man sieht es ihm nicht an, dass er diese heimtückische Krankheit hat."

Es trommelte zum Essen.

„Wir sehen uns später noch", sagte der Opa.

„Jonas, denkst Du auch so wie ich?"

„Ja."

„Ich glaube, den Opa bekommen wir nicht mehr los. Nur gut, dass er abends früh ins Bett geht."

„Josef", sagte Johanna. „Ich möchte unterschreiben."

„Das heißt: Nataka kwandika", erwiderte Josef.

„Und wenn ich bezahlen will?", fragte Johanna.

„Dann heißt es nataka kulipa. Wenn man tafadhali dazu sagt, ist es auch nicht verkehrt."

„Heißt das bitte?"

„Ja."

„Dann sage ich jetzt: Tafadhali nataka kwandika."

„Hier ist Dein Zettel", lachte Josef und gab ihr gleich noch einen Bierdeckel dazu, damit sie sich die neu gelernten Sätze aufschreiben konnte. Vorsorglich buchstabierte Josef sie.

Nach dem Essen lief der Opa mit Johanna und Jonas an einen freien Tisch. „Sie sehen aus wie eine Prinzessin", sagte er zu Johanna.

„Jetzt übertreiben Sie aber", sagte Jonas. Im Stillen dachte er: Schleimer. Das hatte gerade noch gefehlt. Sicher, Johanna hatte schon eine schöne Farbe. Ihr schwarzes Haar hatte sie wirklich toll gekämmt und auch sonst passte alles zusammen.

„Waren Sie schon einmal außerhalb vom Hotel unterwegs?", fragte der Opa.

„Nein, wir werden erst noch die Dhau-Fahrt machen", kam die etwas knappe Antwort von Jonas.

Der Abend plätscherte so dahin. Der Opa erzählte, was er schon alles erlebt hatte. Irgendwann wurde er müde und ließ sich von Johanna und Jonas zu seinem Zimmer bringen.

„Lalasalama", sagte er.

„Das heißt Gute Nacht oder?", fragte Johanna. Das konnte man sich ja denken, da der Opa nicht viel getrunken hatte und deshalb auch nicht lallte.

„Ja", lachte der Opa und fuhr fort: „Tutaonana baadaye, bis morgen."

„Wieder einen Satz dazu gelernt", antwortete Johanna. „Das müssen Sie mir morgen bitte aufschreiben."

Johanna und Jonas setzten sich noch eine Weile auf den Balkon. Es war jetzt eine angenehme Wärme vorhanden, die sie noch ein bisschen genießen wollten. Lange blieben sie allerdings nicht alleine. Wie aus dem Nichts stand Bill, der Askari, vor dem Balkon. Seine dunkle Kleidung war die perfekte Tarnung.

„Habari za jioni Mama und Papa, u hali gani?", sagte er zu Johanna und Jonas.

„Jambo Bill", erwiderte Johanna. „Ich kann noch kein Suaheli und kann deshalb nur raten. Heißt das: Wie geht es Ihnen?"

„Ich habe Guten Abend gesagt und gefragt, wie es Ihnen geht", lachte Bill.

„Danke gut und Dir?"

„Ich muss arbeiten. Ich passe heute Nacht auf Sie auf."

„Dann können wir ja beruhigt schlafen gehen", erwiderte Jonas. „Komm Johanna, dann tun wir das jetzt auch."

Johanna sagte noch schnell lalasalama und folgte Jonas ins Zimmer.

„Warum bist Du denn so genervt Jonas?", fragte Johanna.

„Ich denke, abends könnte man ein bisschen Ruhe vertragen. Erst der Opa und dann noch dieser Askari."

Johanna schwieg lieber. Im Prinzip hatte Jonas ja Recht, aber ihr machte es nun einmal Spaß, sich zu unterhalten. Von dem Opa konnte man einiges über Afrika lernen und Suaheli gefiel ihr einfach. So eine Sprache konnte man ja nur von Einheimischen lernen. Zu Hause konnte man rein gar nichts damit anfangen, aber trotzdem, sie wollte einfach noch mehr Sätze sprechen können.

Gleich nach dem Frühstück wurden sie am nächsten Tag von einem Bus abgeholt und zum Kenya Marineland gebracht. Dort empfing sie der Dhau-Kapitän mit einem echten arabischen Kaffee.

„ Ich werde Ihnen jetzt in wenigen Sätzen erklären, was eine Dhau überhaupt ist", sagte der Kapitän. „Die Dhau ist in Afrika schon seit über 1000 Jahren bekannt. Sie ist ein traditionelles arabisches Segelschiff. Diese Schiffe wurden aus Holz gebaut. Es wurde kein Metall verwendet. Sie dienten dem Transport von Gewürzen, Sklaven, Elfenbein und sonstigen Handelsgütern. Zwischen Ostafrika und dem arabischen Golf bis nach Asien wurden sie eingesetzt. Dabei wurden die Monsun Winde genutzt. Heute haben wir Hilfsmotoren an Bord, die eine Flaute überbrücken. Außer mir befinden sich noch drei Segler mit an Bord, die die Segel setzen und noch einige andere Arbeiten verrichten. Willkommen an Bord."

Sie fuhren mit der Dhau an der Küste entlang bis nach Mombasa. Johanna und Jonas hatten sich gut eingecremt, denn die Sonne brannte vom Himmel. Durch den leichten Fahrtwind merkte man es zwar nicht so sehr, aber sie waren eben vorsichtig. Hin und wieder schaukelte es heftig, so dass sich alle festhalten mussten. Es war eine Wohltat, als der Käpitän den Motor einschaltete.

Gleich vor der Einfahrt zum Hafen kamen sie am Moi Gelände vorbei. Deutlich konnten sie die Gebäude der Wachen erkennen. Danach sahen sie den Moi Palast. Natürlich durften sie nicht näher ans Ufer fahren, aber es war auch so alles zu erkennen. Die Fahrt ging weiter zum alten Hafen. „Dort ist das Fort Jesus", sagte Jonas.

„Toll, dass wir das jetzt auch vom Wasser aus sehen. Sieht ja wirklich riesig aus." Johanna war begeistert. Sicher, ein altes Gemäuer, aber doch beeindruckend.

„Guck mal dort, siehst Du die schicken Häuser?", fragte Jonas Johanna. „Dort wohnen sicher nur reiche Afrikaner oder Inder."

Langsam drehte das Schiff und sie traten den Rückweg an.

„Das war ja ein Ministop vor Mombasa", sagte Johanna.

„Ja, so sehe ich das auch, aber wir haben ja noch mehr vor. Der Kapitän hält sich wahrscheinlich genau an die Uhrzeit. Macht ja auch nichts, es war ja kein Landgang geplant oder?"

„Nein, das stimmt. Ich weiß auch nicht, was ich mir dabei vorgestellt habe", erwiderte Johanna.

Auf der Rückfahrt sollten sie noch Delphine sehen. Das hatte der Kapitän angekündigt. Er stoppte den Motor und sie segelten.

„Jonas, ich glaube, mein Magen hebt sich", sagte Johanna.

„Guck, da hängt schon eine Frau über der Reling", lachte Jonas.

„Toll, ich finde das nicht witzig."

„Komm, Du schaffst das schon. Denke einfach nicht darüber nach."

„Du hast gut lachen, merkst Du denn gar nichts?", fragte Johanna.

„Nein, mir geht es gut. Aber sieh mal da drüben auf dem Wasser. Ob das Delphine sind?"

Johanna sagte nichts. Allerdings machte der Kapitän sie darauf aufmerksam.

„Wir bleiben eine Weile bei den Delphinen", sagte er.

Die Delphine schwammen an der Dhau entlang, tauchten ab und kamen an der anderen Seite wieder nach oben. Es sah aus, als wollten sie spielen. Es war wirklich sehr schön, diese freundlichen Tiere zu beobachten.

Nach einer Weile wurde der Motor angeworfen, die Fahrt ging weiter zum Mtwapa Creek. Dieser fließt in den indischen Ozean.

„Jonas, kannst Du Dich erinnern, dass wir bei der Fahrt aus Mombasa zum Hotel über eine Brücke gefahren sind?", fragte Johanna. „Die war über den Fluß Mtwapa."

„Keine Ahnung. Hast Du das gelesen?", erwiderte Jonas.

„Ich habe es auf einem Schild gelesen. Dabei ist mir aufgefallen, dass man das Wort selbst kaum aussprechen kann."

„Hast es jetzt aber hinbekommen. Das sind aber auch manchmal die reinsten Zungenbrecher", lachte Jonas.

„Sieh mal, dort die Mangroven. Siehst Du die Stelzwurzeln?"

„Ja, ich sehe sie." Oh, jetzt kommt wieder ein Stück Biologie Unterricht, dachte er.

Da kam Johanna auch noch eine Frau zu Hilfe. Sie sagte: „Mangroven haben sich der tropischen Küstenlandschaft angepasst. Im Grunde genommen sind es verholzende Salzpflanzen. Wir haben in Deutschland zum Beispiel die Strandaster. Vielleicht haben sie ja schon einmal an irgendeinem Strand so eine Pflanze gesehen. Sie ist immer dort zu finden, wo der Boden salzhaltig ist."

„Das ist ja interessant", erwiderte Johanna.

„Ich weiß zum Beispiel von einem Nationalpark Schleswig-Holsteinisches Wattenmeer. Dort wächst sogar echtes Tausendgüldenkraut."

„Das kenne ich auch. Als Kind musste ich das immer trinken, wenn ich krank war und Fieber hatte", sagte Johanna lachend. „Das hat schrecklich geschmeckt, aber dann hieß es: Bös hilft Bös vertreiben."

„Darf ich einmal unterbrechen?", fragte Jonas. „Ich möchte nur anmerken, dass wir gerade in Kenia sind und nicht an der Nordsee."

„Stimmt", erwiderte die Frau. „Nur, man findet nicht oft jemanden, der sich für solche Dinge interessiert. Aber sagen Sie, Sie sind sicher noch nicht lange hier oder? Ich sehe gerade, dass Sie angeschwollene Füße haben. Das kommt sicher vom Flug."

„Ja", erwiderte Johanna. „Sie sind dick und sehen dazu auch noch schrecklich aus."

„Dann müssen Sie ganz viel trinken. Das hilft immer."

„Kenya Cane?", fragte Jonas lachend.

„Nein, natürlich nicht. Wasser. Keinen Alkohol. Dann ist alles bald wieder gut."

„Dann werde ich viel trinken und hoffen, dass Sie Recht haben. Aber so ist es, mein Mann hat nicht einmal etwas davon bemerkt." Johanna sah Jonas vorwurfsvoll an.

„Stimmt", erwiderte dieser. „Du hättest mir ja auch etwas sagen können oder?"

„Ach, lass es gut sein. Die Füße werden schon wieder normal werden." Johanna wollte keinen Streit provozieren. Allerdings hatte sie sich schon ein wenig darüber geärgert.

Kurz darauf gingen alle an Land. Sie waren an einem Grillplatz angekommen. Vor den Hütten waren Bänke aufgebaut , auf denen eine Vielzahl von Salaten standen. Der Grill erzeugte noch eine zusätzliche Wärme. Sie bekamen Langusten und verschiedenes Fleisch zu essen.

„Ich glaube, ich hole mir noch etwas zu trinken", sagte Jonas.

„Bringst Du mir auch etwas mit, aber beeile Dich, ich sehe schon Tänzer. Die Show wird gleich beginnen."

„Ich denke, das sind die Giriamas oder?", fragte Johanna.

„Das ist doch eigentlich egal", erwiderte Jonas.

„Ich habe das ja nur gesagt, weil der Opa erklärt hatte, dass diese für Touristen tanzen."

„Dann sind sie es eben. Sei doch nicht so genau." Jonas gefiel die Show. Die Akrobaten sowie die Feuerschlucker waren toll und auch die Limbo Tänzer.

Auf einmal herrschte völlige Stille. Kurz darauf ein Trommelwirbel und es stieg der Neptun aus dem Wasser. Das war gut gemacht, aber Jonas sagte lachend: „Hast Du gewusst, dass Neptun ein Afrikaner war?"

Jetzt musste auch Johanna lachen. „Nein, aber das war mal etwas anderes."

Danach fuhren sie zum Kenya Marineland. Dort kann man 150 Arten tropischer Fische bewundern. Es gibt dort Riesenschildkröten, sowie ein Schlangenterrarium mit afrikanischen Schlangen und einen Park mit Krokodilen.

„Siehst Du dort den Rochen?", fragte Johanna. Sie standen vor einem kreisrunden Meerwasser Becken mit Glasscheiben. Es wurden wohl Haie angekündigt, aber es waren nur Winzlinge zu sehen.

„Ja, der sieht schon toll aus", erwiderte Jonas. „Lass uns jetzt aber zu den Schlangen gehen. Für mich waren das genug Fische."

Johanna mochte zwar keine Schlangen, aber da alle hinter Glas waren, war das für sie zu ertragen.

„Das sind aber viele gefährliche Schlangen. Und alle aus Ostafrika!"

Sie sahen die grüne und die schwarze Mamba, Puffottern, Kobras und Pythonschlangen.

„Ich sage es Dir aber gleich, ich möchte keine Python um den Hals haben. So wie die Frau dort drüben."

„Brauchst Du auch nicht", lachte Jonas. „Sieh, an dem Schild steht, dass sie bis zu 5 Metern lang werden können. Dann hättest Du aber einen dicken Schal um."

Johanna schüttelte sich innerlich. Wenn sie sich vorstellte, dass diese Schlangen tatsächlich alle hier irgendwo lebten, dann war das ja wirklich gefährlich. Dabei dachte sie an die Kinder, die zur Schule liefen oder an die Frauen, die Wasser holen mussten.

Sie gingen weiter zu den Krokodilen. Die dösten so vor sich hin bis auf einige kleine. Als sie direkt davor standen, kam ein junger Mann.

„Mama, möchtest Du ein kleines Krokodil auf den Arm nehmen?"

„Nein, lieber nicht", antwortete Johanna.

„Ich zeige Dir, wie Du es halten musst. Es tut Dir nichts, es ist ganz weich", erwiderte der junge Mann.

„Lass es Dir doch auf den Arm geben", meinte Jonas. „Das gibt doch eine tolle Aufnahme."

Der junge Mann sagte Johanna, sie solle zuerst einmal beide Arme ausstrecken. Er würde es dann drauf legen.

Johanna tat es so wie er es gesagt hatte und schon lag das kleine Krokodil auf ihren Armen.

„Jonas, das ist wirklich ganz weich", sagte sie.

Jonas machte sofort eine Aufnahme davon. Der junge Mann stellte sich natürlich dazu. Das war auch besser so, denn Johanna hatte schon etwas Bedenken, dass es zappeln würde und sie es nicht mehr halten könne. Es klappte aber.

Nachdem sich alle Touristen wieder eingefunden hatten, fuhren sie zurück zum Hotel. Zuvor machten sie aber noch an einem Massai-Dorf halt.

Die jungen Männer der Massai standen davor mit ihren Schildern und Speeren. Junge Frauen saßen am Weg. Vor ihren Füßen hatten sie Decken ausgebreitet. Darauf lagen eine Vielzahl an Ketten aus bunten Perlen, Schlüsselanhänger und vieles mehr, die sie zum Verkauf anboten.

„Ich glaube, die Massai verdienen hier ganz gut", sagte Jonas. „Wenn hier immer Touristen anhalten."

„Stimmt. Sie sind aber doch ohne dieses zusätzliche Geld nicht arm oder?", fragte Johanna.

„Das ist eben zusätzlich. Wie Du schon bemerkt hast".

Als sie wieder im Hotel waren, stand schon der Opa vor der Wartehalle.

„Wie hat es Ihnen denn gefallen?", fragte er sofort.

„Wir machen uns erst einmal frisch", erwiderte Jonas. „Wir können ja später noch erzählen."

„Sei doch nicht so grob zu dem Opa. Er hat sich eben schon an uns gewöhnt und ihm war heute sicher langweilig", sagte Johanna auf dem Weg zu ihrem Zimmer. „Wir werden auch einmal alt und wer weiß, wie wir dann sind."

„In dem Alter fahre ich nicht mehr in den Urlaub", kam von Jonas zurück. „Der Opa ist schon über achtzig. Außerdem ist es ihm all die Jahre zuvor sicher auch ohne uns nicht langweilig gewesen."

Johanna fand den Opa ja auch etwas nervig, aber das konnte sie aushalten. Er konnte eben so herrlich erzählen und vor allem ihre Fragen beantworten.

Nachdem Essen saßen sie natürlich zusammen und berichteten. Sogar Jonas erzählte mit. Scheinbar hatte er selbst bemerkt, dass er doch etwas unfreundlich gewesen war.

„Unterwegs haben wir gehört, dass die Massai zu dem Stamm der Samburu gehören. Stimmt das?", fragte Johanna.

„Ja, das stimmt. Wollen Sie Geschichte oder Gegenwart hören", antwortete der Opa.

„Dann erst einmal Geschichte. Die Gegenwart sehen wir ja mehr oder weniger. Aber nicht mit: Es war einmal... anfangen", erwiderte Jonas schelmisch.

„Die Samburu gehören zu den Stämmen, für die die Tradition noch wichtig ist. Sie kamen aus dem nördlichen Kenia. Dort gibt es heute noch ein Samburu Nationalreservat; etwa 350 km nördlich von Nairobi. Nachdem sie nach Süden wanderten sagt man, sie hätten am Turkana See gelebt. Das ist das größte Binnengewässer Kenias. Er liegt am ostafrikanischen Graben. Es wundert keinen, dass die Massai von dort mit ihren Tieren weg zogen, denn dort gibt es zwar Gräser, aber es ist doch eine karge Landschaft. Dort kann man eher fischen als Rinder züchten.

Sie waren früher gefürchtete Krieger. Die Massai herrschten in den weiten Savannen Afrikas und weit bis in den Süden. Bis Tansania. Sie überfielen andere Stämme und eigneten sich Gebiete an. Davon war auch das Gebiet um den Kilimandscharo und selbst Mombasa betroffen. Erst Anfang des 19.Jahrhunderts wurden die Massai enteignet. Sie wurden bis in den Süden verdrängt. Ehrlich gesagt weiß man immer noch nicht sehr viel über die Massai.

Heute leben sie rund um die Nationalparks. Sie hüten dort ihre Rinder und machen Geschäfte mit Touristen."

„Wissen Sie auch etwas über die Mangroven-Wälder?", fragte Johanna. „Ich denke schon", lächelte der Opa. „ Diese Bäume und Pflanzen haben sich alle den schwierigen Umweltbedingungen der Brackwasserzone angepasst. Sie müssen wissen, sie besitzen einen speziellen Wurzelapparat. Die breiten Stelzwurzeln verankern den Baum in dem weichen Schlamm. Sie schützen die immergrüne Krone vor der Flut. Oft bilden sie noch Atemröhren, die verhindern, dass der Baum im sauerstoffarmen Schlamm erstickt. Noch mehr davon?"

„Ja, das ist interessant", erwiderte Johanna.

„Gut, dann erzähle ich noch mehr: Eine weitere Besonderheit bilden die Samen, die bereits auf dem Baum keimen. Man spricht dabei von lebend gebärenden Bäumen."

„Oh, das habe ich ja noch nie gehört", unterbrach Johanna den Opa.

„Ja, so nennt man das, weil nicht die Frucht, sondern erst der Keimling herunter fällt. Er verpflanzt sich selber in dem Schlick und so wird verhindert, dass die Flut den Samen hinweg spült."

„Dort gibt es bestimmt auch viele Tiere?", fragte Johanna weiter.

„Sicher. Den schwarzen Schlamm zwischen dem Dickicht von Stelzwurzeln bevölkern Schalentiere und Kleinlebewesen. Diese dienen den Krebsen, Fischen und Vögeln als Nahrungsgrundlage."

„Lebt dort auch der Mangroven-Reiher?", wollte Johanna wissen. „Ich habe diesen Namen einmal gelesen und ein Bild von ihm gesehen."

„Das weiß ich jetzt leider nicht, aber sicherlich sind dort viele Reiher-Arten. Mangroven-Wälder sind auf jeden Fall sehr wichtig. Sie versorgen die kleinen Tiere mit Blüten, Blättern und Früchten. Sie beliefern aber auch, durch die Gezeiten, Seegraswiesen und Riffe mit Schlamm. In diesem befinden sich sehr wichtige organische Stoffe. Von diesen ernähren sich dann Schildkröten und Fische."

Sie plauderten noch eine ganze Weile. Zwischendurch sahen sie auch Holger mit seiner Verlobten an der Bar sitzen. Anne saß in ihrem Rollstuhl etwas abseits allein an einem Tisch. Aber nicht lange, denn Holger räumte die Barhocker auf die Seite und schob Anne einfach zu dem entstandenen freien Platz.
„Hast Du gesehen wie die Verlobte geguckt hat?", fragte Johanna Jonas.
„Ja, habe ich. Aber warum? Da ist doch nichts dabei. Außerdem hatte sich Holger ja auf seine Verlobte gefreut. Was Du schon wieder siehst."
Jonas konnte da nur den Kopf schütteln.

Am nächsten Morgen beschlossen Johanna und Jonas mit dem Taxi nach Mombasa zu fahren. Sie hatten erzählt bekommen, dass man in einer richtigen Bank für die D-Mark mehr Schillinge bekommen würde. Deshalb gingen sie zur Rezeption und ließen ein Taxi kommen. Der Fahrer sei absolut zuverlässig, sie müssten keine Bedenken haben. So wurde es ihnen gesagt.
Der Taxifahrer fuhr gleich los. Das Auto selbst war sicher nicht mehr das allerneuste Modell. Es klapperte ganz schön.
„Im ersten Jahr hier in Kenia, waren wir ja richtige Angsthasen gegen heute", sagte Johanna zu Jonas.
„Stimmt, aber vorsichtig muss man immer sein", erwiderte dieser.
Da mischte sich der Taxifahrer gleich mit ein: „Man darf auch als Taxi seine Autoscheibe an einer Ampel nicht ganz offen lassen. Banditen greifen einfach hinein. Neulich haben sie einer Touristin die Ohrringe einfach so heraus gerissen."
„Dann lass sie nur zu. Wir haben zwar keinen Schmuck an uns, aber man kann ja nie wissen, was so passiert", sagte Johanna.

An der Bank wurden sie abgesetzt. Der Fahrer sagte, er sei in 20 Minuten wieder da.
„Das wollen wir einfach glauben", meinte Jonas.
„Ich denke schon, dass er wieder kommt. Sonst braucht er vom Hotel aus sicher keine Fahrten mehr zu machen."
Vor der Bank standen bewaffnete Polizisten. Als sie hinein gingen, mussten sie in einer Schlange stehen. Dort wurde erst einmal nach dem Reisepass gefragt. Nachdem er ausgiebig begutachtet worden war, mussten sie den Geldbetrag angeben, den sie haben wollten. Mit einem Zettel wurden sie zu dem Schalter nebenan geschickt. An diesem wurde noch einmal alles kontrolliert. Johanna und Jonas wurden mit ihrem Passbild verglichen. Und das dauerte!

Zurück zum ersten Schalter. Wieder eine Kontrolle, ob der Kollege auch alles richtig gemacht hat.

Danach warteten sie auf das gewünschte Geld.

„Ich glaube, wir stehen hier schon über eine halbe Stunde", sagte Johanna.

„Ja, das stimmt. Die sind aber auch so was von langsam."

Nach weiteren Minuten sollten sie wieder zu dem ersten Schalter kommen. Noch einmal der Vergleich mit den Passfotos und dann bekamen sie ihre Schillinge. Jonas zählte nach und dann verließen sie die Bank.

„Hoffentlich ist jetzt der Taxifahrer da", sagte Johanna.

Zum Glück kam er sofort von der anderen Straßenseite zu ihnen herüber. In dem Bankbereich durfte er sich nicht aufhalten, so dass er sich eben einen anderen Platz gesucht hatte.

Als er die beiden sah, lachte er: „Pole, pole."

„Das kann man wohl sagen." Jonas musste nun auch lachen. „Bitte fahren Sie uns zu dem Kaufhaus am Fort Jesus. Ich muss da etwas holen."

Johanna stutzte. Was musste Jonas denn in einem Kaufhaus holen?

Als sie dort waren, nahm er sie an der Hand und führte sie direkt zur Schmuckabteilung. Was sollte denn das?

Der Verkäufer kam sofort und Johanna staunte nicht schlecht, als sie Jonas sagen hörte: „Ich hätte gerne so ein Afrika aus Gold. Johanna, Du kannst Dir eins aussuchen."

Das tat sie gerne. Sie wollte es gleich anlassen, doch der Verkäufer sagte: „Lassen Sie es nicht umhängen. Das ist hier zu gefährlich."

„Aber wir fahren doch mit einem Taxi wieder ins Hotel", erwiderte Johanna.

„Glauben Sie mir einfach."

Johanna steckte es in ihre Hosentasche. Sie hatte Afrika, nur das zählte. Voller Stolz zog sie es sofort an, als sie wieder wohlbehalten in der Hotelanlage ankommen waren.

Der Speisesaal war ein Rundbau und in der Mitte war täglich das Buffet aufgebaut. Die Köche standen mittendrin und halfen gerne weiter. Im Laufe der Zeit hatte so jeder Tourist seinen „eigenen" Koch. Natürlich wollten sie Schillinge für ihre Bemühungen. Zu diesem Zweck stand ein Behälter bereit. Öfters war er doch recht gut gefüllt.

Johanna hatte auch ihren „eigenen" Koch namens Thomas. Er testete öfters ihr Suaheli und von ihm lernte sie weiter Sätze oder auch nur Wörter wie: Ningependa. Das heißt: Ich hätte gerne... oder auch: Chumvi, das heißt Salz. Johanna war geradezu eine Weltmeisterin im Vergessen. Darüber musste Thomas schmunzeln. Für ihn war deutsch auch schwer gewesen. Sie blieben aber die überwiegende Zeit bei deutsch. So kam es, dass er eines Tages fragte, ob sie etwas für seine Frau hätte. Vielleicht ein Kleidungsstück? Johanna hatte keines übrig, allerdings wollte sie gerne im nächsten Urlaub etwas mitbringen. Natürlich nur, wenn sie noch mal in diese Gegend kommen würden.

Nachmittags gingen Johanna und Jonas raus aus der Hotelanlage. Mittlerweile waren sie nicht mehr so ängstlich und außerdem wollten sie auch nicht lange bleiben. Die Dunkelheit würde sie nicht überraschen. Die Askaris ließen sie durch ein großes Tor. Manchmal wollten sie Schillinge dafür, aber darauf ließen Johanna und Jonas sich nicht ein. „Wo gibt es denn so etwas?", fragte Johanna. „Hier will ja jeder Geld für die geringste Kleinigkeit. Das Tor hätten wir auch selbst auf bekommen." Sie fand das doch etwas unverschämt und Jonas stimmte ihr zu.
Sie liefen an der Straße entlang und wurden gleich aufgehalten. An der Seite von einer Einfahrt saß ein junger Afrikaner auf einem Stein und las Zeitung. Er grüßte ganz freundlich und fragte, ob Jonas in die Zeitung sehen wollte. Jonas nickte und suchte nach den Sportergebnissen. Der junge Mann fragte unterdessen Johanna, von welchem Hotel sie kommen würden und ob sie noch länger da bleiben wollten. Nachdem Johanna alles beantwortet hatte, erzählte er, er würde auf das Haus aufpassen. Seine Chefin sei eine Frau aus Österreich.

„Das ist ja interessant", sagte Johanna. „Wie lange wohnt sie denn schon hier?"
„Schon viele Jahre", antwortete er. „Wenn Du Geld wechseln willst, dann sag Bescheid. Das könnt ihr hier wechseln. Sie macht einen guten Preis."
„Wir haben schon in Mombasa gewechselt", sagte Jonas.
„Bei uns ist es aber günstiger", erwiderte der Afrikaner. "Mein Name ist Steve", fügte er hinzu.
„Ich werde daran denken." Jonas ihm die Zeitung zurück. „Komm Johanna, wir gehen weiter. Sonst wird es zu spät."
Sie erreichten Häuser. Dort waren Geschäfte, in denen man außer Schmuck alle möglichen Andenken und Kleidungsstücke kaufen konnte; ein Geschäft mit selbstgemalten Bildern und auch eine Bank. Diese wurde natürlich von Askaris mit Gewehren bewacht.
In einer Art Hof, gab es ein zwei Restaurants mit einer Pool-Anlage, sowie einen Massagesalon. Überall waren Touristen.
„Komm, lass uns etwas trinken gehen", sagte Jonas.
„Da willst Du rein?", fragte Johanna. Da sitzt doch überhaupt niemand."
„Das macht doch nichts. Komm einfach."
Sie bekamen ihre Getränke und gleich darauf wurde die Musik recht laut. Es wurde Jambo, Jambo gespielt. Sie hatten gesehen, dass der Mann hinter der Theke eine Kassette eingelegt hatte.

„Ich gehe mal fragen, was eine solche Kassette kostet und wo man sie kaufen kann."

„Er besorgt mir eine Kassette", sagte Jonas, als er wieder zu Johanna zurückkam. Bis morgen können wir sie haben."

„Das ist ja toll. Dann können wir zu Hause auch immer Jambo, Jambo hören." Johanna freute sich. Allerdings mussten sie am nächsten Tag noch einmal hier her kommen. Bei der Hitze war der Weg ja kein Vergnügen, aber für dieses Lied wollte sie es tun.

Gleich darauf setzte sich eine junge Afrikanerin zu ihnen an den Tisch. Johanna fand das etwas eigenartig, denn es waren ja alle anderen Tische noch frei, aber egal, sie sah ganz anständig aus. Gleichzeitig bemerkte sie, dass die jungen Männer hinter Theke grinsten.

„Jonas, komm, wir gehen in ein Geschäft. Ich möchte sehen, was man hier so alles kaufen kann."

„Bloß wegen der Frau neben Dir?", fragte er lachend zurück.

„Blödsinn, ich will eben mal alles durchstöbern."

Erst viele später erfuhren sie, dass sie eine Prostituierte war.

„Tutaonana", rief ihnen der Kellner hinterher. „Bis morgen".

In dem Kaufhaus herrschte reger Betrieb. Afrikanische Verkäufer, aber hinter der Kasse stand eine andere Nationalität. Das konnte man deutlich erkennen.

Johanna blieb vor dem Schmuck stehen. Jonas sah sie mit fragendem Blick an und sagte: „Du brauchst aber nichts, oder?"

„Nein, ich gucke nur", lachte Johanna. Der Verkäufer hatte ihr bereits etliche Goldketten und Armbänder hingelegt.

„Mama, die sind nicht teuer", sagte er. „Viel billiger als bei Euch zu Hause."

„Das glaube ich nicht", erwiderte Jonas. „Ist da überhaupt ein Stempel drin?"

Eilig sah der Verkäufer nach und gleich darauf hielt er Jonas eine Halskette hin. „Da, siehst Du ihn?"

„Ja, stimmt, aber wir brauchen nichts", antwortete Jonas. „Komm Johanna, wir müssen wieder zurück."

„Wenn Ihr Schmuck kaufen wollt, ich bringe ihn selbst zu Euch ins Hotel", kam sofort der nächste Versuch von dem Verkäufer.

„Nein, Danke, wir brauchen keinen." Damit war der Fall erst einmal erledigt.

Auf dem Rückweg kamen sie an bettelnden Kindern und Afrikanern vorbei. Auch an einem jungen Mann, der auf der Erde saß. Vor sich hatte er alles aufgebaut. Ketten, Armbänder aus Leder und lauter solche kleinen Dinge. Auch er wollte verkaufen. „Nein, wir kaufen nichts", sagte Jonas. Nun war aber mal Schluss.

Als sie weiter gingen sagte Johanna: „Hast Du gesehen wie seine Beine da gelegen haben? Ich glaube, er konnte sie gar nicht viel bewegen."
„Keine Ahnung, ich habe gar nicht so genau hin gesehen", erwiderte Jonas. „Wenn wir morgen wieder hier sind, sehen wir ihn sicher wieder."

Abends saßen sie wieder mit dem Opa an einem Tisch und erzählten, was sie erlebt hatten. Auch von dem Kaufhaus.
„Die Besitzer sind eigentlich immer Inder. Die haben hier das Geld und nutzen die Afrikaner aus", sagte er.
„In Mombasa war das dann sicherlich auch einer", antwortete Johanna. „Er sah dem Inder von hier sehr ähnlich."
„Wo ist denn die Verlobte von Holger?", wollte nun der Opa wissen. „Die beiden hatten heute Nachmittag scheinbar Streit. Das habe ich mitbekommen. Die Verlobte rannte auf einmal weg."
„Dann haben Sie die beiden aber genau beobachtet", erwiderte Jonas.
„Ich habe doch Zeit und ich finde, das Beobachten der Leute macht viel Spaß. Ich kann ja nicht mehr zum Strand laufen. Die Treppen bereiten mir sehr viel Mühe. Da fällt mir gleich noch was ein: Ich habe einem jungen Mann vom Strand eine Hose von mir versprochen. Würden sie diese morgen mit hinunter nehmen?"
„Klar, nur ich weiß ja nicht, wem Sie sie versprochen haben."
„Er heißt Helmut und hat dieses Jahr lange Hosen an", antwortete der Opa.
„Den kennen wir. Wir nehmen morgen die Hose mit."
„Ob die wohl Helmut passen wird?" fragte Johanna.
„Die wird sowieso verkauft. Sie müssen nicht denken, dass die Beach-Boys alles anziehen, was sie während der Saison geschenkt bekommen haben. In Mombasa gibt es einen Markt. Dort finden Sie alles wieder."
„Dann kann ich Ihre Hose ja wieder zurück kaufen", sagte Jonas.
„Dort sitzt Holger, aber mit Anne. Sie unterhalten sich ganz angeregt."

Der Opa konnte keinen Blick mehr von den Beiden wenden. Johanna konnte nur den Rollstuhl sehen, doch dann kam Holger an ihnen vorbei.
„Wo ist denn Deine Braut?", wollte der Opa wissen.
„Abgereist", sagte Holger. „Sie hat sich geärgert, weil ich mich augenscheinlich mehr um Anne gekümmert habe, wenn wir am Pool waren. Nun ist sie weg."
„Tiefer Schmerz?", fragte der Opa weiter.
„Es geht. Ich hatte mich so auf sie gefreut. Jetzt muss ich erst einmal etwas trinken."
Alle sahen ihn vielsagend an, aber Holger fügte noch hinzu: „Nur auf den ersten Schmerz. Ich will Anne ja noch zu ihrem Zimmer bringen. Schlangenlinien wären da völlig unangebracht."

„Lalasalam", sagte Jonas. Der Opa und Johanna blieben bei „Gute Nacht".

Am nächsten Morgen gingen Johanna und Jonas wieder an den Strand. Die Kassette wollten sie erst nachmittags holen und vor allem wollten sie sich nicht schon wieder mit dem Opa unterhalten. Dieser wusste zwar sehr viel, aber jeden Tag war das für beide nichts. Wenn er abends bei ihnen saß, reichte das.
Unterwegs sahen sie einen großen Waran.
„Oh, diesmal von vorne", sagte Johanna. „Letztes Mal hatten wir nun den Schwanz gesehen und ich hatte gedacht, es sei eine Schlange."
„Na, mein schlaues Mädchen, weißt Du auch, was das für eine Art ist?" fragte Jonas grinsend.
„Nein Jonas, ich kann doch nicht alle Tiere kennen. Ein Waran sieht zwar auf den ersten Blick einer Echse ähnlich, aber wenn mich nicht alles täuscht, gehören Warane zu den Schuppenkriechtieren", antwortete Johanna. „Nun frage aber bitte nicht zu welchen", lachte sie. „Da gibt es auch über 70 Arten."
„Dort vorne steht David. Wir gehen mal zu ihm. Er weiß ja, dass wir nichts kaufen wollen, aber er freut sich sicher", sagte Jonas. Johanna fragte sich, woher er denn wusste wie dieser junge Mann hieß. Sicher war ihr das entgangen. Also David. Wieder kein afrikanischer Name.

David hatte seinen Shop schon aufgebaut und strahlte über das ganze Gesicht, als er die beiden sah.
„Jambo, Mama. Jambo Papa. Gut geschlafen?"
„Ja, haben wir. Wie gehen die Geschäfte?", fragte Jonas zurück.
„Heute ist Abreisetag und die neuen Gäste kaufen nicht gleich", erwiderte David.
Als sie weiter gingen sahen sie Holger bei einem Afrikaner stehen.
„Der sieht aus wie ein Kameltreiber", sagte Johanna.
„Vielleicht ist er arabischer Herkunft?" erwiderte Jonas.
„Ist ja egal, aber was Holger mit ihm zu tun?"
Das erfuhren die beiden recht schnell, denn Holger kam auf sie zu.
„Erledigt", sagte er lachend.
„Was hast Du denn erledigt?" wollte Jonas wissen.
„Ich habe Geld getauscht."
„Was? Am Strand Geld getauscht? Das ist doch verboten."
„Hat doch keiner gesehen oder?", sagte Holger. „Am Strand bekommt man wesentlich mehr als im Hotel oder auf der Bank. Das mache ich immer so."
„Das wäre mir aber zu gefährlich", erwiderte Johanna.

Sie liefen ihre Tour weiter. Oberhalb vom Strand winkte Josef. Sie hatten ihn nie jemanden fragen sehen und auch zu ihnen kam er nicht. Er saß nur da und es schien, als würde er nur das ganze Treiben am Strand beobachten.

Als nächstes kamen sie bei Shandrak vorbei. Seine Gürtel hatte er dekorativ aufgehängt. Ja, man musste sich schon immer wieder etwas Neues einfallen lassen.

So ziemlich in der Mitte von diesem Strandabschnitt kam Thomas. Er lief mit Johanna und Jonas jeden Tag mit. Wie ein treuer Hund. Immer wieder wollte er etwas über Deutschland hören, aber manchmal schwieg er auch den ganzen Weg. Zacharias hatte sein Revier ganz am Ende des Strandes. Manchmal kam er, aber manchmal genügte auch ein Winken.

Johanna und Jonas hatten sich an alle gewöhnt. Die nervigen Beach-Boys ließen sie in Ruhe. Das war auch angenehm.

Sie gingen ins Meer. Eine ältere Frau schwamm neben ihnen. Sie wurde von jüngeren Beach-Boys begleitet.

„Mama, wann fährst Du nach Hause?", fragte einer.

„Morgen", antwortete sie.

„Nimmst Du mich mit?"

„Was willst Du junger Mann denn mit so einer alten Frau?", fragte sie zurück.

Er lachte und rief ganz laut, dass alle anderen es auch hören konnten: „Auch ein altes Huhn gibt noch eine gute Suppe!"

Alle, die gerade im Wasser waren, lachten.

„Das war ja eigentlich frech", meinte Johanna.

„Ach nein, sie hat ja den Spaß verstanden", erwiderte Jonas. „Dieser Spruch ist sicher auch nicht auf seinem Mist gewachsen. Wahrscheinlich hat ihm den ein Tourist beigebracht. Im Lernen sind sie ja fix." So waren sie eben, die Beach-Boys.

Nachmittags liefen sie zu der Gaststätte, um die Kassette abzuholen. Beide freuten sich schon darauf. Jetzt konnten sie auch zu Hause Jambo, Jambo hören.

„Komm, wir laufen noch ein Stück die Straße hinauf. Dort oben soll auch noch ein Geschäft sein", sagte Jonas.

Bevor sie aber ganz oben angekommen waren, sahen sie einige Bretterbuden, in denen Afrikaner schnitzten oder den Speckstein bearbeiteten.

„Ob hier die Elefanten hergestellt werden, die unten am Strand verkauft werden?", fragte Johanna.

„Das kann schon sein. Mal sehen, ob sie hier preiswerter sind."

Er fragte und stellte fest, dass am Strand doch mächtig drauf geschlagen wurde. Das war ja eigentlich klar, denn die Beach-Boys wollten ja auch etwas verdienen.

Sie sahen sich dann das gesuchte Geschäft an und liefen wieder zurück. Die Souvenirs waren alle gleich, die Preise unterschiedlich. Da musste eben jeder selbst entscheiden wo er kaufen wollte.

Als sie an dem Stand von James waren, lachte dieser ihnen freundlich zu. Auf einmal hielt er Johanna ein Lederband hin.

„Komm, lass das", sagte Jonas.

„Ich schenke es Mama." James wollte das wirklich.

„Das kann ich nicht annehmen", erwiderte Johanna. „Das musst Du doch verkaufen."

„Nein Mama", antwortete James. „Die mache ich doch selbst. Das ist kein Problem."

James sah Johanna fragend an. Diese war mit sich im Zwiespalt und dachte: Nehme ich es, finde ich mich unverschämt. Nehme ich es nicht, dann ist James vielleicht beleidigt. Was sollte sie tun? Sollte sie einfach auf ihr Bauchgefühl hören?

„Danke schön, James", sagte sie. „Ich freue mich sehr darüber."

Jonas fand das nicht in Ordnung, aber nun half sowieso nichts mehr. James band Johanna das Band bereits um.

„Ach komm, sei doch nicht so. Ich wollte es ja bezahlen, aber James wollte es mir eben schenken", sagte sie zu Jonas.

„Schon gut", erwiderte dieser, aber Johanna merkte, dass er wirklich nicht damit einverstanden war.

Abends saßen sie wieder mit dem Opa zusammen. Sie erzählten, was sie unternommen hatten und auch von den Bretterbuden, in denen die Afrikaner Speckstein verarbeiten.

„Wieso heißt der Speckstein Speckstein?", wollte Johanna wissen.

„Das ist ja einmal eine einfache Frage", erwiderte der Opa. „Das Gestein hat einen fettigen Glanz. Es sieht eben aus wie Speck. Soweit ich es weiß, kommt der Speckstein aus der Nähe vom Viktoria-See."

„Es hat beim Bearbeiten nicht so ausgesehen, als sei er hart, oder?", fragte Johanna weiter.

„Stimmt, Speckstein kann man selbst mit dem Fingernagel bearbeiten. Das hatte man ganz früh bemerkt; in der Antike wurden schon Gefäße daraus geformt."

Mittlerweile hatte sich die Frau mit ihrem krebskranken Mann zu ihnen gesetzt. Johanna tat sie sehr leid. Es musste sehr schlimm sein, wenn man wusste, dass der Partner so arg krank war. Sie las ihm aber wirklich auch jeden Wunsch von den Augen ab. Dabei war er überhaupt nicht wehleidig. Johanna fand es gut, dass sie sich zu ihnen an den Tisch setzten. So konnten sie für eine Weile einmal etwas anderes hören.

„Mir tun meine Ohren weh", sagte Jonas auf einmal.

„Das kommt bestimmt von dem Pool. Es wird wirklich sehr viel Chlor rein geschüttet. Sind sie oft getaucht?", fragte der krebskranke Mann.

„Nicht direkt getaucht, aber ich habe meinen Kopf öfters unter Wasser."

„Fragen Sie einmal das Schweizer Ehepaar. Der Mann weiß immer Rat, wenn jemand Schmerzen hat."

„Dann frage ich ihn am besten gleich. Er sitzt dort an der Bar."

Sie konnten sehen, dass der Schweizer zu seinem Zimmer ging und danach Jonas etwas gab.

„Was hat er Dir gegeben?", fragte Johanna.

„Ohrentropfen, aber zusammen gemixte. Die sollen helfen. Ich kann die Flasche behalten. Er hat noch genug dabei."

„Das ist aber sehr nett von ihm."

„Ja, er scheint es gewöhnt zu sein, dass jemand ein Medikament braucht. Er war nicht einmal erstaunt als ich ihn fragte."

Als die beiden am nächsten Tag am Strand waren, kam Helmut. Er hatte einen Brief in der Hand.

„Ihr wolltet doch einmal den Brief sehen, den ich aus Deutschland bekommen habe. Erinnert Ihr Euch? Ich passe doch auf das Grundstück auf", sagte er freudestrahlend.

„Dann zeige ihn mir einmal", erwiderte Jonas.

Als er ihn las, staunte er, denn erstens kam der Brief wirklich aus Deutschland und zweitens wurde Helmut weiterhin gebeten auf das Grundstück aufzupassen. Ende des Jahres würde das Ehepaar zurück nach Kenia kommen.

„Dann vertrauen Dir diese Leute ja wirklich", sagte Jonas.

„Ich bin eben kein Bandit", erwiderte Helmut. „Ich halte mein Versprechen. Das Grundstück sieht jetzt gerade sehr verwildert aus. Das bringe ich aber noch in Ordnung bis sie wieder nach Kenia kommen."

Jonas schüttelte in Gedanken seinen Kopf. Dass das Ehepaar so viel Vertrauen zu Helmut hatte. Er war zwar sehr nett, aber er würde ihm doch nicht so einfach vertrauen. Egal, das waren ja nicht seine Sorgen.

„Dann hast Du ja noch einiges zu tun."

Mittlerweile gingen Johanna und Jonas fast jeden Tag raus aus der Hotelanlage. Sie besuchten James; verschenkten T-Shirts und Socken. Es war die Zeit der weißen Socken. Jonas musste grinsen. Johanna hatte extra noch eine Menge davon eingekauft. Beinahe wären sie diese am Zoll losgeworden, denn der Beamte hatte gefragt, ob er so viele brauchen würde. Erst als Jonas sagte, dass sie drei Wochen bleiben würden, hatte er es ihnen geglaubt.

Sie saßen oft in der Gaststätte. James kam dann auch auf Krücken und setzte sich zu ihnen. Sie tranken etwas zusammen und so erfuhren sie, dass er als kleines Kind Kinderlähmung gehabt hatte. Die Krücken waren armselig. Sie waren aus Holz und Eisen, unter den Armen war er dickeres Rundholz. Schlimm. Johanna hatte da plötzlich eine Idee, die sie aber noch für sich behielt. Die wollte sie erst zu Hause mit Jonas besprechen und danach in die Tat umsetzen.

Einen Blick in die Schmuckabteilung des Kaufhauses warfen sie dabei auch. Jonas hatte Gefallen an einer Kette gefunden, an der Afrika hing. Der Verkäufer wollte sie natürlich verkaufen. Deshalb handelte er mit Johanna unermüdlich. Jonas hielt sich da raus, weil Johanna das Handeln offensichtlich Spaß machte.

Auf dem Rückweg zum Hotel, kamen sie bei Steve vorbei. Meist unterhielten Jonas und er sich über Sport, aber dann fragte Steve, ob sie beide einmal seine Chefin kennenlernen wollten. Die Österreicherin würde sich sicher über Gäste freuen.

„Wir kommen irgendwann einmal vorbei", sagte Jonas.

„Das stimmt doch sicher nicht, was Steve sagt", meinte Johanna, als sie weiter gingen.

„Doch, ich denke, er hat einen Nutzen davon. Er hatte uns doch erzählt, dass man bei ihr Geld tauschen kann. Vielleicht bekommt er eine Kleinigkeit dafür, wenn es mit dem Tauschen klappt."

„Dann willst Du bei Ihr Geld tauschen? Ist ja nicht so weit, als wenn wir noch einmal nach Mombasa fahren müssten", sagte Johanna.

„Ich werde es mir noch überlegen", gab Jonas zurück. „Vielleicht tausche ich auch lieber am Strand."

„Bist Du wahnsinnig?", fragte Johanna. „Wenn Du da erwischt wirst!"

„Holger tut das doch auch", erwiderte Jonas.

„Das halte ich für keine gute Idee." Johanna war entsetzt. Wie kann man sich nur freiwillig in so eine Situation begeben.

Am nächsten Morgen warteten beide an der Rezeption. Zwei Bekannte von Jonas wollten mit ihnen den Rest des Urlaubs verbringen. Beide waren schon in Kenia gewesen. Sie wollten deshalb einfach nur einen Strandurlaub machen.

So saßen sie abends zusammen und unterhielten sich. Die beiden Bekannten erzählten von ihren früheren Aufenthalten in Kenia; Johanna und Jonas von dem, was sie mittlerweile erlebt hatten. Da der Opa inzwischen abgereist war, hatten die beiden auch wieder Zeit, um sich zu anderen Gästen zu setzen.

Manchmal liefen sie auch zusammen zu den Geschäften. Johanna wurde gerne zum Handeln mit hinein genommen. Bei ihr kam immer der bessere Preis heraus. Es war schon so, dass der Verkäufer die Hände vor`s Gesicht schlug, wenn sie den Laden betrat. Das machte Johanna offensichtlich Spaß.

An einem Tag wollte der eine Bekannte allerdings allein handeln. Johanna, Jonas und der andere standen eine ganze Weile vor dem Geschäft. Es wurde bald dunkel und sie wurden ungeduldig.

„Ich gehe einmal nachsehen", sagte deshalb Johanna und als sie wieder heraus kam, „das dauert noch eine Weile. Ich glaube, wir gehen schon vor."

Die drei machten sich auf den Weg.

Erst zum Abendessen sahen sie sich alle wieder.

„Das hat aber lange gedauert", sagte Johanna. „Dann bist Du ja im Dunkeln gelaufen! Hattest Du keine Angst?"

„Doch", erwiderte der Bekannte. „Ich habe meine Schuhe ausgezogen und sie fest gegeneinander geschlagen."

„Na klar, und damit hast Du alle Bösewichter vertrieben!", sagte der andere und alle lachten.

Nein, beide hatten nicht vergessen, dass sie die Hose von dem Opa ja noch Helmut bringen sollten. Das erledigten sie ein paar Tage später. Eben so, wie es in ihren Tagesablauf passte.

Helmut war erstaunt, denn er hatte geglaubt, dass der Opa ihn vergessen hätte. Beach-Boys haben ein sehr gutes Gedächtnis, vor allem, wenn sie einen Vorteil davon haben. Johanna hatte das schon oft festgestellt. Sie fand es schlimm, dass einige Touristen einfach etwas versprachen und dann nicht mehr zu sehen waren. Wie oft hatten sie schon wartende Beach-Boys gesehen, die die ganze Zeit nur zur Treppe hin stierten.

Zacharias sahen sie fast täglich. Er sagte immer nur kurz Jambo und lief dann wieder weiter. Deshalb wunderten sich Johanna und Jonas, dass er an einem Tag etwas länger bei ihnen stehen blieb.

„Was machst Du denn für ein Gesicht?", fragte ihn Jonas.

„Ich habe Sorgen", erwiderte Zacharias.

„Was für Sorgen sind das denn?", wollte Johanna wissen. „Fehlt Dir Geld?"

Jonas verzog das Gesicht. Was war denn das für eine Frage? Hier litten doch alle an akutem Geldmangel.

„Sag schon was ist", sagte Jonas.

„Ich brauche tatsächlich Geld für Schuhe. Kannst Du mir welches leihen?"

Johanna sah Jonas an. Sie konnte förmlich sehen was er dachte.

„Leihen?", fragte Jonas.

„Ja, Papa, ich bringe es Dir übermorgen wieder", erwiderte Zacharias.

„Und woher hast Du dann das Geld, das Du mir zurück geben willst?"

„Ich habe morgen zwei Fahrten zum Riff und vielleicht heute noch eine. Dann habe ich es zusammen. Papa bitte."

Jonas sah Johanna an und fragte: „Holst Du das Geld?"

„Ja, mache ich", erwiderte Johanna. Sie war mehr als verdutzt. Wieso glaubte Jonas auf einmal einem Beach-Boy?

Als sie mit dem Geld zurückkam, sah sie Zacharias freudestrahlend.

„Danke Mama und Papa. Bis übermorgen", rief er ihnen zu und lief weg.

„Das hoffe ich", sagte Jonas.

Johanna und Jonas sahen Zacharias am nächsten und auch am übernächsten Tag nicht. Er war einfach spurlos verschwunden. Waren sie auf ihn herein gefallen?

Erst zwei Tage nach dem verabredeten Termin stand er oberhalb vom Strand.

Jonas pfiff, Zacharias drehte sich um und kam zu ihnen.

„Papa, ich habe das Geld", sagte er.

„Ich habe gestern schon auf Dich gewartet", erwiderte Jonas. Man konnte an seinem Gesicht sehen, dass er sich darüber geärgert hatte, aber jetzt sah man auch die Erleichterung.

„Papa, ich musste doch erst die Schuhe noch kaufen. Das ist bei uns alles nicht so einfach", antwortete Zacharias. „Hier ist Dein Geld." Er streckte die Hand mit dem Geld aus.

„Behalte es", sagte Jonas. „Ich freue mich, dass Du mich nicht enttäuscht hast."

Daraufhin fiel ihm Zacharias um den Hals und drückte Jonas ganz fest. „Danke Papa, danke."

Johanna bekam bei diesem Anblick Gänsehaut. Sie staunte nicht schlecht als sie sah, dass beide Männer Tränen in den Augen hatten. Zacharias vor Freude und Jonas war gerührt.

Die letzte Woche verging wie im Flug. Im Hotel waren einige der Angestellten mit Basteln beschäftigt. Bald war Weihnachten, alles sollte für die Europäer wie zu Hause erscheinen. Aus diesem Grund wurden aus Palmblättern Adventskränze und Rentiere gefertigt. Oft blieben Johanna und Jonas bei ihnen stehen, um eine Weile zuzusehen. Alles ging zwar sehr, sehr langsam, aber sie gaben sich eine unglaubliche Mühe.

„Mama, wir bauen auch noch eine Wiege", sagte einer der Afrikaner.

„Dann bin ich ja einmal gespannt", erwiderte Johanna. Sie glaubte nicht, dass sie diese noch vor ihrem Abflug sehen würden. Das ist eigentlich schade, dachte sie, aber Weihnachten wollte sie doch lieber mit den Kindern und Enkelkindern verbringen. Jonas dachte das auch. Das wusste sie.

Wenn sie am Strand entlang liefen, hörten sie öfters einmal Musik aus anderen Hotels. Stille Nacht, heilige Nacht wurde vom Band abgespielt. Das hörte sich grausam an, wenn es heiß war und man in Badekleidung am Strand entlang lief. So empfand sie es jedenfalls.

Johanna war schon gespannt, wie es am Nikolaus-Tag sein würde. Der Manager hatte schon etwas angedeutet und gesagt, dass alle am Pool sein sollten. Natürlich, wenn es dunkel war.

Dann war der Nikolaus-Tag da. Alle standen am Pool und warteten. Es geschah lange Zeit nichts.

„Haben wir uns mit der Uhrzeit vertan?", fragte Johanna.

„Nein, aber hier gehen die Uhren auch pole,pole (langsam)", lachte der Manager, der neben ihnen stand. „Es wird aber gleich losgehen."

Dann kamen die Kamele mit ihrem afrikanischen Nikolaus. Das sah toll aus. Der Afrikaner war richtig als Nikolaus verkleidet. Rote Kleidung mit einem weißen Bart. Seine dunkle Gesichtsfarbe passte sehr gut dazu. Das war schon einmalig.

„Schade, dass gerade keine Kinder da sind", sagte Johanna zu Jonas. „Das wäre wirklich schöner."

„Ja, das kann man eben nicht ändern, aber uns gefällt es ja auch. Jetzt haben wir den Nikolaus-Tag mit Kamelen am Pool unter Palmen verbracht." Jonas hatte offensichtlich auch Gefallen daran.

„Ich kann mir schon vorstellen, dass es Weihnachten hier auch recht feierlich sein kann", fuhr er fort. „Vielleicht erleben wir das ja auch einmal."

Alle bekamen ein kleines Nashorn oder einen kleinen Elefanten aus Speckstein geschenkt.

„Siehst Du", sagte Johanna, „solche möchte ich in groß haben."

„Die wiegen doch aber so viel", entgegnete Jonas.

„Das werden wir schon tragen können. Lass uns morgen gleich am Strand einen eintauschen. Vielleicht bekommen wir das ja hin."

„Na gut, wir können es ja probieren."

Am nächsten Morgen nahmen sie ein weißes Hemd von Jonas mit an den Strand. Ehe sie sich versahen, waren sie von den Beach-Boys umringt.

„Mama, hast Du ein Hemd für mich?" fragte einer. „Willst Du tauschen?"

„Nein", erwiderte Johanna. „Wir gehen zu David. Das bekommt er."

„Warum gibst Du es nicht mir?", fragte er weiter.

„Weil ich es David versprochen habe." Johanna war das jetzt doch unangenehm, aber sie hatte sich nun einmal vorgenommen, dass sie das Hemd eintauschen würde. Mit David konnten sie besser reden und vor allem auch tauschen. Die meisten wollten immer noch Schillinge dazu und das sah sie auch nicht ein.

„Dort kommt David schon", sagte sie.

„Hallo Mama und Papa", begrüßte dieser sie per Handschlag. Dabei lachte er, weil die anderen Beach-Boys sofort verschwanden.

„Ihr wollt tauschen?", fragte er.

„Gefällt Dir das Hemd?", fragte Jonas.

„Ja, es wird mir passen", antwortete David. „Was möchtet ihr dafür haben?"

„Johanna möchte einen Speckstein-Elefanten. Hast Du verschiedene Größen da?"

„Habe ich. Kommt mit zu meinem Shop. Es ist für mich gut, wenn Ihr bei mir steht. Dann sehen es andere Touristen und wenn Ihr sagt, Ihr seid zufrieden gewesen, dann kommen sie auch zu mir."

Jonas sagte lachend: „Aber erst müssen wir zufrieden sein."

Es war ein zähes Handeln. David war immer wieder mit der von Johanna herausgesuchten Elefantengröße nicht einverstanden. Nahm sie einen großen, schüttelte er den Kopf gleich. Die nächst kleiner Größe würde gehen, aber da wollte er plötzlich auch noch Schillinge dazu.

„Wieso denn auf einmal noch Schillinge dazu?", fragte ihn Johanna.

„Ich muss doch auch etwas verdienen", antwortete er.

„Du willst mir doch nicht erzählen, dass Du nicht auch etwas an den Elefanten verdienst, oder?"

„Komm", sagte Jonas. „Das Hemd werden wir auch bei jemand anderem los."

„Papa warte", sagte David. „Ich gebe Dir die nächst kleinere Größe."

„Nein", sagte Jonas und dabei blieb es auch.

David sah Johanna an. „Da hast Du ihn", sagte er. „Ein kleines Geschäft ist besser als gar kein Geschäft."

„Danke", sagte Johanna und nahm den Elefanten.

Als sie weiter liefen, sagte sie zu Jonas: „Morgen schenke ich ihm ein T-Shirt. Ich möchte nicht, dass er durch uns einen Verlust hat."

„Ja, tu das. Ich möchte mich bloß nicht übers Ohr hauen lassen."

„Hast Du gesehen, was David für schlechte Zähne hat. Da kann es einen ja gruseln."

„Ich glaube, er war noch nie bei einem Zahnarzt. Da haben einige Zähne gefehlt."

„Wahrscheinlich hat er kein Geld dafür. Es ist wirklich schlimm hier."

Mittlerweile kannten sie fünf Afrikaner. Kaum waren sie am Strand, kam einer nach dem anderen. Helmut zeigte sein Wissen im Sand. Nur zu gerne malte er die Erdteile in den Sand und nannte ihre Namen. Zacharias erzählte von seiner Familie und Thomas lief die halbe Strecke vom Strand mit. Shandrack wollte Jonas immer noch Gürtel verkaufen und erzählte, dass er aus dem Inland kam. Dort wohnte seine Familie. Er war nur während der Saison da. Josef saß nach wie vor oberhalb des Strandes und winkte ihnen nur zu. Der Massai Langer Mann, setzte sich immer in ihre Nähe, aber außer „Jambo" kam nichts über seine Lippen.

Es war schon auffallend, dass sie nicht alle gleichzeitig mit ihnen zusammen standen. Es schien, als habe jeder sein eigenes Terrain.

Dann kam der Tag, an dem sie sich verabschieden mussten. Nun verteilten Johanna und Jonas die letzten Kleidungsstücke, die sie extra mitgenommen hatten. Es hatte sich schnell herum gesprochen und alle waren da, um Kwa heri zu sagen. Auch der Lange Mann. „Kwa kwa kwa he he ri", rief er Johanna und Jonas zu.

Beide antworteten. Das war das erste Mal, dass sie ein Wort vom ihm gehört hatten.

„Jonas, der Lange Mann stottert", sagte Johanna. „Hast Du das bemerkt?"

„Ja, vielleicht hat er deshalb nie etwas gesagt:"

„Jetzt verstehe ich auch, warum die anderen Massai nur selten mit ihm zusammen am Strand laufen. Armer Kerl."

„Vielleicht schämen sie sich für ihn. Das finde ich auch nicht schön."

Auf dem Weg zurück zum Hotel, kam ein Afrikaner und wollte die Schuhe von Jonas.

„Papa, die brauchst Du doch jetzt nicht mehr.", war sein Argument.

„Und wie soll ich die heißen Platten bis ins Hotel hoch laufen? Außerdem sind sie sowieso schon kaputt. Die kann ich Dir nicht geben", antwortete Jonas.

„Mein Bruder ist Schuhdoktor", erwiderte der Afrikaner. „Kein Problem."

Jonas musste darüber lachen und gab sie ihm. Über diesen Satz hatte er schon einmal lachen müssen. Ja, die Beach-Boys wissen ganz genau, wie sie Touristen überlisten können.

Natürlich waren die Platten sehr heiß. Jonas musste mehr oder weniger die Strecke auf dem Gras laufen und nicht immer war welches da. Johanna musste lachen.

„Jetzt hat er sie Dir doch abgeschwatzt", sagte sie.

„Macht nichts, ich hätte sie sowieso hier gelassen. Aber mir hat der Schuhdoktor gefallen. Das war doch ein gutes Argument oder?"

„Heute Nachmittag laufen wir noch einmal zu den Geschäften, einverstanden?", fragte Jonas Johanna.

„Einverstanden. Ich glaube, Du wolltest Dir noch etwas kaufen oder?"

„Ja, ich muss aber erst noch Geld bei der Österreicherin wechseln".

Das taten sie auch. Steve führte sie zu dem Haus, das in einem Park stand. Sie war sehr freundlich und erzählte, dass sie schon viele Jahre hier wohnen würde. Sie hätte in Mombasa ein kleines Geschäft. Nach dem Tod ihres afrikanischen Mannes wollte sie nicht wieder in die Heimat zurück. Ihr gefiel es hier. Angst sei für sie ein Fremdwort.

Beide gingen in das kleine Kaufhaus und Jonas suchte sich Afrika als Anhänger aus. Johanna erzielte einen fairen Preis und dann gingen sie weiter.

James erwartete sie schon mit seinen Krücken.

„Mama", fragte er, „kommt Ihr nächstes Jahr wieder?"

„Das wissen wir noch nicht, James. Vielleicht", antwortete Johanna.

Abends lud das Hotel zu einer Kwaheri Party ein. Es wurden die genauen Abholzeiten genannt und darauf hingewiesen, dass beim Wiegen der Koffer die Zöllner gerne einen Fuß mit auf die Waage stellen würden. Das müsse man sich nicht gefallen lassen, denn Übergewicht sei teuer. Aus diesem Grund stelle das Hotel eine eigene Waage zur Verfügung. Dort könne jeder seine Koffer wiegen, um nicht betrogen zu werden.

Johanna und Jonas folgten dem Hinweis des Managers.

„Es war doch gut, dass wir zu der Kwaheri-Party gegangen sind", sagte Johanna. „Das mit der Waage wussten wir ja noch nicht."

„Ja, stimmt. Wir werden also aufpassen, aber ob wir nicht doch den kürzen ziehen, weiß ich nicht. Hier sind die Afrikaner vom Zoll stärker als wir", antwortete Jonas.

„Ich habe mir auf jeden Fall das Gewicht aufgeschrieben", erwiderte Johanna.

Ein letztes Mal kam Bill, der Askari für die Nächte. Er sagte: „Mama, Du hast mir ein Hemd versprochen."

„Nein, Bill, das habe ich nicht. Da hast Du sicher das Zimmer verwechselt. Ich habe Dir schon ein paar Mal etwas gegeben. Jetzt habe ich nichts mehr zu verschenken", erwiderte Johanna. So langsam reichte es wirklich mit der ewigen Bettelei. Nur gut, dass sie sich genau gemerkt hatte, wem sie etwas gegeben hatte. Außerdem zählten die Askaris zu dem besser bezahlten Personal. „Kwa heri Bill", sagte sie und schloss die Balkontür.

Die Fahrt zum Flughafen ging ziemlich schnell. Es war noch nicht viel los auf den Straßen. Ab und zu sahen sie Menschen zur Arbeit laufen. Erst als sie kurz vor Mombasa waren, wurde der Verkehr stärker.

Die Abfertigung des Gepäcks verlief ohne Zwischenfall. Es hatten sich lange Schlangen vor den Schaltern gebildet und wer mit Schillingen winkte, wurde nach vorne geholt. Einige meckerten zwar darüber, aber ohne Erfolg.

Zu Johanna kam eine Beamtin, die sie abtastete und sie bat, sie möge ihre Bauchtasche aufmachen. Nicht noch einmal, dachte Johanna und sagte: „Hier ist nur mein Geld drin und das bleibt da auch!"

Jonas sah sie verdutzt an. Ganz schön energisch, aber sie hatte ja Recht. Die Beamtin sah Johanna an, sagte nichts und ging weiter zu einer anderen Frau.

Dann mussten sie warten. Es kam eine Durchsage, dass sie Verspätung hätten. Ein Triebwerk sei nicht in Ordnung.

„So etwas liebe ich ja", sagte Johanna.

„Besser am Boden reparieren als in der Luft Schwierigkeiten zu haben", erwiderte Jonas.

„Sicher, aber ich möchte jetzt nach Hause."

Johanna hatte die Nase voll. Stickige Luft, müde und dann noch warten. Jetzt reichte es. Der Flughafen war auch nicht so gebaut, dass sie hätten spazieren gehen können. Aber da mussten alle durch.

Kaum saßen sie im Flugzeug, gab der Kapitän durch, dass sie in Athen zwischenlanden würden. Durch die Thermik müssten sie auftanken. Auch das noch.

Über Athen sahen sie, dass alles überschwemmt war. Das hatten sie tags zuvor schon gehört. Es waren wohl ziemliche Unwetter gewesen. Allerdings hatten sie nicht gedacht, dass sie ausgerechnet dort zwischenlanden würden. Die eigentliche Flugbahn stand unter Wasser. Sie mussten auf eine Nebenbahn.

Nachdem sie wieder gestartet waren, kehrte Ruhe im Flugzeug ein. Das frühe Aufstehen hatte wohl allen etwas zu schaffen gemacht. Beide hatten sich ihre Kette mit dem Afrika Anhänger angezogen.

Jetzt brauchten sie keine Bedenken mehr zu haben.

Johanna machte die Augen zu und probierte zu schlafen. Es blieb bloß beim Probieren. Ihr ging noch so viel durch den Kopf. Sollten sie noch einmal nach Kenia fliegen, dann würde sie James richtige Krücken mitbringen. Das hatte sie sich fest vorgenommen. Es würde sich schon jemand finden, der seine nicht mehr brauchte. An Medikamente dachte sie auch. Es hatte vor ihrem Hotel einmal in der Woche ein Transporter gestanden. Beschriftet war das Auto mit: „Der Buschdoktor". Sie hatte nachgefragt und erklärt bekommen, dass er ins Landesinnere fahren würde, um nach den Menschen zu sehen und sie zu versorgen. Noch während sie ihren Ideen nachhing, hörte sie ein Geräusch, dass man im Flugzeug nicht vermutet.

„Jonas, hast Du das eben auch gehört?", wollte sie wissen.

„Was?"

„Ich glaube, ich habe „miau" gehört."

„Ach wo, das kann ja nicht sein.".

„Doch, hör doch genau hin. Da war es wieder."

„Stimmt, aber wer nimmt denn eine Katze aus Kenia mit nach Hause."

„Keine Ahnung. Ich sehe mich einmal um."

Johanna ging zur Toilette, um auf dem Rückweg zu ihrem Platz besser die Leute zu sehen. Das Miauen konnte ja nur hinter ihr gewesen sein. Hinter ihr saßen junge Leute. Ob die wohl eine Katze auf dem Schoß hatten? Sie lief an ihrem Sitz vorbei und tat so, als hätte sie ihn verpasst. Richtig, der junge Mann, der hinter ihr saß, hatte ein Handtuch auf dem Schoß. Dort musste die Katze verborgen sein. Es Miaute wieder. Der junge Mann blickte sie erschrocken an.

„Haben Sie eine Katze mitgenommen?", wollte sie nun wissen.

„Ja, ich habe eine ganz junge mitgenommen. Die Mutter hatte noch so viele davon und hat sie kaum satt bekommen. Das tat mir so leid", antwortete der junge Mann.

„Und da sind Sie so einfach durch den Zoll gekommen?", fragte Johanna weiter.

„So ganz einfach war das nicht. Ich hatte sie in der Tasche. Die Katze schlief, als wir durch den Zoll mussten. Das war dann wohl Glücksache."
„Und wie wird das, wenn wir in Deutschland durch den Zoll müssen?", fragte Johanna weiter.
„Vielleicht habe ich wieder Glück und wenn nicht, dann muss sie eben erst zum Tierarzt."

In diesem Moment kam die Stewardess vorbei. „Was haben Sie denn da unter dem Handtuch?", wollte sie wissen. Der junge Mann zeigte ihr die Katze. Sie fand sie auch ganz süß, aber eben nicht im Flugzeug direkt neben den Passagieren. Sie erklärte dem jungen Mann die Bestimmungen, aber da es jetzt sowieso zu spät war sagte sie, er solle gut auf sie aufpassen. Das war noch einmal gut gegangen. Allerdings hatten das nun mehrere Passagiere mitbekommen, so dass immer wieder jemand kam, der die Katze auch sehen wollte. Somit war für Johanna an Schlaf nicht mehr zu denken. Jonas wachte erst auf, als sie wieder in Deutschland waren und Johanna fragte sich, ob sie noch einmal nach Kenia fliegen würden. Warte es ab, hatte Jonas gesagt. Das tat sie auch.

1992
Badeurlaub

„Johanna, ich habe eine Idee", sagte Jonas.

„Was für eine?", wollte Johanna wissen.

„Wir könnten noch einmal nach Kenia fliegen. Was meinst Du dazu?"

„Das wäre toll, aber dann muss ich noch einiges besorgen."

„Wieso musst Du etwas besorgen? Für Kenia?"

„Ja, ich habe es Dir noch nicht gesagt, aber wenn wir noch einmal dorthin fliegen, möchte ich Krücken für James holen."

„Eine gute Idee und ich denke, Du weißt auch schon bei wem, oder?"

„Noch nicht wirklich, aber mir wird schon etwas einfallen. Ich kenne einen Mann, der in einem Sanitätshaus arbeitet. Den frage ich. Vielleicht kann er mir Gebrauchte besorgen. Natürlich solche, die noch gut erhalten sind."

„Und ich dachte schon, wir würden uns ein anderes Hotel aussuchen. Es scheint, als hätte ich da völlig falsch gedacht."

„Es ist doch egal in welches Hotel", sagte Johanna lachend. „Die Hauptsache ist, wir sind am gleichen Strandabschnitt oder eben in der Nähe von James."

„Dann werde ich nachsehen, ab wann etwas frei ist." erwiderte Jonas.

„Mich stört nur Lariam", gab Johanna zu bedenken. „Nach unserem letzten Urlaub habe ich mich mit den letzten Tabletten nicht so richtig wohl gefühlt."

„Ich habe bei mir nichts davon gemerkt. Soll ich Dir sagen warum?"

„Ja, sag es."

„Ich habe die letzten gar nicht mehr genommen", grinste Jonas.

„Das ist aber nicht Sinn der Sache, oder?"

„Du siehst doch, dass alles in Ordnung ist. Ich nehme die Tabletten vor und im Urlaub. Fertig."

„Ach, Du bist alt genug", erwiderte Johanna. „Mach was Du willst. Ich leide dann lieber hinterher noch."

Johanna machte sich eine Liste. Sie wollte keinen vergessen und etwas Spezielles heraus suchen. Für James waren es die Krücken, das war ja klar.

Josef kann noch eine weiße Hose gebrauchen, überlegte sie.

Für Helmut reichten Socken. Scheinbar ließen sich diese gut verkaufen. Zacharias könnte ein T-Shirt haben und Thomas auch Socken. Dann brauchte sie ja auch noch Sachen zum Tauschen oder zum einfach so verschenken. Oh, ob Jonas das alles schleppen wollte? Shandrak bekommt irgendetwas, einfach so.

Thomas der Koch wollte eine Jacke für seine Frau. Auch das ließ sich einrichten. Für Wünsche erfüllen war Jonas ja überhaupt nicht, aber das machte nichts. Klar, manche Beach-Boys wollten einen Kassetten Rekorder mitgebracht haben, aber das war ja Quatsch. Sicher waren solche Dinge auch nicht ernst gemeint.

„Jonas, ich habe eine Liste gemacht", rief Johanna einige Tage später.

„Ach Du liebe Güte, wer soll das denn alles tragen. Du nimmst sicher für jeden nicht nur ein Teil mit." Richtig begeistern hörte sich Jonas nicht an.

„Wenn ich die Koffer packe, sehe ich ja, was ich weglassen muss. Ist doch kein Problem. Ich bekomme das schon hin."

„Ich habe Prospekte mitgebracht. Die können wir uns gleich ansehen damit wir buchen können", sagte Jonas.

„Prima, dann wollen wir das gleich tun."

Jeder nahm sich einen Prospekt und blätterte darin herum. „In unserem Hotel scheint kein Platz mehr zu sein oder hast Du einen freien Termin entdeckt?", fragte Johanna.

„Ist doch kein Problem Johanna, ich sehe schon im Nachbarhotel nach. Da wäre noch etwas frei für uns."

„Das ist ja prima. Wenn es uns dort nicht so gefällt, dann gehen wir eben rüber an die Bar."

„Ja, so werden wir das tun. Freust Du Dich?", fragte Jonas.

„Ndiyo", antwortete Johanna lachend.

„Also „Ja", lachte nun auch Jonas. „Meine Prinzessin, wir befinden uns aber noch in Deutschland."

„Das erinnert mich jetzt aber direkt an den Opa."

„Sollte es ja auch. Vielleicht ist er ja wieder da."

„Da weiß ich jetzt aber nicht, ob ich mich darüber freuen würde oder nicht. Die Abende mit ihm waren manchmal doch recht anstrengend", sagte Johanna.

Johanna begann nach Medikamenten zu suchen. Leider hatten die beiden keine, die sie nicht brauchten. Sie beschloss, ihre Ärztin zu fragen. So viel sie wusste, gab es ja Musterpackungen. Der Orthopäde hatte vielleicht auch welche und der Frauenarzt mit Sicherheit.

Nachdem sie alle gefragt hatte, hatte sie eine stolze Anzahl an Medikamenten bekommen. Das war schon mal ein Anfang.

Mit den Krücken wurde es etwas schwieriger. Der Mann vom Sanitätshaus hatte keine übrig. Und nun? Sie gab nicht auf. Irgendjemand hatte doch sicher welche.

„Hast Du mal Deinen Vater gefragt? Der hatte doch einmal welche. Schon vergessen?", fragte Jonas eines Abends.

„Oh, warum hast Du das denn nicht gleich gesagt", erwiderte Johanna.

Das war die Lösung.

Freudestrahlend zeigte sie am nächsten Tag Jonas die Krücken.

„Prima, die legen wir diagonal in einen Koffer", sagte er.

„Meinst Du, wir bekommen Schwierigkeiten mit dem Zoll in Kenia?", wollte Johanna wissen.

„Kein Problem. Ich sage, dass sind meine Krücken", erwiderte Jonas.

„Stimmt. Und ich ziehe den Mantel für Thomas seine Frau einfach an. Dann entgehen wir allen Fragen."

Endlich war es so weit. Sie standen in der Wartehalle im Flughafen.

„Jonas guck mal, der Mann da hinten. Kommt er Dir auch bekannt vor?", fragte Johanna.

„Ich weiß nicht, irgendwie schon, aber ich kann ihn gerade nicht zuordnen."

„Vielleicht haben wir ihn schon einmal irgendwo gesehen, aber manchmal bildet man sich das ja auch nur ein."

„So wird es sein", erwiderte Jonas.

Bevor sie abflogen sagte die Stewardess: „Meine Damen und Herren, ich muss Sie alle bitten, das Flugzeug noch einmal zu verlassen. Jeder muss seinen Koffer identifizieren. Wir haben einen an Bord, den wir nicht zuordnen können. Es dauert nicht lange."

„Ach Du liebe Güte, ist das vielleicht eine Bombendrohung?", fragte Johanna.

„Quatsch", erwiderte Jonas. „Sei doch nicht so ängstlich."

„Das fängt ja gut an." Johanna fand das nicht witzig.

Nachdem sie alle wieder auf ihren Plätzen saßen, konnte es losgehen, aber was war denn das? Das Flugzeug rollte auf ein Nebenfeld.

„Jonas, was ist denn jetzt los? Wir bleiben ja stehen!", sagte Johanna.

„Das werden sie uns schon noch sagen. Warte es einfach ab", erwiderte dieser.

Da kam auch schon die Durchsage: „ Wir haben einen Triebwerkschaden, der aber schnell behoben sein wird. Bitte bleiben sie sitzen. Dass nicht geraucht wird, ist ja selbstverständlich."

Mittlerweile war es draußen dunkel geworden. Es war keine Lampe weit und breit zu sehen. Es hatte auch noch stark angefangen zu schneien. Sie standen weit abseits und mussten erst auf die Techniker warten. Nach einiger Zeit kamen sie und stellten Ihre Autos so, dass sie im Licht der Scheinwerfer am Triebwerk arbeiten konnten.

Jonas konnte sie von seinem Platz aus gut beobachten. Scheinbar hatten sie den Fehler gefunden, aber nun ging offensichtlich die Verkleidung nicht zu. Sie hämmerten und traten dagegen. Im Flugzeug wurde es unruhig, aber irgendwann war der Deckel zu. Sie konnten los fliegen und nach einiger Zeit hörte man das nervöse Klicken der Feuerzeuge.

„Jonas, das ist das erste Mal, dass es bei der Landung einmal nicht regnet", sagte Johanna, nachdem sie in Mombasa aus dem Flugzeug ausgestiegen waren.
„Ja, stimmt", erwiderte dieser. „Jetzt nur noch zügig durch den Zoll und dann nichts wie ins Hotel." fuhr er fort.
„Das war ein langer Tag und ich bin wirklich müde." Johanna hatte zwar ein wenig im Flugzeug geschlafen, aber die ganze Aufregung mit dem Losfliegen hatte ihr doch noch eine ganze Zeit lang zu schaffen gemacht.

Beim Zoll ging es überhaupt nicht voran. Pole, pole, nein, das war schon weit aus mehr als Pole, pole (langsam). Viele mussten ihre Koffer öffnen. Die Zöllner schienen Spaß daran zu haben.
Dann kamen Johanna und Jonas dran. Der Zöllner sah sich ihre Pässe ganz genau an, vor allem die Stempel.
„Bitte öffnen Sie den Koffer", sagte der Beamte.
Sie taten was er verlangte. Mit seinen Händen wühlte er darin herum.
„Hast Du etwas mitgebracht?", wollte er wissen.
„Nein", antwortete Jonas.
„Du hast nichts mitgebracht?", wollte er abermals wissen.
„Nein, ich habe es schon gesagt." Jonas verlor ein klein wenig die Geduld. Johanna bemerkte dieses und trat ihm sanft an den Schuh.
„Für wen sind die Medikamente?", fragte der Beamte weiter.
„Die brauchen wir", antwortete Jonas.
„So viele?"
„Ja, die brauchen wir alle." Jonas wurde immer ungeduldiger.
„Warum hast Du so viele Feuerzeuge im Koffer?", wollte der Zöllner weiter wissen.
„Weil ich rauche", erwiderte nun Johanna.
„Da brauchst Du so viele?"
„Ja, die halten nicht so lange. Es sind billige Feuerzeuge."
„Mama, hast Du Freunde in Kenia?", kam die nächste Frage.
„Nein, habe ich nicht." So langsam wurde es auch Johanna zu viel.
„Weißt Du was, ich gebe Dir ein Feuerzeug von mir ab."
„Dann bin ich jetzt Dein Freund", sagte der Beamte. Er nahm das Feuerzeug, steckte es sofort in seine Tasche und sagte: „Sie können den Koffer wieder schließen."
Johanna und Jonas atmeten auf und verließen den Zollbereich.
„Zum Glück waren in diesem Koffer die Krücken nicht drin", sagte Johanna. „Das hätte noch mehr Palaver gegeben."
„Das hat sich jetzt ja erledigt", erwiderte Jonas. „Ich freue mich jetzt erst einmal auf das Hotel."

Im Hotel angekommen, warteten sie auf ihre Koffer, die mit einem anderen Bus gebracht werden sollten. Es dauerte den Beiden zu lange, so dass sie sich erst einmal ihr Zimmer ansahen.

Es war ein anderes Hotel als im Jahr zuvor, aber genauso gebaut. Die Anordnung war nur spiegelverkehrt. Alles wäre ja in Ordnung gewesen, wenn sie sich hätten umziehen können, aber die Koffer ließen auf sich warten. Es war heiß und schwül, beide hatten ihre langen Hosen noch an.

„Das nächste Mal packe ich kurze Sachen mit ins Handgepäck", sagte Johanna. „Das hält man ja nicht aus!"

„Ja, und für mich auch gleich noch eine Badehose", antwortete Jonas.

„Ja, man lernt eben immer noch dazu", erwiderte Johanna.

Nachdem sie sich endlich umgezogen hatten, unternahmen sie einen kleinen Streifzug durch das Hotel. Außer dem Personal sah alles ähnlich aus. Der Weg zum Strand war etwas weiter, aber auf die paar Meter sollte es nicht ankommen.

Nach dem Essen gingen sie erst einmal rüber in das Hotel vom vorigen Jahr. Es war ihnen doch wesentlich vertrauter als das jetzige.

Da es sehr heiß war und sie keine Lust hatten im Pool zu schwimmen, gingen sie zum Strand.

„Dann haben wir die ganzen Begrüßungen hinter uns", sagte Jonas lachend.

„Ach, so schlimm wird es schon nicht werden. Ich freue mich schon auf alle", antwortete Johanna und fügte hinzu: „Falls alle, die wir schon kennen, noch da sind."

„Warum sollte denn jemand fehlen?", fragte Jonas. „Ich glaube, Du bist heute nicht so gut drauf."

„Ja, bin ich auch nicht. Ich habe eben zu wenig geschlafen", erwiderte Johanna.

Ihr Gesicht hellte sich aber sofort auf, als Jonas und sie freudig von den Beach-Boys begrüßt wurden.

David kam von seinem Shop extra zu ihnen gelaufen, danach der Rafiki und schon von weitem fing Helmut an zu winken.

„Geht es Euch gut?", fragte er.

„Ja, Danke, wir sind nur etwas müde vom Flug", erwiderte Jonas. „und wie geht es Dir?"

„Ich verkaufe jetzt Safaris", sagte er strahlend. „Damit kann man viel Geld verdienen."

„Prima, ich freue mich für Dich Helmut. Läufst Du ein Stück mit?"

„Nein, heute nicht, ich muss hier noch auf Touristen warten. Sie können mich sonst ja nicht finden", erwiderte Helmut.

„Dann wünschen wir Dir gute Geschäfte. Wir sehen uns dann morgen."

Als sie weiter liefen, kam auf einmal ein stämmiger Afrikaner auf sie zu und gab ihnen die Hand. Beinahe hätte Johanna „Aua" gesagt, denn der Händedruck war heftig.

„Jambo Mama, jambo Papa. Seid Ihr wieder da?", fragte er.

Johanna und Jonas sahen sich an. Diesen jungen Mann hatten sie aber noch nicht näher kennengelernt. Die Antwort der beiden kam deshalb auch nur zögerlich.

„Wann hattest Du uns denn gesehen?", fragte Jonas.

„Voriges Jahr. Ihr seid immer bei Helmut gewesen", erwiderte er.

„Helmut, ja, den kennen wir", sagte Johanna.

Der junge Mann lachte. „Er ist jeden Tag am Strand, aber er verkauft keine Holzfiguren."

„Ja, das stimmt", erwiderte Johanna. „Dich haben wir aber noch nicht gesehen. Wie heißt Du denn?", wollte Johanna nun wissen.

„Ich heiße Paul."

„Und was verkaufst Du?"

„Nichts, ich passe hier ein bisschen auf. Ich war früher Polizist."

„Gut, dann sehen wir uns ja demnächst öfters", sagte Jonas. Er nahm Johanna bei der Hand und zog sie aus der Nähe von Paul weg.

„Ein früherer Polizist? Was sollte das denn jetzt? Meint er vielleicht, wir würden ihm das glauben?"

„Dann frage doch einfach Helmut. Er wird das sicher wissen."

Sie kamen nicht weit, denn Thomas kam auf sie zu. Bevor er sie begrüßte sagte Jonas zu Johanna lachend: „Oh, er guckt schon wieder wie ein junger Hund."

„Hör doch auf, Jonas, er freut sich eben", erwiderte Johanna.

„Ja, auf Dich. Wetten, dass er nur neben Dir läuft?"

„Na und? Wo ist das Problem?" Johanna schüttelte den Kopf. Jonas hatte ja Recht. Thomas lief nur neben ihr. Es kam ihr auch manchmal vor, als würde er Jonas völlig ignorieren. Aber egal. Sie hatten sich schon an ihn gewöhnt.

„Schön, dass ihr gekommen seid", sagte Thomas.

„Wir gehen aber gleich wieder zurück ins Hotel", erwiderte Jonas. „Wir wollen nur noch Zacharias Hallo sagen."

„Zacharias hat Kundschaft. Er ist draußen auf dem Wasser", antwortete Thomas.

„Dann verschieben wir das eben auf morgen."

„Hast Du vielleicht den Massai Langer Mann gesehen?", fragte Johanna.

„Nein, die Massai sind heute an einem anderen Strand. Sicher sind sie morgen wieder hier."

„Dann laufen wir jetzt wieder zurück. Wir sind noch müde vom Flug."

Auf dem Rückweg sahen sie noch Josef oberhalb des Strandes sitzen. Wie schon die Jahre zuvor, winkte er ihnen zu.

„Das hätten wir erledigt", sagte Jonas.

„Ja, und keiner hat gefragt, ob wir etwas mitgebracht haben. Das ist ja schon mal positiv, oder?"

„Vielleicht haben sie gemerkt, dass das den Touristen lästig ist", erwiderte Johanna.

„Das glaube ich zwar nicht, aber es ist ja auch egal."

Als sie abends noch an der Bar saßen, stellten Johanna und Jonas fest, dass es im Nachbarhotel doch wesentlich gemütlicher war.

„Morgen Abend gehen wir rüber", sagte deshalb Johanna.

„Ja, mir gefällt es hier auch nicht. Aber für den ersten Abend geht das auch. Wer weiß, wen wir drüben alles treffen", sagte Jonas lachend.

Nach dem Frühstück suchten sie sich erst mal einen Platz am Pool. Nur so zum Ausruhen, oder wenn sie vom Strand zurückkommen würden. Sie saßen da und schauten aufs Meer.

„Jonas, ich weiß nicht, hier ist das Personal ganz anders. Kommt Dir das auch so vor?", fragte sie.

„Stimmt, aber wir werden uns noch an alle gewöhnen. Sie sind eben nicht so redselig wie die da drüben. Mich stört das nicht."

„Die anderen Gäste gefallen mir auch nicht", fuhr Johanna fort.

„Die kann man sich eben nicht aussuchen. Hör doch auf zu nörgeln. Wir gehen nachher einmal rüber gucken und abends gehen wir sowieso dort an die Bar."

„Ja, das machen wir. Sollen wir gleich mal gucken gehen?"

„Dann komm", erwiderte Jonas lachend. „Anders gibst Du sowieso keine Ruhe."

Als beide in dem Nachbarhotel ankamen, sahen sie zuerst Samson. Dieser erkannte sie sofort wieder.

„Jambo Mama, jambo Papa habari", sagte er sofort.

„Danke gut, Samson", erwiderte Johanna.

„Oh Mama, Du kannst immer noch nicht Suaheli", erwiderte er. „Du musst antworten: Nzuri sana, asante!"

„Sehr gut, Danke? Ich weiß, aber mir fielen diese Worte nicht ein", antwortete Johanna. „Suaheli ist so schwer. Weißt Du, bei uns zu Hause spricht das keiner. Da vergisst man alles wieder. Ich glaube, ich habe es Dir voriges Jahr schon versucht zu erklären."

„Dann werden wir ein bisschen üben, wenn ich Zeit habe."

„Das wird dieses Jahr auch schwierig, weil wir ja in dem Hotel nebenan wohnen, aber wenn wir uns treffen, dann können wir ja üben."

„Ndiyo (ja)", sagte Samson. „Wenn Du etwas nicht verstehst, dann sagst Du: „Sifahamu".

„Ich werde es mir merken. Sifahamu heißt: „Ich verstehe nicht".

„Komm doch endlich weiter, Johanna. Ihr könntet ja auch abends üben, oder?"

Jonas wurde ungeduldig. Immer musste sie Suaheli üben. So ganz verstand er das nicht, denn wer verstand denn diese Sprache? Nur die

Afrikaner und zu Hause kannten sie nicht einen einzigen. Nur für den Urlaub ein paar Sätze, die nach einer Weile zu Hause wieder aus dem Gedächtnis verschwanden? Für ihn war das nichts. Allerdings musste er zugeben, dass er selber Spaß an den verdutzten Gesichtern der Afrikaner hatte, wenn Johanna nach einer gestellten Frage irgendetwas antwortete. Es hatte wie immer alles zwei Seiten und als er sah, dass Johanna ganz ärgerlich guckte, lenkte er ein: „Ich meine das ja gar nicht böse, meine Prinzessin."

„Das brauchst Du gar nicht so sagen!", erwiderte Johanna. „Wir können aber mal gucken, ob der Opa da ist. Vielleicht sucht er ja gerade wieder seine Badeschuhe." Und im Nachhinein fügte sie hinzu: "Gewöhne Dir diese Bezeichnung gar nicht erst an. Ich bin keine Prinzessin."

Es war kein Opa und niemand bekanntes zu sehen. Entweder war es noch zu früh oder alle waren unterwegs.

„Dann gehen wir zum Strand oder willst Du lieber erst nach dem Essen runter laufen?", fragte Jonas.

„Lieber nach dem Essen."

„Was ist denn hier los? Es laufen ja überall Askaris durch die Gänge." Johanna fand das beängstigend.

„Vielleicht wollen sie demonstrieren, dass sie auf die Gäste aufpassen", erwiderte Jonas.

„Aber doch nicht so viele!"

„Das erfahren wir noch." Jonas fand es zwar auch eigenartig, aber er wollte Johanna nicht beunruhigen.

Sie hörten nichts. Es war auch niemand in der Nähe, der etwas darüber hätte sagen können. Sämtliche Gäste unterhielten sich darüber.

„Hier gibt es ja wirklich tolle Informationen", sagte einer der Anwesenden.

„Ja, so sollte man mit seinen Gästen nicht umgehen", meinte ein anderer.

„Wenn irgendwelche Gefahr droht, sollte man das schon wissen."

Es herrschte eine allgemeine Unruhe. Jeder wusste, Kenia war nicht direkt ein sicheres Land für Touristen. Es ist aber dann doch ein Unterschied, wenn man sieht, dass sie stärker als sonst bewacht wurden.

„Ist ja lächerlich", sagte ein Mann zu seiner Frau. „Wie wollen die Askaris uns denn mit einem Gummiknüppel bewachen?"

„Von wegen Gummiknüppel! Sieh doch, dort stehen welche mit Gewehren."

„Stimmt. Ich glaube, wir essen heute etwas schneller."

Nach dem Essen gingen Johanna und Jonas noch einmal zum Nachbarhotel.

„Weißt Du was, wir fragen mal, ob wir ein Zimmer bekommen können. Hier gefällt es mir doch wesentlich besser", sagte Jonas.

„Aber wir sind doch noch gar nicht lange da", erwiderte Johanna.

„Stimmt, aber hier wird sowieso nicht gleich ein Zimmer frei sein. Wir fragen einfach."

Als Johanna und Jonas an der Rezeption nachfragten, stellte sich heraus, dass sie in drei Tagen umziehen konnten.

„Prima, dann freue ich mich schon darauf", sagte Johanna. „Das bisschen Umziehen dürfte nicht schwer sein."

„Ich helfe Euch dabei", ertönte plötzlich eine Stimme hinter ihnen. Es war Samson, der sich riesig freute.

„Jambo Samson, hakuna matata?", fragte ihn Johanna.

„Ndiyo Mama, asante sana. Jetzt hast Du Suaheli gesprochen." Er grinste.

„Ja, Samson, ich gebe mir auch Mühe."

„Guck mal Jonas, dort am Pool stehen einige Leute um den Manager herum. Sollen wir mal hören, was er zu sagen hat?", fragte Johanna.

„Ja, vielleicht weiß ja er, ob irgendetwas passiert ist."

Der Manager erklärte, dass Touristen in einem Bus gleich morgens, auf dem Weg zu ihrem Hotel, im äußersten Norden von Kenia, überfallen worden sind. Der Bus wurde von angeblichen Polizisten gestoppt und in den Busch gefahren. Dort wurde der Fahrer des Busses erschossen. Die Touristen wurden ausgeraubt. Deswegen die hohe Anzahl von Askaris. „Sie müssen keine Angst haben. Sie werden gut bewacht", sagte er zum Abschluss.

„Na ja", sagte Johanna, „da müssen wir jetzt durch."

„Du hast es doch gehört, wir werden gut bewacht", erwiderte Jonas.

„So einen Urlaub wollte ich eigentlich niemals erleben." Johanna hatte nicht wirklich Angst, aber bewacht zu werden ging ihr auch gegen den Strich.

„Den Touristen ist zum Glück nichts passiert. Das war aber wirklich perfekt ausgeklügelt. Man überfällt sie, wenn sie noch all ihr Geld haben."

„Und deshalb wird der eigene Landsmann erschossen!"

„Ja, das ist sehr schlimm", sagte Jonas. „Wir wollen froh sein, dass es nicht unser Bus war."

Auf dem Weg zum Strand konnten sie die Blüten bewundern. Vor allem die Kakteen mit den gelben Blüten. Johanna konnte sich nicht satt sehen.

„Das sind sicherlich Feigenkakteen. Ich weiß, dass sie gelbe Blüten haben", sagte Johanna zu Jonas.

„Ja, die sehen schön aus", antwortete er. „Ist ja auch egal wie sie heißen oder?" Ihm gefielen die Bougainvillea viel besser. Er zeigte auf eine ganze Reihe dieser Sträucher. „Die haben wenigstens keine Stacheln", sagte er lachend.

„Da täuschst Du Dich aber. Ich will es ja jetzt nicht unbedingt besser wissen, aber sie können wohl Stacheln haben. Sie befinden sich an der Sprossachse."

„Und was ist eine Sprossachse?", fragte Jonas.

„Das kann ich Dir nicht genau erklären", antwortete Johanna. „ Sie trägt auf jeden Fall das Blätterdach und dient zur Stabilisierung. Das andere habe ich vergessen", lachte nun auch Johanna und fügte hinzu: „Ich bin ja nicht unbedingt eine Biologin."

„Es gibt sie aber noch in anderen Farben oder nur in lila?" Jonas gab nicht auf. Er wollte Johanna noch ein bisschen testen.

„Es gibt etwa 18 verschiedene Arten. Bekannt sind aber die weißen, orangen und die roten."

„Wir hatten zu Hause doch auch einmal eine. Kannst Du Dich daran erinnern?"

„Ja, aber nur einen Sommer lang. Ich habe sie irgendwie kaputt gepflegt und mich sehr darüber geärgert."

„Komm, wir sind gleich am Strand. Stürzen wir uns ins Getümmel", sagte Jonas.

Nach nur wenigen Metern konnten sie den Strand besser sehen.

„Was ist denn dort vorne passiert?", fragte Johanna.

„Kann ich Dir von hier aus auch nicht sagen. Es scheint irgendetwas Schlimmes zu sein. Ich hatte von oben schon gesehen, dass mehrere Menschen dort standen."

„Lass uns aber nur von weitem gucken", erwiderte Johanna.

„Ja, machen wir."

In einem doch recht großen Abstand näherten sie sich den Menschen am Strand. Thomas kam sofort auf sie zu und sagte: „Es ist ein älterer Mann ertrunken. Er war mit einem Surfbrett draußen."

„Jonas komm, wir gehen wieder zurück", sagte Johanna entsetzt.

„Ich will ihn auch nicht sehen."

„Tschüss Thomas, wir sehen uns sicher morgen wieder", sagte Johanna.

Auf dem Weg hinauf zum Hotel sagte Johanna: „Irgendwie ist dieses Mal der Wurm drin. Wir erleben Dinge, die kein Mensch braucht."

„Ja, Langeweile kommt keine auf. Da hast Du aber recht."

„Weißt Du was, wir laufen noch ein bisschen durch den Park. Bei der Hitze ist es dort sicher angenehm."

Der Park lag direkt vor dem Hotel. Eine ältere Frau stand gleich am Anfang des Weges und hatte eine Sporttasche in der Hand. Es schien, als hätten die Gärtner schon auf sie gewartet, denn sie kamen aus allen Richtungen auf sie zu.

„Jetzt bin ich aber einmal gespannt, was sie in der Tasche hat", sagte Johanna.

„Dann lass uns stehen bleiben; so werden wir ja sehen, was sie bekommen", erwiderte Jonas.

„Das sind ja alles Schuhe", rief Johanna. „Sieh mal, wie sie sich freuen."

„Toll, es sind auch Turnschuhe dabei."

„Was für ein Gewicht", lachte Johanna. „Und Du regst Dich wegen unseren 9 Kilo auf!"

„Ich hab sie ja getragen und auch nichts mehr darüber gesagt, oder?", entgegnete Jonas.

„Das hätte Dir auch nichts genützt."

Nachdem die Tasche leer war, gingen beide zu der Frau.

„Da haben Sie aber schöne Geschenke mitgebracht", sagte Johanna.

„Ja, wir haben ein Schuhgeschäft und das sind ältere Modelle. Sie sind fast wie neu, aber die will bei uns ja keiner mehr kaufen."

„Die Gärtner haben sich so sehr darüber gefreut. Das war ihnen richtig anzusehen", erwiderte Johanna.

„Ich denke auch, dass ich die richtigen beschenkt habe. Kellner, Askaris und Beach-Boys bekommen doch am laufenden Band etwas geschenkt, aber an die Gärtner denken die wenigsten."

„Das stimmt", antwortete Johanna. „Dabei halten sie alles so schön in Ordnung. Wir haben gerade die blühenden Bäume und Pflanzen bewundert."

„Haben Sie schon einmal gesehen, wie sie neuen Rasen pflanzen?", fragte die Frau.

„Ja, voriges Jahr. Sie setzten tatsächlich jeden Grasbüschel einzeln in die Erde."

„Und das bei dieser Hitze. Oft können sie nicht einmal etwas dabei trinken. Ich glaube, wir zu Hause wissen gar nicht, wie gut wir es haben."

Johanna hatte schon öfters darüber nachgedacht. Es war nicht nur der Hunger, den viele aushalten mussten, sondern ebenso viele „Kleinigkeiten", die zu Hause völlig selbstverständlich waren.

„Waren Sie schon einmal bei dem Chamäleon?", wollte die Frau nun wissen.

„Nein, aber hier soll ja eins zu sehen sein."

„Das stimmt, aber nur wenn Sie Glück haben. Übrigens, der Gärtner freut sich über ein paar Schillinge, wenn er es Ihnen zeigt", lächelte die Frau. „Dann werden wir uns jetzt gleich auf die Suche machen. Auf Wiedersehen und noch einen schönen Urlaub", sagte Jonas.

„Danke, Ihnen auch."

„Ich muss Sie aber noch etwas fragen. Wie haben Sie die vielen Schuhe durch den Zoll gebracht?"

„Ich habe geschmiert", erwiderte die Frau. „Das musste eben sein, auch wenn ich es sonst nicht tue. Sehen Sie sich die Gesichter der Gärtner an. Das war es mir auf jeden Fall wert."

Es dauerte nicht lange bis sie einen Gärtner sahen, der schon anderen

Gästen das Chamäleon zeigte.

„Mama, willst Du es einmal in die Hand nehmen?", fragte er Johanna.

„Oh, lieber nicht. Ich habe Angst, dass es runter fällt", erwiderte sie.

„Da brauchst Du keine Angst haben, es bewegt sich sowieso nur langsam. Ich bin ja dabei und passe auf."

So bekam Johanna das Chamäleon auf die Hand und der Gärtner ein paar Schillinge.

„Guck mal Jonas, eben kam die Zunge raus", rief Johanna. „Die ist aber lang."

„Die wird noch länger, wenn es etwas erbeuten will", sagte der Gärtner.

„Weißt Du Jonas, ich finde das Chamäleon eigentlich hässlich. Sieh doch, die Augen stehen richtig heraus."

„So kann es besser sehen, denke ich. So eine Art Rundblick", antwortete Jonas.

„Und wann wechselt es die Farbe?" fragte Johanna.

„Wenn es nicht gesehen werden will", antwortete der Gärtner, „aber auch, wenn es sich anderen mitteilen will."

„Dann also bei der Balz?", kam die nächste Frage von Johanna.

„Wenn das „Balz" bei Euch heißt", grinste nun der Gärtner.

„Komm Johanna, lass jetzt die Fragerei. Du bringst den jungen Mann noch in Schwierigkeiten", sagte Jonas. „Er hat schon verstanden, was Du ihn gefragt hast."

Vorsichtig gab Johanna dem Gärtner das Chamäleon zurück und sie verabschiedeten sich.

Am späten Nachmittag zogen sie um. Endlich hatte es geklappt. Wie versprochen half Samson beim Tragen. Er hatte außerdem noch einen anderen jungen Mann zum Helfen mitgebracht.

Ja, so ist das in Kenia. Bringt man einen Bekannten mit, bekommt dieser natürlich auch etwas. So eine Vermittlung hat eben Vorteile, denn nun hatte Samson etwas bei ihm gut. Eine Hand wäscht die andere.

Nach dem Essen kam der Koch Thomas auf sie zu.

„Mama, hast Du etwas für meine Frau mitgebracht?", wollte er wissen.

„Ja", erwiderte Johanna. „Wann soll ich es Dir geben?"

„Das ist nicht so einfach, Mama. Kannst Du heute Abend vor das Hotel kommen?"

„Vor das Hotel?"

„Ja, die Askaris nehmen es mir sonst weg!"

„Das finde ich jetzt aber nicht so gut", sagte Jonas. „Um wie viel Uhr soll das denn sein?"

„Nach meiner Arbeit in der Küche."

„Johanna, das ist aber zu spät, um vor das Hotel zu laufen." Jonas war damit überhaupt nicht einverstanden.

„Jonas, was soll denn da passieren?"

„Mir gefällt das einfach nicht. Entweder er bekommt den Mantel innerhalb vom Hotel oder es bekommt ihn jemand, der nicht noch Sonderwünsche hat."

„Papa, dann muss ich dem Askari aber mindestens einige Schillinge geben und die habe ich nicht", sagte Thomas wehleidig.

„Nein, Jonas, ich habe Thomas den Mantel versprochen und er bekommt ihn auch", sagte daraufhin Johanna.

„Ach, mach was Du für richtig hältst." Jonas war sauer.

„Also gut, Thomas, ich komme heute Abend vor das Hotel." Johanna hatte keine Bedenken und Jonas würde sich auch wieder abregen.

„Danke Mama. Papa, nicht böse sein", erwiderte Thomas. „Bis heute Abend."

„Ich bin nicht böse Thomas", antwortete Jonas. „Ich mag nur nicht, dass Johanna im Dunkeln vor das Hotel geht."

„Es wird ihr nichts passieren, Papa. Ich passe schon auf sie auf."

Nachdem Johanna und Jonas eine Weile geschwiegen hatten, sagte Johanna: „Hast Du gesehen, das Buschdoktor-Auto steht da. Da werde ich gleich einmal nachfragen, in welchem Zimmer so ein Arzt wohnt."

„Ja, tu das", erwiderte Jonas. „Ich gehe so lange an die Bar. Vielleicht kann ich mich dort ein wenig mit jemanden unterhalten."

„Sehr witzig, ha,ha,ha. Beinahe hätte ich gelacht." Jonas war also immer noch nicht bereit, normal mit ihr zu reden. Auch gut, dachte sie. Dann werde ich mal den Buschdoktor aufsuchen.

Vor dem Zimmer angekommen, klopfte sie an die Tür. Eine junge Frau machte ihr auf. Johanna fragte: „Nehmen sie Medikamente an?"

„Ja, sehr gerne", erwiderte die Ärztin. „Bringen Sie sie mir einfach her. Ich bin noch eine Weile da."

Johanna beeilte sich, denn sie wollte die Ärztin doch ein wenig zu ihrer Arbeit befragen.

Leicht außer Puste klopfte Johanna abermals an die Tür.

„Schön, dass Sie gleich gekommen sind. Dann zeigen Sie mir doch, was Sie mitgebracht haben."

Johanna gab ihr den ganzen Beutel mit Medikamenten.

„Jetzt bin ich aber wirklich erstaunt", sagte die Ärztin, nachdem sie alle durchgesehen hatte.

„Wieso erstaunt?", wollte Johanna wissen.

„Die sind ja gar nicht abgelaufen!", erwiderte die Ärztin.

„Dann hätte ich Sie Ihnen bestimmt nicht mitgebracht", antwortete Johanna.

„Sie brauchen sich jetzt nicht über meinen Satz ärgern. Wir bekommen meist abgelaufene Medikamente. Deshalb bin ich erstaunt."

„Das verstehe ich." Johanna hatte das nicht gewusst. Unverschämt, dachte sie. Bei uns zu Hause werden abgelaufene Tabletten entsorgt, weil man sie nicht mehr nehmen soll, aber für Afrika sind sie noch gut.

Das verstehe wer will. Um das Thema nicht weiter zu vertiefen fragte sie die Ärztin:

„Fahren Sie mitten hinein in den Busch?"

„Ja, das tun meine Kollegen und ich. Die Menschen verlassen sich auf uns und kommen zu unserem Auto. Manchmal sind es bis zu 500 Afrikaner. Dort werden sie behandelt."

„Und was behandeln Sie alles?"

„Malaria, Lepra-Erkrankungen oder auch Lungenentzündungen, sowie Aids. Durchfallerkrankungen gibt es meistens auch. Oft können wir helfen, manchmal auch nicht."

„Und woher wissen die Menschen an welchem Tag Sie kommen?"

„Wir telefonieren mit Schulen oder Krankenstationen, die in der Nähe sind. Von dort verbreitet sich die Nachricht ganz schnell."

„Können Sie denn Suaheli?"

„Nein, das kann ich nicht, aber wir haben immer einen Afrikaner als Übersetzer dabei. Sie haben sicher bemerkt, dass hier viele sehr gut deutsch sprechen."

„Ja, das habe ich bemerkt", antwortete Johanna. „Dann wünsche ich Ihnen, dass Sie ganz vielen Menschen helfen können."

„Ja, wir versuchen es", sagte die Ärztin lachend. „Oft kommt uns aber auch einmal ein Medizinmann dazwischen."

„Gibt es die denn immer noch?"

„Ja, sie sind sehr angesehene Menschen in einem Buschdorf. Der Weg zum Arzt ist weit und ein Praxisbesuch kostet Geld. Sie haben von ihren Vorfahren allerlei Behandlungsmethoden überliefert bekommen; alle auf pflanzlicher Basis. Sie wissen sehr, sehr viel über Heilpflanzen. Aus Blättern, Wurzeln, Rinden und Blüten mixen sie zum Beispiel einen Brei."

„Und der hilft auch wirklich?", fragte Johanna.

„Ja, sicher. Für leichte Krankheiten. Sind es schwerwiegende, dann müssen sie doch zu uns kommen. Allerdings bekommen sie bei uns keine Zeremonie."

„Haben Sie so eine Zeremonie schon einmal miterlebt?"

„Nein, aber mein Kollege hat mir davon erzählt. Da kommen kleine Geisterpuppen, Hühnerfedern oder auch Muscheln zum Einsatz; von Handauflegen ganz zu schweigen."

„Das ist eigentlich in unserer Zeit unvorstellbar oder?"

„Ja, doch die Kulturen sind bei vielen Volksstämmen noch tief verwurzelt. Für uns als Ärzte leisten sie aber auch hilfreiche Vorsorge, da oft auch die Psyche eine Rolle spielt. Wir kommen meist gut mit den Medizinmännern aus. Ausnahmen bestätigen natürlich die Regel."

„Kann ein Medizinmann auch operieren?"

„Nein, das verbietet ihnen das Gesetzt. Operationen finden nur im Krankenhaus statt."

„Sie haben wirklich einen sehr interessanten und abwechslungsreichen

Beruf. Ich werde Sie aber jetzt nicht länger aufhalten. Vielleicht bis nächstes Jahr." Mit diesen Worten verabschiedete sich Johanna von der Ärztin.

„Sie haben mich nicht aufgehalten", erwiderte die Ärztin lachend. „Ich freue mich, dass Sie uns Medikamente mitgebracht und dass Sie Interesse für unsere Arbeit gezeigt haben. Dann bis nächstes Jahr."

Johanna war mit sich und der Welt zufrieden. Sie hatte im Prinzip nichts Besonderes getan, aber es war ein gutes Gefühl. Sie würde die Medikamente nächstes Jahr nicht vergessen.

Nächstes Jahr? Das stand zwar noch nicht fest, aber beide hatten sich an Kenia gewöhnt. Das würde sicherlich klappen.

Jonas stand mit Holger an der Bar. So wie es aussah, war er auch nicht mehr verstimmt. In Gedanken bedankte sie sich bei Holger. Dieser hatte den Ärger von Jonas verfliegen lassen. Das war auch gut so, denn wer braucht im Urlaub schon Missstimmungen dieser Art.

„Na Johanna, bist Du wieder da?", fragte Holger schelmisch.

„Ndyo Papa", erwiderte Johanna. „Schön Dich hier zu sehen."

„Anne ist auch dabei. Sie schwimmt ein paar Runden. Mit dem Rollstuhl an den Strand zu fahren ist doch recht schwierig."

„Dann seid Ihr beide jetzt zusammen?", fragte Johanna.

„Ja, und ich bin sehr froh darüber. Anne ist eine wunderbare Frau."

„Dann freue ich mich mit Euch. Und Deine Verlobte, was macht die?"

„Wir haben zu Hause gleich unsere Verlobung gelöst. Ich habe festgestellt, dass Feiern und Geld nicht den Sinn eines gemeinsamen Lebens ausmachen. Zum Glück früh genug. Sie hat schon wieder einen Freund und scheint auch zufrieden zu sein."

„Hast Du den Opa gesehen? Weißt Du den, der immer abends an meiner Seite war."

„Dein „Opa" war schon früher da. Da musst Du bis nächstes Jahr warten", sagte Holger grinsend.

„Gut, dass Du das erwähnst. Jonas, wir fliegen doch nächstes Jahr auch wieder hier her oder?"

„Vielleicht, aber warum fragst Du jetzt schon?"

„Weil ich daran denken muss, Medikamente zu besorgen. Ich habe gerade mit der Ärztin gesprochen. Sie hat sich übrigens sehr gefreut."

„Ich werde Dir beim Denken helfen", sagte Jonas lachend.

Holger erzählte, dass er zwei Rollstühle mit nach Kenia gebracht hatte. Er hatte sich sehr über die Fluggesellschaft geärgert, weil er Fracht bezahlen musste. „Sie hätten doch für einen guten Zweck mal ohne diese Frachtgebühr auskommen können", sagte er. „Es war doch offensichtlich, dass die Rollstühle jemand hier in Kenia gebrauchen könne. Aber nein, das musste Geld kosten."

„Da kann man nichts machen. Manche haben eben keinen Sinn für

Hilfe. Vielleicht hätte es geholfen, wenn Du alles in der Presse publik gemacht und ihren Namen erwähnt hättest."

„Gute Idee. Ich werde es beim nächsten Mal so probieren. Von den Gebühren bin ich zwar nicht ärmer geworden, aber wenn es anders ginge, würde mich das freuen."

„Guck mal Jonas, den Mann dort drüben haben wir auf dem Flughafen bei uns gesehen", sagte Johanna.

„Stimmt, aber wo ist denn seine Frau?", erwiderte Jonas.

„Ja, sie fehlt. Jetzt weiß ich auch wer das ist. Das ist der an Krebs erkrankte Mann. Vielleicht kommen wir mit ihm ja noch ins Gespräch. Dann werde ich ihn fragen."

Da brauchten sie nicht lange darauf warten, denn der Mann setzte sich direkt neben sie.

„Wir kennen uns irgendwie", sagte er zu Johanna, Jonas und Holger.

„Ja, vom Sehen. Ihre Frau hat öfters bei uns gestanden", antwortete Johanna. „Wo ist sie denn?", wollte sie weiter wissen.

„Meine Frau ist leider verstorben", antwortete der Mann. „Ich muss nun sehen, wie ich allein zurechtkomme. Es hilft mir, wenn ich hier an die schöne Zeit mit ihr denken kann. Wir waren schon sehr oft in Kenia. Hier besuche ich vor allem das Waisenhaus. Dort waren wir beide auch sehr oft. Meine Frau liebte Kinder über alles. Wir haben leider keine."

„Oh, das tut uns sehr leid", sagte Johanna bedrückt. Sie hing ihren Gedanken nach: Seine Frau hatte sich so rührend um ihn gekümmert. Wahrscheinlich hatte sie sich selbst total vernachlässigt. Das war schon ein Schicksalsschlag. Nur gut, dass der Mann damit zurechtkam. Es sah jedenfalls danach aus.

Eine Weile schwiegen alle.

„Habt Ihr schon Geld getauscht?", unterbrach Holger die Stille.

„Ja, aber nicht am Strand", antwortete Jonas.

„Das ist doch kein Problem", sagte Holger lachend. „Ich tausche immer bei dem gleichen."

„Du weißt aber, dass man sich dabei nicht erwischen lassen sollte oder?", fragte Jonas.

„Ach, davor habe ich eine Angst. Irgendeiner pfeift schon, wenn Gefahr droht. Komm doch morgen einfach mit. Ich zeige Dir den Mann und dann kannst Du es ja auch probieren. Er hat einen viel besseren Wechselkurs als jede Bank."

„Nein, lieber nicht", antwortete nun Johanna. „Ich habe keine Lust, Jonas im Shimo la tewa zu besuchen!"

„Wer hat Dir denn von diesem Gefängnis erzählt?", fragte Holger.

„Helmut, unten am Strand. Er sagte, man ist dort vollkommen von der Außenwelt abgeschnitten. Dort kann man als Tourist nicht einmal seinen Botschafter erreichen. Ohne Englisch hat man kaum eine Chance. Noch viel schlimmer soll die Rechtsprechung sein, denn man muss nämlich seine Unschuld beweisen."

„So ähnlich habe ich es auch gehört", sagte Holger. „Diese Art von Rechtsprechung haben sie wohl von den Engländern übernommen."

„Ja, und wie soll man seine Unschuld beweisen, wenn man mit niemanden sprechen kann?"

„Dann muss man eben jemanden bestechen", erwiderte Holger.

„Na toll! Sie nehmen ja alles weg. Das ginge dann nur von außen."

„Siehst Du, ich habe gehört, dass jemand einmal für vier Flaschen Bier wieder raus gekommen ist."

„Da muss wohl ein Wärter großen Durst gehabt haben oder?", sagte Jonas. Er hatte ja auch gehört, wie Helmut alles erzählt hatte: Die Insassen mussten auf dem blanken Zementboden schlafen. Gereinigt wurde dieser nicht. Es gab weder Seife noch Toilettenpapier. Das Essen war eine Zumutung und wer krank wurde hatte eben Pech. Es gab weder Medikamente noch kam ein Arzt.

„Das Schlimme ist ja, dass man schon aus reiner Willkür in dieses Gefängnis kommen kann. Man muss also immer vorsichtig sein. Auch als Tourist. Am besten, man geht allem Ärger aus dem Weg", sagte Johanna.

„Nun seid mal nicht zu ängstlich", erwiderte Holger. "Wer weiß, ob das alles stimmt."

„Wir wollen das auch nicht nachprüfen. Es kann ja sein, dass Helmut alles übertrieben hat. Vielleicht war das vor Jahren einmal so und hat sich nun geändert." Jonas glaubte sowieso nicht viel von dem, was die Beach-Boys so erzählten. Ganz im Gegensatz zu Johanna. Sie glaubte fast alles.

Nach dem Abendessen saßen sie wieder zusammen. Johanna sah laufend auf ihre Uhr. Sie wollte endlich den Mantel loswerden, aber die Minuten schienen zu schleichen.

„Was hast Du denn heute noch vor?", fragte Holger.

„Sie will Geschenke verteilen", sagte Jonas.

„Jetzt noch?"

„Ja, Johanna richtet sich immer gerne nach anderen", erwiderte Jonas. Er grinste zwar dabei, aber Johanna hatte diese Spitze schon verstanden. Egal, dachte sie, jetzt bringe ich die Jacke weg.

„Ihr könnt mich ja begleiten", sagte sie.

„Ich gehe auf jeden Fall mit und halte mich im Hintergrund", antwortete Jonas.

„Jetzt geht es aber los. Als Wachhund?"

„Nein, weil ich besorgt um Dich bin", erwiderte Jonas.

„Na gut, dann geh eben mit. Ich habe keine Angst. Nur dass das klar ist." Johanna wollte nicht schon wieder diskutieren und ging los, den Mantel über dem Arm. Kurz bevor sie an den Askaris vorbei musste, zog sie den Mantel an.

„Mama, wo gehst Du hin?", fragte auch gleich einer der Askaris.

„Ich gehe nur ein Stück spazieren", antwortete sie.

„Aber nicht so weit. Es ist schon dunkel", rief ihr der Askari noch nach. Sie blickte noch einmal zurück und sah, dass Jonas sich mit den Askaris unterhielt. Gut, dann waren sie abgelenkt und sahen vielleicht nicht, wer von den Angestellten an ihnen vorbei lief. So langsam gefiel ihr dieses Theater wegen eines Mantels auch nicht, aber bald hatte sie es ja geschafft.

„Mama, hier bin ich", rief Thomas hinter einem Strauch. „Ich habe den anderen Ausgang benutzt."

„Prima, dann gebe ich Dir jetzt den Mantel."

Thomas freute sich wirklich sehr. Er bedankte sich und verschwand.

Johanna lief zurück zu den Askaris. Jonas sah sie erleichtert an.

„Mama, wo ist Dein Mantel?", wollte einer der beiden Askaris wissen.

„Den habe ich verschenkt", erwiderte Johanna. Warum sollte sie schwindeln. Sie hatten Thomas ja nicht gesehen.

„Wem hast Du ihn denn geschenkt?", wollte nun der andere wissen.

„Einem jungen Mann, den ich kenne."

„Hier vom Hotel?"

„Nein, einem vom Strand." Nun hatte sie doch gelogen, aber besser war besser.

„Ich hätte ihn auch genommen."

„Das wusste ich nicht", antwortete Johanna und ging mit Jonas zurück zum Hotel.

Inzwischen saß auch Anne mit am Tisch. Sie war wirklich sehr nett und Johanna tat es nach wie vor sehr leid, dass sie im Rollstuhl sitzen musste.

„Alles in Ordnung?", fragte Anne. „Holger hat mir erzählt wo ihr hingegangen seid."

„Ja, alles hat geklappt. Aber ehrlich, noch einmal mache ich so etwas nicht", sagte Johanna. „Das war doch irgendwie aufregend."

„Wie lange bleibt Ihr denn noch hier?", fragte Johanna.

„Noch knapp eine Woche. Ich könnte hier ewig sein", erwiderte Anne.

„Na ja, immer nur heiß oder warm finde ich nicht so toll. Ich freue mich dann schon auf europäische Temperaturen."

„Sei froh, dass es bis jetzt noch nicht geregnet hatte. Diese Regenschauer sind immer heftig."

„Die kenne ich auch. Wir hatten sie an der Südküste erlebt."

„Da war ich noch nicht. Stimmt es, dass dort die Strände viel schöner sind?"

„Kann man so nicht sagen. So einen Strand zum direkt hinein laufen habe ich in unserer Gegend nicht gesehen. Man muss immer ein paar Stufen hinunter gehen oder eben weite Umwege laufen. Ich glaube, für

Dich wären das doch Hindernisse."

Anne sagte lachend: „Dann muss Holger mich eben tragen."

„Der Strand ist hier aber genauso schön. Weißer Sand und glasklares Wasser. Die Safaris kann man auch genauso gut von hier aus beginnen. Da hat man sich sogar noch die Fähre eingespart. Das dauert ja auch immer einige Zeit."

„Du hast Recht. Mir gefällt es hier ja auch."

Am nächsten Morgen fragte Johanna Jonas: „Wann nehmen wir eigentlich für James die Krücken mit? Das könnten wir doch auch erledigen."

„Stimmt. Lass uns das heute Nachmittag tun. Jetzt gehen wir erst einmal zum Strand oder hast Du keine Lust?"

„Doch, wir stürzen uns jetzt ins Getümmel."

„Jambo, jambo" ertönte es von allen Seiten. Das Schönste war aber, dass keiner etwas haben wollte. Die Besitzansprüche schienen geregelt zu sein.

David hatte wie immer seinen Shop schon fertig aufgebaut. War das eine Arbeit. Jeden Tag erneut, denn abends wurde alles in Sicherheit gebracht. Er hatte keine Lust zum Plaudern und winkte nur freundlich. Der kleine Rafiki hatte seinen Bauchladen voller Tiere aus Knochen. Sie sahen zwar Elfenbein recht ähnlich, aber da man kein Elfenbein besitzen durfte, waren es eben Knochen. Wer weiß schon, wem er sie doch als echt angeboten hatte.

Helmut saß am Strand und las wie immer die Zeitung. Jonas setzte sich zu ihm, Johanna ging lieber ins Wasser. Sie war nicht lange allein, denn es schwamm ein kleiner Afrikaner mit ihr mit.

„Hast Du heute keine Schule?", fragte ihn Johanna.

„Nein, heute nicht", antwortete er.

„Es ist doch aber kein Feiertag oder?", fragte Johanna weiter.

„Nein, aber ich brauche heute nicht in die Schule."

„Ist Dein Lehrer krank?"

„Nein. Sieh mal, dort schwimmt meine Schwester."

Johanna beschloss lieber nicht weiter zu fragen. Vielleicht konnten ja die Eltern das Schulgeld nicht bezahlen.

„Ich gehe jetzt wieder aus dem Wasser", sagte Johanna. „Schwimme nicht so weit raus."

„Nein, ich schwimme zu meiner Schwester. Mama, wir haben kein Geld für die Schule."

Das war also der wirkliche Grund. Genau wie sie es sich gedacht hatte. Wenn sie Geld dabei gehabt hätte, dann hätte sie ihm gerne welche gegeben.

Johanna setzte sich zu Jonas und Helmut. Die beiden unterhielten sich über Sport und hatten gar keine Zeit für sie. Sie sah sich um. Weiter oben saß Josef. Man könnte meinen, er würde jeden Tag nur auf diesem einen Platz sitzen, dachte sie. Und das Jahr für Jahr. Nur selten hatte sie ihn ein paar Schritte laufen sehen. Voriges Jahr war sie einfach zu ihm hin gelaufen und hatte ihm eine weiße Hose geschenkt. Einfach so. Er war so überrascht gewesen und hatte sich so sehr darüber gefreut. Sie hatte wieder eine dabei, aber die war noch im Zimmer. Vielleicht gebe ich sie ihm ja wirklich. Das hatte sie sich zu Hause vorgenommen, aber sie hatte auch überlegt, ob die Hose ein anderer brauchen könnte. Da hörte sie auf einmal „Mama?" Es war Josef. Er kam auf sie zu. Johanna stand auf und lief zu ihm hin.

„Habari?", fragte Josef.

„Asante sana", erwiderte Johanna.

„Mama, ich habe Deine weiße Hose an. Siehst Du?"

Tatsächlich, er hatte die weiße Hose an und sie sah aus wie frisch gewaschen und gebügelt.

„Ich habe sie nicht in Mombasa verkauft", sagte er weiter. „Sie gefällt mir."

„Dann freue ich mich, Josef", antwortete Johanna.

Josef ging wieder zu seinem Platz und Johanna bemerkte, dass eine ziemlich korpulente ältere Frau dort saß. Josef setzte sich neben sie und redete mit ihr.

Es ist schon traurig, dachte sie, dass man Menschen mit gebrauchten Kleidungsstücken so eine Freude machen kann. Sie beschloss, ihm die andere weiße Hose auch zu geben.

„Komm, lass uns weiter gehen", sagte Jonas. „Das dauert heute ja wieder ewig", fügte er lachend hinzu.

„Wir waren noch nicht bei allen", erwiderte Johanna. „Shandrak winkt auch schon mit einem Gürtel. Brauchst Du nicht doch einen?"

„Ich werde gleich einen bei ihm kaufen."

Doch bevor sie weiterlaufen konnten, stand Zacharias vor ihnen.

„Habari Mama und Papa", begrüßte er sie.

„Hakuna matata".

„Dann ist ja alles in Ordnung", sagte er lachend. „Ich habe nicht viel Zeit. In einer halben Stunde fahre ich mit Touristen zum Riff. Ich will sie nicht verpassen."

„Das freut mich für Dich", sagte Jonas.

„Ich habe Euch schon lange gesehen", erwiderte Zacharias. „Schon oben an der Treppe."

„Dann hast Du aber gute Augen. Das ist doch recht weit weg von hier."

„Ja, ich habe gute Augen."

„Wir laufen weiter. Sicher treffen wir uns noch öfters."

Den Gürtel kaufte Jonas ziemlich schnell. Er handelte zwar, aber er überließ Shandrak den Triumph, dass er genug dabei verdient habe.

Es gab viele Touristen, die überhaupt nicht handelten. Damit verloren sie natürlich in den Augen der Afrikaner ihr Gesicht. Andere wieder handelten richtig unverschämt. Einen Verdienst sollte man ihnen schon lassen, dachte Johanna. Es war schwer genug für alle diese Verkäufer. Bei einigen Touristen konnte man die Arroganz des weißen Mannes von anno dazumal feststellen. Dieses machte sich öfters im Speisesaal bemerkbar. Kellner waren schließlich keine Sklaven.

„Ich glaube, wir drehen wieder um Johanna. Ich habe heute wirklich keine Lust auf Thomas. Er steht dort vorne und hat uns sicher schon gesehen."

„Du hast Recht, ich mag mich heute auch nicht mit ihm unterhalten. Ein Tag Pause gönnen wir uns", erwiderte Johanna.

„Ich finde ihn äußerst lästig." Das musste Jonas einfach einmal loswerden.

„Ach komm, er fragt doch bloß und mich interessiert auch was er erzählt. Hast Du Dir mal überlegt, dass man in diesen Hotels rein gar nichts über das Leben der Afrikaner erfährt?"

„Das stimmt so nicht ganz. Wir erfahren einiges; nur aus einer anderen Sicht."

„Na toll, aus der Sicht der Reichen."

„Und Du glaubst alles, was Dir hier so erzählt wird?", fragte Jonas.

„Nein, natürlich nicht. Ich glaube so ein Mittelding von allem. Das wird dann schon passen."

„Ja, aber die hier herum laufen, rechnen doch mit dem Mitleid der Touristen."

„Das mag ja sein, aber wie sollten sie denn sonst an Geschenke kommen?"

„Vielleicht einmal mit Arbeit versuchen?"

„Welche Arbeit denn? Du hast doch gesehen wie viele auf der Fähre von der Südküste nach Mombasa waren. Die waren alle auf Arbeitssuche."

„Komm, lass es gut sein. Wir sehen lieber einmal dort nach der Frau, die von vielen Beach-Boys umringt ist."

„Ja, die ist mit Gold behangen wie ein Pfingstochse", erwiderte Johanna. „Kein Wunder, wenn man seinen Besitz so offen zeigt." Für so etwas hatte Johanna kein Verständnis. Wenn man in ein armes Land fährt, muss man doch nicht mit Gold protzen. Zum Glück dachte Jonas auch so.

„Kommen Sie einfach mit uns", sagte Jonas zu der Frau. „Dann haben sie gleich wieder Ruhe."

„Danke, das werde ich gerne tun", erwiderte diese. „Ich wusste gar nicht, wie mir geschah. Plötzlich standen so viele um mich herum."

„Dann sind Sie sicher noch nicht lange hier?", fragte Johanna.

„Nein, erst seit zwei Tagen. Heute bin ich zum ersten Mal am Strand. Ist das hier immer so?"

„Am Anfang muss man sich schon ein bisschen durchsetzen", sagte Jonas.

„Das ist aber mehr als unangenehm. Dann bleibe ich lieber am Pool", erwiderte die Frau.

„Das brauchen Sie nicht. Lassen Sie ihren Schmuck oben im Hotel und sagen Sie einfach „hapana", das heißt „nein". Die Beach-Boys sind zwar harmlos, aber es muss ja keiner von ihnen wissen, dass Sie Geld haben." Johanna freute sich, dass sie die Bemerkung wegen des Schmuckes anbringen konnte.

„Gut, ich werde es mir überlegen."

Johanna nahm die Krücken. Sie war richtig aufgeregt. Was würde James wohl dazu sagen?

„Ob sich James darüber freut?", fragte sie Jonas.

„Na klar", erwiderte dieser. Ihm war James manchmal etwas lästig. Kaum waren sie in Sichtweite, kam er an und bald darauf saß er auch schon mit am Tisch. Ihm ging es dabei nicht um das zusätzliche Getränk. Nein, er konnte sich kaum mit Johanna unterhalten, weil James dauernd Fragen stellte und Johanna sie immer beantwortete. Sie wollte aber auch alles wissen.

„Ich bin auch gespannt, was er dazu sagt", fuhr er fort. Bevor er weiter reden konnte rief schon Steve: „Für wen sind die Krücken?" Er saß wie jeden Tag an der Straße.

„Für James", antwortete Jonas.

„Das ist gut. Hoffentlich ist er da. Ihm ging es gestern nicht so gut."

„Ja, das hoffen wir auch. Bis später. Wir gehen erst einmal weiter", sagte Jonas.

Steve war aber nicht der einzige, der sich über die Krücken wunderte. Jeder, der an ihnen vorbei lief fragte nach. Sogar ein kleiner Junge: „Sind die für mich?", wollte er wissen.

„Nein, Du kannst doch laufen", sagte Jonas.

„Meine Schwester aber nicht", antwortete er. Das war natürlich geschwindelt.

„Mit so etwas macht man keinen Spaß", sagte Johanna. „Die sind für James!"

Aber wo war James? Sie konnten ihn nicht entdecken. War er vielleicht zu Hause geblieben, weil es ihm schlechter ging?

Jonas fragte einen anderen jungen Mann nach ihm. „Wo ist denn James?"

„Da vorne Papa. Er liegt dort auf dem Tisch."

Tatsächlich lag dort James. Der Länge nach auf einem provisorischem Tisch. Als sie näher heran kamen sahen sie, dass er ganz fest schlief.

„Jetzt müssen wir ihn wecken", sagte Johanna.

Vorsichtig berührte Johanna den Arm von James. Sie wollte ihn nicht erschrecken, aber es kam keine Reaktion von ihm. Sie griff nach seiner

Hand und drückte etwas fester.

James öffnete die Augen und war doch erschrocken, als er Johanna und Jonas vor sich sah.

„Jambo Mama und Papa", sagte er noch ziemlich verschlafen. Er richtete sich mühsam auf.

„Sie mal James, wir haben Dir etwas mitgebracht." Jonas zeigte ihm die Krücken.

Ein strahlendes Lächeln lag auf dem Gesicht von James.

„Danke, danke, ich werde sie gleich ausprobieren."

„Komm, wir drehen uns erst einmal weg. Ich glaube, wir sollen nicht sehen, wie er von dem Tisch wieder herunter kommt", sagte Jonas.

Das stimmte, denn als sie sich wieder umgedreht hatten, hielt James sich bereits am Tisch fest; die Krücken unter seinen Armen. Aber was war das? Er hatte gar keine Kraft in den Oberarmen, um sich darauf aufzustützen.

„Mama, Du musst nicht enttäuscht sein", sagte James als er sah, dass Johanna ganz entsetzt guckte. „Ich werde jeden Tag üben und dann schaffe ich es auch."

„Das hoffen wir sehr", antwortete Jonas. Auch er war etwas irritiert. Es war ja eigentlich logisch, dass die Arme keine Kraft hatten, denn seine alten Krücken reichten ja bis unter die Achseln. Das hatten sie nicht bedacht. Vielleicht würde James ja doch noch damit laufen können?

Dieses geschah aber nicht. Als sie Tage später wieder nach ihm sahen, hatte er wieder seine eigenen Krücken.

„Es geht nicht", sagte James. "Ich habe keine Kraft."

Umsonst hatten Johanna und Jonas die Krücken aber nicht mitgenommen. James hatte sie an ein Mädchen weiter gegeben. Strahlend zeigte sie es den Beiden. Sie konnte damit laufen.

„Es ist schade für James", sagte Johanna zu Jonas, „aber auch gut für das Mädchen. Die Krücken erfüllen auf jeden Fall ihren Zweck."

Abends hörten sie Gelächter und Geschrei aus dem Nachbarhotel.

„Was ist denn dort los?", fragte Johanna.

„Lass uns einfach nachsehen", erwiderte Jonas.

Sie liefen hinüber. Rund um den Pool saßen die Gäste an Tischen und lachten. Aber warum? Eine ältere Frau hatte eine Hexenmaske auf und rannte immer den Kellner hinterher. Diese rannten offensichtlich um ihr Leben.

„Stimmt ja, wir haben ja noch Karneval!", sagte Jonas.

„Es kann aber doch nicht sein, dass die Afrikaner Angst vor einer Maske haben."

„Sieh doch genau hin, sie rennen vor Angst weg."

Das war wirklich so. Es sprang sogar einer von den Kellnern in den

Pool. Die ältere Frau machte eine kleine Pause und setzte ihre Maske ab. Sie legte sie auf den Tisch. Vorsichtig näherte sich ein Kellner, aber bevor er richtig am Tisch war, hatte die Frau die Maske wieder auf und rannte ihm hinterher. Alle lachten. Es schien, als könnte keiner damit aufhören.

„Das ist ja doch ein bisschen grausam oder?", fragte Johanna.

„Ja, mit der Angst der Menschen sollte man eigentlich so nicht umgehen. Aber Du weißt ja, wenn viele zusammen sitzen, passieren schon einmal ungewöhnliche Dinge."

„Für die Afrikaner haben die Masken eben eine andere Bedeutung als für uns", sagte Johanna. "Sie können Unglück bringen, aber auch Menschen vor Gefahren schützen. Das liegt an der Art der Maske. Vielleicht bringt eine Hexenmaske Unglück über sie oder sie haben noch keine gesehen."

„Da hast Du Recht. Ich habe einmal gelesen, dass sie nicht hinter eine Maske sehen dürfen. Wenn doch, dann müssen sie sterben."

„Das würde diese Angst der Kellner ja erklären."

„Komm, lass uns wieder gehen. Es ist zwar Karneval, aber bei uns zu Hause. Ich mag hier nicht mehr zusehen."

Die letzten Urlaubstage vergingen schnell. Johanna und Jonas hatten sich gut erholt.

„Weißt Du was? Wenn wir wieder hier her kommen, dann unternehmen wir wieder etwas. Bloß im Hotel wird ja nach der ersten Woche langweilig, oder?", fragte Johanna beim Kofferpacken.

„Nun lass uns doch erst einmal nach Hause fliegen", entgegnete Jonas. „So wie dieses Mal hat es mir auch gefallen. Einfach mal nichts tun."

„Das war ja auch schön, aber Kenia ist ja nicht gerade klein und wir könnten ja noch eine Safari machen."

„Ich nehme mal an, dass Du auch schon weißt, welche es sein soll oder?"

„Nein, weiß ich nicht. Aber Du hast recht, ich freue mich jetzt auch wieder auf zu Hause."

Der Heimflug dauerte wie gewohnt etwas länger. Sie starteten mit Verspätung, weil ein großer Stein auf der Startbahn lag. Kenia live.

1993
Sansibar

„Was fällt Dir zu Sansibar ein?", fragte Jonas Johanna.

„Bin ich jetzt gerade im Geschichtsunterricht?", erwiderte Johanna lachend.

„Nein, natürlich nicht. Aber sag doch mal, was Dir so dazu einfällt." Jonas gab nicht nach.

„Da fallen mir zuerst Gewürze ein. Die Nelken kommen doch von dort oder?"

„Stimmt. Was noch?"

„Ach, für Geschichte bist doch Du zuständig."

„Hast Du schon einmal etwas von den Verträgen mit Großbritannien gehört?"

„Irgendwann sicherlich. Sag schon, was Du darüber weißt." Johanna sah noch überhaupt keinen Sinn in dieser Fragerei.

„1890 wurden zwischen Großbritannien und Deutschland die Grenzen ihrer Kolonien in Afrika festgelegt. Damals legten sie auch fest, dass Helgoland an Deutschland zurückgeht."

„Ich hatte einmal gehört, dass sie Sansibar gegen Helgoland getauscht haben." Johanna sah Jonas fragend an.

„Das war ein Gerücht und zwar ein sehr anhaltendes. Es wurde sogar zur Legende.

Sansibar war 1807 ein freies Sultanat. Die Deutschen hatten nur einen schmalen Streifen gegenüber der Insel auf dem Festland gepachtet. Aus diesem Grund fühlten sie sich Sansibar gegenüber als Schutzmacht."

„Wie kann man denn so ein Gerücht in die Welt setzen?", fragte Johanna.

„Keine Ahnung, aber Sansibar gehörte von 1698 bis 1861 dem Sultan von Oman."

„Und weshalb erzählst Du mir das jetzt eigentlich alles?"

„Weil ich ein tolles Angebot in der Zeitung entdeckt habe", erwiderte Jonas. „Hättest Du Lust, drei Tage von Mombasa aus, nach Sansibar mit dem Schiff zu fahren?"

„Aber sicher", antwortete Johanna. „Das wäre ja toll."

„Sansibar gehört übrigens seit 1964 zu Tansania. Bloß, falls Dich mal jemand fragt."

„Dann gebe ich die Frage an Dich weiter", erwiderte Johanna lachend.

„Aber weil Du gerade Tansania erwähnst: Gut, dass wir eine Gelbfieber-Impfung haben. Die muss man bei der Einreise nämlich nachweisen."

„Das wusste ich nicht, aber dann steht ja allem nichts weiter im Wege. Erst ins Hotel, dann mit dem Schiff nach Sansibar und zum Schluss noch ein paar Tage im Hotel sein."

„Ja, lass uns schnell buchen. Ich freue mich sehr darauf."

Nach ein paar Wochen bekamen sie die Reiseunterlagen.

„Sieh mal Johanna, das Schiff hat Platz für 240 Passagiere. Es ist 120 m lang, 15,5 m breit und hat fünf Decks."

„Und wie schnell fährt es?", wollte Johanna wissen.

„Etwa 30 km/h", erwiderte Jonas.

„Dann schippern wir ja ganz gemütlich. Und wie viele Rettungsboote sind vorhanden?"

„Hier steht: 6 mit 428 Plätzen. Landungsboote gibt es 2, mit 180 Plätzen."

"Direkt groß ist es ja nicht, aber das finde ich nicht schlimm. Da behält man auch den Überblick."

Johanna fieberte bereits der Abreise entgegen. Zuerst waren sie aber einige Tage im Hotel. Darauf freute sie sich auch sehr. Vor allem auf das Wiedersehen mit all den Angestellten und natürlich auf den Strand. Sämtliche Kleidungsstücke hatte sie schon zusammen gesucht. Das Verteilen machte jedes Jahr aufs Neue Spaß. Oft veränderte sich etwas. Mal war es ein neuer Manager oder auch neue Köche. Die Angestellten wechselten weniger. Man setzte auf die jahrelange Zuverlässigkeit. Obwohl, bei dem geringsten Fehlverhalten gab es keinen Pardon. Mangel an arbeitsuchenden Menschen herrschte ja nie. Ersatz war deshalb sofort da. Johanna war schon gespannt.

Wie konnte es anders sein! Bei der Ankunft in Mombasa regnete es mal wieder. Es hatte sich nichts geändert. Auch nicht die langsame Abfertigung und die Fragen bei der Zollkontrolle. Sorgfältig wurden wieder die Einreisestempel nachgelesen und nach Freunden gefragt. Johanna beschloss, den Zöllner nichts zu geben. Diese Bettelei war ihr echt zu wider. Obwohl sie nie unhöflich war, antwortete sie nur knapp, aber bestimmt. Und siehe da, so ging es auch.

Auf der Fahrt zum Hotel wurden sie erst einmal nass. Der Bus war undicht. So alte Modelle können nur noch in Kenia herumfahren, dachte Jonas. Bei uns würden sie schon verschrottet werden. Bei jeder Kurve wackelten die Scheiben und öffneten sich. Nur gut, das sie nur knapp 18 km zu fahren hatten. Ihre Koffer wurden mal wieder viel später gebracht. „Das ist ja unverschämt", sagte ein Mann. „Jetzt müssen wir in unseren dicken Sachen schwitzen."

„Wir nicht", antwortete Jonas lachend. „Wir haben unsere kurzen Sachen im Handgepäck."

„Ja", mischte Johanna sich ein. „Wir haben uns früher auch darüber geärgert und deshalb entsprechen gepackt. Man will den Urlaub ja nicht gleich mit Ärger beginnen."

„Das werde ich mir merken", sagte der Mann.

Zu Jonas sagte Johanna: "Ich glaube, das ist so eine Art Nörgler neben Dir."

„Na dann viel Spaß", erwiderte Jonas. „Wir werden ihm lieber aus dem Weg gehen. Du weißt ja, das ist auf Dauer anstrengend. Irgendwann fängt man damit selber an."

„Ist ja kein Problem. Hoffentlich fährt er nicht auch nach Sansibar."

Am nächsten Tag gingen sie gleich zum Strand. Am Pool waren die Liegen teurer geworden und Jonas sah nicht ein, dass man dafür so viel Geld bezahlen musste. Dass das natürlich nicht durchzuhalten war, war klar. Man brauchte auch einmal etwas zum Ausruhen. Deshalb war es ihm ganz recht, dass der Bademeister eine offene Hand hatte.

Helmut kam sofort auf sie zu.

„Ich wusste, dass Ihr kommt", sagte er.

„Stand das etwa in Deiner Zeitung drin", antwortete Jonas lachend.

„Nein, natürlich nicht. Ich freue mich, dass Ihr gekommen seid."

„Gibt es von hier etwas Neues zu berichten?", fragte Johanna.

„Vom Fußball?" fragte Helmut.

„Ja", erwiderte Jonas. "Wie ist denn der CECAFA-Cup ausgegangen? Da wurde doch im November in Tansania gespielt oder?", fragte Jonas.

„Uganda hat gesiegt", sagte Helmut. „Wir hatten gegen die Seychellen 2:1 gewonnen, aber gegen Tansania nur 0:0 gespielt. Uganda und Tansania standen im Finale und Uganda hat mit 1:0 gewonnen."

„Und was ist sonst noch passiert? Bei uns stand neulich in der Zeitung, dass die Raubüberfälle in Kenia zugenommen haben."

„Ja, das stimmt leider. Besonders schlimm war es vor und zu den Präsidentschaftswahlen voriges Jahr im Dezember. Da nagelten in Mombasa die Besitzer der Geschäfte ihre Fenster zu. Es gab viele Tote und Verletzte. Daniel Arap Moi wurde aber wieder gewählt."

„Dann war es ja gut, dass wir nicht hier waren", sagte Jonas.

„Ja, das war besser so. Man weiß ja nie, ob man zwischen die Fronten gerät", sagte auch Johanna.

„Ist denn jetzt alles wieder in Ordnung?", wollte sie weiter wissen.

„Jetzt ist es wie immer", sagte Helmut grinsend.

„Also immer noch unsicher oder?".

„Nein, man muss nur wissen, wo man hingehen kann und wo nicht." Helmut vermied zu erzählen, dass auch Touristen überfallen worden waren. Sie waren nach wie vor nicht unbedingt sicher. Es sei denn, sie blieben nur im Hotel, denn diese wurden scharf bewacht.

„Macht Ihr dieses Jahr eine Safari mit mir?", fragte Helmut.

„Nein Helmut, wir fahren mit dem Schiff nach Sansibar", erwiderte Jonas.

„Wir wollten ja auch einmal ein Nilkreuzfahrt machen, aber das ist auch nicht gerade ungefährlich", sagte Johanna.

„Mir wurde erzählt, dass die Touristen dort sehr streng bewacht werden", antwortete Helmut. „Mit Maschinengewehren", fügte er hinzu.

„Das ist sehr schade. Eigentlich bringen doch die Urlauber Geld, das doch gebraucht wird", sagte Jonas.

Helmut erwiderte daraufhin nichts. Wenn man es den Touristen gleich wegnimmt, haben die Täter schneller etwas davon, dachte er. Er war gegen Gewalt, ohne Frage, aber manchmal konnte er die Ärmsten der Armen auch verstehen. Es war ein täglicher Kampf ums Überleben. Aber was wussten die reichen Leute schon davon. Selbst die eigenen Leute gaben nichts ab.

„Wie geht es Deiner Frau?", wollte Johanna wissen.

„Sehr gut. Sie arbeitet auch. Aber jetzt muss ich nach meinen Geschäften sehen. Momentan haben die Touristen Angst mit uns eine Safari zu machen. Könnt Ihr nicht einmal erzählen, dass wir zuverlässig sind?", fragte Helmut.

„Nein", erwiderte Jonas. „Das können wir nicht. Wir würden mit Euch auch keine Safari machen. Deshalb kann ich nicht einfach sagen, es würde nichts passieren. Ich hoffe, Du verstehst das."

„Schade", sagte Helmut. „Ich dachte, wir sind Freunde."

„Wir können ja Freunde sein, aber deshalb schwindele ich nicht."

Helmut drehte sich um und ging weg.

„Vielleicht sollte man Helmut einmal das Wort Freunde erklären", sagte Johanna zu Jonas.

„Mach Dir keine Gedanken, Johanna. Wir empfehlen nichts, was wir nicht erlebt haben und dabei bleibt es."

Nach einiger Zeit kam Johanna und Jonas eine Frau entgegen. Sie strahlte über das ganze Gesicht.

„Kennst Du sie?", fragte Jonas.

„Ich habe sie schon gesehen. Das weiß ich, aber wo?", antwortete Johanna.

„Jambo Mama, jambo Papa", sagte die Frau als sie vor ihnen stand und gab beiden die Hand. „Habari?"

„Danke gut", erwiderte Johanna.

„Ich werde Josef sagen, dass Ihr da seid", antwortete sie. „Erinnert Ihr Euch an Josef?" Sie wartete einen Moment und fuhr fort: „Ihr habt ihm die weißen Hosen geschenkt."

„Ja, wir erinnern uns. Er hatte sie das Jahr darauf an", sagte Johanna.

„Er hat sie nicht verkauft. Ich bin seine Mama. Meine Tochter sitzt da oben am Strand. Hast Du etwas für sie?"

Ob das stimmte, dass wussten die Beiden natürlich nicht. Johanna blieb deshalb vorsichtig. „Ich habe keine Sachen für Frauen dabei. Vielleicht kann ich Dir aber am Ende des Urlaubes etwas von mir geben."

„Vergiss das nicht", sagte die Mama von Josef und ging zu ihrer Tochter.

„Wie findest Du das denn?", fragte Johanna Jonas.

Dieser lachte nur und sagte darauf: „Gibst Du ihnen den kleinen Finger, so nehmen sie gleich die ganze Hand."

„Das kannst Du aber so nicht sagen. Mich hat noch keine Frau angebettelt", sagte Johanna ärgerlich.

„Das ist ja auch kein Wunder."

„Wieso?"

„Weil Du immer nur Hosen, T-Shirts und Socken für Männer an sie verschenkst", antwortete Jonas.

„Wo ist denn Langer Mann?", fragte Johanna. „Hast Du ihn irgendwo sitzen oder laufen sehen?"

„Nein, bis jetzt noch nicht, aber dort steht Shandrak und winkt."

„Es sind heute ja überhaupt keine Massai zu sehen." Johanna sah sich um und fand das schade. Das Aussehen dieser jungen Männer gefiel ihr nach wie vor. Diese dünne Gestalten mit ihren geweiteten Ohrläppchen, den vielen Ketten um den Hals und in rote Tücher eingewickelt. Das passte wie gemalt zu dem weißen Sand und den wechselnden Farben des Meeres. Sie waren auch nicht aufdringlich. Meist standen sie nur herum. Ganz selten versuchten sie, ein paar selbst gefertigte Kettchen zu verkaufen.

Jonas stand indessen schon bei Shandrak. Dieser erzählte, dass er noch gar nicht solange an der Küste war. Sein Vater war krank geworden und er wollte seine Familie nicht allein lassen. Jetzt musste er aber auf jeden Fall das Geld für den Arzt verdienen.

„Weißt Du", sagte er, „für uns ist die Familie sehr wichtig. Die Söhne sorgen für ihre Eltern."

„Dann wollen wir Dich gar nicht lange aufhalten. Es ist zwar gut, wenn wir bei Dir stehen, aber Dein Shop ist noch nicht vollständig", sagte Jonas. „Wir wollten sowieso wieder zurück ins Hotel. Bis morgen."

„Tutaonana", sagte Shandrak.

„Heißt das „bis morgen „ oder so?", fragte Johanna.

„Nein, das heißt: „Auf bald", erwiderte Shandrak.

Die Tage gingen gar nicht so schnell vorbei bis ihre kleine Kreuzfahrt anfangen sollte. Die meiste Zeit verbrachten Johanna und Jonas am Strand. Abends saßen sie dann gemütlich an der Bar mit den anderen Gästen. Viele waren Stammgäste. Man sah sich jedes Jahr wieder, aber sie hatten nicht zu allen Kontakt.

Philipp, der Barkeeper hatte immer noch die gleichen Sprüche auf Lager. Ihm zur Seite stand ein etwas älterer Afrikaner. Er schlurfte durch den Barraum. Wahrscheinlich konnte er nicht mehr gut laufen.

„Jonas, er sieht aus wie der Afrikaner von Onkel Toms Hütte", sagte Johanna. „So einer, den man einfach gerne haben muss."

„Du hast recht", erwiderte Jonas. „Er ist wirklich nett."

Von da an nannten sie ihn beide Onkel Tom. Er konnte kein Deutsch, aber das war kein Problem, denn Philipp übersetzte gerne, wenn an der Bar nicht so viel los war. Die beiden schienen sich zu mögen. Das ist nichts Besonderes, aber Johanna und Jonas merkten schon, wer sich verstand und wer nicht. Philipp war der Star der Bar und ließ, den anderen gegenüber, daran keinen Zweifel.

„Jonas, dreh Dich einmal um. Weißt Du, wer da kommt?", fragte Johanna.

„Oh", erwiderte Jonas. „Na dann viel Spaß!"

„Meine kleine Prinzessin ist da", rief schon eine Stimme. „Wie schön."

Es war der Opa. Sie hatten ihn ja schon vermisst. Stammgäste trifft man im Laufe der Jahre ja immer wieder. Und nun stand er vor ihnen.

„Hallo", sagte Johanna und Jonas schloss sich an.

„Ich freue mich sehr und dachte mir gleich, dass ich Sie hier an der Bar finden werde", antwortete der Opa.

„Ja, hier treffen sich wie immer alle", sagte Jonas.

Philipp freute sich auch, das konnte man sehen. Seine Freude war natürlich anderer Natur. Ihm standen schon die Schillinge in den Augen.

„Wie geht es Euch?", wollte der Opa wissen.

„Wie immer gut", erwiderte Johanna lachend. Was sollte man auch sonst sagen.

„Und wie geht es Ihnen?" Jonas wollte auch nicht unhöflich sein. So ganz sein Fall war der Opa nicht, aber da er nun eben auch da war, würde er ihn ertragen. Zum Strand konnte er sowieso nicht mit und die paar Stunden abends konnte man ihn schon aushalten. So war es jedes Jahr.

„Mir geht es auch gut", antwortete der Opa. „Es zwickt schon häufiger überall, vor allem aber wollen die Beine nicht mehr so. Und manchmal vergesse ich auch einiges."

„Ihre Badeschuhe?", fragte Johanna lachend.

„Zieht mich nur damit auf. Ich weiß, dass Jonas sie mir öfters nachgetragen hat. Was unternehmt Ihr denn in diesem Jahr?"

„Wir fahren mit dem Schiff nach Sansibar", sagte Johanna strahlend. Sie freute sich wirklich schon darauf. Sicher, es waren ja nur drei Tage, aber sicherlich gab es auf Sansibar vieles zu sehen.

„Das ist doch einmal etwas anderes als eine Safari zu machen." Dem Opa gefiel es, wenn junge Menschen irgendetwas unternehmen wollten und nicht nur stur im Hotel am Pool lagen.

„Wollt Ihr denn zuvor noch einiges über das Sansibar-Archipel wissen?"

„Archipel?", fragte Johanna.

„Ja, Sansibar ist die größte Insel. Dazu gehören noch die Inseln Unguja und Pemba."

„Wieder etwas gelernt", sagte Jonas. „Ich hatte schon von der Mafia-Insel gehört."

„Die gehört auch mit dazu, auch …. oh, ich habe gerade den Namen vergessen." Der Opa ärgerte sich über seine Vergesslichkeit.

„Das macht doch nichts", sagte Johanna schnell. „Ist doch auch gar nicht wichtig. Wir schippern nach Sansibar und alles andere erfahren wir sicher von einem Reiseleiter."

„Ja, so wird es sein", sagte auch Jonas.

Damit beendeten sie ihre Unterhaltung. Der Opa lief langsam zu seinem Zimmer. Johanna und Jonas sahen ihm nach.

„Nun ist er aber wirklich alt geworden", sagte Johanna nachdenklich.

„Ja, dass er sich dann noch solche Reisestrapazen antut. Allein die Fliegerei, abgesehen vom Warten auf die Koffer und all das Gedränge am Flughafen. So etwas würde ich mir in diesem Alter nicht mehr antun."

„Warte es ab, Jonas. Zum Glück wissen wir beide nicht, wie es uns einmal ergeht und zu was wir immer noch Lust haben."

„Stimmt. Lass uns auch schlafen gehen."

Am nächsten Morgen, als Johanna und Jonas beim Frühstück saßen, kam der Opa an ihren Tisch.

„ Habari za asubuhi. Na, habt Ihr gut geschlafen?", fragte er.

„Ja, haben wir. Heißt habari und so weiter Guten Morgen?" fragte Johanna.

„Ja, so heißt es. Was unternehmt Ihr denn heute?", wollte er weiter wissen.

„Wir gehen wie immer an den Strand. Richtige Pläne haben wir aber nicht", antwortete Jonas.

„Wollt Ihr einmal etwas Gutes essen gehen? Dann kann ich Euch nämlich etwas empfehlen. Ich weiß ein Restaurant, das praktisch hier um die Ecke ist. Dort isst man sehr gut."

„Um die Ecke?", fragte Jonas.

„Ja, man muss nur an den Askaris vorbei. Die Hotelleitung sieht es gar nicht gerne, wenn die Gäste irgendwo anders essen gehen. Deshalb braucht man schon etwas Überredungskunst, um gerade an dieser Stelle an den Askaris vorbei zu kommen."

„Sollen wir?", fragte Jonas Johanna.

„Klar. Es wäre doch gelacht, wenn wir das nicht schaffen würden. Da kannst Du aber mal sehen, wir sind hier wirklich richtig abgeriegelt", meinte Johanna.

„Ich fühle mich trotzdem nicht eingeengt. Schließlich laufen wir ja, wann immer wir wollen, zum Shanzu Dorf. Ganz ohne Probleme", erwiderte Jonas. „Lass es uns einfach probieren."

Johanna und Jonas beschlossen, am späten Nachmittag das Restaurant zu suchen.

„Wir müssen aber erst noch Geld tauschen", fiel Jonas ein. „Ich habe keine Ahnung, wie teuer dort die Gerichte sind."

„Dann gehen wir eben heute Vormittag zur Bank. Der Strand wird auch einmal ohne uns auskommen."

„Du meinst sicher die Beach-Boys", sagte Jonas lachend.

„Na klar, die meine ich." Johanna schüttelte innerlich den Kopf. Das Jonas sich nicht daran gewöhnen konnte. Sie unterhielt sich gerne mit ihnen. Was war denn daran nicht richtig? Schließlich wollten beide ja Land und Leute kennen lernen. Sie konnte ja auch nichts dafür, dass man sich hier nicht so richtig frei bewegen konnte. Egal, hier war es eben so.

Auf dem Weg zur Bank staunten beide nicht schlecht: James kam ihnen freudestrahlend in einem Rollstuhl entgegen.

„Jambo Mama, jambo Papa", rief er schon von weitem. „Seid Ihr wieder da?"

„Ja James, wir sind wieder da", antwortete Jonas. „Wie bist Du denn zu dem Rollstuhl gekommen?"

„Gehen wir etwas trinken, dann erzähle ich Euch alles", erwiderte James.

Oh, dachte Johanna, er setzt es schon voraus, dass wir ihn zu einem Getränk einladen.

„Ja, komm`, lass uns zu den Mädels gehen", sagte Jonas.

„Mädels?", fragte Johanna. „Wo ist denn diese Gaststätte?"

„Aber Johanna, hast Du denn nicht bemerkt, dass wir schon immer vor einem Massagesalon etwas trinken gehen?" Jonas konnte sich ein Lachen nicht verkneifen.

„Na ja, das Schild habe ich schon immer gelesen. Meinst Du dort sind Prostituierte?"

„Was denn sonst." Nun schüttelte Jonas den Kopf. Johanna war manchmal wirklich naiv.

„Dann werde ich jetzt doch etwas mehr auf die Leute achten, die dort hinein gehen."

„Wenn es Dir Spaß macht", lachte Jonas. „Du wirst es schon sehen, es sind überwiegend junge Frauen."

Gerade wollte Johanna ihm antworten als eine weibliche Stimme rief: „Jambo Mama, jambo Papa. Ich freue mich, dass Ihr wieder da seid."

„Das ist ja Rosa, die Chefin des Restaurant oder des Massagesalons. Such Dir einfach die entsprechende Bezeichnung aus", sagte James.

Rosa fiel Johanna und Jonas um den Hals und drückte sie fest an sich, während sie James nur einen kurzen Blick zu warf.

„Kommt, setzt Euch. Ich bringe Euch gleich etwas zu trinken."

„Für James bitte auch", rief Johanna der davon eilenden Rosa nach.

Bald darauf kam sie mit den Gläsern und setzte sich zu ihnen.

„Ich habe noch etwas Zeit. Es ist noch früh und der Betrieb geht erst später los."

„Wir wollen aber nicht lange bleiben. Eigentlich wollten wir nur zur Bank." Auf einmal fühlte sich Johanna gar nicht mehr so wohl in ihrer Haut. Hätte Jonas doch bloß nicht "Mädels" gesagt, dann hätte sie hier völlig unbefangen sitzen können, aber so?

„Gehen die Geschäfte gut?", wollte Jonas nun wissen.

„Ja, wir können nicht klagen."

„Trotz AIDS -Gefahr?", hakte Johanna nach.

Rosa sah Johanna erstaunt an.

„Was habe ich denn mit AIDS zu tun? Ich habe einen ganz normalen Friseursalon. Der Massagesalon gehört dem Inder von nebenan, falls Du den gemeint hattest", antwortete Rosa.

„Oh, dann habe ich etwas falsch verstanden", erwiderte Johanna schnell und sah Jonas vorwurfsvoll an. Doch dieser grinste nur über das ganze Gesicht und gab vorsichtshalber keinen Ton von sich. Männer, dachte Johanna. Immer nur das eine im Kopf.

Sie brachten gemeinsam das Gespräch auf andere Themen und so verging die Zeit. James hörte nur zu und ließ Rosa reden. Dabei sah er immer nur zu Johanna und Jonas. Johanna hatte das Gefühl, Rosa und James konnten sich nicht leiden. Sie würde es noch heraus bekommen.

„Jetzt gehe ich aber wieder ins Geschäft. Ihr kommt ja sicher noch öfters her, dann reden wir weiter." Mit diesen Worten verschwand Rosa.

„Warum bist Du so schweigsam gewesen?", fragte Johanna James. „Könnt Ihr Euch nicht leiden?"

James verzog das Gesicht. „Doch, ich kann Rosa leiden, aber wenn ich mit Euch hier sitze, dann will ich mich mit Euch unterhalten", antwortete er.

„Sie hat sich doch nur über uns gefreut, James." Woher kam denn diese Eifersucht? Das sollte einer verstehen. Am besten, ich reagiere gar nicht darauf, dachte Johanna für sich.

„Komm`, erzähle uns lieber, wie Du zu dem Rollstuhl gekommen bist", sagte Jonas.

„Den Rollstuhl hat mir ein Mann aus Deutschland mitgebracht", antwortete James. „Er wohnt immer da vorne in einem Hotel und kommt schon lange in unser Land. Er ist sehr nett. Seine Freundin sitzt auch in einem Rollstuhl und weil sie einen neuen Rollstuhl bekommen hat, hat er mir ihren alten mitgebracht."

„Heißt der Mann vielleicht Holger?", wollte Johanna wissen.

„Ja, so heißt er und er hat erzählt, es sei gar nicht so einfach am Zoll gewesen."

„Das kann ich mir lebhaft vorstellen", sagte Jonas. „Hier kann jeder Zöllner einfach alles gebrauchen."

„Ja, sie haben durch diese einbehaltenen Sachen einen guten Nebenverdienst."

„Dann ist es auch kein Wunder, dass sie die Urlauber so arg durchsuchen."

„Wie geht es Deinen Eltern und Geschwistern?", fragte Johanna.

„Mein Vater ist sehr krank. Er liegt zu Hause und kann nichts mehr arbeiten und meine Mutter hat mit meinen sechs Geschwistern genug zu tun. Ich muss sehen, dass sie jeden Tag etwas zu essen bekommen. Meine ältere Schwestern verdient nur unregelmäßig etwas."

„Wieso denn unregelmäßig?", wollte Johanna wissen.

James gab keine Antwort, aber Johanna sah, dass er ein junges Mädchen zwischendurch immer mal wieder beobachtete. Johanna tat es ihm gleich. Das junge Mädchen stand an einem Tisch und unterhielt sich mit Touristen. Sie redete auf sie ein und lachte.

„Sie hilft hin und wieder bei dem Inder dort drüben aus", antwortete James.

„Ist sie eine Verkäuferin in seinem Shop?"

„Nein, sie ist für die Kunden zuständig, die in den Massagesalon wollen."

„A ha", sagte Johanna. Vielleicht sollten sie lieber über etwas anderes reden, dachte sie. Da kam Jonas ihr zu vor uns sagte: „Wir wollten doch zur Bank, Johanna. Ich denke, es wird Zeit, dass wir losgehen. James hat auch schon ausgetrunken und sicherlich muss er auch noch etwas tun."

„Ich habe schon noch Zeit", warf James ein, aber Jonas hatte bereits bezahlt und beide standen auf.

„Wir sehen uns ja noch an einem anderen Tag", sagte Johanna.

Vor der Bank standen bewaffnete Askaris. Sie hatten echte Gewehre, im Gegensatz zu denjenigen, die im Hotel aufpassten.

Johanna und Jonas tauschten etwas Geld, das Jonas in seinen Brustbeutel steckte. Sicher war sicher, denn der Weg zurück zum Hotel dauerte schon einige Zeit und man wusste ja nie, wer einem dort begegnete. Es waren zwar viele Touristen unterwegs, aber ob diese bei einem Überfall eine Hilfe sein würden, wagte Jonas zu bezweifeln.

„Sieh mal, Jonas, dort sitzt der an Lepra erkrankte Mann."

„Ja, ich habe ihn vorhin schon gesehen. Komm, wir geben ihm paar Schillinge."

Vorsichtig legte ihm Jonas das Geld in seine geöffnete Hand.

„Asante sana, Papa", sagte der Mann.

„Ach, es ist schon schlimm. Alle leben hier mehr oder weniger in völliger Armut und dann auch noch so eine Krankheit." Johanna sah den Mann mitleidig an. Er hatte schlimme Narben im Gesicht und seine Hände waren ganz verkrüppelt. Das war wirklich kein schöner Anblick, aber diese Realität gehörte auch zu Afrika.

„Johanna, da kommt ein bekanntes Gesicht", sagte Jonas.

„Das ist doch Holger oder?"

Schon kam er auf die beiden zu.

„Na, seit Ihr bummeln gewesen?", fragte er.

„Nein, Geld tauschen, aber dieses Problem hast Du ja nicht", erwiderte Jonas lachend.

„Nein, ich tausche nach wie vor am Strand", antwortete Holger grinsend.

„Wir haben James getroffen und er hat uns erzählt, wie er zu seinem Rollstuhl gekommen ist."

„Dann brauche ich es ja nicht auch noch erzählen. War James denn heute einmal redselig? Meistens ist er eher ruhig."

Johann erzählte Holger schnell was James erzählt hatte, aber Holger schüttelte nur den Kopf.

„Das stimmt ja hinten und vorne nicht! Als ich bei ihm Zuhause war, waren alle von der Familie gesund und munter."

„Aber warum erzählt er denn solche Märchen?", fragte Johanna.

„Ganz einfach. Um Mitleid zu erlangen."

„Das kann ich gar nicht glauben", erwiderte Johanna.

„Wieso?"

„Er bekommt doch auch ohne diese Schwindelei von vielen Leuten etwas, oder?"

„Aber nicht genug. Jedenfalls aus seiner Sicht."

Johanna war enttäuscht. Das hätte sie von James nicht erwartet.

„Und Euer Helmut vom Strand ist auch keinen Deut besser", fuhr Holger fort. "Er vermittelt Safaris, die überhaupt nicht versichert sind. Bleibt ein Auto einmal stehen, dann suchen die sogenannten Safari-Führer das Weite und die Leute können nur hoffen, dass irgendwann ein anderes Fahrzeug gerade diese Tour fährt."

„Das sind ja richtige Schauer-Geschichten!"

„Ja, sicher, aber so ist es eben. Habt Ihr schon seine Frau am Strand gesehen?"

„Ja, neulich. Warum?"

„Sie geht anschaffen."

„Und woher weißt Du das alles?", fragte Johanna entsetzt.

„Das mit den Safaris spricht sich eben herum und seine Frau hat mich auch schon angesprochen."

„Ich glaube, Du machst gerade die kleine heile Welt von Johanna kaputt", sagte Jonas. "Ich habe schon immer gesagt, sie sei zu gutgläubig, aber sie streitet es immer ab."

Johanna sah Jonas vorwurfsvoll an. Den Satz hätte er sich ja sparen können. Und außerdem hatte sie beide noch keiner über`s Ohr gehauen. Hätten sie doch bloß nicht diesen Holger getroffen! Er war ja eigentlich ganz nett, aber so schlecht über diese jungen Kenianer zu reden, fand sie doch recht unverschämt.

„Lass es gut sein Holger. Wir laufen zurück ins Hotel", antwortete Jonas. Und leise fügte er hinzu: "Ich muss erst mal wieder Gut-Wetter bei Johanna machen."

So gingen beide zurück zum Hotel; Johanna schmollte vor sich hin.

„Bist Du damit einverstanden, dass wir am späten Nachmittag zum Essen gehen?", fragte Jonas Johanna.

„Ja, dann können wir noch eine Weile am Strand sein. Wenn Ebbe ist, können wir ja ein bisschen in Richtung Riff laufen."

„Das machen wir", freute sich Jonas. Johanna hatte sich also wieder abgeregt. Sie war aber auch empfindlich, wenn irgendwie die Rede auf etwas Negatives der Afrikaner kam. Sofort gab sie entweder Kontra oder war verstimmt. Manchmal wusste er gar nicht, was er darüber denken sollte.

„Weißt Du was", begann Johanna auf dem Weg zum Riff, "ich hätte Holger noch von dem „Langem Mann" erzählen können. So von wegen nicht ehrlich. Erinnerst Du Dich, ich habe ihm einen Schlüsselanhänger abgekauft."

„Ja, und er hatte gar keinen dabei." Jonas erinnerte sich wohl.

„Und, wie ging alles aus?"

„Langer Mann" war am nächsten Tag nicht zu sehen", sagte Jonas lächelnd.

„Komm, Du musst mir schon Recht geben, denn ein anderer Massai brachte den Anhänger für den „Langen Mann" mit. Du hattest schon geschimpft über meine Gutgläubigkeit oder?"

„Ja, es ist ja gut. Du musst nicht immer alles so ernst nehmen."

„Aber ich habe doch recht wenn ich sage, dass hier auch nicht alle gleich sind. Es gibt in jedem Land solche und solche Menschen."

„Johanna, ich gebe Dir ja Recht, aber wenn es stimmt was Holger erzählt hat, dann kennen wir eben zwei, die nicht ehrlich sind. Bist Du jetzt zufrieden?"

„Nicht ganz. Sag` mir doch bitte einmal, wieso Holger am Strand Geld tauscht, obwohl es erstens sehr gefährlich ist und man außerdem übers Ohr gehauen werden kann?"

„Keine Ahnung." Jonas wollte jetzt nicht mehr darüber reden. Das wurde ja alles direkt zu einem Tagesthema. Deshalb sagte Jonas:

„Komm, lass uns wieder umkehren, sonst holt uns die Flut noch ein."

Am späten Nachmittag liefen sie los zu dem Restaurant.

Sie wussten ja, dass die Askaris sie nicht ohne weiteres aus der Hotelanlage hinaus lassen würden. In ihren Holzbuden standen zwei von ihnen und sahen sie neugierig an. Eine Art Schranke war geschlossen.

„Jambo Mama, jambo Papa", sagten sie. „Wohin wollt ihr denn gehen?"

„Wir wollen ein bisschen spazieren gehen", erwiderte Jonas.

„Das ist aber gefährlich hier", sagte einer der Askaris.

„Wir laufen ja nicht weit, nur mal ein bisschen aus dem Hotel hinaus."

„Da gibt es aber nichts zu sehen", kam die Antwort.

„Ich sagte doch, wir laufen nicht weit weg." Jonas schien genervt.

„Hast Du ein Geschenk für mich?", fragte der andere Askari. Er hatte sich im Hintergrund gehalten, aber nun griff er in die Unterhaltung ein.

„Ein Geschenk?", fragte Jonas. „Wieso wollt Ihr denn ein Geschenk?"

„Dann passen wir auf Euch auf."

„Wollt Ihr uns hinterher laufen?"

„Nein", grinste der andere Askari. „Wir beobachten die Gegend, damit Euch nichts passiert."

„Jonas, sieh doch einmal nach, ob Du ein paar Schillinge einstecken hast", sagte Johanna.

„Das sehe ich gar nicht ein", antwortete Jonas. „Ich werde nichts bezahlen, um das Hotel verlassen zu können. Jetzt geht es aber los."

„Komm, sieh nach, sonst stehen wir noch länger hier", erwiderte Johanna.

„Nein, wir werden jetzt einfach durchlaufen. Das wäre doch gelacht."

Mit diesen Worten nahm Jonas Johanna an die Hand und sie liefen einfach an den Askaris, unter der Schranke durch, vorbei.

„Liebe Güte, das war aber nicht schön", sagte Johanna nach ein paar Metern.

„Nein, aber wir brauchen keinen Passierschein. Und gegen Geld schon gar nicht. Ich werde morgen mit dem Reiseleiter sprechen. Das ist ja nicht normal."

„Ja, tu das. Aber jetzt müssen wir erst einmal das Restaurant finden", erwiderte Johanna.

Der schmale Weg führte sie durch Gestrüpp und holpriges Gelände. Mal war es felsig, dann wieder verwachsen. Oft hingen von den Bäumen Lianen herunter. Sie konnten genau sehen, dass hier nur wenige Leute liefen.

„Ich hoffe, wir sind bald da", sagte Johanna. „Hier ist es ja doch ganz schön einsam."

Dann sahen sie das Restaurant vor sich.

„Sieh mal, von hier aus hat man einen schönen Ausblick auf das Meer", rief Johanna.

„Ja, es liegt wirklich ganz oben auf einem Felsen. Allein der Ausblick lohnt sich schon. Komm, lass uns rein gehen. So langsam habe ich Hunger und vor allem aber Durst", erwiderte Jonas.

Sie betraten das Restaurant und sofort kam ein großgewachsener Afrikaner auf sie zu.

„Herzlich willkommen in meinem Restaurant", sagte er. „Wo möchten sie denn sitzen?"

„Wir setzen uns auf die Terrasse, dann können wir auf das Meer sehen", erwiderte Jonas.

Beide fanden einen schönen Platz. Herrliche Sträucher gleich nebenan und sehr viele Palmen säumten das Gelände.

„Ich bringe Ihnen gleich die Karte, aber sicher möchten Sie gleich etwas trinken, oder?", fragte der Afrikaner.

Nachdem sie die Getränke vor sich stehen hatte, bekamen sie auch die Speisekarte.

Johanna schlug sie auf und schüttelte leicht den Kopf.

„Wie soll man denn wissen was man isst? Samaki wa kukaanga, mchuzi wa kima oder biriani ya kuku?"

Scheinbar hatte der Afrikaner ihre Frage verstanden, denn er kam lachend an ihren Tisch.

„ Es tut mir leid, ich habe Ihnen die falsche Karte gebracht. Das erste ist „gebratener Fisch mit Pommes frites und Essiggemüse". Das zweite ist „Hackfleisch mit Curry" und das dritte „fein zubereiteter Reis mit Huhn". Hier ist die Karte, die sie lesen können."

Johanna und Jonas überlegten, was sie essen sollten.

„ Wir essen etwas afrikanisches, ja?", fragte Johanna.

„Sicher, Schnitzel können wir auch zu Hause essen", antwortete Jonas.

„Haben Sie etwas gefunden?", fragte der Afrikaner nach einer Weile.

„Ja, ich esse: Am Spieß gegrillte Leber", erwiderte Johanna und Jonas wollte Hackfleisch mit Curry.

Johanna schüttelte den Kopf.

„Du sollst doch nicht immer unterwegs Hackfleisch essen. Wer weiß, was sie alles da mit hinein tun", sagte sie deshalb zu Jonas.

„Ach was, mein Magen hält das schon aus. Aber sag mal, Leber bekommst Du auch bei uns, oder?"

„Sicher, aber ich habe jetzt gerade einmal Appetit darauf. Du brauchst aber gar nicht ablenken. Kannst Du Dir nicht etwas anderes aussuchen?"

Jonas winkte dem Afrikaner zu. „Kann ich noch einmal um bestellen? Ich hätte lieber „Huhn mit Curry".

„Kein Problem", erwiderte der Afrikaner.

„Das ist ja gut, hier bedient uns der Chef selbst", sagte Johanna. „Hast Du das bemerkt?"

„Ja, aber irgendwie stimmt da etwas nicht", erwiderte Jonas. „Hast Du gesehen wie die Frau hinter der Theke ihn angesehen hat? Sie ist ja hellhäutig."

„Nein, wieso?"

„Na ja, ich denke, sie war nicht sehr zufrieden mit der Begrüßung, als er „mein Restaurant" gesagt hatte."

„Wir können ihn ja danach fragen. Afrikaner sind doch gesprächig."

Nachdem beide gegessen hatten, kam auch schon der Afrikaner an ihren Tisch.

„Wie lange bleiben Sie denn noch in Kenia?", wollte er wissen.

„Wir gehen nächste Woche auf's Schiff und fahren nach Sansibar. Danach bleiben wir noch ein paar Tage hier im Hotel."

Bereitwillig beantworten Johanna und Jonas alle Fragen, die sie gestellt bekamen. Wie alle wollte er alles über ihre Familie wissen, was Jonas arbeitet und ob er viel Geld verdienen würde. Auch, wie oft sie schon in Kenia waren.

„Ich bin nicht reich", sagte Jonas, „wenn Du das meinst."

„Doch, denn wenn Ihr so oft hier her kommt, dann müsst Ihr reich sein. Wir Kenianer können uns keinen Flug nach Europa leisten."

„Und woher hast Du dann das Restaurant?", konterte Jonas. Dass Kenianer sich nicht einfach einen Flug leisten konnte, das wusste er. Leise antwortete der Afrikaner: „Es gehört mir nicht. Ich bin hier nur angestellt."

„Und warum erzählst Du dann solche Märchen?"

„Wenn Du es nicht weiter erzählst, dann erzähle ich es Dir. Versprochen?"

„Ja, versprochen."

„Weißt Du, bei uns dürfen Europäer kein Haus haben, aber sie können eines haben, wenn es ein Afrikaner kauft. Man muss nur so tun als ob. Du verstehst das?"

„Ach so, ja das verstehe ich. Bist Du mit der Frau da drüben verheiratet?"

„Nein, aber wir leben unter einem Dach. Ich glaube, ich werde jetzt lieber wieder zu ihr gehen. Sie guckt schon etwas angesäuert."

„Bring uns doch bitte auch gleich die Rechnung mit. Bevor es dunkel wird, wollen wir wieder im Hotel sein."

„Ja, mache ich. Die Dunkelheit kommt meistens ganz schnell und Ihr seid nur zu zweit. Das ist nicht günstig. Ich komme gleich zurück."

Nachdem sie bezahlt hatten, verabschiedeten sich beide mit einem freundlichen Kwaheri und liefen den Weg zurück ins Hotel.

Unterwegs fragte Johanna: „Hat Dir Dein Essen geschmeckt?"

„Ja, aber noch mal müssen wir auch nicht hin gehen", kam die Antwort von Jonas.

„Nein, so angenehm war der Weg wirklich nicht zu laufen."

Als beide an den Askaris vorbei liefen, drehten diese sofort die Köpfe weg.

„Oh, sie lassen uns ja wieder rein", sagte Jonas grinsend. „Kein Eintrittsgeld und keine Fragen. Das finde ich ja direkt gut."

„Ach, lass sie doch in Ruhe. Sie tun nur das, was sie befohlen bekommen haben. Würdest Du gerne mit so einem Leben tauschen? Sicher nicht, oder?"

„Johanna, Du tust ja gerade, als ob ich etwas gegen Dich gesagt hätte. Du musst nicht immer alle Afrikaner in Schutz nehmen. Ich möchte nicht mit ihnen tauschen. Mit keinem Kenianer übrigens. Und ganz von allem abgesehen, mag ich mich mit Dir deshalb auch nicht streiten."

Johanna wollte sich gar nicht streiten, aber ein paar Schillinge hätte Jonas ihnen trotzdem geben können. Sie taten ihr eben leid.

„Ist ja in Ordnung, Jonas. Wir wollen uns den Urlaub ja nicht verderben. Komm, wir gehen etwas trinken."

Jonas lachte. Er dachte: Gefahr erkannt, Gefahr gebannt.

Es dauerte nicht lange, da kam der Opa.
„Habt Ihr gut gegessen?", fragte er die beiden.
„Ja, es war schon in Ordnung. Man sitzt dort ja wirklich sehr schön. Eine herrliche Aussicht ist das gewesen. Mal sehen, vielleicht laufen wir ja noch einmal hin." Jonas und Johanna hatte der etwas ungewöhnliche Weg im Nachhinein nichts ausgemacht.
„Ich würde ja mit kommen, aber für mich ist das nichts mehr", sagte der Opa und fuhr fort: „Habt Ihr auch die Chefin kennen gelernt?"
„Nur gesehen, aber es kam nur der Afrikaner an den Tisch", antwortete Johanna.
„Hat er Euch ein Geheimnis verraten?"
„Ja, aber es ist sicherlich keines mehr. Sie wissen ja auch davon". Johanna musste lachen. „Hier ist doch manches anders als bei uns. Sind Sie eigentlich hier auch schon einmal betrogen oder angeschwindelt worden?"
„Aber sicher", kam sofort die Antwort. „Am Strand sollte man nicht so viel glauben. Die Beach-Boys erfinden immer wieder irgendwelche Geschichten. Sie glauben, die „Weißen" würden es nicht merken."
Jonas ahnte, was jetzt kommen würde und wollte das Gespräch in eine andere Richtung lenken, doch Johanna kam ihm zuvor.
„Die meisten glauben es sicher, aber sie flunkern doch nur, weil sie unbedingt etwas verkaufen wollen."
„Das stimmt, aber es müssen auch Grenzen vorhanden sein. Ich lasse mich nicht so gerne für dumm verkaufen. Allerdings übersehe ich kleinere Notlügen. Sie kämpfen jeden Tag für ihre Familie. Meist haben sie wirklich nicht viel zu essen und die Kinder haben immer Hunger. Ganz selten wird einer reich bei diesen Verkäufen. Meistens sind sie irgendwie organisiert und müssen noch einige Schillinge abgeben. Da bleibt nicht viel."
„Und dann werden sie noch von den Touristen über´s Ohr gehauen." Johanna kam wieder in Fahrt.
„Ich habe einmal einen „Weißen" handeln sehen. Das war so widerlich, weil er den Preis für einen Elefanten bis an die unterste Grenze drückte. Der Beach-Boy bettelte förmlich, dass er ein bisschen mehr bezahlen sollte."
„Ja, manche sind schon schlimm", erwiderte der Opa nachdenklich.
„Ich nenne das, die Arroganz des weißen Mannes!", sagte Johanna. „Wie sie manchmal die Afrikaner behandeln!"
„Johanna sieh mal, heute ist Musik", sagte Jonas. Zum Glück, dachte er. Der Opa würde sich sicher zu ihnen setzen, aber er blieb ja nicht lange und vor allem, es würde das Thema gewechselt.
„Heute spielt die Safari Sound Band. Kommt, wir suchen uns etwas weiter hinten einen Platz. Die spielen immer so laut", erwiderte der

Opa.

„Ich bin gespannt, ob sie Jambo-Jambo spielen." Johanna freute sich schon darauf.

Sie brauchten nicht lange darauf warten. Natürlich kam dieses besagte Lied zuerst und sofort sangen die Hotelgäste mit. Es war wirklich ein Ohrwurm.

Darauf folgten: Pole-Pole, Nakupenda Wewe, Musik in Afrika, Coconut, Kenya Safari, Mombasa, Lala salama, Karibuni Kenya, Kilimanjaro und zum Schluss Malaika. Bei diesem letzten Song schmolz der Opa förmlich dahin. Ja, er sang sogar mit:

Malaika, nakupenda Malaika

Malaika, nakupenda Malaika

Ningekuoa mali we, ningekuoa dada

Nashindwa na mali sina we, Ningekuoa Malaika Nashindwa na mali sina we, Ningekuoa Malaika

Pesa zasumbua roho yangu

Pesa zasumbua roho yangu .

„Wisst Ihr, was Mailaika übersetzt heißt?" fragte er.

„Ich glaube „Engel" oder so", erwiderte Jonas.

„Ja, das Lied handelt von einem jungen Mann, der seinen Engel gerne heiraten würde, aber kein Geld für den Brautpreis hat. Ein trauriges Lied", erklärte der Opa.

„Ich glaube, ich werde doch versuchen, Suaheli zu lernen. Dann verstehe ich alles viel besser", sagte Johanna.

„Du kannst Dich doch schon ganz gut verständigen oder?" Jonas war stolz auf Johanna. Sie beherrschte schon sehr viele Sätze. Vor allem wusste sie sehr oft, was tatsächlich gemeint war, wenn irgendjemand längere Sätze zu ihr sagte.

„Das kann man nur lernen, wenn man sehr viel mit den hier lebenden Menschen zusammen ist. Hier im Hotel gibt es ja auch Kurse, aber die bringen den Gästen nur die wichtigsten Sätze bei. Das ist zwar in Ordnung, aber unterhalten kann man sich deswegen noch lange nicht", warf der Opa ein. „Ich bin schon jahrelang hier. Dann geht das wie von alleine. Allerdings muss man auch den Kontakt suchen und das ist gar nicht so einfach."

„Ja, Sie sind ja sehr viele Wochen hintereinander hier. Bei unseren paar Tagen reicht das niemals. Ich bin aber auch so zufrieden mit meinem Wissen und der Sprache", erwiderte Johanna. „Vokabeln lernen allein genügt zwar nicht, aber bei jedem Besuch lerne ich etwas dazu. Das ergibt sich von alleine. Ich habe manchmal den Wunsch, immer weiter zu lernen."

Nachdem sich beide von dem Opa verabschiedet hatten, gingen sie zu ihrem Zimmer.

„Gleich morgen früh werden wir die Reiseleiterin fragen, ob wir unser

Zimmer behalten können, wenn wir nach Sansibar fahren", sagte Jonas.
„Ja, das hoffe ich. Sonst ist die Packerei recht umständlich", erwiderte
Johanna.
„Na, das werden wir wohl gerade noch schaffen." Jonas lachte.

Am nächsten Morgen suchten sie die Reiseleiterin. Die Uhrzeit stimmte,
aber sie saß nirgends. Eine Weile liefen beide in der Hotelhalle umher,
blieben am Eingang stehen, setzten sich wieder hin und warteten.
„Sie ist aber keine Afrikanerin oder?", fragte Johanna.
„Wie kommst Du denn darauf?"
„Weil sie dann nicht sagen kann: Pole-pole."
„Ach komm, wir haben doch Zeit", lachte Jonas.
„Siehst Du den jungen Mann dort drüben? Ich glaube er sucht
jemanden."
Kaum hatte Johanna das gesagt, als er auch schon auf beide zukam.
„Jambo, sind Sie die Gäste, die nach Sansibar fahren?", fragte er.
„Ja, das sind wir."
„Die Reiseleiterin ist leider krank geworden, deshalb bin ich etwas spät
dran."

Sie setzten sich zusammen und besprachen die Einzelheiten. Der
Check-in sei 13:30 Uhr in Mombasa. Sie würden rechtzeitig vom Hotel
abgeholt, so gegen halb zwölf.
„Vergessen Sie nicht Ihre Ausweise und den Impfpass. Alles andere
erfahren Sie dann kurz vor der Abfahrt."
„Und was ist mit unseren Koffern?"
„Das Hotel hat ein Zimmer, da werden sie untergestellt. Schließen sie
alles gut ab."
„Können wir unser jetziges Zimmer denn wieder haben?"
„Da müssen Sie an der Rezeption nachfragen. Aber jetzt muss ich
weiter. Sie wissen ja, ich bin spät dran." Und schon war er wieder weg.

Beide gingen zum Zimmer, um ihre Badesachen zu holen. Johanna war
froh, dass Jonas nichts über die Askaris gesagt hatte. Ihr war eingefallen,
dass die Bettelei ja vom Hotel aus nicht geduldet wurde. Nicht umsonst
beobachteten alle zuerst die nähere Umgebung bevor sie fragten. Wenn
Jonas etwas gesagt hätte, wären die Askaris sicher entlassen worden
und das wollten ja beide nicht.
Während sie das gerade dachte sagte Jonas: „Das mit den Askaris habe
ich weggelassen. Wer weiß, ob sie dann noch Arbeit hätten. Es warten
schließlich jede Menge Afrikaner vor der Tür und hoffen auf Arbeit."
Johanna lachte. „Da hatten wir wohl dieselben Gedanken. Wir können
ja sowieso mit ihrer Mentalität umgehen. Es sollte auch weiterhin kein
Problem sein."

Die nächsten zwei Tage vergingen unheimlich langsam. Beide fieberten der kleinen Kreuzfahrt entgegen. Sie überlegten, was sie mitnehmen sollten und sahen den Prospekt immer und immer wieder durch. Sie konnten es kaum abwarten.

Endlich wurden ihre Koffer zum Aufbewahren geholt. Ihre Kleidung für das Schiff passte in einen kleinen Koffer hinein. So standen sie vor dem Hotel und warteten auf den Bus, der sie nach Mombasa zum Hafen bringen sollte.

„Na ja, Pünktlichkeit ist hier ein Fremdwort", sagte Johanna. „Der Bus müsste doch schon längst da sein."

„Sei doch nicht so ungeduldig. Das Schiff legt doch sowieso erst gegen 17 Uhr ab", erwiderte Jonas.

„Und was machen wir die ganze Zeit im Hafen?"

„Das Einchecken wird auch eine Weile dauern, denke ich."

„Von unserem Hotel scheint niemand mit zu fahren." Johanna fand das gar nicht schlecht. So konnte man auch einmal andere Menschen kennen lernen.

„Sieht ganz so aus. Sieh mal, dort vorne kommt ein Bus."

„Na endlich."

Jonas staunte etwas über Johanna. Sonst war sie immer diejenige, die das Tempo der Afrikaner akzeptierte.

„Du freust Dich wirklich sehr auf die Reise, oder?", fragte Jonas lachend.

„Ja, sehr."

Sie fuhren los.

Die Strecke nach Mombasa kannten sie ja schon. Allerdings fuhren sie durch Straßen, durch die sie noch nie gekommen waren.

„Sieh doch mal, dort liegen ja Berge von Schuhen!", sagte Johanna.

„Ja, das scheint so eine Art Markt zu sein."

„Dort verkaufen sicher die Beach-Boys ihre Kleidung und alles was sie so geschenkt bekommen."

„Ja, so sieht es aus. Sie leben ja davon."

Im Hafen angekommen, sahen sie das Schiff liegen.

„Sehr groß ist ja nicht", sagte Johanna. „Und siehst Du, wie viele Container hier stehen?"

„Klar doch, ich bin ja nicht blind. Es doch ein ziemlich großer Umschlagplatz. Soviel ich weiß, exportiert Kenia unter anderem Kaffee, Tee, Sisal und Rosen."

„Ja, wir haben darüber doch einmal einen Film gesehen."

„Stimmt. Es wird sehr viel nach Uganda, Ruanda, Burundi und Tansania exportiert, aber auch nach Europa. Die größte Einnahmequelle bildet aber der Tourismus."

„Dann sollten sie uns hegen und pflegen", sagte Johanna lachend.

„Das tun sie ja auch. Jedenfalls die meisten. Es ist nur immer schlecht, wenn irgendwelche Banditen das schnelle Geld machen wollen und die Touristen überfallen. Das schadet doch sehr, denn wenn man Angst hat, dann meidet man dieses Land."

„Ja, so wie wir, als wir die Nil-Kreuzfahrt verworfen haben. Da hatten wir auch Bedenken."

„Stimmt."

Sie holten ihren Koffer und liefen zu dem Schiff. „240 Personen und alle wollen abgefertigt werden. Das wird sicher dauern", sagte Johanna. „Kein Wunder, dass wir so zeitig vom Hotel abgeholt worden sind."

„Es geht aber zügig", erwiderte Jonas. „Gleich sind wir dran."

Ein Steward erledigte zuerst die Formalitäten. Sie bekamen Informationsmaterial über das Schiff und über die Route.

„Wann wollen Sie denn zum Essen abends gehen? Die erste Sitzung ist 19:30 Uhr, die zweite Sitzung 20:30 Uhr."

„Oh, hier nennt man das Essen eine „Sitzung", flüsterte Johanna Jonas zu.

„Wir gehen 19:30 Uhr zum Essen", antwortete Jonas. „Ich hoffe, Dir ist das recht Johanna."

„Ja, mir ist das egal."

„Dann trage ich die Zeit ein. Ihr Tisch ist dann reserviert. Dort drüben bei der jungen Frau können Sie gleich Ihre Ausflüge buchen."

„Ausflüge ist ja gut", sagte Johanna. „Wir müssen uns ja nur zwischen einer Stadttour oder einer Inselrundfahrt entscheiden." Sie wussten bereits, an welcher sie teilnehmen wollten, da das schon in den Reiseunterlagen gestanden hatte. Sie buchten eine Inselrundfahrt für nachmittags.

Sie bekamen ihren Kabinenschlüssel, jetzt konnte es also losgehen.

„Ist Dir aufgefallen, dass wir gar nicht unseren Impfpass vorzeigen mussten?", fragte Jonas.

„Stimmt, aber warum machen sie dann vorher so viel Tamtam?"

„Weil die Gelbfieber-Impfung für Tansania eben sein muss."

„Ist ja egal, wir haben sie." Johanna wollte nun endlich die Kabine sehen.

Die Kabine war nicht gerade groß, aber das machte den beiden nichts aus. Sie legten eher Wert auf Sauberkeit und abgesehen davon, wollten sie nur zum Schlafen in der Kabine sein.

„Hoffentlich kann ich hier schlafen", sagte Johanna.

Jonas lachte: „Du und nicht schlafen können! Komm, wir räumen schnell die Sachen aus und dann sehen wir uns das Schiff an."

„Stimmt. Draußen ist es sicherlich interessanter."

„Wir gehen erst einmal auf das Sonnendeck, ja?"

Sie gingen nach oben.

„Ach Du liebe Güte", sagte Johanna. „Der Pool ist aber klein."

Jonas lachte. „Was hattest Du Dir denn vorgestellt. Wir sind doch auf keinem riesigen Kreuzfahrtschiff."

„Aber sieh doch mal, so wenige Liegen!"

„Ich sehe es ja. Da muss man eben rechtzeitig da sein. Dort um die Ecke stehen ja noch einige."

„Aber für über 200 Personen wohl zu wenig."

„Hör doch auf zu brummeln. Warte doch einfach alles ab. Wir machen doch gerade die ersten Schritte auf dem Schiff. Hast Du eigentlich gelesen, dass wir hier überhaupt kein Bargeld brauchen?", fragte Jonas, um Johanna abzulenken.

„Ja, habe ich. Es gibt am Schluss eine Sammelrechnung."

Sie sahen zum Hafengelände. Es stand immer noch eine Schlange von Menschen da, die auch mit wollten.

„Wir gehen jetzt einfach zum Promenaden Deck." Jonas wollte das Schiff erkunden und nicht in der Hitze in der Sonne stehen. Sie sahen sich alles an. Sicher, es war kein großes Schiff, aber alles war doch recht ansprechend eingerichtet.

„Die anderen Decks können wir uns sparen, oder?", fragte Johanna. „Alle Kabinen brauchen wir nicht sehen und an der Rezeption waren wir auch schon."

„Na gut, dann gehen wir eben wieder auf's Sonnendeck. Dann haben wir auch gleich einen schönen Platz zum Gucken, wenn wir auslaufen." Johanna konnte es wieder einmal nicht abwarten.

„Ja, ich glaube, jetzt laufen wir aber wirklich aus. Dort steht ja eine Kapelle!", sagte Johanna begeistert.

„Muss i denn, muss i denn zum Städtele" hinaus wurde gespielt und langsam setzte sich das Schiff in Bewegung.

„Ist ja irre, dass sie in Kenia ein deutsches Volkslied spielen", sagte Jonas.

„Ja, Dank Elvis ist es so berühmt geworden", Johanna fing an mit zu singen.

„Can you see, I love you, please don´t brake my heart in two, that´s not hard to do ´cause I don´t have a wooden heart." Jonas stimmte mit ein.

„Das ist wirklich sehr schön." Johanna war mit sich und der Welt zufrieden.

Sie verließen den Hafen von Mombasa und fuhren noch ein Stück an der Küste entlang, bevor sie auf hoher See waren.

„Meine Damen und Herren, nach internationalem Seerecht ist die Teilnahme an der Seenot Rettungsübung für alle Passagiere Pflicht. Bitte begeben Sie sich nach dem Ertönen des Alarmsignals mit Ihrer angezogenen Rettungsweste zu den an der Innenseite Ihrer Kabinentür angegebenen Sammelstellen. Dort werden Sie von unserem

Schiffspersonal die erforderlichen Informationen erhalten. Während der Seenot-Rettungsübung werden alle Service-Einrichtungen geschlossen sein. Bitte ziehen Sie nicht an der Lampe an Ihrer Weste, die sich dort aus Sicherheitsgründen befindet", ertönte eine Stimme aus dem Lautsprecher.

„Die Entfernung bis nach Sansibar beträgt 138 Seemeilen."

„Dann müssen wir aber schnell zu unserer Kabine und uns die Schwimmwesten holen."

Jonas und Johanna beeilten sich.

„Ich helfe Dir beim Anlegen der Schwimmweste", sagte Jonas.

„Das brauchst Du nicht. Bin selber groß", erwiderte Johanna lachend. Sie freute sich sehr, dass es endlich losging.

Johanna und Jonas hielten die Schwimmwesten über sich und rutschten dann mit dem Kopf durch die Öffnung. Danach schlossen sie die Schnalle der Vorderseite.

„Die Lampe an der Weste ist sicher dafür da, dass man auch im Dunkeln gefunden wird."

„Ich mag da eigentlich gar nicht drüber nachdenken." Johanna fand es auf einmal nicht mehr so toll.

Jetzt waren aber alle aufkommenden Bedenken sowieso nutzlos.

„Wird schon schief gehen", sagte Jonas lachend.

„Wie viele Kilometer sind denn eigentlich 138 Seemeilen?", fragte Johanna. „Wenn man sowieso deutsch spricht, dann wäre es doch auf die Kilometerzahl auch nicht angekommen."

„Soviel ich weiß, sind es umgerechnet 222 Kilometer."

„Wieso hast Du das denn jetzt so schnell heraus gefunden?", fragte Johanna.

„Ganz einfach, weil eine Meile 1609,344 Meter hat. Damit es nicht zu kompliziert wird, wird alles gerundet. Demnach ist ein Kilometer gleich 0,621 Meilen. Das ist genormt und kommt aus Amerika. Bei uns in Europa wird das aber nicht angewendet."

„Da hast Du wohl wirklich gut in der Schule aufgepasst."

„Ach, Du weißt ja, dass ich mit Zahlen kein Problem habe. Was mich interessiert merke ich mir sowieso."

„Dann ist es doch gut, dass ich Dich dabei habe", erwiderte Johanna lachend.

Nach der Seenot Rettungsübung brachten sie ihre Rettungswesten wieder zurück in die Kabine. Auf dem Tisch lag ein neuer Zettel.

„Sieh mal Jonas, da ist schon das Programm für morgen aufgeschrieben."

„Na das ist aber praktisch. Dann muss man nicht erst fragen, was wann stattfindet", erwiderte Jonas. „Aber komm, lass uns wieder auf das Sonnendeck gehen, solange wir noch etwas erkennen. Es wird ja immer schnell dunkel."

Auf dem Sonnendeck standen doch recht viele Passagiere. Alle wollten die letzten Minuten Sicht genießen. Das Schiff bewegte sich völlig ruhig vorwärts.

„Ich glaube, ich kann heute Abend gar nichts essen", sagte Johanna nach einer Weile.

„Wieso das denn?"

„Mir wird gerade so komisch. Hoffentlich muss ich nicht brechen."

Jonas sah Johanna an. Ach Du liebe Güte, das wäre ja nicht so toll, dachte er.

„Ach was, das vergeht wieder", erwiderte er.

„Kannst Du Dich noch daran erinnern, als wir kurz vor der Landung in der Warteschleife waren und mir auch so komisch wurde? Wenn ich den Motor nicht richtig höre, wird mir richtig elend zu mute."

„Na, zwischen Schweben und langsam fahren ist ja ein Unterschied oder?"

„Das ist mir doch egal. Ich reagiere eben so!"

„Komm, wir laufen einfach ein bisschen umher. Dann merkst Du es nicht so", sagte Jonas.

Und tatsächlich, im inneren des Schiffes fühlte sich Johanna wohler.

Zum Abendessen bekamen sie ihren Tisch zugeteilt. Johanna fühlte sich wieder wohl und ließ sich alles schmecken.

„Und jetzt gehen wir an die Bar", schlug Jonas vor.

Johanna sah ihn an. Sie war eigentlich müde.

„Nun guck nicht so. Du wirst doch nicht ins Bett wollen oder?", fragte er.

„Nein, das will ich nicht", erwiderte Johanna. „Wir bleiben aber nicht so lange, ja?".

„Nein, nicht lange, aber wenigstens für einen Cocktail oder ein Bier. Wir wollen ja morgen früh fit sein."

An der Bar herrschte Hochbetrieb.

„Hier sind überhaupt keine Afrikaner an Bord", stellte Johanna fest.

„Nein, das habe ich schon zuvor gelesen. Es sind Griechen und Philippinen."

„Wieso denn das?"

„Der Kapitän kommt aus Griechenland und die Philippinen sind sicher noch billigere Arbeitskräfte als die Afrikaner. Das vermute ich jetzt einfach mal so."

„Was Du so alles liest", sagte Johanna lachend.

„Willst Du noch mehr über das Schiff wissen?"

„Ja, wenn Du noch etwas weißt."

„Das Schiff wurde in Triest gebaut. Nach zwanzig Jahren an Griechenland verkauft und zu einem Kreuzfahrtschiff umgebaut. Damals fuhr das Schiff von Piräus los. Später wurde es von einer großen Gesellschaft gekauft und nun sitzen wir an der Bar", sagte Jonas lachend.

Am nächsten Morgen waren sie gleich bei den ersten Gästen, die frühstückten. Sie wollten danach auf das Sonnendeck, um die Einfahrt in den Hafen von Sansibar nicht zu verpassen.

Dann lag die Insel vor ihnen. Das Meer war ruhig, die Sonne schien und dazu noch diese schöne Aussicht.

„Guck mal Jonas, dort sind schon kleine Boote", rief Johanna ihm zu.

„Das sind Dhaus."

„Ja, ich habe sie nur nicht gleich erkannt", erwiderte Johanna.

„Da gibt es verschiedene Arten. Dhau ist nämlich der Sammelbegriff dafür. Siehst Du, die hier haben nur einen Mast."

„Gibt es denn welche, die mehr Masten haben?", wollte Johanna weiter wissen.

„Ja, manche haben drei Masten."

Je näher sie der Insel kamen, umso mehr Dhaus konnten sie sehen. Eine schöne Aufnahme würde das werden. Jonas hatte viel zu tun.

Pünktlich um acht Uhr legten sie an. Unzählige Afrikaner säumten das Ufer. Sie alle wollten zur Arbeit und warteten auf eine Fähre. Es war schon sehr heiß und es roch extrem nach Nelken.

„Wir lassen erst alle anderen an Land gehen, die die Stadtrundfahrt mit machen", sagte Jonas. „Wir haben genügend Zeit und können laufen wie wir wollen."

„Ja, ich habe den Stadtplan schon dabei, damit wir nicht erst noch zur Kabine müssen. Wir sollten vom Hafen aus nach rechts laufen. Dann kommen wir automatisch zu dem ehemaligen Sultan Palast."

„Ja, und vom Hafen bis mitten in die Stadt sind es nur zehn Minuten."

„Du siehst übrigens schick aus", fügte Jonas hinzu.

„Du machst Witze, oder?" Johanna konnte gar nicht glauben, was sie gerade gehört hatte. „Ich bin froh, dass ich den kurzen Jeans Overall mit genommen habe. Bei der Hitze ist ja fast alles zu viel", sagte sie und knuffte ihn in die Seite.

„Hast Du auch nicht zu viel Geld dabei", fragte Johanna. „Du weißt, es wurde gesagt, dass man auch gut auf die Papiere aufpassen sollte."

„Keine Sorge, ich habe erstens nicht viel dabei und zweitens alles gut versteckt", erwiderte Jonas gelassen.

Beide liefen los. Kurz nach dem Hafen sahen sie schon die ersten Häuser. Gleich auf der rechten Seite stand eines, bei dem in den oberen Stockwerken die Fensterscheiben fehlten. Das wäre ja gar nicht bemerkenswert gewesen, wenn da nicht ein Schild gehangen hätte.

„Jonas, siehst Du das Schild dort?"

„Ja, und was ist da besonderes dran?", kam die Gegenfrage.

„Da steht doch Polizei drauf oder sehe ich schlecht?" Johanna blieb stehen.

„Nein, Du siehst nicht schlecht und ja es steht drauf, aber wo ist das Problem?"

„Ist das vertrauenerweckend wenn in den oberen Stockwerken die Scheiben fehlen?"

„Aber Johanna, sei doch nicht so kritisch. Wir befinden uns auf Sansibar. Da wird sicher einiges anders sein. Vielleicht haben sie gerade kein Glas auf der Insel oder vielleicht auch kein Geld dafür. Lass uns weiter gehen." Jonas nahm sie an der Hand und zog sie weg.

Es dauerte nicht lange, dann standen sie vor dem Sultan Palast, der 1883 erbaut wurde.

„Der Sultan Barghash hatte als erster in der Stadt elektrisches Licht", sagte Jonas. „Er baute die Stadt aus."

„Die anderen hatten noch kein Licht?", fragte Johanna schelmisch.

„Einer muss ja der erste sein", erwiderte Jonas lachend. "Das ist nun mal so auf der Welt. Er hat aber auch den Sklavenhandel abgeschafft, eine Polizei und ein Krankenhaus erschaffen, Straßen bauen lassen und es gab fließendes Wasser. Man muss alles immer positiv sehen, das weißt Du doch."

„Ja, Du und Geschichte! Ich hätte in der Schule mal besser aufpassen sollen. Wahrscheinlich war ich da gerade krank."

„Sicher. Komm, lass uns weiter laufen bis zum Haus der Wunder".

„Das ist ja ein eigenartiger Name für ein Gebäude oder?"

„Schon, aber auch logisch, weil nur dort Licht brannte."

„So richtig wie ein Palast, sieht er gar nicht aus", sagte Johanna.

„Johanna, wir sind auf Sansibar. Den kann man doch nicht mit europäischen Palästen vergleichen! Ich finde ihn schon sehenswert. Er sticht doch förmlich heraus, wenn man mit dem Schiff Sansibar anfährt und auf die Stadt blickt. Hattest Du ihn nicht gesehen?"

„Klar, aber da wusste ich nicht, dass das das Haus der Wunder ist. Weißt Du was, wir laufen jetzt lieber mitten in die Stadt. Das Portugiesische Fort können wir uns sparen."

„Dann laufen wir jetzt durch Stone Town", erwiderte Jonas.

Man könnte meinen, hier sei die Zeit stehen geblieben, dachte Johanna als sie durch die Straßen liefen. Überall typisch arabische Häuser aus Stein; mit geschnitzten Holztüren und die Holzbalken hatten viele Ornamente. Allerdings war auch deutlich zu sehen, dass der Zahn der Zeit überall nagte.

Jonas blieb fast an jeder Holztür stehen.

„Ist Dir aufgefallen, dass jede Tür anders aussieht?", fragte er Johanna.

„Ja, jedenfalls die, die wir bis jetzt gesehen haben."

„Durch diese Türen ist Sansibar berühmt geworden."

„Das habe ich auch in unserem Reiseprospekt gelesen. Allerdings wurde die Insel dort mehr oder weniger als Gewürzinsel beschrieben", erwiderte Johanna.

„Dann eben für beides", sagte Jonas lachend. „Die Gewürze kommen aber erst heute Mittag dran."

Sie kamen dem Zentrum immer näher. Straßengrills, auf denen Fleischstücke gebraten wurden, Stände mit Gewürzen und natürlich auch Souvenir-Stände säumten die Straße. Die Fenster der Häuser hatten nicht alle Scheiben. Stattdessen sahen sie Gitter, die viele Ornamente hatten.

Jonas bemerkte, dass Johanna sich darüber wunderte und sagte: „Sie lassen den Wind durch ihre Häuser wehen. Dann wird das Klima innen angenehmer. So wie bei der Polizeistation. Letzteres ist mir vorhin nicht eingefallen."

Das wunderte Johanna nicht. Sie bemerkte nur einige Menschen, die sie irgendwie anders ansahen. Sie waren doch Touristen gewöhnt, warum sahen sie sie so an? Es dauerte eine ganze Weile, bis sie eine Erklärung fand: Sie war völlig unpassend angezogen. Ein kurzer Overall, der passte überhaupt nicht in diese Umgebung. Hier liefen die Bewohner überwiegend in ihrer landestypischen Kleidung durch die Straßen: Die älteren Männer in Kaftanen, die Frauen trugen ein Khimar. Ein Tuch, das den Kopf bedeckt, über die Schulter reicht und beinahe bis zu den Knien geht. Dazu dann ein Kopftuch (Niqab), manche aber auch ein Isdal, dass den ganzen Körper umhüllt. Natürlich hatten jüngere Menschen eine fast europäische Kleidung an, doch auch sie unterschieden sich deutlich von den Touristen. Johanna schämte sich sehr. Warum hatte sie bloß nicht daran gedacht. Ihre gebräunte Haut milderte sicher ihr Aussehen, aber zu kurz blieb eben zu kurz. Und Jonas hatte auch noch gesagt, sie würde schick aussehen. Sie wurde noch darin bestärkt, dass sie so durch die Stadt gehen konnte. Aber jetzt war es zu spät. Da half nur Gelassenheit, kein wenn oder aber. Auf jeden Fall würde ihr das nicht noch einmal passieren. Dann doch lieber schwitzen.

Jonas bemerkte, dass Johanna wesentlich ruhiger geworden war.

„Was ist denn los mit Dir? Hast Du keine Lust mehr durch die Gassen zu laufen? Dort hinten sehe ich schon den Turm von der anglikanischen Kirche."

„Ja, ich sehe den Turm. Ich finde die Gassen wirklich sehenswert." Sie wollte Jonas nicht erklären, warum und wie sehr sie sich schämte.

Zwar waren die Gassen sehr eng, aber eine Tür war schöner als die andere und sie sahen Balkone, die ebenso schöne Schnitzereien hatten. Manchmal hingen bunte Fähnchen über die Gasse hinweg. Wer etwas zum Verkauf anzubieten hatte, stellte es einfach vor die Tür. Natürlich gab es auch richtige Geschäfte, aber die fanden beide nicht so interessant. Alles wurde von den Gerüchen der verschiedensten Gewürze eingehüllt. Manchmal war Kisuaheli in voller Lautstärke zu hören. Das rundete den ganzen Eindruck erst richtig ab.

„Das ist also die Anglikanische Kirche", sagte Jonas als sie davor standen. „Weißt Du eigentlich, dass auf diesem Platz früher der Sklavenmarkt war?", fragte er Johanna.

„Ja, hier wurden sie ausgepeitscht. Dort drüben sieht man auch ein Denkmal zur Erinnerung daran. Lass uns doch gleich hingehen."

Sie kamen an eine Grube, in der fünf afrikanische Sklaven mit Ketten um den Hals standen. Deutlich konnten sie die Altersunterschiede sehen: Junge Männer, ein alter Mann und junge Frauen. „Sie wurden am oberen Nil eingefangen und mussten bis zur Küste laufen. Per Boot kamen sie nach Sansibar und wer alles überlebt hatte, wurde zuerst einmal gepflegt, um später viel Geld dafür zu bekommen. Meist waren es portugiesische Käufer."

„Das war wirklich eine schlimme Zeit." Johanna schauderte es ein bisschen. Die armen Menschen, was mussten sie wohl ausgehalten haben.

„Sollen wir auch noch in die Keller gehen?"

„Nein, Jonas, da möchte ich nicht hin. Mir reicht das schon."

„Dann laufen wir jetzt direkt zum Markt. Die Zeit vergeht so schnell und es ist dann doch noch ein ganzes Stück bis zum Hafen."

„Das ist der Darajani Markt", sagte Johanna. „Siehst Du dort drüben fangen die Gebäude an. Lass uns doch einmal hinein gehen."

Je näher sie kamen, umso lauter wurde es. Es wurde gehandelt und gerufen, um die Kunden anzulocken. Die Stände waren voller Obstarten und Gewürzen. Es roch so richtig süß säuerlich.

Direkt vor den Hallen stand ein Ehepaar, das sie vom Schiff her kannten. „Wenn es Ihnen nicht schlecht werden soll, dann bleiben sie weg von den Fisch-und Fleischhallen", sagte die Frau. „Mir ist total schlecht."

„Das wollen wir aber selber ausprobieren", erwiderte Jonas lachend. „Stimmt´s Johanna?"

„Das denke ich auch. Mein Magen wird das schon vertragen", erwiderte diese.

Allerdings hatten beide nicht damit gerechnet, dass sie stellenweise doch wegsehen mussten. Einige Tiere waren nur teilweise gehäutet, andere wurden gerade ausgenommen. Die Gerüche waren dementsprechend sehr intensiv.

„Oh je", sagte Johanna. „Ich glaube, wir gehen doch lieber schnell raus."

„Du hast Recht, für unsere Nasen ist das wirklich nichts. Aber wir haben alles jedenfalls selbst gesehen. Das ist doch auch etwas oder?" Jonas sah Johanna spitzbübig an.

„Na toll. Vielleicht hätte ich doch lieber darauf verzichten sollen." Und schon lief sie schnell dem Ausgang zu.

„Dann schon lieber den Geruch von Nelken in der Nase. Das ist hier draußen direkt eine Wohltat."

Um das Gespräch zu beenden, fragte Jonas: „Haben wir auch nichts vergessen, was wir sehen wollten? Wir müssten nun aber wirklich zurück zum Schiff."

„Ich hätte noch sehr gerne vor dem Minarett gestanden, aber das wird jetzt wohl nichts mehr", erwiderte Johanna.

„Nein, dafür reicht die Zeit nicht. Du hast aber doch von weitem den Muezzin zum Gebet rufen hören."

So liefen beide zurück zum Schiff.

Nach dem Essen gingen Johanna und Jonas wieder vom Schiff und warteten auf den Bus für die Inselrundfahrt. Es war sehr heiß.

Der Bus ließ nicht lange auf sich warten. Da er keine Klimaanlage besaß, war es ziemlich heiß im Innenraum, aber wenigstens waren die Fenster auf.

Nach wenigen Minuten stellte sich der Reiseleiter vor: „Mein Name ist Ali und ich werde Ihnen alles über unsere vielen Gewürzpflanzen erzählen, die wir im Laufe der Fahrt kennen lernen werden."

„Der hat einen Namen wie die Kameltreiber in Ägypten", ertönte von weiter hinten eine Männerstimme.

Erbost drehten sich Johanna und Jonas um. Was sollte denn das jetzt bedeuten? Das konnte ja heiter werden, wenn man Leute dabei hat, die die Einwohner nicht respektierten und auch noch lästerten.

„Haben Sie einen besseren Namen?", rief Jonas nach hinten.

„Jonas, lass ihn doch. Wir wollen doch keinen Streit", sagte Johanna.

„Ist ja schon gut", antwortete der Mann. „Es sollte ein Witz sein."

Der Reiseleiter fuhr fort: „Ali heißt aus dem arabischen übersetzt „der Erhabene". Würde ich „Abdullah" heißen, wäre das gleichbedeutend mit „Knecht". Sie sehen, ich ärgere mich nicht, dass ich Ali heiße."

Alle lachten. „Das war wirklich die richtige Antwort", sagte eine Frau. „Der Mann ist doch unmöglich."

„Ich werde Ihnen jetzt unsere Fahrtroute sagen", sagte Ali. „Zuerst werden wir an einer Gewürzfarm halten. Dort haben Sie die Gelegenheit sich welche für zu Hause zu kaufen."

Wieder ertönte eine Stimme im Hintergrund: „Na klar, es ist also wieder so eine Verkaufsfahrt. Überall werden die Touristen nur geschröpft. Man kann hinkommen wo man will. Alles dreht sich nur ums Geschäft."

Keiner der Menschen im Bus reagierte darauf. Keiner wollte sich ärgern, selbst Jonas nicht. Sie hatten Urlaub und wollten Land und Leute kennen lernen.

Ali fuhr unbeirrt fort: „Da gleich in der Nähe eine Kokosnuss Fabrik ist, werden Sie sehen können, wie diese Frucht verarbeitet wird. Alles andere dann später."

Während der Fahrt fragte jemand: „Kommen wir nicht zuerst am Livingstone House vorbei?"

„Das dauert nur wenige Minuten, dann können Sie es sehen", erwiderte

Ali. „Livingstone war ein schottischer Missionar und ein bekannter Afrikaforscher. Er entdeckte unter anderem die Viktoriawasserfälle des Sambesi und den Bangweolosee. Ich nehme an, dass die Wasserfälle am unteren Kongo bei Boma auch von ihm entdeckt wurden. Sie tragen seinen Namen. Jedenfalls plante er von hier aus seine letzte große Afrikaexpedition."

Mittlerweile veränderte sich die Landschaft und die Hitze wurde immer größer.

„Wir machen jetzt einen kurz einen Stopp, um die Schulkinder von diesem Dorf zu begrüßen. Sie freuen sich über alles, was Sie verschenken können."

Wieder ertönte von hinten eine Stimme: „Ich hab´s doch gewusst. Immer diese Bettelei!"

Die meisten Leute blieben im Bus sitzen, um dem Ansturm der zahlreich erschienenen Kinder zu entgehen. Alle hielten ihre kleinen Hände hin. Es herrschte ein großes Gedränge. Ali wurde von ihnen stürmisch begrüßt. Klar, er hatte eine große Tüte Bonbons dabei.

Der nächste Stopp war vor einem Afrikanischem Kaufhaus: Eine etwas größere Hütte mit allen möglichen Früchten und selbst hergestellten Waren vor der Tür.

Keiner stieg aus und Ali drängte zur Weiterfahrt.

Als sie an der Gewürzfarm angekommen waren sagte Jonas: „Johanna, denke bitte daran, dass wir noch sehr viele Gewürze von Sri Lanka zu Hause haben."

„Weiß ich doch, Jonas", erwiderte sie. „Ich will auch keine kaufen."

Ali meldete sich wieder zu Wort: „Unsere Insel hat einen sehr fruchtbaren Boden, vor allem an der Westküste. Das erkannte auch schon der Sultan von Oman. Als erstes wurde die Gewürznelke angebaut, später dann Kardamom, Ingwer, Safran, Chili, Muskat und Zimt."

„Wann wird denn die Gewürznelke geerntet?", fragte jemand.

„Wenn die Knospen noch geschlossen und grün sind. Bei Kardamom ist es so, dass der schwarze Samen verwendet wird. Darin befinden sich ätherische Öle, die ein scharf-süßliches Aroma besitzen. Kardamom zählt übrigens zu den Ingwer-Gewächsen. Bei uns hier wird das grüne Kardamom angebaut. Sie verwenden es zu Hause sicher auch?"

„Ja, Weihnachten", antwortete eine Frau. „Und wie gewinnt man Zimt?"

„Da werden kleine Stücke von der Rinde geschält. Diese riechen zuerst nach Zitrone, aber wenn sie getrocknet sind bekommen sie das Zimtaroma."

„Und Vanille?"

„Vanille gehört in die Familie der Orchideen. Sie ist eine Kletterpflanze, die das ganze Jahr über grün ist. Ihre kleinen, unscheinbaren Blüten sind nur wenige Stunden vormittags geöffnet. In dieser Zeit muss sie bestäubt werden, sonst fällt die Blüte ab. Von ihr werden die unreifen Schoten geerntet und in der Sonne getrocknet."

„Kein Wunder, dass die echte Vanille so teuer ist", sagte eine andere Frau. „Das ist genauso wie mit dem Safran."

„Ja, das stimmt", antwortete Ali. "Safran ist das teuerste Gewürz der Welt. Safran ist eine Krokus Art, die violett blüht. Es werden nur die Stempel verwendet und alles per Hand geerntet. Pro Pflücker etwa 60 bis 80 Gramm am Tag. Will man ein Kilo ernten, dann braucht man etwa 150 000 bis 200 000 Blüten. Dann versteht man, warum Safran so teuer ist oder? Hinzu kommt noch, dass er nur innerhalb von 14 Tagen einmal im Herbst geerntet werden kann."

„Da kann ich noch etwas hinzu fügen", sagte die andere Frau. „Es werden von den Griffeln die kleinen Äste geerntet. Das sind dann Safran Fäden. Ich hatte mir einmal aus Tunesien so eine Tüte mitgenommen." Ali stutzte. Mit so viel Ahnung hatte er nicht gerechnet.

„Ich wollte es nur nicht ganz und gar erklären. Wir haben ja noch mehr Gewürze", erwiderte er.

„Wenn ich richtig aufgepasst habe, dann fehlen jetzt nur noch Muskat, Chili und Ingwer", mischte sich Johanna. Ihr tat Ali leid. Er hatte sich so eine Mühe mit seinen Erklärungen gegeben. Immer diese Besserwisserei.

„Ja, wenn es Sie interessiert", antwortete Ali lächelnd. „Dann komme ich jetzt zur Muskatnuss. Sie wachsen an einem Baum, der bis zu 20 Meter hoch wachsen kann und sie werden geerntet, wenn die Frucht aufgesprungen ist. Lieferant ist der weibliche Baum. Der innere Kern des Samens ist die Muskatnuss. Für den Ingwer haben wir hier die besten Voraussetzungen: Er braucht ein gleichmäßig heißes, trockenes Klima. Bis zu einem Meter kann so eine Pflanze hoch werden. Für die Küche und vor allem für die Gesundheit, verwendet man die Wurzel. Das wussten schon die alten Römer", fügte Ali hinzu.

Johanna lachte. „Dann fehlt nur noch Chili."

„Dazu gibt es eine Geschichte, falls sie stimmt", sagte Ali. „Weil Gewürze schon vor vielen Jahrhunderten ein gutes Geschäft waren, wollte Christoph Kolumbus welche mitbringen; nicht nur Kartoffeln, sondern auch schwarzen Pfeffer. Er fand rote Beeren und dachte es sei welcher, aber er hatte stattdessen Chili mitgebracht. Aber im Ernst, es sind Nachtschattengewächse und sie sind je nach Sorte sehr scharf."

Bald war es allen zu heiß. Sie liefen schon eine ganze Weile durch all die Gewürzarten hindurch. Blieben stehen und Ali erklärte, liefen weiter, um gleich wieder stehen zu bleiben.

„Wo ist denn die Kokosplantage?", fragte Jonas. Ihm wurde es sichtlich auch zu lang.

„Da sind wir auch gleich", erwiderte Ali. „Sie ist dieser Plantage angegliedert."

Mit wenigen Schritten waren sie auch schon mitten drin.

„Wir exportieren sehr viel in die Industrieländer. Die Verarbeitung ist vielfältig, aber ich will es genau erklären: Die langen Wedel können zum Dachdecken oder zum Flechten von Körben und Wänden genutzt werden. Wenn Sie sich unsere Häuser ansehen, dann werden Sie das bemerken. Aber nicht nur das. Die jungen Knospen bilden ein ausgezeichnetes Gemüse und aus dem Saft, der aus dem Stamm quillt, können Palmwein und Essig hergestellt werden. Wie jeder sicherlich weiß, kann man die Kokosnuss auch aufschlagen und den Saft trinken. Das ist nicht nur für Touristen gut", fügte er lachend hinzu.

„Ja, die trinken wir auch sehr gerne", sagte Johanna. „Die Nuss geht manchmal aber wirklich sehr schwer auf."

„Ich weiß", sagte Ali, „Touristen tun sich oft schwer daran, aber die sie verkaufen, wollen ja auch zusätzlich etwas verdienen, in dem sie die Nuss öffnen."

„Stimmt", sagte Jonas. „Das haben wir schon oft erlebt."

Ali erklärte weiter: „Bei der reiferen Frucht verhärtet sich die Milch zu einem weißen Fruchtfleisch, aus dem man Kokosöl pressen kann. Dieses Fleisch nennen wir „Kopra".

„Und ich dachte, wir würden eine Schlangenfarm besuchen", sagte jemand.

Ali grinste. Das hatte er schon mehrfach gehört. Touristen kannten sich wirklich nicht in seiner Welt aus.

„Das Fruchtfleisch exportieren wir in alle Welt. Damit kann Seife und Fett gewonnen werden. Aus den braunen Fasern, die die steinharte Schale hat, werden wasserfeste Matten hergestellt oder sie werden zu Seilen gedreht." Ali lief weiter.

„Jetzt sind wir bei einer weiteren Palmen-Art angekommen. Dieses hier sind die Zuckerpalmen. Sie heißen Palmyra Palmen, aber darunter können sich die wenigsten etwas vorstellen. Sehen Sie, diese Palmen haben keine Palmwedel, sondern einen Schopf aus fächerartigen Blättern. Die Früchte kann man ebenfalls essen. Aus ihnen werden aber auch Sago, Zucker, Wein und Arzneimittel hergestellt. Nun fahren wir aber wieder weiter. Ich möchte Ihnen noch unsere Zuckerrohrfelder zeigen und natürlich die Mais-und Reisfelder."

„Werden wir auch die Diadem Meerkatzen sehen?", fragte jemand.

„Nein, da sitzen Sie im falschen Bus. Die kann man im Nationalpark sehen."

Die Fahrt ging weiter. Vorbei an riesigen Regenbäumen, aber auch an Mango-, Papaya-, Orangen- und Guaven-Bäumen. Viele Bananenstauden und Ananasfelder waren zu sehen.

„Das ist wirklich ein fruchtbares Land", sagte Johanna zu Jonas. „Hast Du auch Durst?"

Jonas erwiderte lachend: „ Wir werden sicher bald einmal halten. Ja, ich habe auch Durst."

Ali meldete sich wieder zu Wort: „Wir befinden uns auf dem Weg zu einem kleinen Strandabschnitt. Dort werden Sie sich etwas zu trinken holen können."
Der Strand war wirklich nicht sehr groß, aber offensichtlich für durstige Touristen besonders geeignet.
„Oh, da hat sich aber eine lange Schlange gebildet", sagte Johanna.
„Klar, wenn schon ein Bus da ist", antwortete Jonas. Beide stellten sich geduldig an. Eine Erfrischung tat bei diesen Temperaturen allen gut.
Als alle wieder erfrischt im Bus saßen, sagte Ali: „Wir fahren jetzt zu unserer letzten Station, dem früheren Palast des Sultans von Barghash. Er ließ diesen Palast 1882 für seine Frauen bauen. 1899 brannte dieser aber total aus. Sie werden also nur die Ruinen sehen."
Jonas hatte keine große Lust durch die Ruinen zu stolpern. Dafür aber Johanna, die Ali und wenigen anderen hinterher lief. Sehr groß war das Interesse nicht und Ali schwieg mehr oder weniger vor sich hin. „Dort war das Bad", sagte er, aber das war´s auch schon.
Bei der Hitze Geschichte zu erklären war wohl doch zu viel. Johanna lachte innerlich. Ali hatte sich die ganze Zeit über so viel Mühe gegeben, aber jetzt schien er auch platt zu sein. Er hatte jedenfalls nichts dagegen, dass alle wieder in den Bus einsteigen wollten.
Kurz vor dem Hafen meldete er sich noch einmal zu Wort:
„Ich hoffe, Ihnen hat diese kleine Fahrt gefallen. Wenn ja, dann möchte ich Sie bitten, eine Kleinigkeit an Geld für den Fahrer zu sammeln. Er hat eine Frau und neun hungrige Kinder."
Manche brummelten etwas in ihren Bart, aber als ein Hut durch gereicht wurde, kamen doch etliche Geldstücke hinein.

Als beide wieder in ihrer Kabine waren, sagte Johanna: „Ich glaube, es war gut, dass wir die Inselrundfahrt gebucht haben. Das war doch alles sehr interessant oder?"
„Ja", lachte Jonas, „Gewürze für Hausfrauen."
„Das sehe ich aber nicht so. Das können Männer auch wissen. Die Landschaft war doch auch wunderschön."
„Du hast ja Recht, es war ein schöner Tag."
„Und wir haben gemerkt, wie groß der Einfluss der Araber ist. Überall sind Moscheen, enge Bazar Gassen, Hufeisenbögen und vergitterte Balkone. Und wenn es nicht gerade nach Nelken riecht, riecht es nach Moschus."
„Stimmt. Das waren die unterschiedlichsten Eindrücke, die ich seit langem gesehen habe. Aber komm, wir müssen uns jetzt für die Cocktail Party fertig machen. Auf zum Händeschütteln", fügte Jonas hinzu.
Einige Minuten später. Johanna stand noch unter der Dusche.
„Johanna, wo sind denn meine Schuhe?"

„Jonas, sieh doch einmal genau nach."

„Ich kann sie nicht finden. Unsere Kabine ist nicht so groß. Hier kann man nichts übersehen!"

„Ich komme gleich."

Aber so sehr sich Johanna auch bemühte, die Schuhe von Jonas waren nicht da.

„Und nun?", fragte sie vorsichtig.

„Du hast sie vergessen einzupacken. Ganz einfach."

„Sind es Deine oder meine Schuhe?"

„Aber Du hast doch alles gepackt. Du hast doch gewusst, dass ich sie brauche. Oben ein Jackett und unten Sandalen!"

„Was sollen wir jetzt machen? Einfach nicht hin gehen?"

„Nein, ich lasse eben die Sandalen an."

„Das sieht ja furchtbar aus", sagte Johanna als sie Jonas so ansah.

„Ist doch nicht der Kaiser von China. Der Kapitän wird mein Aussehen schon verkraften."

Johanna ärgerte sich sehr darüber. Als sie losliefen meinte sie, dass alle auf die Füße von Jonas sehen würden. Wie konnte sie die Schuhe aber auch vergessen. Am liebsten wäre sie im Erdboden versunken. Es war nur ein Glück, dass Jonas nicht böse auf sie war. Das hätte gerade noch gefehlt. Nun war aber nichts mehr zu ändern.

Dem Kapitän war es nicht aufgefallen. Er schüttelte mit gleichbleibendem Gesichtsausdruck alle Hände und ließ ein Erinnerungsfoto machen.

„Siehst Du, der Kapitän hat nicht auf meine Füße geguckt", sagte Jonas.

„Ja, aber peinlich war das auf jeden Fall. Das werde ich nie vergessen", antwortete Johanna.

„Jetzt hör aber auf. Wir wollen uns doch nicht den Abend verderben. Hast Du den neuen Zettel in der Kabine gelesen? Wir legen heute Abend noch ab und morgen früh sind wir vor der Insel Shungu Mbili."

„Ja, das habe ich gelesen und ich bin schon gespannt, was das für eine Insel ist."

Abends kamen Johanna und Jonas mit einem Ehepaar ins Gespräch. Diese hatten an der Stadtrundfahrt teilgenommen.

„Das war auch sehr interessant. Wir haben viel gesehen und viel über die Bewohner erfahren."

„Ja", fügte ihr Mann hinzu, „auch viel übers Essen."

„Wird hier denn anders gegessen?", fragte Johanna.

„Die Einheimischen halten sich natürlich an die afrikanische Küche, die sehr stärkehaltig ist. Sie essen wenig Fleisch und verwenden viele arabische oder indische Gewürze."

„Gewürze gibt es hier ja wirklich genug", sagte Jonas. „Wir haben sehr viele Plantagen gesehen."

„Die Grundlagen bilden meist Reis, Hirse, Mais und Kochbananenbrei.

Für Touristen kochen sie dann anders. Zum Beispiel Samosas, das sind kleine Teigtaschen mit Hackfleisch oder Gemüse gefüllt. Zu Fleisch bekommt man indisches Fladenbrot oder Currys."
„Und was haben Sie alles gesehen?", fragte Johanna.
„Es hat schon einmal gut angefangen, denn wir sind mit einem Holzauto gefahren. Diese Autos nennt man Wooden Lorries."
„So eines haben wir unterwegs auch gesehen. Die sehen wirklich originell aus", sagte Jonas.
„Wir waren erst im Dhau-Hafen, dann vor einer alten Apotheke und danach am Sultanspalast und dem Haus der Wunder", sagte der Mann.
„Und wir sind auch durch die Altstadt gelaufen. Da war ein Betrieb! Überall kleine Krämer-Läden. Ich vermute, es waren alles Inder, die ihre Waren anboten. Aber wir haben auch herrliche Türen gesehen. Viele hatten Lotus Blumen-Motive. Und das war alles Handarbeit", erzählte seine Frau.
„Waren Sie auch am früheren Sklavenmarkt?"
„Selbstverständlich. Ich fand das ganz schön gruselig, wenn man darüber nachdenkt, was diese Sklaven alles aushalten mussten."
„Dann hatten wir wohl alle einen schönen Tag", sagte Johanna. „Mir haben die vielen Plantagen und Farmen auch sehr gut gefallen."

Am nächsten Morgen staunten sie nicht schlecht. Das Schiff lag vor einer kleinen Insel namens Shungu Mbili.
„Oh, die ist aber wirklich klein", sagte Johanna. „Ich bin mal gespannt, wie wir zu ihr gelangen.
„Mit Tenderbooten", antwortete Jonas.
„Tenderboote?"
„Hast Du sie nicht an der Außenwand hängen sehen?"
„Da habe ich nicht darauf geachtet", erwiderte Johanna.
„Sie werden dann mit den Kränen herunter gelassen. Tenderboote bringen Passagiere entweder vom Land zum Schiff oder umgekehrt."
„Dann bin ich einmal gespannt, wie ich da hinein komme", antwortete Johanna. „Auf dem Zettel stand, man solle Badesachen anziehen. Ich hoffe, ich falle nicht ins Wasser."
Jonas lachte und sagte: „Ich dachte Du kannst schwimmen!"

Beide kamen wohl behalten ins Boot. Es fuhr recht zügig bis zum Strand.
„Jonas, sieh Dir doch einmal die Farben des Wassers an. Das sieht so toll aus."
„Ja, wie auf einem kitschigen Foto."
„Das kann man gar nicht so malen. Einfach toll. Ich werde jetzt erst einmal alles fotografieren gehen. Vielleicht kann uns mein Vater ja von irgendeiner Aufnahme ein Bild malen. Such Du doch inzwischen einen Platz zum Sonnen aus."

„Dann willst Du also nicht um die Insel laufen?"

„Nein, dazu habe ich keine Lust. Lass uns lieber die Sonne und das Meer genießen."

Nach einer Weile rief Johanna: „Jonas komm mal schnell hier her. Sieh mal, die zwei Fischer zerlegen gerade einen kleinen Hai. Ich habe sie schon fotografiert! Er ist schon fix und fertig paniert", fügte sie noch lachend hinzu. „Er liegt im Sand."

Nachdem er den Hai auch gesehen hatte, dösten sie am Strand vor sich hin. Johanna konnte sich am Meer gar nicht satt sehen. Es war so klar. Man konnte aber auch den aller kleinsten Fisch sehen, wenn man schwamm. Ab und zu rief sie: „Ich glaube, mich hat ein Fisch gebissen."

„Das sind nur die kleinen Saugbarben", antwortete Jonas.

„Na toll, die brauche ich nicht unbedingt. Woher weißt Du denn wie sie heißen?"

„Das habe ich irgendwo gelesen. Sie leben im warmen Wasser. Du brauchst gar nicht schimpfen, sie leben hier, nicht Du."

„Klar, aber witzig finde ich das nicht." Johanna ging aus dem Wasser.

Um die Mittagszeit liefen einige von der Schiffsbesatzung emsig umher, stellten Tische und Bänke auf. Es gab Barbecue am Strand. Deshalb waren unermüdlich die Tenderboote hin und her gefahren. Johanna und Jonas hatten sich schon gewundert.

„Komm´ lass uns essen gehen!", sagte Jonas.

„Das ist ja der helle Wahnsinn, was sie uns hier auftischen. Alles sieht so lecker aus."

Ein Mann hatte das gehört und sagte: „Das wird immer so gemacht. Ich fahre schon ein paar Jahre mit diesem Schiff. Es ist immer wieder schön."

„Wir sind das erste Mal auf einem Schiff. Uns hat es auch gefallen. Schade, dass wir heute Nachmittag schon wieder ablegen. So gegen 16 Uhr, habe ich gelesen?"

„Ja, dann sind wir morgen früh wieder in Mombasa", erwiderte der Mann.

Die Zeit verging. Alle waren satt und lagen am Strand. In der Ferne war das Schiff zu sehen. Aber was war denn jetzt los? Die Mannschaft fing eilig an, alles in die Boote zu räumen.

„Jonas, jetzt scheinen wir es aber eilig zu haben", sagte deshalb Johanna.

„Ja, sieh doch zum Schiff. Dort sind schon rabenschwarze Wolken. Ich bin mal gespannt, ob wir trocken zurückkommen."

Beinahe hätten sie es geschafft, aber der Regen war doch etwas schneller als alle gedacht hatten. So wurden sie total nass, was durch den Fahrtwind des Tenderbootes doch unangenehm war.

„Kein schöner Abschluss oder?", sagte Johanna.

„Ach komm, Du warst so viel im Wasser. Da kommt es doch auf die paar Spritzer auch nicht an. Wir können ja gleich heiß duschen, dann wird es uns schon wieder wärmer werden."

Die meiste Zeit verbrachten sie unter Deck. Das war natürlich schade, aber gegen die Natur kann man eben nicht ankämpfen. Es gab zwar Geschäfte auf dem Schiff, aber die hatten sie bald durchgesehen. An eine Bar wollten sie sich nicht setzen. Es war noch zu früh dafür. Johanna fand es langweilig. Und dann schwankte das Schiff auch noch. „Jonas, wir müssen mal auf das Deck gehen, mir wird hier unten ganz schlecht", sagte Johanna. „Nur mal eine Weile, damit ich sehe wie wir fahren. Dann wird es schon wieder gehen."
Sie gingen nach oben. Die Wellen konnte man nur ahnen, aber sie hörten sie an das Schiff klatschen. Tatsächlich ging es Johanna nach geraumer Zeit wieder besser, so dass sie mit all den anderen Passagieren noch einen schönen Abend verbringen konnten.

Am nächsten Morgen packen sie ihre Sachen.
Sie standen auf dem Deck, um die Einfahrt in den Hafen von Mombasa nicht zu verpassen. Im Wasser konnten sie Haifischflossen sehen. Ein Steward hatte sie darauf aufmerksam gemacht.
„Hier gibt es noch sehr viele Haie. Aber durch das vorgelagerte Riff kommen sie nicht bis zum Strand. Sie schwimmen hier vor dem Hafen, weil sie dort genügend zu fressen finden", sagte er weiter.
„Was fressen sie denn vor dem Hafen?", fragte Johanna nach.
Der Steward lachte und antwortete: „Der Tigerhai ist ein Allesfresser. Der frisst auch die Abfälle von den Schiffen."
„Aber die werden doch nicht unmittelbar vor dem Hafen entsorgt?"
Darauf sagte der Steward nichts, sondern er sagte, es würde auch noch die Bullsharks geben.
„Den Namen habe ich ja noch nie gehört", sagte Johanna.
„Das ist ein Hai, der bis zu 200 kg schwer werden kann."
„Ich dachte, dieser Hai kommt hier gar nicht vor?", fragte Jonas.
„Oh, es tut mir leid, ich muss unter Deck", antwortete der Steward und ging.
„Na, das war jetzt sicher Anglerlatein", sagte Jonas.
„Ach, das ist doch egal. Ich möchte jetzt viel lieber vom Schiff runter", erwiderte Johanna.
Aber daraus wurde vorerst nichts, denn der Zoll musste erst noch kommen. Und er kam und kam nicht. So langsam wurden alle ungeduldig und vermehrt hörte man schlecht gelaunte Passagiere. Es war heiß und auf dem Deck war nur wenig Schutz vor der Sonne.
„Pole, pole", sagte ein Mann. „Wir sind schließlich in Afrika. Da gehen die Uhren langsamer."
Es lachte aber keiner darüber.
Nach über zwei Stunden Wartezeit, wurden alle von Bord gelassen. Ein Bus brachte Johanna und Jonas zu ihrem Hotel zurück.

Sie bekamen ein neues Zimmer. „Schnell aus den verschwitzten Sachen und runter zum Strand", sagte Johanna.

Von dort aus beobachteten sie die Somalia Flieger. Sie waren ein Teil der UNO Mission, die die Nahrungsversorgung der Somalier sicherstellen sollten. Das war immer wieder ein Schauspiel. Es waren belgische Piloten, die gleich nebenan in einem Hotel wohnten. Johanna und Jonas hatten sich schon öfters mit ihnen an der Bar unterhalten. Hatte der fliegende Pilot Dienstende, flog er ganz dicht über das Hotel, so dass der nächste Pilot sich zum Flughafen begeben konnte, um seinen Dienst an zu treten. Das war nicht nur waghalsig, sondern auch gefährlich. Über einen Landungssteg flogen sie so dicht hinüber, dass Leute, die dort lagen, schnell ins Wasser sprangen. Das wurde ihnen auf Grund der Beschwerden natürlich verboten, aber oftmals hielten sie sich nicht daran.

Nach dem Abendessen saßen Johanna und Jonas noch mit all ihren Bekannten zusammen. Jeder fragte sie aus. Wie war es denn? Hattet Ihr hohen Seegang. Wie war das Essen und vieles mehr. Bereitwillig gaben sie Auskunft. Es hatte ihnen wirklich gut gefallen. Aber wo war der Opa?

Er war nirgends zu sehen. Hoffentlich ist er hier nicht krank geworden, dachte Johanna.

„Ich glaube, ich muss noch einmal Geld tauschen", sagte Jonas. „Hat jemand einen günstigen Kurs anzubieten?", fragte er in die Runde.

„Klar, doch", sagte Holger. „Drei Hotels weiter ist es gerade am besten. Ihr dürft allerdings nicht sagen, dass Ihr in einem anderen Hotel wohnt. Dann tauschen sie nicht um."

„Muss ich sonst noch etwas beachten?"

„Nein", sagte Holger.

Johanna hatte skeptisch zugehört. Da war doch sicher noch ein Haken, dachte sie. Holger war zwar ganz nett, aber auch ein Schlitzohr. Jonas dagegen war begeistert. Je mehr Pfennige man sparen konnte, umso besser.

„Dann werden wir das gleich morgen früh erledigen. Wir kürzen ab und laufen über den Strand ins Hotel. Dann fällt das schon mal nicht auf", sagte Jonas zu Johanna.

Johanna sagte erst mal nichts. Bis jetzt war immer alles gut gegangen. Es konnte ja auch nichts passieren, außer, sie würden einfach ohne Geld weggeschickt.

Wie geplant, liefen sie am nächsten Tag über den Strand in das benachbarte Hotel. Die Hotelbank war gleich neben der Rezeption. Beide stellten sich in die Schlange. Als Jonas an der Reihe war sagte der Afrikaner: „Ihre Passnummer bitte." Johanna wurde es mulmig, doch Jonas nannte wie von selbst ihre Telefonnummer und sein Geburtsdatum. Natürlich ohne Punkt dazwischen.

„Ihre Zimmernummer bitte."

Gerade fuhr der Fahrstuhl nach oben, die Etagen waren angegeben, er fuhr in den zweiten Stock.

„Zimmer 214, zweiter Stock", erwiderte Jonas.

Und schon bekamen sie ihr Geld ausbezahlt. Jonas steckte es ein und dann verließen beide so schnell es ging das Hotel. Als Johanna noch einmal zurück blickte, sah sie den Afrikaner grinsen. Ob er wohl bemerkt hatte, dass sie in einem anderen Hotel wohnten?

Unterwegs begegnete beiden der Opa.

„Hallo, meine Prinzessin", begrüßte er wie immer Johanna. „Ihr wundert Euch sicher, dass ich hier am Strand entlang laufe. Ich hatte einfach das Bedürfnis, mich unter andere Menschen zu begeben. Die Leute im Hotel sind nicht mein Fall. Ich bin froh, dass Ihr wieder zurück seid."

„Aber war der Weg nicht zu beschwerlich?", fragte Johanna.

„Ja, schon, aber ein Askari hat mich die Treppen hinunter geführt. Pole pole, hat er gesagt und so haben wir uns auch an langsame Schritte gehalten. Ihr nehmt mich doch wieder mit zurück?"

„Klar", sagte Jonas. „Dann laufen wir auch pole pole."

Sie brauchten zusammen recht lange bis sie wieder im Hotel waren. Der Opa konnte wirklich nicht mehr so gut laufen. Jonas musste ihn richtig stützen.

„Das war jetzt doch ein bisschen zu viel oder?", fragte Johanna.

„Ja, ich gehe gleich in mein Zimmer und lege mich etwas hin. Heute Abend wird Bingo gespielt. Das kann ich sowieso nicht leiden. Wenn einem Manager nichts einfällt, lässt er Bingo spielen."

„Dann wissen wir ja, was wir heute Abend tun", sagte Jonas lachend.

„Ja, wir haben noch nie Bingo gespielt. Für uns ist das einmal etwas anderes."

„Und übermorgen müssen wir unsere Koffer packen", sagte Johanna.

„Dann ist diese schöne Zeit schon wieder vorbei."

„Dann bleiben für uns ja nur noch knapp zwei Tage", sagte der Opa ganz traurig.

„Stimmt. Aber wir werden uns sicher noch einmal hier treffen. Sie fahren doch bestimmt nächstes Jahr wieder hier her."

„Das hoffe ich sehr. Jetzt aber Gute Nacht und viel Spaß heute Abend."

Johanna freute sich schon auf Bingo und Jonas freute sich auf den „Opa freien" Abend. Inzwischen versuchte er ihr die Spielregeln zu erklären.

„Wir kaufen uns erst die Karten dazu. Darauf sind Zahlen: 24 Felder und 5x5 Zahlenreihen Raster. Jemand zieht die Kugeln, auf denen Zahlen stehen. In welcher Reihe oder Raster die gezogenen Zahlen vorkommen müssen, wird zuvor bekannt gegeben. Hast Du eine Zahl richtig, markierst Du sie Dir. Es wird sehr schnell gezogen, so dass Du eben aufpassen musst. Hast Du alle richtig, rufst Du Bingo. Dann bekommst Du einen Preis."

„Und wenn ich mich getäuscht habe?", wollte Johanna wissen.

„Dann gibt es eine Art Strafe. Die wird am Anfang festgelegt. Also Aufpassen ist angesagt."

Ein wenig später stieß Johanna an: „Hast Du es gehört? Heute muss man in den Pool samt Kleidung!"

Dann begann das Spiel. Es dauerte eine ganz Weile, einige holten schon ihre Preise ab. Johanna wartete gespannt. Jonas hatte schon die Lust verloren. Er passte lieber auf, dass Johanna richtig guckte. Aber was war denn das?

Bevor er nur etwas sagen konnte rief Johanna: „Bingooooooo!"

Und sie hatte sich getäuscht. Es war und blieb falsch.

„Ab in den Pool", riefen die anderen, die eine völlig entsetzte Johanna sahen. Ihr blieb keine Wahl. Sie hatte zwar einen langen Rock an, aber wenn man vorher weiß, was passieren kann und trotzdem mit macht, darf man auch nicht kneifen.

„Ich mache aber keinen Kopfsprung", rief sie den anderen zu. „Ich springe einfach nur hinein."

„Springen, springen", riefen diese; solange, bis Johanna sich ins Wasser hinein fallen ließ.

Sie schwamm gleich durch den ganzen Pool, so dass der Weg zum Zimmer näher war. Eine richtige Schleifspur zog sie hinter sich her. Alle lachten und amüsierten sich prächtig, während Jonas innerlich kochte. Ausgerechnet Johanna musste das passieren. Hätte sie nicht besser aufpassen können?

Als Johann frisch angezogen wieder auf ihren Sitz zurückkam, war die Laune von Jonas miserabel. Er sagte zwar nichts, aber Johanna wusste schon von alleine was er dachte. Egal, sie konnte es ja nicht rückgängig machen und schließlich hatte sie noch eine Karte. Vielleicht würde sie doch etwas gewinnen.

„Bingo", rief sie. Jonas erschrak. Schon wieder?

„Jonas, alle Zahlen stimmen. Wir haben ein Essen gewonnen. In dem Spezialitäten Restaurant!"

Jonas lachte. „Dann müssen wir uns aber beeilen und für morgen noch einen Tisch reservieren lassen."

Eilig gingen sie zu dem Restaurant. Es war gar nicht so einfach, denn es wurde jeden Tag gut besucht. Erst als sie sagten, dass sie nur noch diesen einen Tag im Hotel bleiben würden, hatten sie ein Einsehen. Es klappte.

„Ja, Bingo ist Klasse", sagte Johanna.

„Wenn man gewinnt", erwiderte Jonas.

„Wer ist denn nass geworden. Du oder ich?"

„Ist ja gut, ich freue mich ja auf das Essen."

Am nächsten Morgen fing Johanna an die Koffer zu packen. Sie müssten eigentlich nicht mehr so viel wiegen, da sie ja doch einiges gar nicht mehr in ihrem Besitz hatten, aber......

Andenken wiegen eben auch. Gerade die Speckstein Elefanten waren schon in der Hand recht schwer. Es wird schon schief gehen, dachte sie. Als könne Jonas ihre Gedanken lesen sagte er: „An der Rezeption hängt doch der Haken zum Koffer wiegen. Ist einer zu schwer, können wir ja noch umpacken. Dann können wir auch gleich noch die Uhrzeit sagen, wann wir geweckt werden wollen."

„Ja, so können wir es machen. Ich denke, ich packe alles gleichmäßig ein. Einiges passt ja auch noch in den Rucksack und in Deine Umhängetasche." Und sie fügte hinzu: „Dein Jackett packe ich erst nach dem Essen ein. Du brauchst es ja noch."

„Soll ich das etwa anziehen? Ich glaube, Du machst Witze!"

„Nein, ich mache keine Witze. Ich ziehe meinen langen Rock an. Bis dahin ist er richtig trocken."

Da Jonas keinen Streit haben wollte, antwortete er lieber nicht. Johanna dachte, nach drei Wochen sind sämtliche Kleidungsstücke nicht mehr so ansehnlich, aber sie wollte anständig zum Essen gehen. Deshalb entschied sie sich für den langen Rock.

Nachdem sie alles erledigt hatten, gingen sie hinunter zum Strand. Zwar wollten sie sich nicht von jedem verabschieden, aber sie wussten, dass sie nicht so schnell wieder im Hotel sein würden.

„Diesmal laufe ich aber nicht wieder barfuß zurück ins Hotel", sagte Jonas. „Ich behalte meine Badeschuhe."

Johanna lachte. „Dann warte es erst einmal ab. Wir sind ja erst auf dem Hinweg."

Natürlich wussten alle beide, dass die Traurigkeit, die die Beach-Boys an den Tag legten, nicht ganz ehrlich war. Jeden Tag kamen neue Gäste an und alle waren ihre Raffikis. Doch bei manchen glaubten sie es ihnen. Bei Helmut sowieso; Zacharias, Josef, David, Shandrak und der „Lange Mann" waren eben doch ein wenig anders als all die anderen. Letztendlich war das Johanna und Jonas am letzten Urlaubstag auch egal. Nach drei Wochen freuten sie sich wieder auf zu Hause. Sie wussten, dass sie wieder kommen würden und bis dahin konnte man die Beach-Boys ruhig vermissen.

Es kam aber, wie Johanna es schon vermutet hatte. Jonas verschenkte zum Schluss doch wieder seine Badeschuhe. Er jammert über die heißen Platten, über die sie laufen mussten. Manchmal half seinen Füßen ein kleiner Grasabschnitt, aber dennoch tat es eben weh. Johanna konnte sich ein Lachen nicht verkneifen, zumal Jonas das letzte Stück auf dem Gras rannte.

„Wo sind noch mal Deine Schuhe?", fragte sie.

„Dann wird der Koffer auch etwas leichter", antwortete Jonas.

„Na klar doch. Badeschuhe wiegen ja auch so viel", lachte Johanna weiter. „Aber erst klar ausdrücken, was nicht wieder vorkommt!"

„Ich gebe Dir Recht. Bist Du jetzt zufrieden?"

„Ich will mal nicht so sein. Das nächste Mal sagst Du lieber nichts."

Den Nachmittag verbrachten beide am Pool. Der Opa ließ wie immer seine Badeschuhe am Rand stehen, verließ den Pool an einer anderen Stelle und musste deshalb dauernd seine Schuhe suchen. Etliche Male trug Jonas sie ihm hinterher.

Johanna und Jonas verabschiedeten sich von allen, die sie kannten. Auch die Kellner und Room-Boys wurden nicht vergessen. Alle fragten, ob sie denn wieder kommen würden.

„Ja, wir kommen sicher wieder hierher", sagte Johanna.

Jonas lachte. „Das kann man doch jetzt noch gar nicht sagen", antwortete er.

„Einmal Kenia, immer Kenia", sagten Holger und Anne wie aus einem Mund.

„Dann wartet es doch einfach ab", erwiderte Jonas. Die ganzen Verabschiedungen mochte er gar nicht. Und jetzt kam auch noch der Opa hinzu.

„Ihr habt immer gelächelt, wenn ich erzählt habe, dass man immer wieder in dieses schöne Land zurückkommt. Und nun? Ich glaube, Ihr tretet in meine Fußstapfen, nicht wahr meine kleine Prinzessin?"

„Das werden wir nicht schaffen", sagte Jonas schnell. „Johanna und ich wollen auch noch andere Länder oder Kontinente kennen lernen." Und er fügte hinzu: „Komm Johanna, wir müssen uns jetzt für`s Essen umziehen."

Schnell noch ein paar Umarmungen und dann war für beide auch dieses abgeschlossen.

In dem Spezialitäten Restaurant war es recht voll. Johanna und Jonas bekamen einen Tisch zugewiesen. Sofort kam ein Ober und fragte nach den Getränken und nachdem diese gebracht worden waren, legte er ihnen die Speisekarte hin. In angemessener Entfernung wartetete er geduldig ab. So schnell konnten sie sich allerdings nicht entscheiden. Sie wollten nicht so viel essen. Hauptsache es schmeckte.

„Ich würde ja gerne das Huhn in Erdnusssoße nehmen, aber ein ganzes Huhn ist mir zu viel", sagte Johanna. "Isst Du die Hälfte?"

„Dann hast Du Pech gehabt. Ich mag Huhn sowieso nicht so. Ich esse lieber Nyama Choma. Das ist Fleisch vom Grill. So steht es jedenfalls dahinter", antwortete Jonas.

„Dann nehme ich das eben auch. Dazu noch Chapati."

„Fladenbrot dazu? Ich nehme Bohnen."

„Ja, mir schmeckt das."

Sie bestellten und als die Gerichte auf dem Tisch standen, ließen sie es sich schmecken.

„Das war wirklich mal etwas anderes", sagte Jonas. „Jetzt werden wir aber nicht erst noch zur Bar gehen, sondern schlafen gehen. Wir werden morgen sehr früh geweckt."

Als sie am nächsten Morgen zum Flughafen gebracht wurden, regnete es in Strömen. Wenn der Bus dicht gewesen wäre, wäre das ja nicht weiter schlimm gewesen, aber es regnete hinein.

„Hat jemand einen Schirm dabei?", rief eine Frau. „Ich werde ja ganz nass!"

„Das Wasser kommt von hinten rein. Ich muss schon die Füße hochnehmen", rief noch jemand.

„Das darf jetzt ja nicht wahr sein. Jede Menge Geld für das Hotel verlangen und dann wird man mit so einem Bus zum Flughafen gebracht!"

„Der fährt eben immer nur bei Sonnenschein", sagte Jonas lachend.

„Ich finde das auch unmöglich", sagte Johanna. „Sieh mal, die in den hinteren Reihen haben tatsächlich ihre Schirme aufgespannt."

Ziemlich nass standen alle darauf in dem zugigen Flughafen und warteten auf die Abfertigung. Die Stimmung der Urlauber war ziemlich auf dem Null Punkt angelangt. Und dann noch diese angeborene Schnelligkeit! Pole pole.

Es wurde aber noch besser, denn als sie in das Flugzeug einsteigen wollten, stand dieses mehrere hundert Meter entfernt und alle mussten noch einmal durch den Regen laufen.

„Ich friere", sagte eine Frau. „Und das in Afrika. Das darf man gar keinem erzählen."

Die Stewardessen hatten aber ein Einsehen und verteilten Decken, in die sich auch Johanna und Jonas kuschelten.

Kwaheri Kenya !

1994
Tsavo Ost und Tsavo West

„Weißt Du eigentlich, wie das Wappen von Kenia aussieht?", fragte Jonas Johanna.

„Klar, es sind zwei Löwen mit roten Zungen zu sehen, die ein Schild mit den Farben Kenias halten."

„Und was ist noch drauf?"

„Ich glaube, die Löwen haben auch jeder einen roten Speer in der Hand. Das Schild hat die Farben Kenias. Oben schwarz, ein weißer Strich, rot, wieder ein weißer Strich und unten ist grün."

„Klasse, dann hast Du ja genau hingesehen, aber Du hast noch etwas vergessen", antwortete Jonas lachend.

„Keine Ahnung, das musst Du mir schon sagen."

„In dem roten Feld ist ein silberner Hahn zu sehen."

„Na prima. Und warum willst Du das eigentlich alles wissen?"

„Ich habe gerade an unseren nächsten Urlaub gedacht und einfach in allen Lektüren geblättert, die wir so haben. Ist doch immer gut, wenn man genug über das Land weiß, in das man fährt oder?"

„Stimmt. Ich lese ja auch alles Mögliche vor dem Urlaub. Auf dem Wappen ist aber noch mehr drauf."

„Ja, da die Löwen auf einem Postament stehen, sind dort noch die Früchte Kenias zu sehen."

„Mich erinnert das Schild irgendwie an die Massai. Liege ich damit richtig?"

„Ja, sieht ganz danach aus."

„Und was heißt HARAMBEE?", wollte Johanna wissen.

„Da muss ich erst nachschlagen. Du könntest aber auch einmal in Deinem Suaheli Buch nachlesen", erwiderte Jonas.

Während Johanna noch nach der Übersetzung suchte, sagte Jonas: „Erinnerst Du Dich daran, dass Helmut sagte, für ihn wäre Jomo Kenyatta der beste Präsident gewesen?"

„Ja, ein wenig. Ist ja schon lange her, und außerdem ist Geschichte nicht mein Ding. Das weißt Du ja."

„Dann höre jetzt einfach mal zu. Als Kenyatta die Kenianer in die Unabhängigkeit führte, übernahm dieser einfach die Fahne seiner KANU- Partei und wandelte sie in eine Nationalfahne um. Schwarz steht für das Volk, weiß für den Frieden, rot für das Blut und grün für die Landwirtschaft. Der silberne Hahn im roten Feld ist das Abzeichen der KANU-Partei."

„Das klingt ja vollkommen logisch", antwortete Johanna und fuhr fort: „HARAMBEE heißt übersetzt: „Lasst uns zusammen arbeiten" und dann kann ich noch etwas übersetzen. „Kenyatta" bedeutet „Flammender Speer".

„Sind wir jetzt für Kenia gerüstet?", fragte sie noch nach.

„Ich weiß, so richtig interessiert Dich das gar nicht, aber es ist schon erstaunlich, wie Jomo Kenyatta das alles in die Fahne und in das Wappen eingebracht hat."

„Stimmt, jetzt versteht man sie, wenn man irgendwo eine sieht."

„Dann können wir jetzt ja unsere Koffer packen", sagte Jonas.

Diese Jahr wollten Johanna und Jonas eine Safari machen. Sie hatten lange überlegt und sich dann für den Tsavo Ost- und Tsavo West Nationalpark entschieden. Es waren nur zwei Tage, die sie unterwegs sein würden. Sie hatten lange gezögert, denn sie mussten dabei auf der Nationalstraße nach Nairobi fahren. Von dieser Straße hatten sie gehört, dass sie sehr gefährlich sei. Die Afrikaner würden wie die Wilden fahren.

„Weißt Du was, wir nehmen einfach unsere Schutzengel mit", hatte Jonas Johannas Bedenken zerstreut. „Wird schon schief gehen." Und so hatten sie gleich diese Fahrt mit gebucht.

Regen in Mombasa? Darüber wunderten sich Johanna und Jonas nicht mehr.

Als sie aus dem Fenster sahen staunten sie, denn auf dem Flughafen waren Bauarbeiten zu sehen.

„Toll, ich glaube, Kenia bekommt einen neuen Flughafen", sagte Johanna.

„Das wird aber auch Zeit, Johanna. Der bisherige war wohl mehr oder weniger eine Zumutung für alle Besucher."

„Da hast Du recht, aber dieses Jahr müssen wir sicher noch mit den alten Gegebenheiten klar kommen", antwortete Johanna.

„Sowieso", lachte Jonas. „pole pole."

Am Zoll mussten beide sich vielen Fragen stellen lassen, denn anhand der Stempel im Reisepass sahen die Zöllner, dass beide schon mehrmals in ihrem Land waren. Die obligatorische Frage: „Hast Du für Deine Freunde etwas mitgebracht?" kam auch prompt. Beide verneinten, aber das glaubte ihnen der Zöllner nicht. Sie mussten ihre Koffer öffnen. Alles wurde mit spitzen Fingern hochgehoben, aber wieder anständig zurückgelegt. So langsam waren beide genervt. Der Flug und die Müdigkeit zeigten doch ihre Auswirkungen. Jonas verlor die Geduld.

„Wir haben doch schon gesagt, dass wir keine Geschenke dabei haben. Wir wollen auf Safari gehen, da braucht man kein unnötiges Gepäck!", sagte er.

Der Zöllner zweifelte trotzdem daran. Wahrscheinlich überlegte er wie es sein kann, dass man keine Freunde hat. Nachdem die nachfolgenden Touristen schon anfingen zu murren, hatte er ein Einsehen und ließ sie durch.

„Der war aber stur", sagte Johanna. „Ich bin froh, wenn wir endlich im Hotel sind."

„Ja, er war stur und doch nicht clever genug", sagte Jonas lachend. „Er hat doch einiges übersehen und das ist gut so. Ich möchte mich ja nicht umsonst abgeschleppt haben."

Im Hotel wurden sie gleich von einem Askari empfangen, der ihnen die Koffer zum Zimmer brachte. Er hatte das Jahr zuvor eine schwarze Hose von ihnen bekommen und es scheinbar nicht vergessen. Johanna war gespannt, was er dieses Jahr haben wollte, denn kein Angestellter macht etwas ohne Hintergedanken. Das hatten sie inzwischen gemerkt. Im Grunde war es ihnen ja egal, wer nun was bekam, aber eine penetrante Bettelei konnten Johanna und Jonas nicht leiden.

Jonas staunte, dass Johanna diesen Askari erkannt hatte. Sie konnte sich Gesichter sehr gut merken. Ganz im Gegenteil zu dem ersten Jahr in Kenia. Da meinte sie, alle würden gleich aussehen. Jonas musste grinsen. Sie fühlten sich wirklich schon wie zu Hause.

Im Hotel hatte sich nichts verändert. Das Personal wurde streng wie immer behandelt. Wer sich irgendwie etwas zu Schulden kommen ließ, wurde entlassen. Es standen ja genug wartende Afrikaner vor der Tür, die arbeiten wollten.

Nachdem das viele Händeschütteln vorbei war, gingen Johanna und Jonas zum Strand hinunter. Auch hier das gleiche Spiel wie schon die Jahre zuvor. Jeder hatte schon auf ihr Eintreffen gewartet. Dass das nicht stimmte war natürlich klar, aber sie machten schon einmal Schönwetter, um vielleicht etwas zu bekommen. So sind die Beach-Boys eben. Das darf man als Tourist eben nicht so eng sehen. Wenn man länger mit diesen Menschen zu tun hat, dann merkt man das sowieso. Johanna und Jonas hatten damit überhaupt kein Problem. Nach dem ersten Ansturm wurden sie in Ruhe gelassen.

Sie trafen Helmut, der sich offensichtlich freute. Allerdings dauerte das nicht sehr lange, denn als die Frage von ihm kam, was sie in diesem Urlaub unternehmen würden, bekam er ein langes Gesicht. Schon wieder hatten sie nicht bei ihm eine Safari gebucht.

„Lass es gut sein, Helmut", sagte deshalb Jonas zu ihm. „Du kennst unsere Einstellung dazu und die wirst Du auch nicht ändern."

„Ich weiß Papa", antwortete dieser. „Ich bin nur traurig darüber."

Jonas lachte. „Du musst deshalb nicht traurig sein, das hilft auch nicht."

Diese Masche konnte Jonas überhaupt nicht leiden.

„Ich muss doch auch für meine Familie sorgen", versuchte es Helmut abermals.

„Das glaube ich Dir ja", erwiderte Jonas. „Mit uns wirst Du aber keine Geschäfte machen."

Helmut drehte sich um und ging.

„Jonas, jetzt warst Du aber grob zu ihm", sagte Johanna.

„Ach Du liebe Güte, hat er Dein Mitgefühl bekommen? Das hat mir gerade noch gefehlt. Du weißt doch auch, dass am Strand gebuchte Safaris ein hohes Risiko bedeuten oder?"

Der Urlaub fing ja gut an. Immer nahm Johanna die Beach-Boys in Schutz.

„Du brauchst jetzt gar nicht böse sein, Jonas. Du hättest es nur ein bisschen freundlicher sagen können."

„Nein, er kann ruhig wissen, dass es mit uns eben nicht so funktioniert wie mit einigen gutgläubigen Touristen. Er hätte bestimmt noch mehr ans Herz gehende Sätze auf Lager gehabt. So kurz vor Weihnachten zieht das ja besonders gut. Erstaunlich, dass er es nicht erwähnt hat. Wäre er mir allein begegnet, dann hätte er erst gar nicht das Gesicht verzogen. Er wusste doch genau, dass Du leicht zu beeinflussen bist."

„Bin ich nicht", wehrte sich Johanna. „Lass uns mit dem Streiten aufhören. Wir sind beide noch vom Flug müde und sicher deshalb gleich so verkehrt."

„Stimmt. Wir gehen wieder nach oben zum Pool. Unsere Liegen müssen wir ja auch noch reservieren."

Damit war das Thema für beide erledigt.

Johanna und Jonas verbrachten die folgenden Tage am Pool oder am Strand. Helmut ging ihnen aus dem Weg. Johanna fand das nicht so gut, aber sie ließ es sich nicht anmerken. Alle anderen Beach-Boys waren so, wie sie sie kennengelernt hatten. Schnell wurden sie ihre mitgebrachten Kleidungsstücke los. Manchmal tauschten sie sie auch ein. Da handelte Johanna ein wenig, allerdings nicht bis zur Schmerzgrenze. Sie wollten alle beide keine Geschäfte machen. Gegen ein kleines Souvenir war Johanna aber nie abgeneigt. Jonas musste sie deshalb öfters einmal bremsen.

"Sag mal, weißt Du eigentlich, wo Du das alles noch hinstellen willst?", fragte er nach.

„Klar, ich finde immer einen Platz", antwortete Johanna. „Mir fehlt jetzt nur noch eine Giraffe aus Holz", fügte sie hinzu.

„Und danach?"

„Ich finde dann eben noch etwas anderes", erwiderte Johanna lachend.

Dann war es endlich soweit. Die Bussafari nach dem Tsavo Ost- und Tsavo West Nationalpark konnte beginnen.

So, wie in der Reisemitteilung beschrieben, begann die Fahrt am frühen Morgen. Ein Ehepaar aus Frankreich hatte abgesagt und so saßen sie nur noch mit zwei Ehepaaren im Bus.

„Da hatten wir wohl Glück, dass zwei Leute nicht mitfahren konnten", sagte Johanna. „Das wäre doch etwas eng geworden."

„Überbucht, nennt man das", sagte Jonas. „Man muss auch mal Glück haben."

„Hoffentlich bleibt das so", sagte ein Mann. „Sollen wir uns nicht duzen? Wir sind ja zwei Tage zusammen unterwegs."

„Klar, wir sind Johanna und Jonas."

„Wir sind Peter und Christiane."

„Wir heißen Klaus und Gabriele."

„Und ich heiße Gideon", sagte der Fahrer des kleinen Busses.

Alle lachten, denn sie hatten nicht damit gerechnet, dass er sie verstehen würde.

„Dann hast Du ja einen biblischen Vornamen", sagte Jonas zu dem Fahrer. „Meiner ist auch aus der Bibel, allerdings mit hebräischen Wurzeln."

„Ja", mischte sich Johanna mit ein, „Jonas wurde von einem Walfisch verschlungen und deshalb konnte er nicht ertrinken."

„Na, zum Glück fahren wir in einen Nationalpark und nicht ans Meer. Da muss man nicht vor dem Ertrinken gerettet werden", sagte Peter und lachte.

„Nein, aber da mein Name übersetzt „Taube" heißt, kann ich eventuell mit den Geiern mit fliegen", antwortete Jonas lachend.

Die Stimmung im Bus war toll. Die drei Frauen redeten über die Kinder, die Männer über Fußball. Draußen gab es landschaftlich nicht viel zu sehen.

Es herrschte viel Verkehr auf der Straße. Gideon umfuhr die Schlaglöscher ebenso wie all die anderen Fahrzeuge. Das führte bei den Mitfahrenden öfters zu einem „oh" oder „ach Du liebe Güte", denn entgegenkommende Fahrzeuge bremsten nicht automatisch, sondern der schnellere hatte eben Vorfahrt.

Gleich am Anfang der Nationalstraße sahen sie den ersten Unfall. Zum Glück nur ein Blechschaden. Nach 50 km sollte es aber schlimmer kommen. Gideon wurde unruhig. Er hatte etwas über den Funk gehört, aber was? Keiner hatte etwas davon verstanden. Aufmerksam sah er nach rechts oder links. Er suchte offensichtlich etwas. Dann sahen sie es alle. Am Straßenrand lag ein Toter, etwas weiter davon klebte ein Safari Bus förmlich in der Böschung. Die Polizei lief umher, sichtlich geschockt. Etwas weiter davon entfernt stand ein Überlandbus. Einige Menschen saßen noch im Bus, andere standen am Rand der Straße. Was war passiert?

Gideon hielt an und stieg aus. Er wollte nachsehen, von wem der Safari Bus war. Völlig erschüttert kam er wieder zurück, denn er kannte den Fahrer des verunglückten Busses. Es war sozusagen ein Kollege von ihm. Insgesamt gab es vier tote Touristen.

„Ich kann noch nicht weiter fahren", sagte Gideon unter Tränen. „Ich muss erst noch eine Weile warten." Er fuhr nur an der Unglücksstelle vorbei und suchte eine Parkmöglichkeit, die einigermaßen sicher schien.

Es sagte keiner etwas. Alle waren mit ihren Gedanken bei den verunglückten Menschen.

Als sie dann weiter fuhren, sahen sie nur wenige Kilometer von dem schweren Unfall entfernt, einen umgestürzten Tankwagen. Vor diesem hatte sich eine lange Schlange Afrikaner gebildet, die mit Eimern den heraus laufenden Kraftstoff auffingen.

„Das ist hier ja der helle Wahnsinn", sagte Johanna. „Wir hätten doch lieber im Hotel bleiben sollen."

„Ja, so schlimm hat sich das wohl keiner von uns vorgestellt", antwortete Peter. „Hoffen wir, dass wir heil im Park ankommen."

Nach mehr als zwei Stunden für etwa 80 km, hatten sie die Fahrt überstanden. Als sie die Stadt Voi erreicht hatten, bogen sie in Richtung Nationalpark ab.

Gideon hatte nichts mehr geredet. Er fuhr sehr vorsichtig und war offensichtlich froh, als sie das „Buchuma Gate" erreicht hatten.

„Wir fahren zuerst in den Tsavo-Ost-Nationalpark", meldete er sich zu Wort. „Hier beginnt die erste Pirschfahrt. Wir werden sehr viele Elefanten sehen. Sie werden auch „Rote Elefanten" genannt. Achten Sie auf die Erde, dann werden Sie sehen, dass diese rot ist."

„Dann sind in der Erde sicher sehr viele Minaralstoffe", sagte Peter.

„Keine Ahnung", erwiderte Jonas. „Könnte aber stimmen."

„Welcher Park ist denn größer?" fragte Gabriele. „Tsavo Ost oder West?"

„Tsavo Ost ist größer", antwortete Gideon. „ Die Nationalstraße teilt die beiden Parks."

„Gut, dass wir von dieser nun weg sind", sagte Johanna. „Ich darf gar nicht an die Heimfahrt denken."

„Jetzt sind wir erst einmal hier", antwortete Jonas. „Komm, lass uns diese Zeit einfach genießen."

Nachdem sie die ersten Elefanten gesehen hatten, sagte Christiane: „Ich denke, die Elefanten sind rot? Die haben aber ganz normal ausgesehen."

„Dummerle", sagte Peter lachend. „Die sehen doch rot aus, weil sie sich den Staub mit ihrem Rüssel überall hin pudern. Nach dem eigentlichen Bad baden sie förmlich im Staub. Das geschieht zum Schutz ihrer Haut. Sie sind ja den ganzen Tag der Sonne ausgesetzt. Meist benutzen sie aber Schlamm und das immer nach einem ausgiebigen Bad in einem Fluss oder großem Tümpel."

„Und woher soll ich das bitte wissen?", fragte Christiane zurück.

„Hättest mal etwas vor dem Urlaub darüber lesen sollen", sagte nun auch Jonas lachend.

„Wozu habe ich denn Peter? Er kann immer alles beantworten. Da muss ich nicht auch noch lesen."

„Ja, so ist das", sagte Peter. „Fragen stellen ist einfacher als selbst etwas lesen."

Christiane war beleidigt. Hatte Peter das jetzt so sagen müssen? Sie nahm sich vor, überhaupt keinerlei Fragen mehr zu stellen. Sendepause war angesagt.

Als Johanna das bemerkte, beschloss sie ebenfalls Fragen zu stellen. Frauen mussten schließlich zusammen halten. Und schon fiel ihr eine ein:

„Was ist das hier denn für eine Landschaft? Vielleicht eine Buschlandschaft?"

„Johanna, sieh doch einfach aus dem Fenster. Hier sind ideale Bedingungen für Elefanten, Zebras, Kaffernbüffel und viele andere Tierarten. Für die Giraffen gibt es Akazien, aber lass uns doch alles der Reihe nach ansehen."

„Ich denke, die Zickerei kann jetzt aufhören", schaltete sich Klaus ein. „Gideon fährt uns sicher überall hin. Warten wir es einfach ab."

Gideon sagte erst einmal nichts. Sein Funkgerät war fortlaufend hörbar. Wahrscheinlich funkte er erst einmal alle anderen Kollegen an. Das schwere Unglück saß ihm noch in den Knochen. Es war aber auch wirklich furchtbar.

Nach einer Weile sagte er: „Wir dürfen nur auf den vorgegeben Wegen fahren. Das war früher einmal anders. Da konnte man den Tieren eventuell hinterher fahren, aber heute ist es verboten. Ich halte aber immer, wenn etwas Interessantes zu sehen ist. Seht Ihr etwas, dann gebt Bescheid."

So holperten sie über die Wege. Ab und zu hielt Gideon an, sah sich suchend um und fuhr dann weiter.

Die Ersten Eindrücke von dem Tsavao Ost Park stimmten mit dem Reiseführer überein, den Johanna und Jonas gelesen hatten. Es gab Busch- und Grassavannen, manchmal glich alles einer Wüste. Da waren die Akazien direkt ein grüner Tupfen.

„Wir fahren ja bergauf?", bemerkte Johanna.

„Soviel ich weiß, liegt oben auf dem Berg eine Lodge, in der wir essen sollen. Hunger habe ich ja keinen, aber eine Menge Durst", erwiderte Jonas.

Als alle mit Essen und Trinken fertig waren saßen sie noch eine Weile auf der Terrasse. Einen herrlichen Ausblick gab es von dort. Etwas unterhalb befand sich ein Wasserloch, aber außer einer einzelnen Hyäne war kein Tier zu sehen. Etwas weiter davon entfernt dösten Büffel so vor sich hin.

„Na ja", sagte Peter, der plötzlich neben ihnen stand, „viele Tierarten sind hier ja nicht unterwegs."

„Ja, um die Mittagszeit sind eben nur Touristen unterwegs", konterte sofort Johanna.

Jonas sah sie an. Was war denn in sie gefahren? Vorsichtig berührte er sie am Arm und als Peter von ihnen weg ging, fragte er: "Wieso bist Du so mürrisch zu Peter?"

„Ach, das ist doch ein Griesgram. Hier laufen fast zahme Klippschliefer umher. Sieht er diese Tierart denn zu Hause? Es gibt doch nicht nur Löwen und Nashörner oder?"

„Du hast ja recht, Johanna, aber weißt Du was ich gar nicht glauben mag?"

„Was glaubst Du nicht?"

„Das sind Klippschliefer , die eigentlich wie ein Murmeltier aussehen, aber mit den Elefanten verwandt sind."

„Das weiß ich nicht. Komm, lass uns zu Gideon gehen. Er steht dort hinten ganz alleine und wartet auf seine Touristen. Sicher will er weiter fahren."

Als endlich alle im Bus saßen, fuhr Gideon los. Sein Funkgerät meldete sich und er fuhr etwas schneller. Immer wieder sah er rechts und links aus dem Fenster.

„Was suchst Du denn?", wollte Johanna wissen.

„Einen Löwen. Ich habe gerade über Funk gehört, dass hier einer in der Nähe ist", antwortete er.

„Dann bin aber gespannt, ob wir ihn finden", antwortete Klaus. Ihm tat Gideon ja auch leid, aber er fand, als Safari-Fahrer könnte er ruhig etwas mehr erzählen. Angeblich kannten sich ja alle sehr gut aus.

Gideon hielt vor ein paar Bäumen. „Seht Ihr dort! Da sind Elefanten. Kennt jemand den Unterschied zwischen einem afrikanischem und einem asiatischen Elefanten?"

„Klar doch", sagte Peter und weiter zu Christiane mit einem Zwinkern: „Ich habe schließlich vor dem Urlaub Informationen gelesen. Die asiatischen Elefanten haben kleinere Ohren."

„Hundert Punkte", sagte Jonas und lachte.

„Stimmt", sagte Gideon, „aber es gibt noch andere Merkmale. Da muss man allerdings genau hin sehen."

„Welche sind es denn?", fragte Johanna.

„Beim afrikanischen Elefant ist zum Beispiel die Haut runzliger."

„Na ja", sagte Jonas. „Da muss man sie aber direkt nebeneinander sehen".

„Sicher", erwiderte Gideon. „ Außerdem ist der afrikanische Bauch des Elefanten nicht gerade, sondern er hängt schräg nach unten. Von vorne in Richtung Hinterbeine."

„Und welcher ist größer?", wollte Johanna wissen.

„Der afrikanische", erwiderte Gideon. „Auch sein Gewicht ist höher angegeben. Er kann bis zu 7000 kg schwer werden. Er ernährt sich auch anders als der Asiatische Elefant. Unserer hier frisst hauptsächlich Blattnahrung; der andere ernährt sich mehr von Gras."

„Sieh mal, die laufen gerade alle über den Weg", sagte Johanna. „Das sind ja ganz viele! Gut, dass sie uns nicht alle entgegenkommen."

Gideon sah den Elefanten nach.

„Wenn wir wieder zu Hause sind, gehen wir in den Zoo und vergleichen die Elefanten miteinander. Dann können wir auch selbst die Unterschiede sehen", sagte Christiane zu Peter.

„Werde denn zweierlei Arten zusammen in einem Zoo gehalten?", fragte Johanna.

„Das habe ich ja noch nie gehört", antwortete Jonas.

„Doch, bei uns in Berlin kann man beide Arten sehen", erwiderte Gabi.

„Stimmt. Ich war mir nur nie sicher, welcher in den entsprechenden Erdteil gehört", sagte Peter.

„Seid Ihr beide eingeschlafen?" Peter sah Klaus und Gabi fragend an.

„Nein, sind wir nicht. Wir haben aufmerksam zugehört", antwortete Klaus. „Ich kann nur nicht glauben, dass es bei Euch zwei Arten gibt."

„Dann lass es eben sein. Ist ja auch egal. Mich interessieren sowieso die Löwen viel mehr. Ich hoffe, wir werden nun endlich welche sehen", sagte Peter.

„Am besten ein ganzes Rudel oder?", erwiderte Klaus lachend, um die Schärfe aus dem Gespräch zu nehmen.

„Stimmt." Peter hatte auch keine Lust auf Diskussionen.

Gideon fuhr weiter. Er hatte ja schon viele Touristen gefahren, aber dass einer immer alles besser wusste, hatte er noch nicht erlebt. Es war ihm allerdings egal. Er dachte nach wie vor an den Unfall und musste sich sowieso zusammen nehmen. Am liebsten wäre er zurück nach Mombasa gefahren, aber dann wäre er auch sofort entlassen worden. Er dachte an seine Familie.

Sie fuhren mehr oder weniger kreuz und quer auf den Wegen entlang. Nirgends war ein Löwe zu sehen. Stattdessen sahen sie hin und wieder Giraffenhälse an Akazien und natürlich Elefanten.

„Gideon halt an", rief plötzlich Johanna, „dort drüben liegt etwas!"

Auf der rechten Seite bewegte sich etwas.

Es war tatsächlich eine Löwin, die aber sofort die Flucht ergriff, als sie den Safaribus bemerkte.

„Dann werden wir einfach nachsehen", sagte Gideon. „Ich muss allerdings ein Stück vom Weg wegfahren. Ich hoffe, Ihr verratet mich nicht."

„Nein, wir verraten nichts", antwortete Jonas und alle anderen nickten zustimmend mit dem Kopf.

„Löwe weg, Zebra tot", sagte Peter.

„Das sieht aber wirklich nicht schön aus", sagte Johanna. „Ich mag da gar nicht hinsehen."

„So ist eben die Natur. Fressen und gefressen werden", erwiderte Peter.

„Das weiß ich." Johanna fand Peter einfach nur doof.

„Auf jeden Fall haben wir einen Löwen von hinten gesehen. Das ist doch etwas oder?"

Johanna verzichtete auf eine Antwort und sah Jonas an, doch dieser blickte immer wieder zu dem Zebra hin.

„Die Löwin muss es gerade erst gerissen haben", sagte Gideon. „Das Blut ist noch ganz frisch. Seht mal zum Himmel. Dort oben fliegen schon die ersten Geier."

Tatsächlich, es waren einige zu sehen.

„Sind das Aasgeier?", wollte Johanna wissen.

„Bei uns gibt es den Ohren-und Wollkopfgeier. Sie sind ziemlich groß und dann haben wir auch noch eine kleinere Art: Den Schmutzgeier", antwortete Gideon. „Wenn Tiere Hunger haben, können sie sich nach den Geiern richten, denn wo sie in Scharen auftauchen, liegt irgendwo ein verendetes oder gerissenes Tier. Für Hyänen ist das schon sehr wichtig."

„Dann müssen die Geier aber sehr gute Augen haben, denn ich weiß, dass sie sehr hoch fliegen. Ich meine damit 2000 m über dem Boden", sagte Johanna.

„Ja, das stimmt", antwortete Gideon. „Sie steigen mit der Morgenthermik auf und haben so alles im Blick."

„Werden wir einen aus der Nähe sehen können?", fragte Peter.

„Sicherlich nicht. Sie sehen ja, dass ein Fahrzeug in der Nähe ist. Schließlich sind es ja keine zahmen Vögel."

„Dort drüben auf dem dürren Baum sitzt aber so ein größerer Vogel", meldete sich Klaus zu Wort.

„Da wir sowieso jetzt in die Lodge fahren, werde ich langsam an ihm vorbei fahren. Vielleicht haben wir ja wirklich Glück und können durchs Fernglas sehen, was für einer es ist", antwortete Gideon.

Als sie sich besagtem Baum näherten, sah Gideon gleich durch sein Fernglas.

„Das ist ja ein Ohrengeier! Da haben wir ja wirklich Glück", rief Gideon begeistert. „Das ist einer der größten Geier! Wie alle anderen Arten steht er unter Naturschutz. Seht mal, er ist aufgeregt. Er hat uns bestimmt schon längst gesehen."

„Woran siehst Du denn, dass er aufgeregt ist?", wollte Peter wissen.

Inzwischen waren sie näher heran gekommen und konnten den Geier ohne Fernglas sehr deutlich sehen.

„Das sieht man an seinem Hals und seinem Kopf. Beide sind nicht befiedert und normalerweise hell rosa. Seht doch, jetzt hat er einen beinahe roten Hals."

„Das ist ja wirklich toll", sagte Johanna und fügte hinzu: „Schön sieht er allerdings nicht aus."

„Frisst er nur Aas?", wollte Gabi wissen.

„Nein, er frisst auch Echsen oder Warane und er kann problemlos die Haut größerer Säugetiere zerreißen. Jetzt sind wir aber schon spät dran."

Gideon fuhr los und hing wieder seinen Gedanken nach. Eigentlich wollte er noch erklären, dass ein Ohrengeier über 3000 m hoch fliegt, aber er hatte keine Lust mehr. Er wollte unbedingt mit den anderen Fahrern reden, die er in der Lodge treffen würde. Einige Menschen hatten zugedeckt am Straßenrand gelegen. Ob der Fahrer des verunglückten Busses dabei war? Er würde es erfahren, aber es graute ihm davor.

„Habt Ihr eigentlich gewusst, dass der Tsavo Ost der größte Nationalpark in Kenia ist?", wollte Peter das Gespräch wieder in Gang bringen.

„Nein, das wusste ich nicht", sagte Johanna. Mit Zahlen hatte sie es nicht so und es war eigentlich auch egal, welcher nun größer war oder nicht. Ihr waren die Tierarten wichtiger.

Da keiner antwortete, schwieg Peter auch wieder. Christiane hing ihren Gedanken nach. Da Peter und sie beide arbeiteten, hatten sie abends nie Lust auf Streit, aber während des Urlaubs waren sie sich dann doch öfters in die Haare gekommen als ihr lieb war. Vor allem, was sollten denn die anderen von ihnen denken. „Christiane, nein, das war so und nicht wie Du es erzählst" oder er lachte sie einfach aus. Sie stellte fest, dass ihr der Urlaub überhaupt keinen Spaß machte. Wären sie nur am Strand geblieben, wäre es ganz anders gekommen. Aber nein, Peter wollte ja unbedingt eine Safari machen. Er wollte den Mitmenschen zeigen, dass er sich vorher gut informiert hat und mit seinem Wissen glänzen. Jetzt war es aber sowieso nicht mehr zu ändern. Sie hatte beschlossen, ihm nicht zu widersprechen.

Klaus und Gabi freuten sich, dass sie Johanna und Jonas dabei hatten. Sie waren wenigstens gut gelaunt, was man von Peter und Christiane ja nicht behaupten konnte.

Sie näherten sich den Taita Hills, einer Gebirgskette. Dort sollte ihre Lodge sein.

Das Gebäude der Lodge wirkte auf alle ziemlich ungewöhnlich. Ein zweistöckiges Gebäude, von blühenden Bougainvilleas umrahmt.

„Das sieht ja toll aus", sagte Johanna.

„Wie heißen diese Blumen?", wollte Christiane wissen.

„Vielleicht kennst Du sie unter Drillingsblume? Sie gehören in die Gattung der Wunderblumengewächse", antwortete Johanna sofort.

Gideon sah sie verwundert an.

„Woher weißt Du das denn?"

Johanna lachte. „Mich interessieren eben Tiere und Pflanzen. Man kann diese Pflanze bei uns auch kaufen. Ich hatte mal eine, aber ich habe sie nur ein Jahr gehabt. Dann hatte sie keine Lust mehr bei uns zu wachsen."

Sie stiegen alle aus und bekamen ihre Zimmer zugeteilt. Alle waren im zweiten Stock untergebracht.

„Hast Du gesehen, dass um die Lodge überhaupt kein Zaun ist?" fragte Jonas Johanna.

„Ja, habe ich. Gut, dass wir nicht ebenerdig schlafen müssen."

„Hast Du etwas Angst?"

„Nein, habe ich nicht. Aber besser ist besser", erwiderte Johann lachend.

„Ach du liebe Güte, was ist denn das für ein riesiger Käfer?"

„Oh, ich werde ihn gleich mal hinaus befördern. Es ist aber kein Wunder, dass im Zimmer so etwas krabbelt. Die Fenster stehen ja weit auf."

Alle trafen sich wieder im Restaurant. Gideon stand inmitten der anderen Fahrer und diskutierte mit ihnen. Als er die Gruppe sah, kam er zu ihnen und sagte: „Wir fahren morgen ganz früh los. Lasst Euch bitte wecken, damit wir bei den ersten sind, die in den Tsavo-West fahren."

„Dann gehen wir am besten gleich nach dem Essen ins Bett", stichelte Peter.

„Wir sind sowieso müde", erwiderte Jonas. „Der Tag war doch recht anstrengend und das Erlebte muss auch erst verdaut werden."

Am nächsten Morgen liefen Johanna und Jonas gleich nach dem Frühstück um das Hotel herum.

„Findest Du nicht auch, dass sehr viel für die Touristen getan wird?", fragte Johanna.

„Ja, selbst einen Pool finden die Gäste vor, mal ganz abgesehen von dem Essen, was die Gäste aufgetischt bekommen."

„Komm, lass uns unsere Sachen holen. Wir werden sicher pünktlich starten", sagte Johanna.

„Du kannst es wohl nicht abwarten? Wir sitzen noch lange genug. Hoffentlich wird das Wetter ein bisschen besser. Dicke Wolken brauche ich nicht unbedingt."

„Ach komm, auf die paar Wolken ist es gestern doch nicht angekommen. Die Stimmung war doch sowieso nicht so gut."

„Hoffentlich wird es heute besser", sagte Jonas.

Die anderen standen schon vor dem Bus, allerdings fehlte Gideon noch.
„Da seid Ihr ja", sagte Peter. „Habt Ihr gut geschlafen?"
„Klar doch", erwiderte Jonas. „Die Betten waren gut."
„Ich bin mal gespannt, ob wir heute einmal andere Tiere als Elefanten und Giraffen sehen."
Peter sah fragend in die Runde.
„Ich finde auch Elefanten toll", sagte Christiane. „Schließlich laufen sie bei uns nicht einfach so herum oder?"
„Da hast Du aber recht", erwiderte Johanna schnell. Peter war und blieb ein Nörgler. Das konnte ja wieder heiter werden, dachte sie. Zum Glück kam Gideon. Sie stiegen ein und fuhren los.

Am Maktau Gate stieg Gideon aus und unterhielt sich mit einigen Safari Fahrern. Als er wieder zurück kam sagte er: " Wir fahren zuerst zu den Mzima Springs."
„Sind das die Quellen, die Mombasa mit Wasser versorgen?", wollte Jonas wissen.
„Ja", erwiderte Gideon.
Im Hintergrund murmelte Peter vor sich hin: „Und ich dachte, wir würden eine Safari machen."
„Zu dem Tsava West Park gehören nun einmal auch andere Sehenswürdigkeiten." Klaus wollte eigentlich nichts mehr zu Peter sagen, aber er dachte, wenn man ihm gleich den Wind aus den Segeln nehmen würde, hätten sie wenigstens für eine Weile Ruhe und Frieden. Peter sah Klaus an ohne eine weitere Bemerkung zu machen.

Sie fuhren eine Weile durch die Buschlandschaft, sahen viele Antilopen, Büffel, Giraffen, Zebras und Warzenschweine. Dann hielt Gideon plötzlich an.
„Wir müssen warten. Es wollen Elefanten den Weg überqueren", sagte er.
Alle sahen sich suchend um. Tatsächlich, auf der rechten Seite stand eine Herde Elefanten. Langsam und bedächtig trotteten sie über den Weg, einer nach dem anderen. Der am Ende laufende Elefant blieb stehen und drehte sich um. Nun stand er genau vor dem Bus. Es waren ungefähr 20 Meter dazwischen.
„Oh, das sieht aber bedrohlich aus", sagte Johanna. "Hoffentlich kommt er nicht näher."
„Wir warten noch, bis er den anderen hinterher läuft", sagte Gideon. „Das dauert sicher nicht lange."
„Hatten wir nicht gestern auch so eine ähnliche Situation?", fragte Peter.
„Ja, aber da blieb der letzte Elefant nicht stehen und er hat sich auch nicht umgedreht", erwiderte Jonas. „Hier gibt es aber wirklich viele

dieser Zeitgenossen", fügte er lachend hinzu.

Tatsächlich lief der Elefant der Herde hinterher und sie konnten ihre Fahrt fortsetzen.

Die Landschaft sah recht eintönig aus, aber auf einmal konnten sie Palmen und üppige Akazien sehen. Es wurde zunehmend grüner. Sie fuhren auf einen Parkplatz.

„Wir steigen jetzt alle aus und laufen zu den Quellen", sagte Gideon.

„Laufen?", fragte Peter. „Sind hier keine wilden Tiere?"

„Doch", erwiderte Gideon und lachte dabei. "Hier gibt es Elefanten, Geparden, Affen und Krokodile."

„Und da laufen wir einfach so herum?"

„Es sind Ranger da, die auf uns aufpassen. Natürlich mit Gewehren ausgerüstet."

„Hat da jemand Bedenken oder etwa Angst?" Jonas grinste.

Klaus lachte. „Lauf einfach hinter mir. Dann passiert Dir schon nichts."

„Ja, so ist es. Immer eine große Klappe haben, aber wenn etwas anderes vorkommt, was man nicht kennt, in Panik ausbrechen", fuhr Klaus fort.

„Ich habe keine Angst", sagte Peter. „Man kann sich aber auch einmal wundern, oder? Da drüben steht ein Schild. Das solltet Ihr mal lesen."

Tatsächlich, auf dem Schild war zu lesen, dass es wilde Tiere gibt, man leise sein soll und auf eigene Gefahr unterwegs ist.

„Diese Quellen sind eine große Sehenswürdigkeit des Tsavo West Parks", erklärte Gideon. „Wie Jonas schon gesagt hatte, Mombasa und die Südküste werden von hier mit Wasser versorgt. Es ist das sauberste Wasser von ganz Kenia. Wir kommen gleich zu einem See, den die Quellen bilden. Vielleicht haben wir Glück und wir sehen einige Tiere."

„Ich habe gelesen, dass die Quellen ihren Ursprung in den Chyulu Hügeln haben und unterirdisch vor dort aus erst hier heraus sprudeln. Stimmt das?" Peter sah Gideon fragend an.

„Ja, das stimmt. Es ist wirklich erstaunlich, denn die Chyulu Hügel sind von hier 40 km entfernt", antwortete Gideon.

Sie konnten einige Antilopen sehen und den See einschließlich der Vegetation bestaunen, aber die wilden Tiere blieben einfach ihren Augen verborgen. Ein bisschen enttäuscht darüber waren sie alle, aber sie mussten sich damit zufrieden geben.

Gideon drängte zur Weiterfahrt. Das nächste Ziel war der Wilderers Ausguck. Unterwegs hielt er an. „Dort ist steht ein Sekretär."

„Ein Sekretär?", fragte Christiane.

„Ja, so nennt man ihn", erwiderte Gideon. „Der Name kommt von seinen schwarzen Kopffedern, die wie Gänsekiele weg stehen. Er ist ein Greifvogel. Am liebsten frisst er Schlangen und solches Getier."

Johanna lachte und sagte zu Jonas: „Den haben wir im Nairobi Nationalpark auch gesehen. Unser Reisebegleiter Josef sagte damals zu den Kopffedern: Sie sehen aus wie ein Schreibgerät von früher. Er wusste den Namen Federkiel nicht."

„Ja", erwiderte Jonas, „ich erinnere mich. Deutsch ist aber auch wirklich nicht leicht."

Nach wenigen Metern hielt Gideon wieder an. „Gleich kommt der Pavian zu uns", sagte er lachend. Und das stimmte. In Nullkommanichts saß dieser auf dem Kühler.

„Das ist ja irre", rief Christiane. „Das glaubt uns zu Hause niemand!"

„Ich glaube, die Safari Fahrer haben schon des Öfteren angehalten oder?"

„Na ja", antwortete Gideon. "Wir bringen ihm schon manchmal etwas mit. Man muss aber trotzdem sehr vorsichtig sein. Er ist nicht zahm, sondern nach wie vor ein wildes Tier."

„Sieh mal", sagte Johanna. "Seine Schnauze sieht beinahe so aus wie die von einem Hund."

„Stimmt", erwiderte Jonas.

Gideon öffnete vorsichtig seine Seitenscheibe und warf ganz schnell eine Banane an den Rand des Weges. Ebenso schnell sprang der Pavian vom Kühler und holte sich das begehrte Objekt. Gideon fuhr los. Es ging etwas bergan und als sie oben angekommen waren, stiegen sie aus.

Es war wirklich ein schöner Ausblick.

„Wieso heißt die Stelle hier eigentlich Wilderers Ausblick", wollte Johanna wissen.

„Der Name erinnert an die Zeit, in der die Wilderer erbarmungslos Elefanten und Nashörner jagten. Von hier aus kann man das ganze Tal von Turesh sehen."

„Und den Kilimanjaro", fügte Peter hinzu.

„Du hättest Reiseführer werden sollen. Den Kilimanjaro kannst Du doch selbst sehen. Das muss man doch nicht extra erwähnen."

„Ich warte immer noch auf die Big Five", meldete sich Peter noch einmal zu Wort. „Bis jetzt ist es ja lächerlich, was wir gesehen haben. Und falls das keiner weiß, die Big Five sind: Der Elefant, das Spitzmaulnashorn, der Büffel, der Löwe und der Leopard."

„Und die wolltest Du alle nacheinander sehen?", fragte Klaus lachend. „Das ist doch nicht Dein Ernst!"

„Vielleicht auch noch in Deiner aufgezählten Reihenfolge", fügte Jonas hinzu.

Peter drehte sich beleidigt um.

„Haben Sie Ihre Lunchpakete mitgenommen?", fragte Gideon. „Dann können wir hier eine Weile bleiben. Danach fahren wir in Richtung Jipi See. Unterwegs werde ich sofort anhalten, wenn ich etwas bemerke."

Die drei Frauen setzten sich ein wenig abseits ihrer Männer und unterhielten sich.

„Heute sind unsere Männer aber zickig", fing Christiane an.

„Findest Du?", fragte Johanna. „Das kann ich von Jonas nicht behaupten."

„Und ich von Klaus auch nicht", konterte auch Gabi. „Es ist doch Dein Mann, der immer alles besser weiß."

„Er weiß es eben auch besser." Christiane nahm ihn sofort in Schutz.

„Ich glaube, wir lassen das Thema lieber. Sonst streiten wir uns auch noch. Vor allem ist das so etwas von unwichtig. Wenn wir wieder in Mombasa sind, sehen wir uns sowieso nicht mehr", sagte Johanna.

„Da hast Du aber recht. Es ist gut, dass wir in verschiedenen Hotels wohnen", erwiderte Gabi und zwinkerte Johanna zu.

Es kam wie es kommen musste, jetzt war auch Christiane beleidigt.

„Ach Du liebe Güte", sagte Johanna. "Das ist aber ein schwieriges Ehepaar."

„Ehrlich gesagt bin ich auch froh, wenn wir nichts mehr mit ihnen zu tun haben."

„Egal, wir lassen uns den Rest des Tages nicht verderben oder?"

„Nein, ganz bestimmt nicht", sagte Gabi lachend.

Sie fuhren weiter.

„Ist Dir schon mal aufgefallen, dass hier überall Wegweiser stehen?", fragte Jonas Johanna.

„Ja, manchmal stehen auch nur Zahlen drauf. Ich hab´s bemerkt. Sicherlich weiß Gideon aber auch ohne sie Bescheid. Es ist ja nicht seine erste Safari."

Gideon hielt an.

„Dort vorne sitzt ein Gepard."

„Ja, ziemlich nahe an dem Weg. Müssen wir daran vorbei?", fragte Gabi.

„Er ist nicht angriffslustig. Wir fahren ganz langsam an ihm vorbei."

„Sieht der aber toll aus. Er bleibt tatsächlich sitzen." Johanna war begeistert.

„Die Tiere sind meist an Autos gewöhnt. Es kommen ja täglich sehr viele an ihnen vorbei oder wenigstens in die Nähe." Gideon lächelte. Er hatte all die wilden Tiere schon so oft gesehen und gerne hätte er seinen Gästen die Big Five gezeigt, aber das lag nun mal nicht in seiner Hand. Er dachte über seine Mitfahrer nach: Zwei Ehepaare waren sehr nett, das andere gefiel ihm nicht so. Wahrscheinlich waren sie sich selbst nicht gut. Zuerst hatten sie sich über jeden Elefanten gefreut, aber dann hatte er bemerkt, dass sie sie gar nicht mehr sehen wollten. Warum immer nur Löwen? Langsam fuhr er weiter. Bis zum Jipi See war es nicht mehr weit. Noch einmal die Beine vertreten und dann würden sie zurück fahren.

„Wisst Ihr was, ich werde mich nach der Safari beschweren", sagte Peter. „Wir bekommen so wenige Informationen über alles. Wenn ich nicht immer etwas gelesen hätte, hättet Ihr rein gar nichts erfahren."

„Na prima. Du weißt aber, dass Gideon dadurch seinen Job verlieren kann oder?" Klaus holte Luft.

„Das ist ja auch gut so. Ich kann Euch etwas über den Jipi See erzählen, aber Gideon fährt bloß durch die „Landschaft." Peter ließ nicht nach.

„Dann erzähle halt etwas darüber. Vielleicht kann Gideon von Dir etwas erlernen."

„Der Jipi See liegt an der Grenze zwischen Kenia und Tansania."

„Wer hätte das gedacht", sagte Gideon leise zu Jonas, der neben ihm saß.

„Das Wasser für den See kommt vom Kilimandscharo und von dem Pare Gebirge", fuhr Peter fort.

„Und wo liegt das Pare Gebirge?", hakte Jonas nach.

„Das befindet sich im Nord Osten von Tansania." Peter grinste.

„Toll, nun sind wir ja bestens informiert. Dann ist das also in der Nähe von den Veilchen Bergen?"

Jonas sah Gideon grinsend an.

„Wo soll das denn sein?" Peter schüttelte den Kopf. Diesen Namen hatte er ja noch nie gelesen.

„Komm Johanna, erkläre es doch bitte Peter." Jonas nickte Johanna zu. Johanna war das zwar nicht so recht, aber sie konnte Peters Besserwisserei auch nicht mehr hören.

„Die liegen auch an der Grenze zu Kenia. Bei Tanga. Falls Du nicht weißt wo Tanga liegt: Es ist die nördlichste Hafenstadt von Tansania. Und damit Du Dir nicht etwas Falsches merkst, die Berge heißen Usambara Berge, so wie das uns allen bekannte Usambara Veilchen. Soweit ich weiß, gibt es dort sehr viele Veilchen." Nun musste Johanna lachen. „Du siehst, auch wir haben uns auf die Safari vorbereitet."

Dann sahen sie den Jipi See vor sich liegen, dahinter ein Gebirge.

„Das gibt ein tolles Bild", sagte Johanna zu Jonas. „Wenn es auch so gut aussieht, kann ich vielleicht ein Bild davon malen."

„Gute Idee", erwiderte Jonas. "Versuche doch, ob Du den roten Weg mit drauf bekommst. Das ist wirklich ein interessantes Farbenspiel: Der rote Weg, die gelblichen Sträucher, das Blau von dem See und die dunklen Berge im Hintergrund. Wenn Du es gemalt hast, dann habe ich auch schon einen Platz dafür."

„Es ist nur etwas schade, dass der Himmel nicht strahlend blau aussieht." Johanna lachte. „Vielleicht male ich ihn dann eben so wie ich ihn gerne hier erlebt hätte."

„Künstlerische Freiheit, oder?", fragte Peter.

„Wenn Du es so nennen willst." Johanna erwiderte seine Frage nur knapp.

Zum Glück hielt Gideon an und sie konnten aussteigen.

„Wir halten nicht lange", sagte dieser. „Wir müssen ja bald nach Hause fahren."

Langsam liefen sie in Richtung See.

„Dann sehen wir jetzt ja direkt nach Tansania hinüber", sagte Gabi. Johanna erschrak fast, denn Gabi hatte sonst jede Unterhaltung vermieden.

„Ja, habt Ihr Euch auch gegen Gelbfieber impfen lassen?", fragte Johanna.

„Ja, aber nicht wegen Tansania. Ich weiß, da ist es ja Vorschrift. Wir dachten, diese Impfung könne nicht schaden."

„Vom Hingucken bekommt man ja wohl auch kein Gelbfieber oder?" Peter konnte es einfach nicht lassen.

„Lass uns einfach in Ruhe und misch Dich nicht immer ein", giftete Gabi zurück. „So blöd sind wir auch nicht."

Jetzt war ihr aber der Kragen geplatzt, dachte Johanna. So hatte sie sie ja noch nie reden hören. Es wurde wirklich Zeit, dass sich ihre Wege trennten.

Johanna fotografierte eifrig die Landschaft. Hoffentlich konnte sie wenigstens eins zum Malen verwenden. Irgendwie freute sie sich schon darauf.

Je näher sie zum See kamen, umso mehr waren Stechmücken unterwegs. Alle kratzten sich und als Gideon zum Einsteigen rief, hatte keiner etwas dagegen.

Die Rückfahrt nach Mombasa verlief ohne Zwischenfälle. Gideon wich zwar jedem Schlagloch aus, aber er achtete dabei sehr auf den Gegenverkehr, so dass sie keine Angst hatten.

Am Straßenrand stand ein LKW. Ein platter Reifen war die Ursache. Um das Auto herum standen einige Afrikaner: Männer, Frauen und auch kleine Kinder.

„Man könnte meinen, diese Leute hätten noch nie einen LKW gesehen", sagte Peter.

Keiner gab ihm eine Antwort. Alle waren froh, dass Mombasa nicht mehr weit weg war und sie danach nichts mehr mit Peter zu tun hatten.

„Kommt, lasst uns mal gleich ein paar Schillinge für Gideon einsammeln." Jonas hielt seine Kappe bettelnd hin.

„Das darf jetzt aber nicht Dein Ernst sein oder?", fragte Peter. „Er hat uns doch nur gefahren. Was hat er denn viel gewusst?"

„Dann gib halt nichts", erwiderte Jonas. „Wir legen dann eben etwas mehr hinein. So einfach ist das."

Gabi und Klaus nickten zustimmend.

In Mombasa trennten sie sich. Einfach so, ohne nur einmal nach irgendeiner Adresse zu fragen.

Als Johanna und Jonas im Bus zum Hotel saßen, sagte Johanna: „Das waren aber nicht unbedingt sehr nette Leute. Das kann einem direkt alles vermiesen."

Jonas nickte nur. Ihm hatte diese kurze Zeit auch gereicht. Die Safari selbst hatte ihm aber gefallen. Big Five hin oder her. Sie hatten genügend andere Tiere gesehen, die zu Hause ja nicht frei herum liefen.

Beide waren aber froh, als sie wieder in ihrem Zimmer waren.

Am nächsten Tag gingen sie sofort nach dem Frühstück zum Strand. Helmut kam sofort auf sie zu.

„Mama, Papa, ich bin froh, dass ich Euch sehe. Ich dachte schon, Ihr hättet in dem verunglückten Safaribus gesessen." Er strahlte über das ganze Gesicht und ließ sich von Jonas die Unfallstelle und was sie davon gesehen hatten genau beschreiben.

„Weißt Du", fuhr Helmut fort. „Hier spricht sich alles sehr schnell herum. Und alle am Strand waren entsetzt. Zacharias hat mich gleich nach Euch gefragt, auch Josef, Shandrak und David."

Johanna war ganz gerührt. Sie wusste, dass sie bei den Beach-Boys beliebt waren und nicht nur wegen der Geschenke. Jonas wollte das zwar immer nicht glauben, aber nun stutzte er doch. Sie setzten sich in den Sand und waren bald von den anderen Afrikaner umringt. Alle wollten ihnen die Hände schütteln oder sie umarmen.

„Vielleicht hat es ja auch bei Euch zu Hause in der Zeitung gestanden", sagte Helmut.

„Sicher nicht", erwiderte Jonas.

„Wieso bist Du da so sicher?", fragte Johanna.

„Ich bin mir nicht sicher, aber bei uns Europa gibt es so viele andere Probleme und Afrika ist weit weg."

„Das denke ich auch", sagte Helmut. „Bei uns stehen auch nur wichtige Ereignisse über Europa und der Welt drin. Unfälle nur, wenn Afrikaner davon betroffen sind. Aber halt, es waren ja deutsche Touristen, die gestorben und verletzt sind."

„Dann werden wir zu Hause einfach nachlesen. Unsere Kinder heben uns die Zeitungen immer auf."

Am nächsten Tag liefen sie wieder am Strand entlang.

Es kam ein junger Afrikaner auf sie zu. Er sah etwas zerlumpt aus.

„Achtung, der will uns bestimmt etwas verkaufen", sagte Jonas zu Johanna.

„Jambo, Mama, jambo Papa, habari?", begrüßte er sie freundlich.

„Sieh mal Jonas, er hat geschnitzte Namensschilder", sagte Johanna. „So eins nehmen wir mit oder?"

„Warte doch erst einmal ab, er muss doch nicht gleich merken, dass wir Interesse daran haben."

„Hast Du gut geschlafen?", kam die nächste Frage.

„Ja", sagte Jonas und lief ein paar Schritte weiter.

„Papa, ich habe Schilder. Wenn sie Dir gefallen kann ich Dir morgen eins mitbringen."

„Dann zeig mal." Johanna freute sich. So ein Schild wäre einmal etwas anderes. Jonas schien auch eins zu wollen. Jetzt mussten sie nur noch nach dem Preis fragen. Sie wurden sich nach einigem Handeln einig und nachdem diese erledigt war, malte Jonas ihre Namen in den Sand; der junge Mann schrieb ihn ab.

„Papa, kannst Du mir gleich das Geld geben?", fragte dieser.

„Nein", erwiderte Jonas. Ich habe nie Geld am Strand dabei und außerdem weiß ich ja gar nicht, ob Du das Schild auch bringst."

Mit einer weinerlichen Stimme sagte der junge Mann: „Ich kann es sonst aber nicht bezahlen."

„Das ist nicht mein Problem", erwiderte Jonas. „Ohne Ware gibt es kein Geld."

„Ich muss aber mit dem Bus nach Mombasa fahren. Papa, bitte gib mir etwas Geld."

„Na gut, das Geld für den Bus gebe ich Dir, aber morgen bringst Du mir das Schild."

Jonas hatte immer etwas Kleingeld in der Geldtasche von seinem Hut und gab ihm etwas davon.

„Danke Papa, ich komme morgen." Er nahm das Geld und lief recht eilig weg.

„Ich glaube, das können wir vergessen", sagte Jonas zu Johanna. Irgendwie traue ich ihm nicht."

„Warten wir es doch einfach ab." Johanna wusste, dass Jonas nicht an die Ehrlichkeit der Beach-Boys glaubte.

Als sie am nächsten Tag zum Strand kamen, konnten sie den jungen Afrikaner nirgends erblicken.

„Ich wusste, dass er nicht kommt", sagte Jonas.

„Der Tag hat doch gerade erst angefangen. Er kommt sicher noch", erwiderte Johanna.

„Wir hätten nach seinem Namen fragen sollen." Jonas ärgerte sich offensichtlich.

So liefen sie den Strand auf und ab, aber es kam kein Schildverkäufer.

Shandrak hatte die beiden schon die ganze Zeit von seinem Shop aus beobachtet und als sie wieder an ihm vorbei liefen, kam er auf sie zu und fragte: „Wen sucht Ihr denn heute? Helmut ist noch nicht da und Zacharias fährt mit Touristen zum Riff."

„Wir suchen einen jungen Mann, der uns ein geschnitztes Namensschild bringen wollte", antwortete Jonas. „Bis jetzt ist er aber noch nirgends zu sehen."

„Hat er Euch seinen Namen genannt?"

„Nein, das hat er nicht. Er sah nur etwas zerlumpt aus. Ganz anders als ihr hier."

„Oh, ich weiß wer das war. Er nennt sich Manuel und hat schon mehrfach hier die Touristen übers Ohr gehauen. Ich habe ihn gestern nicht gesehen, sonst hätte ich Euch vor ihm gewarnt. Eigentlich verjagen wir ihn immer von hier. Er macht uns das ganze Geschäft kaputt mit seiner Betrügerei. Habt Ihr ihm viel Geld gegeben?"

„Nein, nur für den Bus. Mehr hatte ich sowieso nicht dabei", sagte Jonas.

„Ich werde den anderen sagen, dass sie ihn sofort vertreiben sollen, falls er noch einmal kommt. Normalerweise bleibt er erst einmal von diesem Strand weg bis er sicher ist, dass die Betrogenen schon wieder zu Hause sind."

„Na, das sind ja schöne Methoden." Jonas hatte sich doch mächtig geärgert. Gerade, weil er auch einmal Vertrauen zeigen wollte. Er hatte also doch recht gehabt. Man darf hier einfach keinem trauen.

Als ob Shandrak seine Gedanken hätte lesen können, sagte er: „Papa, die anderen hier sind sehr ehrlich. Euch würde sowieso keiner betrügen", fügte er noch hinzu.

Johanna glaubte Shandrak. Sie hatte auch nichts von anderen Touristen über Betrügereien gehört. Jedenfalls nicht in diesem Urlaub.

Einen Tag später entdeckten Johanna und Jonas unten am Ufer den jungen Afrikaner. Als dieser sie auch sah, drehte er sich schnell um und lief in die entgegengesetzte Richtung. Aber was war das? Shandrak und ein paar andere Beach-Boys liefen auf ihn zu. Zuerst diskutierten sie, aber dann fingen sie an, ihn zu bedrängen.

Oh je, dachte Johanna. Das war jetzt aber auch nicht schön. Bevor sie aber etwas zu Jonas sagen konnte, ließen die Beach-Boys von dem jungen Mann ab. Dieser rannte so schnell er konnte weg. Shandrak hob seinen Daumen in die Höhe und lachte. Er rief Johanna und Jonas zu: „Alles erledigt. Ihr bekommt zwar Euer Geld nicht wieder, aber hier wird Manuel sich nicht mehr blicken lassen."

Jonas sah Johanna an. „Sag nichts. Ich weiß, Du hattest wieder einmal Recht. Man muss immer vorsichtig sein." Und etwas leiser fügte Johanna hinzu: „Den anderen vertraue ich aber doch."

Jonas lachte. „Es war ja kein großer Verlust."

Sie liefen weiter, direkt auf Helmut zu.

„Jambo Mama und Papa", sagte er freundlich. „Wisst Ihr noch den Namen von Eurem Safari-Fahrer?"

„Ja, warum?", antwortete Jonas. „Er hieß Gideon."

„Ja, er ist entlassen worden. Irgendwer hatte sich über ihn beschwert, weil er kaum geredet hatte."

„Siehst Du Jonas, ich habe es Peter gleich gesagt, dass er sich nicht beschweren soll und welche Konsequenzen das dann für Gideon hätte. Oh, dieser Mistkerl", schimpfte Johanna.

„Es ist schon sehr traurig", fuhr Helmut fort. „Er hat eine Frau und sieben Kinder. Wie er jetzt zu Arbeit kommen soll! Das spricht sich doch herum."

„Hast Du ihn denn selbst getroffen?"

„Nein, ich habe es erzählt bekommen. So etwas spricht sich sehr schnell herum. Wenn alle auf Arbeit warten und dann plötzlich eine Stelle frei ist, weiß das sofort jeder."

„Das tut uns wirklich sehr leid", sagten Johanna und Jonas fast wie aus einem Mund.

„Ihr reist heute Nacht ab, stimmt´s?", fragte Helmut.

„Ja, unser Urlaub ist zu Ende. Es war sehr schön und sicher kommen wir wieder. Bleib gesund." Jonas gab Helmut die Hand und sie blickten noch einmal auf das Meer.

Unterwegs kam ihnen noch ein unbekannter Beach-Boy entgegen.

„Papa, kann ich Deine Schuhe haben?", fragte er.

„Nein", erwiderte Jonas. „Ich muss ja noch über die heißen Platten bis ins Hotel laufen. Da brauche ich sie."

„Aber da ist doch auch Gras. Da ist es nicht so heiß."

„Ich kann sie Dir trotzdem nicht geben. Sie sind kaputt. Schau mal, hier gehen sie auseinander", sagte Jonas lachend. Er schien zu ahnen, was jetzt kommen würde.

„Kein Problem, Papa", kam sofort die Antwort und ehe er noch etwas anfügen konnte sagte Jonas:

„Okay, dann nimm sie halt. Dein Bruder ist sicher Schuhdoktor. Ich werde schon irgendwie ins Hotel kommen." Jonas gab sie ihm und der junge Mann musste lachen.

„Jonas", sagte Johanna, „ist Dir schon mal aufgefallen, wie viele Schuhdoktoren es an diesem Strandabschnitt gibt?"

„Klar, vor allem sind es alle Brüder. Das macht mir aber nichts aus. Am letzten Tag ist es mir sowieso egal."

Dann überschlugen sich aber die Ereignisse. Ein Flugzeug, das eigentlich heim fliegen wollte, hatte einen Triebwerkschaden. Kurz nach dem Start fing ein Triebwerk an zu brennen. Es musste notlanden. Viele Passagiere kamen in ihre jeweiligen Hotels zurück. Andere wurden auf abfliegende Flugzeuge verteilt. Nun hatten die Hotels ein Problem, denn neue Gäste waren ja schon eingetroffen. Es war ein heilloses Durcheinander.

Johanna und Jonas liefen gerade an der Rezeption vorbei als sie ganz in der Nähe davon ein Schild erblickten.

„Wer kann eine Woche länger bleiben? Kostenlos?"

Johanna und Jonas sahen sich an.

„Sollen wir?", fragte Johanna.

„Da muss ich erst wissen, ob ich noch eine Woche Urlaub bekomme".

„Dann rufe doch gleich zu Hause an. Komm, vier Wochen Kenia ist doch toll." Johanna war begeistert.

Ein kurzes Telefongespräch und schon konnten beide noch eine Woche

da bleiben. Sie bekamen jeden Tag frische Badetücher, die Getränke waren frei und es fehlte an nichts. Es war tatsächlich alles umsonst.
Die Beach-Boys am Strand waren natürlich sehr verwundert.
Helmut erzählte, dass das Flugzeug Kerosin abgelassen hätte. Das sei sogar vom Strand aus zu sehen gewesen. Er war froh, dass nichts weiter passiert war.
Johanna und Jonas freuten sich über die zusätzliche Zeit in Kenia, aber als der Abflug dann unweigerlich bevor stand, sagte Johanna: „Ich freue mich auf zu Hause. Du auch?"
„Ja", erwiderte Jonas. Vier Wochen sind doch recht lang. In dieser Zeit haben wir einiges erlebt."

Dann hieß es die Koffer packen. Natürlich wieder Stromausfall. Das kannten beide ja schon, aber dieses Mal hatten sie selber kleine Kerzen dabei, so dass sie nicht erst zur Rezeption laufen mussten. In dieser Dunkelheit und dem wenigen Notlicht des Hotels, war das wirklich kein Vergnügen. Sie hatten innerlich schon mit ihrem Urlaub abgeschlossen und wollten jetzt nach Hause. Am besten ganz schnell, aber wie immer dauerte es etliche Stunden, bis sie wieder in Deutschland waren. Und nicht nur das. Sie hatten eine Zwischenlandung in Luxor.
„Oh, jetzt landen wir auch noch in Ägypten", sagte Johanna.
„Na ja, das hätte ich jetzt nicht unbedingt gebraucht", kam die Antwort von Jonas. „Sieh mal aus dem Fenster, alle Flugzeuge werden mit bewaffneten Soldaten bewacht."
„Das ist nicht gerade ein erfreulicher Anblick. Nur gut, dass wir hier nur tanken. Ich bin jetzt aber doch froh, wenn wir endlich wieder zu Hause sind. Aber sieh doch mal, es ist gerade ein anderes Flugzeug angekommen."
„Ist das ungewöhnlich?", fragte Johanna.
„Nein", lachte Jonas. „Das ist normal, aber unser Bewacher ist sofort hin gelaufen. Siehst Du? Von jetzt an werden wir nicht mehr bewacht."

Zu Hause erzählten Johanna und Jonas, was sie alles gesehen und erlebt hatten.
„Habt Ihr uns die Zeitungen alle aufgehoben?", fragte Jonas die Kinder.
„Klaro", kam als Antwort zurück. „Wollt Ihr etwa jetzt schon nachsehen, wer in der Zwischenzeit gestorben ist?"
„Nein", lachte Johanna. „Lasst uns erst einmal suchen."
Sie teilten sich die Zeitung auf und fingen an zu blättern.
„Hier steht es", rief Jonas. Ich lese es Euch mal vor. Der Bergsträßer - Anzeiger schreibt:

„Deutsche auf Safari verunglückt.
Nairobi (dpa) Ein Safari-Ausflug in Kenia endete für vier deutsche

Urlauber mit dem Tode. Die vier Männer gehörten zu einer siebenköpfigen deutschen Reisegruppe, deren Kleinbus auf der Fahrt von Mombasa Tsavo-Nationalpark (Süd-Ost-Kenia) mit einem Überlandbus zusammengestoßen war. Die drei anderen Deutschen und der kenianische Fahrer des Kleinbusses wurden bei dem Unglück verletzt.

Der Überlandbus hatte das Fahrzeug der Deutschen offenbar bei einem Überholmanöver geschnitten und von der Straße gedrängt. Eine offizielle Erklärung der Schuldfrage steht noch aus.

Das Unglück geschah bei Maji ya Chumwi (50 km westlich von Mombasa) auf der Hauptstraße nach Nairobi. Drei der getöteten Touristen stammten aus Norddeutschland, einer aus Rheinland-Pfalz. Einer der Überlebenden wurde wegen der Schwere seiner Verletzungen bereits nach Deutschland geflogen."

Sofort wollten die Kinder alles ganz genau darüber erfahren und so erzählten Johanna und Jonas was sie erlebt hatten.

1995
Masai Mara

„Ihr werdet doch nicht schon wieder nach Kenia fliegen?"
„Doch", erwiderte Jonas seinen Kindern. „Das werden wir. Dieses Mal fliegen wir in die Masai Mara."
„Wo ist das denn?"
„Wenn ich jetzt sage, dass dieses Naturschutzgebiet in der Rift Valley Provinz liegt, wisst Ihr es dann?"
„Nein, sicher nicht. Dann erkläre es doch einfach."
„Der Name Serengeti ist Euch aber ein Begriff?"
„Ja, sicherlich. Da gab es einmal einen Film von Bernhard Grzimek und seinem Sohn Michael. Serengeti darf nicht sterben oder so ähnlich."
„Stimmt. Die Serengeti ist eine baumarme Savanne und befindet sich im Norden von Tansania. Sie erstreckt sich bis nach Kenia und dort befindet sich die Masai Mara."
„Vielleicht sollten wir lieber mal auf den Globus gucken. Da können wir es uns besser vorstellen."
„Gute Idee."
Sie stellten sich vor den kleinen Globus und drehten daran bis sie Afrika vor sich hatten.
„Na ja, so richtig sieht man das aber nicht. Der Globus ist viel zu klein. Wir sehen besser in meinem alten Atlas nach."
„Den braucht Ihr nicht erst suchen. Die Masai Mara findet Ihr auch in jedem Afrika Prospekt. Davon haben wir ja wirklich genug."
„Seht Ihr, wir fliegen vom Hotel aus erst nach Nairobi und dann weiter mit dem Jeep in den Nationalpark."
„Dann seht Ihr ja noch einmal alles in Nairobi."
„Ja", erwiderte Johanna, "das macht ja nichts". Wir übernachten in einer Safari Lodge und gehen am nächsten Tag entweder noch einmal auf die Pirsch oder wir machen eine Stadtrundfahrt. Das werden wir vor Ort entscheiden. Am Tag darauf fliegen wir in die Masai Mara. Dort übernachten wir in einem Camp und am nächsten Morgen gehen wir auf Frühpirsch. Soweit ich gelesen habe noch vor dem Frühstück. Danach sind wir bis zum Mittagessen unterwegs in der Masai Mara und irgendwann nachmittags fliegen wir zurück nach Mombasa."
„Dann gibt es ja wieder viel zu erzählen. Wir hoffen nur, dass Ihr heil wieder zurückkommt."
„Das werden wir sicherlich."

Der Flug nach Mombasa verlief ohne Probleme. Kaum saß Johanna, wollte sie schon schlafen, aber das verhinderte wie immer das Abendessen. Danach kuschelte sie sich in den Sitz, machte die Augen zu und schlief in aller Seelenruhe bis fast zur Landung. Jonas weckte sie, denn der Kilimandscharo war ganz toll von oben zu sehen. Danach war es nicht mehr weit, wenigstens an der Stundenanzahl gemessen.

Klar, dass es bei ihrer Ankunft regnete. Daran hatten sie sich mittlerweile gewöhnt. Es wurde sehr schnell wieder warm, aber das kannten sie ja auch.

„Alles wie immer", sagte Jonas lachend.

„Herrlich, ich kann Afrika riechen!" erwiderte Johanna.

„Mir scheint, Du hast zu viele Bücher über Afrika gelesen oder?" Schelmisch sah er Johanna an.

„Quatsch, es riecht nach Afrika. Hast Du keine Nase?", kam Johannas Antwort.

„Klar doch, aber ich rieche nichts von Afrika. Wie soll das denn riechen?"

„Als wir damals in Tunesien aus dem Flugzeug gestiegen sind, hat es nicht so gerochen. Und das gehört auch zu Afrika. Hier riecht es immer nach verbrannter Erde. Sag jetzt nicht, dass das nicht stimmt."

„Komm, lass es gut sein. Du riechst Afrika und ich eben nicht."

Die Fahrt mit dem Bus durch Mombasa führte sie durch eine ganz andere Gegend. Es gab unzählige Blechbuden, vor denen die Afrikaner ihren Kaffee zubereiteten. Der Geruch erfüllte den ganzen Bus. Qualm und Kaffeegeruch, eine ganz typische Mischung der Luft. Dazu noch die Abgase der Autos.

„Vielleicht sollte man mal hier ein Fenster zu machen", sagte Johanna. „Das ist ja keine schöne Luft."

„Soweit ich es gesehen habe, sind alle Fenster geschlossen", erwiderte Jonas. "Sie sind eben nicht dicht. Wir sind ja nicht mehr lange hier im Bus."

„Weißt Du noch, als wir das erste Mal durch Mombasa gefahren sind und die ganze Armut gesehen haben? Wir waren geschockt. Mittlerweile sehen wir diese als normal an, oder?"

„Na, normal würde ich das jetzt nicht bezeichnen, aber was man kennt, scheint nicht mehr ganz so schlimm zu sein."

„Stimmt, zumal wir es ja nicht ändern können. Wir sind nur ein kleiner Baustein in dem ganzen Tourismus, von dem hier ja viele profitieren."

„Ja, ohne den Tourismus wären noch viel mehr Menschen arbeitslos. So können wenigstens einige von ihnen sich und ihre Familien über Wasser halten."

Beide hingen ihren Gedanken nach. Sie kamen gerne nach Kenia.

Als sie in ihrem Hotel ankamen, wurden sie freudig begrüßt. Alle, die sie kannten riefen fröhlich: „Mama und Papa, seid Ihr wieda da (wieder da)."

„Nein", gab Jonas lachend zur Antwort.

„Wie lange bleibt Ihr?"

„Wie immer, drei Wochen."

„Hakuna matata", sagte Samson. Nahm ihre Koffer und brachte sie zum Zimmer. Einen Askari, der mit laufen wollte, schickte er zurück.

„Lässt er sich das von Dir gefallen, Samson?", fragte Jonas.

„Ja, Papa. Ich muss mir von ihm nichts mehr sagen lassen. Ich habe jetzt bessere Arbeit."

„Das ist schön Samson. Du bist aber auch immer fleißig gewesen. Das hat Dein Chef sicher gemerkt", sagte Johanna.

„Ja, Mama. Samson hat immer alles richtig gemacht." Seine Augen strahlten.

„Hat sich hier etwas geändert?", wollte Jonas wissen.

„Ja, Josef, der Barkeeper ist tot. Er ist einfach umgefallen."

„Oh, dann war es für ihn ein gnädiger Tod."

„Ja, aber wir sind sehr erschrocken."

„Sag mal, zu welchem Zimmer bringst Du uns denn. Wir waren sonst doch immer auf der anderen Seite vom Pool?"

„Es gab kein anderes Zimmer mehr. Nur dieses im zweiten Stock."

„Nein, so geht das aber nicht. Wir haben zeitig genug gebucht und auch die Zusage erhalten. Ich werde gleich zurück zur Rezeption gehen."

Jonas drehte sich um und ging zurück. Allerdings kam er nach ein paar Minuten, ohne Erfolg gehabt zu haben, wieder zurück.

„Wir können in drei Tagen in „unser" Zimmer umziehen. Vorher geht es nicht", sagte er zu Johanna.

„Na, das ist ja toll. Einräumen, ausräumen und wieder einräumen. So ein Mist!" Johanna fand das mehr als unangenehm. Und das alles bei dieser Hitze.

„Ich helfe Euch", sagte Samson, „ich trage Euch dann die Koffer."

„Dankeschön, Samson. Das ist lieb von Dir. Wir sagen Dir Bescheid."

Johanna brummelte noch eine ganze Weile vor sich hin. Das fing ja gleich gut an, dachte sie. Hoffentlich kam nicht noch mehr dazu.

Abends war wie immer Tanz. Es spielte ein Band, die sie noch nicht kannten. Es war sehr laut und da sie ihr Zimmer ganz in der Nähe hatten, war an Einschlafen nicht zu denken.

„So kann man ja kein Auge zu machen", stöhnte Johanna.

„Komm´, probiere es einfach, die Band spielt doch sowieso nur bis 23 Uhr."

„Weiß ich, aber dann wird es erst an der Bar noch richtig voll. Und ich bin so müde. Warum haben wir nur nicht „unser" Zimmer bekommen! Da würde man rein gar nichts von allem hören."

„Die zwei Nächte wirst Du es wohl aushalten müssen. Es ist ja nur heute Tanz. Morgen wird es abends sicher leiser sein."

„Wenn Du das sagst, dann wird es wohl stimmen. Das hoffe ich wenigstens und wenn nicht, schlafe ich auf den Sesseln an der Rezeption."

„Jetzt ist es aber mal gut. Wenn Du jetzt noch eine Weile herum meckerst, kannst Du gar nicht mehr einschlafen. Gute Nacht oder lala salama, wie der Kenianer sagt", erwiderte Jonas lachend.

„Lala salama", antwortete Johanna.

Am nächsten Tag war Johanna nicht gerade in bester Laune. Sie nörgelte über den Kaffee, der nur lauwarm war, die Marmelade war auch nicht nach ihrem Geschmack und die eigentlich hartgekochten Eier waren weich.

„Was ist denn los mit Dir", fragte deshalb Jonas.

„Ich bin einfach nur müde."

„Das vergeht doch wieder. Weißt Du was, wir gehen erst einmal zum Strand."

„Ja, können wir machen."

Das taten sie dann auch. Schon von oben sahen sie, dass Ebbe war.

„Nun ist das Wasser auch noch weg. Ich hatte mich so auf das Meer gefreut", sagte Johanna.

Jonas sah sie an. Das konnte ja noch heiter werden. Gleich am ersten Tag so eine Laune.

„Dann laufen wir eben ein Stück Richtung Riff. Macht ja auch nichts, oder?"

„Ohne Badeschuhe? Die liegen im Zimmer. Du weißt, dass man sehr leicht in Seeigel treten kann."

„Dann passen wir eben auf. Jetzt hör aber bitte mit der Nörgelei auf. Wir haben noch so viel Zeit für alles, was Du gerne machen möchtest."

Johanna sagte dazu nichts. Sie ärgerte sich über sich selbst. Jonas konnte ja gar nichts dafür, dass sie noch müde war. Sie nahm sich vor, etwas freundlicher zu sein. Wenn das nur so einfach wäre, fügte sie gedanklich dazu.

„Jambo Mama und Papa", rief ein Askari. „Hast Du mir was mitgebracht?"

„Nein", erwiderte Johanna knapp. Kaum waren sie da, ging die Fragerei schon los.

Komisch, dachte Jonas. Sonst blieb Johanna immer eine Weile stehen um sich zu unterhalten. Meist war sie es, die dabei neue Wörter in Suaheli wissen wollte, aber heute war sie echt mit dem falschen Fuß aus dem Bett gekommen.

Der Form halber sagte Jonas zu dem Askari: „Wir sind doch erst angekommen. Wir werden uns sicher noch öfters sehen."

„Sieh mal Johanna, dort steht Helmut."

„Ich habe ihn schon gesehen. Da vorne ist auch Josef. Guck, er hat meine weiße Hose an."

„Na, ob das noch Deine weiße Hose ist, weiß ich nicht."

„Dann frag ihn doch", erwiderte Johanna lachend.

„Oh, bist Du wieder normal?" Jonas war erleichtert.

Johanna sagte lieber nichts. Sie war eben heute nicht so ganz guter Laune, aber sie fand, dass dieses ihr auch einmal zu stand.

Helmut kam auf sie zu.

„Jambo, Johanna. Jambo Jonas. Hattet Ihr einen guten Flug?", fragte er.

„Ja", erwiderte Jonas, "aber wir haben nicht so gut geschlafen, weil es sehr laut war."

„Und was unternehmt Ihr?"

„Wir fliegen in die Massai Mara."

„Da kann ich mit meinen Safari Angeboten nicht mithalten Wir sind arm und haben keine kleinen Flugzeuge für Touristen. Nur Busse sind von unseren eigenen Leuten."

„Ich weiß es", antwortete Jonas. „Helmut wir sehen uns noch. Johanna und ich wollen erst einmal alle begrüßen und dann wieder zurück zum Hotel gehen." Und lachend fügte er hinzu: "Wir müssen auch dort einmal nachsehen, wen wir von den vorherigen Jahren noch kennen."

So liefen beide weiter, blieben hin und wieder bei alten Bekannten stehen und da das Meer ja immer noch auf „Safari" war, liefen sie wieder zurück.

„Ich werde verrückt, Jonas", sagte Johanna. "Sieh mal, dort lehnt doch der Opa an einer Palme."

„Wo? Ich sehe nichts."

„Weiter rechts, Jonas. Da vorne. Ob er nicht mehr weiter kann?"

Sofort liefen beide zu ihm hin.

„Das ist aber schön, dass Ihr wieder da seid", sagte der Opa. „Ich habe Euch heute früh schon gesehen, aber ihr mich leider nicht."

„Ja, wir sind wieder da. Ich weiß noch, vor ein paar Jahren konnten wir Ihnen gar nicht glauben, dass man immer wieder zurück nach Afrika kommt."

„Stimmt, Ihr habt gelacht als ich es Euch erzählte."

„Und warum lehnen sie so an der Palme?", fragte Johanna besorgt. „Sie sehen ganz blass aus."

„Mir geht es eigentlich recht gut. Allerdings wurde mir gerade etwas schwindelig. Das kommt sicher von der Schwüle."

„Das kann sein. Kommen Sie, haken Sie sich bei mir ein. Wir haben ja schließlich den gleichen Weg", sagte Johanna besorgt.

Sie liefen ganz langsam zurück und unterhielten sich über die Masai Mara. Der Opa hatte schon vor Jahren alle Safaris mit gemacht.

„Wisst Ihr, Kenia hat Glück, dass die Tiere keine Grenze respektieren. Sie laufen einfach von Tansania nach Kenia hinüber. Die einzigen, die sich an die Grenze halten müssen, sind die Massai. Sie dürfen ihre Herden nur außerhalb des Wildschutzgebietes weiden lassen. Sie können dieses Gebiet aber umgehen, wenn sie gerade wieder Lust zum Wandern haben. Ihr werdet dort die Massai sowieso nur bei Veranstaltungen sehen. Sie sind eigentlich sehr scheu. Na ja, manche wissen allerdings schon, wie man schnell Geld verdienen kann. Einige lassen sich nur für Geld fotografieren. Das werdet Ihr aber alles selbst erleben. Ihr habt Euch die artenreichste Gegend ausgesucht. Schade, dass ich nicht mehr so ganz fit bin. Ich würde Euch sonst glatt begleiten."

Jonas stutzte. Begleiten? Nein, das fehlte gerade noch. Er sah zu Johanna, die sich ein Lächeln nicht verkneifen konnte.

„Das wäre wirklich viel zu anstrengend für Sie. Kommen Sie, wir setzen uns dort in den Schatten." Johanna führte den Opa zu einem Stuhl und setzte sich neben ihn.

„In welchem Camp werdet Ihr denn übernachten?", fragte der Opa.

„Da muss ich erst nachsehen. Ich sage es Ihnen morgen", erwiderte Jonas. Er hatte sich etwas widerwillig auch hingesetzt.

„Wisst Ihr, in der Masai Mara ist es etwas feuchter als in den anderen Nationalparks. Ihr könnt es an den Akazien sehen, die dort sehr hoch sind. Der Grundwasserstand muss also höher sein."

„Dann brauchen die Giraffen beim Fressen gar nicht so arg ihre Hälse strecken oder? Da gibt es sicher auch welche?"

„Ja, dort gibt es die Netzgiraffen. Es ist sicherlich die bekannteste Giraffenart. Sie kann bis zu 5,60 m hoch sein und etwa 900 kg schwer sein. 50 bis 60 kg braucht sie am Tag zu fressen."

„Oh, das habe ich noch nicht gewusst." Johanna hatte schon immer viel über die Tiere Afrikas gelesen, aber dieses war ihr mehr oder weniger entgangen.

„Frisst die denn ausschließlich Akazien?", wollte sie weiter wissen.

„Ja, überwiegend, aber sie holt sich die jungen Blätter mit ihrer Zunge zwischen den Stacheln heraus. Gras mag sie nicht ganz so gerne, aber sie frisst auch dieses."

„Ich weiß aber, warum sie Netzgiraffe heißt", meldete sich lachend Jonas zu Wort. „Das liegt an der Fellzeichnung, falls man das so nennt. Ihr creme-oder ockerfarbiges Fell hat unregelmäßige Flecken. Diese Flecken werden durch weiße Streifen getrennt. So wie die Fugen bei Kacheln. Das sieht dann aus wie ein Netz."

Johanna stutzte. Wieso wusste Jonas denn das? Wenn sie ihm etwas über Tiere erzählte, hatte sie ihn schon einige Male erwischt, dass er gar nicht so richtig zuhörte. Und jetzt hatte er selbst etwas gelesen? Das hatte sie gar nicht bemerkt.

Jonas merkte, dass Johanna über ihn rätselte.

„Jetzt guckst Du, stimmst?", sagte er deshalb. „Ich habe schon sehr viel über Tiere gelesen und vor allem habe ich in der Schule aufgepasst."

„Na klar, fang doch bei Adam und Eva an." Nun musste Johanna auch lachen.

„Oh, meine Frau gewinnt ihre Lebensgeister wieder zurück. Dann kann der Urlaub ja endlich beginnen."

Nun verstand der Opa rein gar nichts. Was hatten denn die Beiden?

„Ich werde jetzt zum Zimmer gehen und mich ein bisschen hinlegen. Wir sehen uns sicher noch mehr. Ach ja, heute gegen Abend machen die Askaris mit der Hundestaffel eine Übung."

„Seit wann gibt es denn hier Hunde?" Johanna schüttelte ungläubig den Kopf.

„Die Hunde sind nachts unterwegs. Da ich nicht mehr so gut durchschlafe, habe ich sie schon häufiger gesehen."

„Ja, das können wir uns ja mal ansehen", erwiderte Jonas. Hunde interessierten ihn immer.

„Wir gehen uns jetzt umziehen und laufen noch ein Stück. Mal sehen, was hier alles neu ist." Johanna nahm Jonas am Arm und lief mit ihm weg.

„Was soll denn hier neu sein?", wollte Jonas wissen.

„Es kann sich doch in einem Jahr vieles verändern. Am Strand ist doch auch ein neues Hotel entstanden. Weißt Du noch, wie sie die Steine per Schubkarre gebracht haben oder wie sie Grashalme einzeln eingesetzt haben?"

„Ja, wir haben die Afrikaner deshalb sehr bedauert."

„Siehst Du, und heute wohnen dort schon die ersten Touristen. Komm, lass uns eine Weile durch den Park laufen. Da ist es auch nicht so heiß." Die Gärtner, die mit den Beeten beschäftigt waren, grüßten alle freundlich. Jambo wurde den ganzen lieben langen Tag gesagt und manch einer versprach sich ein paar Schillinge davon.

„Hier könnte man einen Goldesel gebrauchen stimmt´s?", sagte Johanna.

„Ja, es ist schon schlimm. Ich glaube, die Gärtner bekommen auch keinen hohen Lohn."

„Was haben wir es doch so gut, Jonas. Hier kämpfen alle um Arbeit, damit sie ihre Familie ernähren können."

„Und oft müssen sie auch noch für ihre Eltern sorgen. Manchmal darf man einfach nicht darüber nachdenken."

„Komm´, lass uns ein paar Schillinge verschenken. Wir haben doch welche einstecken oder?"

„Ja, haben wir. Wir suchen uns einfach einen aus. Aber so, dass die anderen es nicht sehen."

Gegen Abend sahen sie sich die Hundestaffel an. Es waren überwiegend Schäferhunde zu sehen, aber auch einzelne Kampfhunde. Die Askaris marschierten im Gleichschritt.

„Jonas, sieht das nicht ein bisschen lächerlich aus?", fragte Johanna.

„Da hast Du aber recht. Mit Gummiknüppel und einem ernsten Gesicht können sie keinen Eindruck schinden. Wenn Gefahr droht, laufen die Askaris sicher zu allererst weg."

„Ach komm, so darfst Du das nicht sagen. Sie bemühen sich doch sehr, dass in das Hotel nur Touristen hinein kommen."

„Ja, allerdings möchte ich einen Notfall nicht erleben."

„Wenn mich nicht alles täuscht steht dort in der ersten Reihe Bill. Erinnerst Du Dich noch an ihn?", fragte Johanna. „Der dritte von links", fügte sie noch dazu.

„Ja, kann sein, aber was ist mit ihm?" Jonas wunderte sich schon lange nicht mehr, dass Johanna sich die einzelnen Namen merken konnte.

„Er hat mir zu gelacht."

„Das kann ich mir denken, aber ich glaube, das darf er momentan gar nicht. Wenn das mal keinen Ärger gibt. Sieh ihn einfach nicht mehr an."

„Ich sehe ja schon in die andere Richtung." Johanna bemühte sich redlich, aber hin und wieder sah sie doch wieder zu ihm. Als sie aber bemerkte, dass Bill immer noch grinste, zog sie Jonas zur Seite.

„Komm, lass uns lieber gehen. Wir wissen ja jetzt wie sehr wir bewacht werden", sagte sie deshalb.

Die Tage vergingen. Teils liefen sie am Strand entlang, aber sie lagen auch öfters mal am Pool, denn jeden Tag den Beach-Boys zu begegnen, war mitunter doch anstrengend. Gerade die neueren, die sich am Strand tummelten, konnten schon nervig sein. Oft kamen ihnen Thomas oder Helmut zu Hilfe. Dann hatten sie für einen Tag Ruhe. Die Massai hielten sich meistens zurück. Sie bauten gar nicht erst etwas auf, sondern hielten ihre bunten Perlenketten einfach nur hin.

„Ich glaube, die Arbeit haben die Massai nicht gerade erfunden", sagte Johanna.

„Diese Arbeit sicher nicht", erwiderte Jonas lachend. „Das sind doch noch ganz junge Leute. Sie müssen erst noch lernen, wie man Touristen übers Ohr haut."

„Hast Du es gemerkt, wenn die Massai bei uns stehen bleiben, macht Helmut einen Bogen um uns."

„Ja, das habe ich auch schon gesehen. Er mag sie scheinbar nicht. Dabei sind sie doch gar keine Konkurrenz für ihn. Sie bieten ja schließlich keine Safaris an."

„Ich werde ihn mal danach fragen. Prima, da drüben steht Helmut ja. Lass uns einfach zu ihm gehen."

Sie liefen zu ihm hin. „Helmut, wieso magst Du keine Massai?", fragte Johanna gleich.

Helmut stutzte. „Ich habe nichts gegen sie", sagte er. „Allerdings nur, wenn es richtige Massai sind."

„Richtige? Was heißt das denn?"

„Dann seht sie Euch doch einmal genau an. Einige von ihnen sind Plastikmassai."

„Was heißt das denn?" Johanna verstand das gar nicht.

„Wenn sie am Strand genug verkauft haben, laufen sie hoch auf die Straße, ziehen ihre Jeans wieder an und werden mit einem Bus zurück nach Mombasa gefahren. Am nächsten Morgen werden sie dann wieder gebracht."

„Oh, das ist aber Betrug." Johanna war schockiert.

„Nein, das ist kein Betrug. Sie sagen ja nicht, dass sie Massai sind. Sie sehen eben nur so aus und wenn die Touristen darauf hereinfallen, ist es doch nicht ihre Schuld, oder?"

„Aber Langer Mann ist ein echter Massai?" Jetzt wollte es Johanna aber doch wissen, ob sie sich getäuscht hatte.

„Ja, Langer Mann ist ein echter Massai. Die anderen drei, die immer bei ihm sind auch", sagte Helmut. „Es sind Samburu."

„Da bin ich jetzt aber wirklich froh. Ich lasse mich nicht gerne täuschen."

„Ist aber doch egal, oder?" Für Helmut war das nur von geringer Bedeutung. Schließlich erzählte er auch nicht immer die Wahrheit. Das waren Notlügen, die einfach das Leben erleichterten.

„Für mich ist das nicht egal", erwiderte Johanna. „Und wo kommen die Samburu her?"

„Sie kommen etwas nördlich von Nairobi her. Da gibt es ein ganzes Reservat für sie."

„Oh, das ist aber weit weg."

„ Ihr kennt doch Shandrak. Er lebt mit seiner Familie auch bei Nairobi. Während der Saison arbeiten sie dann hier."

Johanna sagte lachend: "Wieder etwas dazu gelernt."

„Und wann fliegt Ihr in die Masai Mara?", wollte Helmut wissen.

„Morgen, vor dem Mittagessen geht es los", antwortete Jonas. „Wir sind schon richtig gespannt, was wir alles sehen werden."

„Dann wünsche ich Euch drei schöne Tage. Wir sehen uns wieder. Ich muss mich jetzt um meine Arbeit kümmern."

„Ja, tu das. Wir sehen uns."

Der Flug nach Nairobi verlief völlig normal. In Nairobi wurden sie alle auf die Jeeps verteilt. In den Jeep stiegen außer Johanna und Jonas noch zwei weitere Ehepaare ein.

„Ich bin Paul", stellte sich der Fahrer vor.

„Wir werden gleich auf eine kleine Pirschfahrt gehen, aber zuvor zeige ich Ihnen, wo die ganzen Stoßzähne der Elefanten verbrannt wurden."

„Das fängt ja gut an Jonas", sagte Johanna. „Die haben wir ja schon gesehen."

„Macht doch nichts, dann hören wir eben zu, was Paul dazu sagt."

„Ach", sagte die eine Frau, „Sie waren schon einmal in dieser Gegend? Ich heiße Sybille und das ist mein Mann Lukas. Sollen wir nicht gleich alle „Du" sagen?" Sie lachte fröhlich.

„Ja, wir sind Johanna und Jonas", antwortete Johanna.

„Wir heißen Tina und Jan", sagte der Mann von dem zweiten Ehepaar. „Jetzt will ich habe gleich die Frage von Sybille beantworten. Ja, wir waren schon einmal hier. Allerdings waren wir noch nie in der Masai Mara."

„Dann kennt Ihr Euch ja in Nairobi aus", sagte Jan.

„Na ja, auskennen wäre ziemlich übertrieben", erwiderte Jonas. „Wir haben uns alle Sehenswürdigkeiten angesehen und dann waren wir noch in dem Nationalpark."

Sie fuhren los und wie angekündigt, hielt Paul vor dem Mahnmal.

„Hier ließ 1989 Präsident Daniel arap Moi beschlagnahmtes Elfenbein verbrennen. Doch auch dieses Mahnmal hindert die Wilderer nicht daran, weiter die Elefanten abzuschlachten und das so erbeutete Elfenbein zu verkaufen. Seit 1990 ist es nach dem Washingtoner Artenschutzabkommen streng verboten, aber die Nachfrage ist hoch. Hauptsächlich in China, Thailand, Vietnam und anderen asiatischen Ländern. Die Wilderer verdienen an einem Kilo Elfenbein 250 US Dollar."

„Bei uns zu Hause gibt es ein Elfenbeinmuseum und in der Elfenbeinschnitzerei haben sie früher auch das Elfenbein geschnitzt. Wunderschöne Figuren", sagte Sybille.

„Ja, und heute verwenden sie Mammut-Elfenbein. Gut, dass dieses gleich nach dem Verbot zu ihnen in die Werkstatt kam. Sonst hätten sie ihren Betrieb schließen können", fügte Lukas hinzu.

„Das sieht man sicher nicht, oder?", fragte Johanna.

„Ich sehe es nicht, aber Kenner werden es sicher merken. So viel Ahnung habe ich davon sowieso nicht, aber da wir so eine Werkstatt in unserer Stadt haben, weiß man es eben!", erwiderte Lukas mit einem Grinsen im Gesicht.

Paul hatte aufmerksam zugehört.

„Mammut ist aber nicht so gut wie Elfenbein", sagte er. „Elfenbein lässt sich besser verarbeiten."

„Oh, da spricht ein Fachmann", sagte Sybille. „Das weiß ich, denn Elfenbein kann Wasser aufnehmen und wenn man es vor dem bearbeiten wässert, lässt es sich leichter sägen."

„Paul, bist Du einmal ein Wilderer gewesen?", fragte Johanna.

„ Nein. Wieso?" Paul schien verdutzt.

„Ach, war nur so eine Idee weil Du Elfenbein besser findest."

„Du meinst, weil man damit gute Geschäfte machen kann?"

„Ja, so in dieser Richtung habe ich gedacht."

„Nein, ich würde nie ein Tier umbringen. Da kannst Du ganz beruhigt sein. Das ist ein grausames Geschäft."

„Dann ist es ja gut. Entschuldige, dass ich so etwas von Dir gedacht habe."

„Wieso sprichst Du eigentlich so gut deutsch?", fragte Lukas Paul, um das Gespräch in eine andere Richtung zu bringen.

„Ich habe in der Schule eben aufgepasst. Englisch, etwas Französisch und etwas Schweizerisch kann ich auch. Lasst uns aber weiter fahren."

Alle stiegen wieder ein und schon bald sahen sie die ersten Geier auf den Bäumen, grasende Impalas und langsam schreitende Giraffen. Etwas abseits war ein Strauß zu sehen.

„Hat der Strauß Feinde?", wollte Tina wissen.

„ Nur, wenn er die Raubtiere nicht bemerkt", erwiderte Paul. „Er ist sehr schnell und sieht sehr gut. Ein Gepard zum Beispiel kann ihn eigentlich nur überraschen, denn dessen Geschwindigkeit ist zwar auch hoch, aber er hält sie nur bis 500 m durch. Im Gebüsch ist der Strauß für ein Raubtier eine leichte Beute. Deshalb hält er sich hauptsächlich im offenen Gelände auf. Weit mehr gefährdet sind die gelegten Eier. Deshalb werden diese Tag und Nacht bewacht. Immer im Wechsel. Tagsüber von der Henne, weil ihre Federn dem Boden angepasst sind und nachts von dem Hahn."

„Wie viele Küken kommen denn zur Welt?", fragte Tina.

„Es können bis zu 20 sein. Viel Arbeit für die Eltern."

„Seht mal, dort sind Zebras", rief Jan.

Johanna und Jonas sahen sich an. Man merkte doch, dass die vier anderen ihre erste Safari machten.

„Dann sehen wir demnächst auch noch Gnus", erwiderte Jonas.

„Wieso Gnus?", fragte Jan nach.

„Weil Zebras sich gerne in ihrer Nähe aufhalten. Sie nehmen sie zum Schutz."

„Zum Schutz?"

„Ja, wenn ein Löwe kommt, erlegt dieser zuerst die schwerfälligen Gnus. Zebras sind flinker."

Jonas hatte recht mit seiner Vermutung. Gleich darauf kamen sie an einer Herde Gnus vorbei.

„Jonas hat recht", sagte Paul. „Hier seht Ihr eine große Herde Gnus. Der Bulle beschützt seine Kühe und bei Gefahr bleibt er bis zuletzt. Kommt ein kleineres Raubtier, stellt er sich diesem, aber wenn zum Beispiel ein Löwe kommt, lenkt er die Aufmerksamkeit von ihm auf sich. Meistens stirbt er dabei, aber somit hat er seine Kühe und die Jungtiere gerettet."

„Ich habe gelesen, dass die Gnus eine Antilopen-Art sind. Stimmt das? ", fragte Tina.

„Ja, das stimmt. In der Masai Mara werdet Ihr noch sehr viele sehen", antwortete Paul.

„Ich habe einmal einen Film über ihre Wanderung gesehen."

„ Dabei kommen sehr viele um, wenn sie den Mara Fluss überqueren. Dort lauern die Krokodile. Die Gnus kommen aus der Serengeti, aber wenn die Regenzeit dort vorbei ist, welken die Gräser und deshalb ziehen sie in die Masai Mara Ebene", fuhr er fort. „Ihr werdet bestimmt noch mehr erfahren. Für mich ist jetzt erst einmal Schluss. Dort ist die Lodge. Überlegt Euch einmal, was Ihr morgen früh machen wollt. Stadtrundfahrt oder Pirschfahrt."

„Sollen wir gleich mal abstimmen? Vorausgesetzt, wir wollen wieder zusammen sein", fügte Sybille lachend hinzu.

Johanna und Jonas waren für die Stadtrundfahrt, Tina und Jan wollten auf die Pirsch und Sybille und Lukas zogen auch eine Stadtrundfahrt vor.

„Überstimmt?", fragte Sybille Tina und Jan.

„Ja, aber wir sehen uns lieber noch mehr Tiere an. Wir können in der Masai Mara wieder zusammen fahren."

„Auch gut", antwortete Sybille. „Dann können wir später unsere Erfahrungen austauschen."

Sie bezogen ihre Zimmer und abends saßen sie noch eine Weile zusammen. Alle waren gespannt, was sie am nächsten Tag erleben würden.

Nach dem Frühstück kam der Bus und die vier stiegen ein.

Eine Afrikanerin begann zu erzählen:

„Nairobi hat 1.810.000 Einwohner und liegt am Fluss Nairobi, einem Nebenfluss des Athis. Der Athi ist der zweitlängste Fluss von Kenia und mündet in den Indischen Ozean. Allerdings unter anderem Namen. Dort heißt er Galana.

Nairobi hat für Europäer ein angenehmes Klima: Eine durchschnittliche Jahrestemperatur von 19°. Sie werden sagen: Nicht sehr hoch, obwohl die Stadt in der tropischen Klimazone liegt. Daran ist die Höhenlage schuld. Sie beträgt 1650 m.

In unserer Stadt gibt es sehr viele Slums. Leider. Wir nennen sie Mathare. Sicher haben sie schon Bilder von diesen Slums gesehen. Dort wohnen die Menschen in Wellblechhütten, höchstens 2 auf 2 m groß, oft bis zu 10 Menschen. Manche leben aber auch in Pappkartons.

Es gibt keine Straßen, keine Stromleitungen und auch keine Leitung für Wasser. In der Regenzeit versinkt alles in Schlamm. Das bedeutet eine hohe Gesundheitsgefährdung. Diese Menschen sind auf Hilfe von außen angewiesen. Dieses geschah zu ihrem Glück, denn seit 1970 kümmern sich die Presbyterianer um sie, indem sie Ausbildungsbetriebe für sie geschaffen haben. So konnten wenigstens einige ein Schreiner Handwerk erlernen. Später wurde eine Fußballliga gegründet, um das soziale Umfeld zu verbessern. Seit 1987 wird für sauberes Wasser gesorgt.

Die Bevölkerung ist vielschichtig. Es gibt viele Volksstämme, die in die Stadt zogen. Zum Beispiel die Kikuyu, die Massai, Somalier, Inder und kleiner Gruppen aus dem Umland.

Jetzt befinden wir uns am Uhuru Park. Übersetzt heißt uhuru Freiheit. Der Park trennt das Geschäftsviertel von der weitläufigen Gartenstadt.

Diese ist sehr schön und vor allem, man hat einen herrlichen Ausblick. Von dort aus sieht man auch den Turm des Konferenzzentrums, das 1973 eröffnet wurde.

Sie sehen, dass der Park völlig von wartenden Afrikanern belagert ist. Sie warten auf Arbeit, aber pole pole. Langsam, langsam. Hier herrscht die Einstellung: Bekomme ich heute keine, dann eben morgen. Von Ausnahmen natürlich abgesehen. Ein Afrikaner hat es aber selten eilig. Das werden Sie sicher schon in Ihren Hotels bemerkt haben.

Sehen Sie dort drüben, das ist die All Saints Cathedral. Sie ist 1922 im neugotischen Stil errichtet worden. Wir werden dort aber nicht hinfahren und aussteigen, denn dort werden immer Touristen angesprochen, die von den politisch Verfolgten rührende Geschichten erzählt bekommen. Sie betteln um Geld, damit sie wieder in ihre Länder zurück fahren können. Hauptsächlich nach Lybien oder Angola. Das möchte ich Ihnen ersparen. Wir halten an einer anderen Stelle und laufen dann über den Uhuru- Highway zum City Hall Way. Dort sehen wir das Parlamentsgebäude, den Obersten Gerichtshof, das Rathaus und natürlich das Konferenzzentrum. Ich habe gehört, dass Sie schon am Mahnmal der Elefanten waren. Von dort hatten sie einen tollen Blick auf die Skyline und gleich werden sie dicht vor allen diesen Gebäuden stehen."

Der Bus hielt an einer geeigneten Stelle.

„Folgen Sie mir jetzt bitte. Ich möchte keinen von Ihnen verlieren."

„Sag mal Johanna, hat diese Reiseleiterin alles auswendig gelernt?", fragte Jonas.

Johanna lachte. „Ich hatte auch dieses Gefühl. Aber gut, wir haben doch einiges mehr erfahren als beim ersten Mal."

„Stimmt. Mehr geht ja auch nicht in dieser kurzen Zeit."

„Ich hätte mal eine Jacke mitnehmen sollen." Sybille war es kühl. „Immer diese Klimaanlagen im Bus. Da merkt man nichts von Afrika."

„Ach, schimpfe doch nicht", erwiderte Lukas. „Hier draußen ist es doch recht angenehm."

„Ich glaube, wir laufen dann noch bis zum Markt", sagte Tina. „Das wird auch nicht anders als in Mombasa sein, oder?", fügte sie hinzu.

„Warten wir es einfach ab. Sicher ist dieser Markt größer."

Der Markt war größer, das war nicht zu übersehen. Es gab ein richtiges Kaufhaus.

„Jonas, hier waren wir doch schon oder? Hier haben wir doch die Elefanten für die Enkel gekauft", rief Johanna.

„Das stimmt, allerdings hat es sich irgendwie verändert", erwiderte Jonas.

„Das kommt uns sicher nur so vor. Wir liefen damals allein hier durch und hatten immer Angst, wir würden den Bus verpassen."

„Na, dann wollen wir mal in Ruhe alles durch sehen", sagte Sybille.

„Hier gibt es ja wirklich eine riesige Auswahl." Sie blieb vor einigen langen Röcken stehen.

„So einer würde mir gefallen, Lukas. Oder soll ich lieber so ein Tuch nehmen?", fragte sie.

„Du meinst so ein Kanga Tuch?"

„Ja, sie mal, hier sind sie ja viel billiger als bei uns am Strand."

Johanna lachte. „Die Beach-Boys wollen doch auch noch etwas verdienen. Das darfst Du nicht so eng sehen."

„Ich nehme auf jeden Fall eins", erwiderte Sybille.

„Beeile Dich aber, ich glaube, wir werden schon wieder zusammen getrommelt", sagte Lukas.

„Afrika und Beeilen musst Du mir aber mal vormachen", gab Sybille lachend zurück.

Nachdem sie alle das Kaufhaus verlassen hatten, liefen sie noch an vielen Ständen vorbei. Überall standen Händler um die Touristen herum und feilschten was das Zeug hielt. Es war wirklich ein buntes Treiben. Wunderschöne Taschen, Körbe und viele Kleidungsstücke waren zu sehen. Johanna hätte noch viel länger verweilen können. Einfach nur die Menschen beobachten. Sie wussten noch so wenig von der ganzen afrikanischen Mentalität. Sicher, das war auch nicht unbedingt notwendig, aber sie interessierte es eben.

Alle stiegen wieder in den Bus ein. Manche von ihnen hatten doch einiges gekauft. Bevor sie los fuhren, musste erst alles sicher verstaut werden. „Hoffentlich haben Sie nicht all ihre Schillinge ausgegeben, denn später halten wir noch einmal in der Kenyatta Avenue. Dort gibt es ein sehr umfangreiches Souvenir Geschäft. Aber zuerst sehen wir uns die Jama Moschee an", meldete sich die Reiseleiterin zu Wort.

„Das musste ja so kommen", sagte Jonas zu Johanna. „Das ist hier auch nicht anders als auf Kuba oder ähnlichen Ländern. In den Souvenir Geschäften holen sich die Reiseleiter ihre Provision ab."

„Ja, das haben wir schon oft genug erlebt", erwiderte Johanna. "Wenn sie nur nicht so eine sonore Stimme hätte. Ich kann ihr gar nicht richtig zuhören."

Jonas lachte. „Auf dem Markt war gar nichts von ihr zu hören."

„Stimmt, da hat sie sich nur mit einheimischen unterhalten. Das war direkt eine Wohltat. Kannst Du mir aber bitte einmal sagen, warum wir zu dieser Moschee fahren? Ich habe den Turm schon vom Markt aus gesehen. Bis dahin hätten wir doch auch laufen können."

„Stimmt, aber dann hätten viele ihre Einkaufstüten mitschleppen müssen", sagte Jonas lachend.

Sie fuhren bis zu einem eingezäunten Park und hielten dort an.

„ Wir sind jetzt vor der Jama Moschee. Bitte steigen Sie aus und stellen

Sie sich bitte zusammen. Dann muss ich nicht so laut reden", sagte Reiseleiterin. „Der Bus holt uns später wieder ab", fügte sie noch hinzu. „Er fährt zum Busbahnhof".

„Diese Moschee wurde von 1925 bis 1933 von den eingewanderten indischen Moslems errichtet", erklärte sie. „Sie sieht den Moscheen in Lahore und Delhi sehr ähnlich."

„Na ja, wenn man sie kennt", flüsterte Lukas an Johannas Seite. Sofort erreichte ihn ein strafender Blick von Sybille. „Lass sie doch einmal ausreden", sagte sie zu Lukas.

„Sehen Sie die durchbrochenen Geländer am Balkon? Oder die drei gerippten Zwiebelkuppeln?" Alle nickten zustimmend.

„Die gezackten Schabracken Bögen und die Schriftbänder, die aus dem Koran stammen, sind die Indizien dafür."

„Soll ich sie mal testen, ob sie nur gut auswendig gelernt hat oder ob sie tatsächlich Bescheid weiß?" Lukas grinste bis hinter die Ohren und fragte: „Was sind denn Schabracken?"

Die Reiseleiterin sah Lukas verdutzt an. Dieser Schnösel dachte sie und gab ihm sofort Antwort: „Das kann ich gerne erklären: Schabracken sind in der Gardinenbranche zu finden. Haben Sie keine zu Hause?"

Nun sah Lukas ziemlich alt aus. Das hatte er ja nun gar nicht erwartet. „Doch, haben wir, aber ob da Schabracken dabei sind weiß ich nicht. Sybille haben wir welche?"

„Ja, haben wir", erwiderte Sybille. „Das ist der Querbehang, der den Rollladenkasten verdeckt. Warum fragst Du denn so?"

„Ich wollte es eben einmal wissen", gab dieser zurück.

Die Reiseleiterin war zufrieden. Solche Fragen mochte sie gar nicht, aber sie hatte schon schlimmere Touristen im Bus gehabt.

„Um zurück zur Moschee zu kommen, sie ist das größte islamische Bauwerk Kenias." Ein wenig später fügte sie hinzu: „Nun laufen wir zur Kenyatta Avenue. Bitte bleiben Sie zusammen. Ich möchte keinen von ihnen verlieren."

Viel hatten sie ja nicht über diese Moschee erfahren, aber irgendwie machte das keinem etwas aus.

So liefen sie alle der Reiseleiterin nach. Es war recht heiß mittlerweile und der Durst plagte sie alle." Da drüben können wir etwas trinken. Dort steht ein junger Mann. Er hat Flaschen in seinem Wagen. Sicher verkauft er uns einige."

Danach kamen sie zu genannter Straße. Geschäft reihte sich an Geschäft. Überall gab es kunstgewerbliche Gegenstände zu kaufen. Während Sybille und Lukas in jedes hinein gingen, blieben Johanna und Jonas lieber draußen. Sie hatten schon so viele Souvenirs aus Kenia. Auf dem Regal über dem Küchenfenster war schon kein Platz mehr. Dort reihten sich Elefanten, Giraffen, Löwen, Nashörner und Massai-Köpfe dicht aneinander. Johanna fand das toll. Beim Aussuchen hatte sie darauf geachtet, dass alles tief schwarz war. Für Jonas waren das Staubfänger, aber egal, er musste sie ja sowieso nicht sauber machen. Aber genug war eben genug. Sie hatte jetzt anderes im Sinn. Ihr gefielen die Figuren und Tiere aus Speckstein. Die gab es hier auch, aber Johanna wollte sie lieber in der Nähe vom Hotel einkaufen. Da konnte sie viel besser handeln.

„Wir laufen jetzt zum Sri Guru Singh Sabha Tempel. Dieser wurde 1963 von den Sikhs erbaut. Die Sikhs sind eine ehemalige Kriegerkaste und stammen aus dem Nordwesten Indiens. Man kann sie von den anderen Indern sehr gut unterscheiden, denn die Männer haben einen starken Bartwuchs und tragen einen Turban. Ihre Religion verbietet ihnen sich die Haare zu schneiden. Das sieht man nicht nur an den Männern, sondern auch an den Frauen. Sie haben lange, schwarze Haare und sie sehen in ihren bunten Saris sehr nett aus. Sehen Sie, dort drüben laufen gerade einige von ihnen."
„Mir scheint, die Inder sind in Kenia sehr gut vertreten", sagte jemand.
„Ja", antwortete die Reiseleiterin. "Die Hindus kamen als Eisenbahner ins Land, die Jainas sind überwiegend Händler, aber es gibt auch noch die Shiva- und die Vishnu-Anhänger. Es kamen auch viele Mohammedaner zu uns. Dieses kann man sehr gut an den von ihnen erbauten Moscheen sehen. So wie bei der Jama Moschee: Zwiebelkuppeln und Minaretten. Das ist typisch für den indischen Moghulstil."
„Diese Stilart habe ich noch nicht gehört, aber wahrscheinlich schon gesehen ohne es zu wissen", sagte Sybille.
„Diese Moghulstilart ist etwa im 16. Jahrhundert entstanden. Damals ließen sich islamische Eroberer Nordindiens herrliche Bauten errichten. Daran waren persische, arabische und indische Architekten beteiligt. Die Kuppelbauten hatten eine Vielzahl an geometrischen Ornamenten."
Die Reiseleiterin blühte förmlich auf, als sie Sybille antwortete.
„Sie mögen Kunstgeschichte?", fragte deshalb Johanna.
„Ja, sehr. Meistens haben die Touristen aber kein großes Interesse daran. Bei ihnen muss immer alles schnell gehen, damit sie in kurzer Zeit so viel als möglich gesehen haben. Ich freue mich, wenn Sie mir Fragen stellen. Sagen Sie doch einfach Mona zu mir."
„Das werden wir gerne tun. Stimmt´s?" Sybille sah Johanna fragend an.
„Klar", gab diese zurück. Johanna hatte sich in Mona getäuscht. Sie wusste wirklich eine Menge.
„Ich habe einmal gehört, dass die Afrikaner die Inder nicht so sehr mögen oder?", fragte sie deshalb Mona. Sie wollte einfach zeigen, dass sie Interesse an allem hatte. Jonas sah sie und flüsterte ihr ins Ohr: „Na, getäuscht?" Johanna gab ihm lieber keine Antwort.
„In den großen Städten beherrschen sie zu 90% den Handel, das Handwerk und viele kleinere Geschäfte. Sie haben große Erfolge und manchmal benehmen sie sich einfach überheblich. Das ist nicht immer

angenehm, aber auf der anderen Seite geben sie unseren Leuten auch Arbeit. Ich denke, wir haben uns untereinander arrangiert." Mona lächelte dabei schelmisch.

„Wie heißt denn hier die große Straße?", fragte ein Mann.

„Das ist die Moi Avenue. Dahinter beginnt das indische und afrikanische Viertel. Wie Sie sehen, gibt es hier sehr viele Menschen. Touristen laufen meistens nur in Gruppen, aber das sind die Bewohner gewöhnt", antwortete Mona.

Nach ein paar Metern deutete sie nach vorne. „Dort sehen Sie schon die honiggelben Kuppeln des Tempels."

Dann standen sie davor.

„Na ja, so toll sieht der aber nicht aus", sagte Lukas. „Ich mag ja diese Hindu Tempel. Seht Ihr, auf der anderen Straßenseite steht einer."

„Die mag ich auch", sagte Johanna. "Mir hat schon der Shiva Tempel in Mombasa gefallen."

„Mir gefallen beide nicht so sehr. Da gibt es sicher schönere." Sybille sah zu Jonas. „Und was meinst Du?"

„Ich finde sie auch nicht so überragend. Ich habe Mona schon telefonieren sehen. Bestimmt kommt gleich der Bus", antwortete dieser. Sybille lachte. „Dann hast Du also die Nase voll?"

„Kann sein. Mir ist heiß und ich habe Durst", erwiderte Jonas.

Wie schon vermutet kam der Bus. Sie fuhren die Moi Avenue entlang bis zum National Museum.

„Wir werden jetzt den Schlangenpark besichtigen. Er wurde 1961 eröffnet und zeigt über 200 Arten giftiger Schlangen. Man könnte auch sagen: Es ist ein Tierheim für Schlangen und Reptilien", sagte Mona.

„Gehen wir nicht in das Nationalmuseum?", fragte Lukas.

„Doch, aber zuvor in den Schlangenpark. Das Museum ist gerade überfüllt mit Touristen. Es ist Ihnen allen sicher egal, was wir zuerst ansehen, oder?"

Keiner hatte etwas dagegen und so liefen sie zusammen durch den Schlangenpark. Johanna und Jonas hatten ja alles schon gesehen, aber Sybille und Lukas fanden alles hoch interessant.

Die meisten Schlangen lagen da und dösten vor sich hin.

„Da ist eine Viper", sagte Sybille.

Mona hörte dieses und sah sich ebenfalls die Viper an.

„ Die ist sehr giftig."

„Ja, ich weiß", erwiderte Sybille. „Es steht ja auch auf dem Schild."

Johanna fand die Schlangen langweilig. Die konnte man doch zu Hause in jedem Zoo sehen. Allerdings fand sie es gruselig, dass es diese Schlangen in Kenia in echt gab.

„Lass uns doch lieber zu den Schildkröten gehen", sagte sie zu Jonas.

„Ja, die sehen doch viel friedlicher aus", erwiderte dieser lachend.

Sybille und Lukas folgten den beiden.

„Seht Ihr", sagte Johanna, „dort ist eine Leopardschildkröte. Die gibt es auch im Tsavo Ost und Tsavo West. Dort haben wir ganz kleine gesehen."

„Ja, aber die hier ist doch recht groß", sagte Jonas.

Mona hatte sich zu ihnen gesellt. „ Die Leopardschildkröte wird von manchen Leuten als Haustier gehalten. Über Generationen. Diese Tiere können nämlich sehr alt werden."

„Ich glaube, sie legen Eier oder?", fragte Johanna.

„Ja, manchmal bis zu dreißig. Oft werden diese von wilden Tieren gefressen. Aber auch die Menschen sind ihre Feinde."

„Erzähle lieber nicht weiter. Ich mag davon gar nichts hören", sagte Johanna. „Menschen können immer alles irgendwie verwerten."

„Magst Du keine Schildkrötensuppe?", foppte sie Lukas.

„Mir dreht sich der Magen rum. Nein, die esse ich sowieso nicht."

„Dann solltest Du Vegetarierin werden."

„Meine Damen und Herren, Sie können jetzt in das Museum gehen. Bitte folgen sie mir." Mona ging voran und alle anderen trödelten hinterher. Vor dem Eingang blieb Mona wieder stehen.

„Ich werde Sie allein hinein gehen lassen. Es ist zu voll, um Ihnen alles genau zu erklären. Sie werden Kenia in der Vergangenheit und Gegenwart sehen. Zu den größten Naturereignissen zählt das Rift Valley. So nennt man den Grabenbruch, der sich von Norden nach Süden durch Kenia zieht. Auf Ihrem Flug nach Nairobi haben Sie ihn sicher entdeckt. Den Namen Rift Valley bekam der Grabenbruch von dem Geologen John Walter Gregory, einem Briten. Sie werden aber auch die ersten menschenähnlichen Lebewesen sehen, die ihre Werkzeuge zeigen: Steinerne Faustkeile, die sie nicht nur zum Regenmachen benutzten, sondern sie vertrieben damit auch Seuchen. Ja, und gegen Unfruchtbarkeit wurden sie auch eingesetzt", fügte sie schelmisch hinzu.

„Von den Bantu Stämmen wird die Webkunst gezeigt, ebenso die Flechterei. Die Bantu bilden die wichtigste Bevölkerungsgruppe. Etwa zweidrittel aller Kenianer stammen von ihnen ab. Sie werden auch ausgestopfte Tiere sehen. Unsere Tierwelt ist so vielfältig, so dass unsere Sammlung sehr umfangreich ist. Ich weiß nicht, ob Ihnen die Schaukästen mit den zahlreichen aufgespießten Schmetterlingen gefallen werden. Mir persönlich gefallen sie nicht, aber nur so kann man der Nachwelt zeigen, wie viele Arten es bei uns gibt."

Mona wollte schon weg gehen als ihr noch etwas einfiel:

„Ich habe ganz vergessen Ihnen zu sagen, dass bereits 1910 eine Gruppe Ostafrika Forscher begonnen hatten, alles an einem Platz zu ordnen was sie gefunden hatten, aber erst 1930 wurde daraus ein Museum. Es hieß damals Coryndon Museum und erst nach der Unabhängigkeit

1963 bekam es den Namen National Museum of Kenya. Ich wünsche Ihnen viel Spaß. Wir treffen uns in 45 Minuten wieder draußen."

Sybille und Lukas gingen in das Museum hinein, während Johanna und Jonas draußen blieben. Sie warteten im Schatten auf die anderen.

„Man muss es ja nicht übertreiben und sich alles zweimal ansehen", hatte Jonas zu Lukas gesagt.

Mit diesem Museumsbesuch endete die Ausflugstour.

„Wir fahren jetzt in Ihre Unterkunft zurück", sagte Mona als sie alle wieder im Bus saßen. „Sie fliegen morgen sehr früh weiter in die Masai Mara. Ich wünsche Ihnen viel Freude an der bevorstehenden Safari. Vor allem aber einen guten Guide, der Ihnen alles zeigt und gut erklärt."

Abends saßen sie noch eine Zeit lang mit Tina und Jan zusammen und erzählten sich, was sie erlebt hatten. Tina und Jan hatten nicht sehr viele Tiere gesehen.

„Ich glaube, wir hätten doch lieber die Stadtrundfahrt mit machen sollen", sagte Jan.

„Ja, denn Tiere sehen wir noch genug", antwortete ihm Sybille. „Ich fand alles sehr interessant. Selbst das Museum."

„Ich denke, wir gehen jetzt schlafen, oder?", fragte Johanna. „Der Tag morgen wird sicher anstrengend genug."

„Stimmt, wir fliegen ja gleich nach dem Frühstück los", sagte Lukas.

So war es am nächsten Tag auch.

Der Flug dauerte eine Stunde. Johanna las Jonas aus dem Prospekt vor: „Der Nationalpark ist ca. 180 km westlich von Nairobi entfernt. Davon sind 1670 Quadratkilometer Nationalpark und 2580 Quadratkilometer Wildschutzgebiet. Jonas, was ist denn der Unterschied zwischen diesen beiden Gebieten?"

„Soviel ich weiß, werden in einem Wildschutzgebiet die Tiere geschützt. Das sagt doch schon der Name", antwortete Jonas. „Da darf man die Tiere nur von bestimmten Stellen aus beobachten oder eben auf den vorgeschriebenen Wegen bleiben. Erinnerst Du Dich an die Tsavo Safari? Dort sagte uns Gideon, dass er nicht zu dem gerissenen Zebra fahren dürfe, weil es abseits vom Weg lag."

„Ja, aber er ist trotzdem hin gefahren", erwiderte Johanna.

„Weiß ich ja, aber nur, weil er uns als Touristen etwas bieten wollte. In diesen Gebieten leben auch keine Menschen. Zum gegenseitigen Schutz. Deshalb hat man ja diese Zonen eingerichtet. Im Wildschutzgebiet können die Tiere sich frei entfalten und vor allem, werden da die vielen Arten geschützt."

„Dann dürfen in den Nationalparks aber die Menschen leben?", fragte Johanna.

„Ja. Dort leben sie mit der Natur im Einklang. Dort können zum Beispiel die Herden der Massai weiden und sie haben dort ja auch ihre Dörfer.

Nun hör aber auf mit der Fragerei. Ich bin doch kein wandelndes Lexikon."

Johanna lachte. „Dann weißt Du sicher nicht, dass die Masai Mara etwa 1500m bis 1850m hoch liegt."

„Nein, das wusste ich nicht, aber ablesen kann jeder."

Als sie das Flugzeug verließen, wurden sie gleich von einem Safari Führer empfangen.

„Mein Name ist Josef", stellte sich dieser vor. "Wir werden bis morgen zusammen sein. Zuerst fahren wir zum Camp und unterwegs können Sie schon die ersten Tiere sehen."

„Wir waren schon einmal mit einem Josef unterwegs", sagte Johanna.

Jonas lachte. „Ja, das stimmt. Den Namen kann man sich gut merken. Wer weiß, ob es sein richtiger Name ist."

„Warum nicht, wenn er auch getauft ist", sagte Johanna. „Ich glaube, sie können sich einen christlichen Namen aussuchen oder?"

„Keine Ahnung. Das ist aber auch unwichtig. Die Hauptsache ist, dass er alles weiß und auch alle Tiere findet."

Sybille, Lukas, Tina, Jan, Johanna und Jonas stiegen ein.

„So, das hat geklappt. Jetzt fahren wir wieder zusammen", sagte Jan.

„Ich werde verrückt, dort unter dem Baum liegt ein schlafender Löwe!", rief Lukas, nachdem sie ein paar Minuten unterwegs waren.

„Tatsächlich. Der lässt sich von gar nichts stören! Wahnsinn!" Johanna war begeistert.

Josef hielt sofort an, damit ihn alle fotografieren konnten. Er kannte sich mit Touristen aus. Am Anfang einer Fahrt musste er immer wieder halten. Das war eben so. Alle dachten, sie würden keine großen Raubkatzen mehr sehen. Klar, sie kannten ja auch nicht den Reichtum an Tieren, die hier lebten. Er ließ den Motor etwas aufheulen.

„Jetzt hat er ein Auge auf gemacht", freute sich Tina.

„Ja, und schon ist es wieder zu. Der ist aber wirklich müde", antwortete Jonas. „Ich würde sagen, er hält seinen Mittagsschlaf wie die meisten Tiere hier."

„Löwen schlafen oder dösen bis zu 16 Stunden am Tag", sagte Josef. „In der Mittagszeit suchen sie sich einen schattigen Platz. Dort werden sie sehr oft von den Tsetsefliegen gepeinigt. Diese Stechfliegen können die Schlafkrankheit übertragen, allerdings nur bei Menschen."

„Schlafkrankheit?"

„Ja, mit Fieber und Schüttelfrost fängt sie an. Dann kommen Krampfanfälle und zum Schluss dämmert man so vor sich hin. Dieser Zustand kann Monate oder sogar Jahre dauern und später stirbt der Mensch. Aber seid unbesorgt, nicht jeder Stich überträgt diese Krankheit. Meist sind Einheimische davon betroffen."

„Dann wollen wir hoffen, dass diese Tiere uns als Touristen erkennen", sagte Sybille. „Bei Jonas wird das sicherlich schwierig, weil er schon so braun ist", fügte sie noch hinzu.

„Kann man diese Krankheit denn nicht behandeln?", wollte Johanna wissen.

„Soviel ich weiß nur, wenn man es gleich merkt und das Nervensystem noch nicht angegriffen ist. Und dann ist das sicherlich ein Glücksfall. Touristen sind oft leichtsinnig. Es heißt nicht umsonst, dass man unter einem Moskitonetz schlafen soll."

„Ja und abends lange Hosen und Socken anziehen. Bei dieser anhaltenden Hitze ist das schon etwas schwierig", erwiderte Sybille.

„Dort vorne sind Giraffen, sehen Sie sie? Ich werde nicht halten, weil es nicht die letzten sind, die wir sehen werden." Josef fuhr zügig weiter.

„Das ist ja kaum zu glauben! Seht mal dort vorne. Da paaren sich Löwen! Sieh doch, der Löwe beißt der Löwin dabei ins Genick." Tina deutete nach vorne. Tatsächlich, die Löwen paarten sich. Hatten sie denn den Jeep nicht gehört? Josef hupte, aber es gab keinerlei Reaktion der beiden Raubtiere. Josef sagte lachend: „Die Tiere hier sind nicht überrascht, wenn Menschen in ihre Nähe kommen. Hier fahren das ganze Jahr über unzählige Jeeps vorbei. Ein Privatleben hat hier kein Tier."

„Die armen Tiere", bemerkte Lukas.

„Die Löwen gehören zu den Big Five, oder?", fragte Tina.

„Ja", erwiderte Josef. „Die Big Five sind der Elefant, das Spitzmaulnashorn, der afrikanische Büffel, der Löwe und der Leopard. Sie können sich darauf freuen, denn Sie werden außer dem Leoparden die anderen vier Tierarten sehen. Das verspreche ich Ihnen."

„Das ist ja toll", sagte Johanna.

„Na, ich warte es ab", sagte Jonas. „Wir haben ja schon einige Nationalparks gesehen und immer wurden uns jede Menge Tiere angekündigt."

„Du weißt aber, dass die Masai Mara die meisten wilden Tiere hat oder?", erwiderte Johanna.

„Auf dem Papier", foppte sie nun Lukas.

Johanna war lieber ruhig. Sie ließ sich nicht gerne auf den Arm nehmen. Sollten sie doch denken was sie wollten. Sie glaubte Josef. Basta.

„Wenn ein Afrikaner etwas sagt, dann hat er bei Johanna immer Recht." Jonas ließ nicht locker.

„Jetzt hört aber auf", sagte Sybille. „Ihr verderbt Euch doch mit so einem Geplänkel den ganzen Tag."

„Du hast recht", erwiderte Johanna. „Wir machen zu Hause damit weiter", fügte sie lachend hinzu.

„Wie weit ist es eigentlich von Nairobi bis in die Masai Mara?", fragte Tina. „Ich meine, wenn man mit dem Auto fährt."

Josef dachte nach. „So etwa 350 km. Zuerst 250 km auf der Straße, danach kommt eine Schotterpiste. Insgesamt wäre man 6 Stunden unterwegs", antwortete er.

„Dann haben wir ja alles mit dem Flug richtig gemacht", sagte Jan.

„Das kann man so sagen", erwiderte Josef. „Man muss nur das nötige Kleingeld haben. Das kann sich hier von der Bevölkerung niemand leisten. Nur die Reichen können das."

Darauf antwortete ihm keiner. Was hätten sie auch sagen sollen. Afrika hatte nun einmal eine arme Bevölkerung.

„So, wir sind da. Der Manager erwartet Sie schon."

Sie nahmen ihr Gepäck und liefen zum Eingang.

„Guten Tag. Ich begrüße Sie alle recht herzlich in meiner Lodge und wünsche Ihnen einen schönen Aufenthalt. Sie bekommen jetzt ihre Zimmer gezeigt, damit Sie sich etwas frisch machen können."

Danach drehte er sich um und ging weg.

„Oh, das war aber eine knappe Begrüßung", sagte Tina.

„Ist doch gut so. Wir werden jetzt duschen und danach die Lodge erkunden. Wir sehen uns sicher. Die Lodge ist ja nicht so riesig."

„Ja, dann bis später."

Jedes Ehepaar bekam sein Zimmer gezeigt.

„Das sind ja alles Blockhütten", sagte Johanna. „Sieh doch, mit einer Terrasse sogar."

„Jeder hat sein eigenes Blockhaus. Klasse. Das ist wirklich mal etwas anderes." Jonas fand das auch gut. Er schloss die Tür auf und sie betraten ihr Zimmer.

„Viel drin ist ja nicht, aber da wir ja sowieso nur einmal hier schlafen, ist es egal", sagte er. Hatte er nicht gelesen, dass die Masai Mara nur Luxus Herbergen hätte und deshalb der Preis so hoch sei? Das traf hier nicht so ganz zu. Es war sauber, aber von Luxus weit und breit keine Spur. Das Bad sah auch recht spartanisch aus.

„Wir packen aus und dann sehen wir uns um." Johanna war voller Tatendrang. „In dem Prospekt stand, es sind 66 Bungalows. Das Gelände ist also nicht gerade klein."

„Wir werden uns alles ansehen", sagte Jonas lachend. „In unserem Zimmer gibt es ja nichts Sehenswertes. Du kannst es wieder mal nicht abwarten."

Sie zogen sich um und liefen in der Anlage umher.

„Sag` mal, hier ist ja gar nichts eingezäunt", stellte Johanna fest.

„Stimmt", erwiderte Jonas. „Das bedeutet, dass alle Tiere hier spazieren gehen können."

„Du weißt aber, dass hier der Mara Fluss ist und in diesem sich die Flusspferde tummeln?" Johanna fand das gar nicht witzig.

„Wir erkundigen uns nachher einfach."

Sie kamen an einem Gehege vorbei, in dem sich eine dunkle, dicke Schlange befand.

„Nein, lass uns schnell hier weggehen", sagte Johanna aufgeregt. „Die Schlange wird scheinbar gefüttert! Dort sitzt ein Häschen in der Ecke! Das muss ich mir aber nicht ansehen." Sie zog am Arm von Jonas. „Komm`, schnell weg."
Jonas tat ihr den Gefallen. Er wollte es auch nicht mit ansehen.

Nach einer Weile trafen sie auf die anderen vier. Sie warteten auf das Abendessen und freuten sich, als sie einen Tisch zugeteilt bekamen. Der Manager war auch anwesend und sagte, dass nach dem Essen ein Feuer etwas abseits in der Bar angezündet würde. „Nehmen Sie sich bitte warme Sachen mit. Es ist nur direkt am Feuer angenehm. Am Rücken kann es kühl werden."
„Das klingt doch recht romantisch", sagte Tina. „Unter einem Makuti Dach am Feuer sitzen. Nebenan der Mara Fluss. Toll!"
„Ja, wir suchen uns dann gleich einen schönen Platz", sagte Jan.

Sie holten sich ihre Jacken und setzten sich an das Feuer. Der Manager kam und fragte: "Kann ich mich zu Ihnen setzen? Sie werden sicher einige Fragen haben."
„Kommen die Tiere direkt bis zu uns ans Zimmer?", wollte Sybille gleich wissen.
„Ja", lachte der Manager. „Das kann passieren, wenn Sie abends noch einmal auf Ihre Terrasse gehen. Oft grasen die Flusspferde direkt davor. Gehen Sie einfach wieder hinein. So passiert Ihnen nichts. Bevor es ganz dunkel wird, sehen Sie doch einmal nach, ob Sie welche im Wasser sehen. Kommen Sie, ich zeige Ihnen den besten Ausblick."
So sehr sich alle auch anstrengten, nur ab und zu sahen sie einmal ein paar Augen auftauchen.
„Ich glaube, die haben heute etwas Besseres vor", sagte Jan. „Kommt, vielleicht sehen wir ja morgen welche. Dass sie da sind haben wir ja bemerkt."
Am Feuer saß noch immer der Manager. Sie setzten sich wieder zu ihm. „Wissen Sie, ich genieße Ihre Anwesenheit. Wenn Deutsche kommen, kann man sich gut unterhalten."
„Haben Sie eine Ahnung wie lang der Mara Fluss ist?", wollte Lukas wissen.
„Der Mara Fluss ist 395 km lang. Er hat das ganze Jahr über Wasser, was für die Tiere sehr wichtig ist. Gerade während der Trockenzeit."
„Und wo entspringt er?", fragte Jan.
„Hier in Kenia. In der Nähe von Nakuru."
„Nakuru?", fragte Johanna. „Dort gibt es doch den See mit den vielen Flamingos."
„Ja, das stimmt", sagte der Manager. „Die Stadt liegt am Nakuru See. Die Flamingos sind eigentlich weiß, aber sie fressen die blau grünen Algen und viele kleine Krebse. Daher die rosa Farbe und nicht wie

manchmal angenommen wird, vom Soda Gehalt des Sees."

„Und wo fließt der Mara Fluss hin?"

„Durch das Masai Mara Reservat nach Tansania bis zur Serengeti. Dann mündet er in den Viktoria See." Bereitwillig gab der Manager Antwort.

„Ob wir morgen die Flusspferde sehen werden?", fragte Sybille.

„Bestimmt. Bis jetzt haben sie alle Touristen, die hier waren, gesehen. Über die Flusspferde kann ich sagen, dass sie immer in der Nähe von Wasser leben. Es sind pflanzenfressende Säugetiere. Sie grasen nachts mehrere Stunden. Bis zu 40kg Gras vertilgen sie. Manche Gerüchte sagen, sie würden auch Menschen fressen. Das ist natürlich nicht wahr. Ihr Magen ist dafür gar nicht geeignet. Sollte es einmal passiert sein, dann war das die berühmte Ausnahme. Wie alle Mütter sind die Weibchen der Flusspferde nur etwas mit Vorsicht zu genießen, wenn sie Nachwuchs haben. Da können sie gegenüber Krokodilen, Löwen und anderen Raubtieren richtig aggressiv sein, weil diese manchmal ein Jungtier erbeuten. An die erwachsenen Flusspferde trauen sie sich aber nicht heran. So gesehen haben diese Kolosse eigentlich keine natürlichen Feinde."

„Wie schwer sind sie denn?", fragte nun Tina.

„So ganz genau weiß ich es nicht." antwortete der Manager. "So etwa 1000 bis 4500 kg. Sie werden in der Natur bis zu 30 Jahre alt. Da stapelt sich ja das Gewicht", fügte er lachend hinzu.

„Mir ist es gerade kalt", sagte Johanna. "Jonas, wir werden schlafen gehen, oder?"

„Ja, das machen wir. Der Tag morgen wird sehr anstrengend werden, zumal wir ja auf die Frühpirsch gehen."

„Stimmt", sagte Sybille. „Wir gehen auch. Es ist schon spät genug."

„Lalasalama", erwiderte der Manager.

Am nächsten Morgen wurden sie von einem Askari geweckt, der heftig an die Tür klopfte. Johanna und Jonas machten sich schnell fertig und liefen zur Hotelhalle.

„Oh, Euer Askari war wohl schneller", sagte Johanna lachend. "Steht Ihr schon lange hier?"

„Nein", erwiderte Tina. „Wir sind auch gerade erst gekommen. Aber seht, Josef kommt schon angefahren."

Tatsächlich. Josef kam und auch noch auf die Minute.

„Ist ja irre", sagte Lukas. „In Kenia kann man auch pünktlich sein."

„Dann steigen Sie mal schnell alle ein", sagte Josef „Von mir aus kann es losgehen."

Sie fuhren ein Stück am Mara Fluss entlang. Der Manager hatte recht gehabt. Am Flussufer waren riesige Berge von Fleisch zu sehen. Die Flusspferde lagen in Abständen kreuz und quer neben-oder übereinander.

„Da, eines gähnt", sagte Tina.

„Das ist kein Gähnen, sondern eine Warnung. Dort drüben steht ein Bulle. Scheinbar gehört er nicht zu dieser Gruppe", erklärte Josef.

„Das sieht ja gefährlich aus."

„Ja, aber seht, der Bulle hat das Signal verstanden. Er geht wieder weg. Sicher hat er die Reviermarkierung übersehen."

„Wie wird die denn markiert? Im Wasser?", fragte Sybille.

„Sie markieren ihr Revier im Wasser und auf Land mit Kot. Dabei gilt: Wer den größeren Haufen macht, ist der stärkere Bulle. Da sie legen ihren Kot immer an der gleichen Stelle ablegen, entstehen dadurch riesige Misthaufen."

„Gut, dass der fremde Bulle wieder weg ist. Bei so einem Kampf möchte ich nicht zusehen. Bleiben die jetzt alle so liegen?"

„Wenn es jetzt richtig hell wird, gehen die Flusspferde wieder ins Wasser. Sie liegen meistens da und dösen. Dann gucken nur die Augen, die Ohren und die Nase heraus. Habt Ihr das gestern Abend nicht gesehen?"

„Nein, nicht so richtig. Nur manchmal die Augen. Wir waren aber auch zu weit entfernt", sagte Johanna.

„Klar, dass das so war", sagte Josef. „Flusspferde bleiben höchsten 6 Minuten unter Wasser. Wenn sie auf dem Grund spazieren gehen, dauert es etwa 15 Minuten bis sie keine Luft mehr bekommen."

„Dann ist das ja wie bei einem Tauchvorgang", meinte Jonas.

„Ja, so kann man das auch sagen."

„Bekommen sie ihre Jungen im Wasser oder an Land", wollte Tina wissen.

„Im Wasser", erwiderte Josef. „Die Kleinen sind schon ganz schön schwer. Beinahe 50 kg. Das ist Schwerstarbeit für die Mutter. Sie trägt das Junge auf ihrer Schnauze sofort zur Wasseroberfläche, damit es gleich atmen kann."

Tina lächelte so vor sich hin.

„Was gibt es?", fragte Johanna.

„Ich musste gerade an die Geburten bei uns zu Hause denken."

„Zu Hause?", wunderte sich Johanna. „Denkst Du gerade an die Badewannengeburten? Hast Du in der Wanne entbunden?"

„Ja, an diese Geburten dachte ich und nein, ich habe unsere Kinder ganz normal bekommen."

„Meinst Du, sie hätten die Flusspferde als Vorbild genommen?" Jetzt musste Johanna lachen. „Das wäre ja irre, aber es ist ja alles möglich."

„Der Unterschied ist aber, dass die Mutter mit der Nabelschnur die Wanne verlässt. Das Flusspferd beißt sie selbst durch." Tina lachte mit.

„Na prima. Lass uns das aber nicht weiter vertiefen."

Nachdem sie alle noch einige Minuten den Flusspferden zugesehen hatten, drängte Josef zum Weiterfahren.

„Sie wollen sicher noch mehr Tiere sehen?", fragte er.

Während der Weiterfahrt sahen sie Warzenschweine, Steppenzebras, Kaffernbüffel und Thomsongazellen.

„Die Warzenschweine haben hier aber wenig Schutz vor ihren Feinden oder?", fragte Johanna.

„Das täuscht", erwiderte Josef. „Sie können in der offenen Savanne leben, weil sie sehr schnell und wendig sind."

„Dabei sehen sie doch eigentlich sehr plump aus."

„Ja, aber die Keiler haben Hauer so scharf wie Sicheln. Davor laufen die kleineren Raubtiere weg, wenn er zum Angriff übergeht", erwiderte Josef lachend.

„Und wenn ein größeres Raubtier kommt?", wollte Johanna weiter wissen.

„Dann rennen sie in die Höhle eines Erdferkels."

„Dann helfen sie sich ja gegenseitig. Sag mal, es gibt doch unterschiedliche Gazellenarten. Du sagst, die wir gesehen haben sind Thomsongazelle. Was gibt es nur für eine Art? Ich habe es gelesen , aber den Namen vergessen."

Jonas stupste Johann leicht an. „Sag bloß, Du hast wirklich etwas vergessen?", fragte er. „Das passiert Dir doch nie", fügte er lachend hinzu.

„Ach komm, lass das. Mich interessiert das eben jetzt."

„Es gibt noch eine Grantgazelle. Sie ist größer als die Thomsongazelle. Beide Arten vermischen sich manchmal. Damit meine ich, die Herden können zusammen leben. Die Grantgazelle zieht aber oft in wasserarme Gebiete. Dort sind sie sicherer als an Wasserstellen", erklärte Josef. „In der Massai Mara gibt es für beide Tiere Platz genug. Wir befinden uns gerade in einer wasserreichen Gegend. Ich werde Ihnen jetzt Löwen zeigen."

„Da bin ich jetzt aber wirklich gespannt", sagte Jonas. „Die haben wir doch schon mehrmals versprochen bekommen."

„Wo denn?", fragte Sybille.

„Im Tsavo, aber da war nur noch ein totes Zebra zu sehen."

„Jonas, sei doch nicht ungerecht. Das waren doch besondere Umstände."

„Wieso das denn?", fragte Sybille weiter.

Jonas begann von dieser schrecklichen Fahrt in den Tsavo Nationalpark zu erzählen. Alle hörten ihm gespannt zu; selbst Josef.

„Dann ist es ja gut, dass wir geflogen sind", sagte Lukas. „So einen Unfall braucht ja wirklich keiner. Ich kann Euren Fahrer aber verstehen. Mir wäre auch die Lust vergangen."

„Uns war es auch nicht gerade fröhlich zu Mute", sagte Johanna.

„Ihr werdet es jetzt aber nicht glauben! Ich sehe einen Löwen", rief Johanna aufgeregt.

Josef lächelte. Ja, so waren die Touristen. Manchmal in ihrer Begeisterung wie kleine Kinder. Er fuhr noch ein Stück weiter und hielt dann an.

„Sehen Sie, dort läuft die Löwin. Sie ist auf Nahrungssuche. Sie hat sechs junge Löwen zur Welt gebracht."

„Und der Löwe? Hilft er denn nicht beim Füttern?", wollte Tina wissen.

„Nein, die Löwen sichern die Umgebung für ihr Rudel ab. Wie die Hunde setzen sie ihre Duftmarken und wenn ein anderer Löwe kommt, brüllt er lautstark."

„Dann ist das ja gut eingeteilt", sagte Jan.

„Ja, die Löwin übernimmt die Aufzucht und das Jagen", sagte Josef. „Kleine Löwen werden nach ca. drei Jahren vertrieben. Sie müssen sich dann selbst versorgen."

„Hier haben sie aber einen reich gedeckten Tisch", sagte Johanna. „Wir haben so viele Tierarten gesehen, die sicherlich auf der Speisekarte der Löwen stehen."

„Ganz so einfach ist das nicht", erwiderte Josef. „Man sagt, dass Löwen nur jeden dritten Tag zu einer Mahlzeit kommen."

„Die jungen Löwen sehen aber ziemlich wohlgenährt aus, oder?", fragte Sybille.

„Die werden ja auch von der Mutter versorgt. Es ist gut, dass sie zur Zeit so viel zu fressen haben. Bald werden die kleinen lernen müssen, wie sie sich selbst versorgen können. Das ist sehr wichtig für ihr späteres Leben. Jagen ist zwar gut, aber Löwen haben nicht so eine lange Ausdauer. Da müssen sie oft ihre eigene Taktik anwenden. Oft kreisen sie ein Tier ein und fallen dann darüber her."

„Na, hoffentlich sehen wir das jetzt nicht", sagte Johanna. „Johann, hast Du es gesehen? Die kleinen haben ja dunkle Flecken auf dem Körper!"

„Ja, das habe ich", erwiderte Jonas. „Ich weiß nur nicht wieso. Josef kann das aber sicher erklären."

Josef lachte. „Nein, das kann ich nicht erklären. Wenn sie älter werden, gehen die Flecken wieder weg. Fragt jetzt aber nicht wieder warum. Alles weiß ich auch nicht", fügte er noch dazu.

„Seht dort drüben, dort liegt noch ein Löwe. Der hat aber keine schöne Mähne. Wenn man sie auf Fotos sieht, sehen sie immer so schön aus." Tina schien enttäuscht.

„An der Mähne kann man erkennen, in welch einer Verfassung er ist. Ihr seht ja, dieser hat eine lange, dunkle Mähne. Das bedeutet, dass es ihm körperlich gut geht."

„Es müssten aber noch mehr seiner Artgenossen hier in der Nähe sein oder? Sie leben doch in Rudeln."

„Ja, sie leben in Rudeln. Sie sind zwar die Menschen hier mehr oder weniger gewöhnt, aber so wie auf einem Laufsteg kommen sie nicht vorbei", erwiderte Josef lachend.

„Ich werde verrückt!", rief Lukas. „Seht Ihr auch was ich gerade sehe?" Alle schauten umher.

„Was siehst Du denn?", wollte Jonas wissen. Er sah nur Grasland und eben diesen Löwen.

„Da vorne, seht Ihr es immer noch nicht? Dort startet ein Heißluftballon oder?"

Tatsächlich. Jetzt sahen alle den Aufsteigenden Ballon.

„Das ist die neue Art eine Safari zu machen", sagte Josef und fuhr fort: „Ich selbst finde das für die Tiere nicht so gut, da sie manchmal recht tief fahren, aber es ist eben eine neue Art Geld zu verdienen. Jetzt fahren wir aber zurück und frühstücken. Wir haben danach noch einen langen Weg vor uns."

Nach dem Frühstück sagte der Manager, dass sie alle gleich ihr Gepäck einladen sollten. „Ich hoffe, es hat Ihnen bei uns gefallen. Sie werden auf Ihrer Weiterfahrt noch viele Tiere beobachten können. Ihre jeweiligen Fahrer führen sie zu den interessantesten Plätzen. Gute Fahrt und einen angenehmen Heimflug."

Das Gepäck wurde im Jeep verstaut. Jonas wunderte sich, dass Tina und Jan so viel dabei hatten.

„Habt Ihr alles mitgenommen? Das sieht ja aus als würdet Ihr heim fliegen wollen!"

„Frauen", antwortete Jan. „ Man kann ja nie wissen, was man so alles braucht. Feste Schuhe, leichte Schuhe, T-Shirts falls man mal kleckert, lange Hose, kurze Hose, etwas für abends und dann jede Menge Insektenmittel."

„Und kein Waschzeug?", fragte Jonas lachend.

„Lasst mich doch in Ruhe", kam stattdessen die Antwort von Tina. „Hätte ich etwas nicht mitgenommen und es würde gebraucht, dann würde Jan sagen: Daran hättest Du aber denken können."

„Ja, so sind unsere Männer." Sybille kannte dieses Thema auch.

„Da hast Du aber wirklich Recht." Auch bei Johanna und Jonas war das Gepäck immer ein Diskussionspunkt.

„Ich habe ja alles im Jeep und nun werden wir los fahren. Zuerst werde ich Euch ein Massai-Dorf zeigen", meldete sich Josef zu Wort. „Dort könnt Ihr sehen, wie sie leben. Gegen ein paar Schillinge ist das kein Problem. Ihr könnt auch fotografieren."

„Ja, ohne Geld geht eben nichts", sagte Lukas. „Ich werde es mir nicht ansehen. Was meint Ihr dazu?"

„Ich gehe hinein", erwiderte Johanna. „So eine Gelegenheit bekommen wir nie wieder."

„Dann kannst Du mir ja erzählen, wie es darin ausgesehen hat. Ich werde mir das auch nicht antun."

Auch Jan stimmte Jonas zu.

Tina und Sybille schlossen sich der Meinung von Johanna an. Sollten die Männer doch draußen bleiben.

„Dort", rief Johanna und zeigte nach rechts. „Seht Ihr das Löwenpaar?"

„Die paaren sich doch glatt, obwohl hier ein Jeep nach dem anderen fährt", sagte Jonas grinsend.

„Das finde ich auch erstaunlich. Ich werde das Gefühl nicht los, dass wir einfach durch einen großen Zoo fahren", fügte er hinzu.

„Die Tiere sind die Touristen gewöhnt, aber so habe ich die Löwen auch noch nicht gesehen", bemerkte Josef.

„Ich finde es auch erstaunlich. Vor allem aber, dass wir so viele Löwen sehen. Auf den anderen Safaris haben wir sie Stunde um Stunde gesucht, aber keinen entdeckt." Johanna fand das toll.

„Die Masai Mara ist ja bekannt für ihren Tierreichtum. Das habe ich gelesen." Jan war ebenso von allem begeistert.

„Ich sehe Störche, oder?", rief Sybille.

„Das sind Sattelstörche", erwiderte Josef. „Sie haben einen roten Schnabel mit einem schwarzen Streifen."

„Fährst Du einmal etwas näher heran? Man kann das gar nicht so genau erkennen."

Josef fuhr ein paar Meter auf sie zu.

„Ja, so ist es besser. Jetzt sehen wir ihn richtig. Ich dachte schon, es seien „unsere" Störche, die hier überwintern."

Johanna lachte. „Oh, dann hast Du Dich aber richtig verguckt. Der sieht selbst von weitem mehr schwarz als weiß aus. Sie doch einmal, da ist ja der Kopf und der Hals auch schwarz."

„Von wegen, sieh doch, am Körper ist er weiß. Das sind nur die Flügel, die schwarzweiß sind."

„Und das sieht man nur, wenn er die Flügel ausbreitet", ergänzte Lukas.

„Bei Euch zu Hause gibt es sicher die Weißstörche", sagte Josef. „Soweit ich weiß, sind sie die einzige Art, die wegziehen. Alle anderen Störche bleiben immer in der Nähe ihrer Brutgebiete."

„Wenn hier so viele sind, dann muss es hier ja feucht sein", sagte Johanna. „Sonst hätten sie ja nichts zu fressen. Bei uns zu Hause gibt es aber auch noch Schwarzstörche. Sie brüten in Laub-und Mischwäldern. Sie bleiben von März bis September bei uns", fügte sie noch hinzu.

„Es muss nicht unbedingt feucht sein", erwiderte Josef. „Außer Fischen und Fröschen frisst der Sattelstorch auch Insekten, Schlangen und Schnecken. Gegen Aas hat er auch nichts."

„So wie der Marabu?", fragte Johanna.

„Nun, der Marabu ist ein Aasfresser. Man sieht das schon an seinem Kopf. Da sieht er so ähnlich aus wie ein Geier. Weißt Du, er hat da so einen Kehlsack und keine Federn am Kopf."

„Ich hoffe, wir können mal einen aus der Nähe sehen. Bis jetzt haben wir nur welche auf einem kahlen Baum sitzen sehen."

„Wer weiß", erwiderte Josef. „Hier bei den Sattelstörchen werden wir sie nicht sehen. Diese dulden keine anderen Störche in ihrer Nähe. Aber seht einmal nach oben. Dort fliegt der Gaukler."

Alle sahen nach oben. Tatsächlich flog da ein dunkler Vogel.

„Ein Gaukler? Wie hast Du den denn jetzt erkannt?", wollte Sybille wissen.

„Na ja, ich kenne ihn eben. Sie sitzen oft auf Affenbrotbäumen, d.h. sie bauen dort ihren Horst."

„Aber wieso erkennst Du ihn in so großer Höhe?" Sybille ließ nicht locker.

„Man kann sie am Flug erkennen. Erstens sehen sie fast so aus wie ein Halbmond und zweitens schlagen sie manchmal einen Salto oder sie lassen sich einfach auf die Seite fallen. Wartet einmal, vielleicht hört ja auf zu segeln und dann könnt ihr es sehen."

„Da kommen ja noch mehr", rief Johanna.

„Ja, Gaukler sind sehr gesellig." Josef freute sich, dass seine Fahrgäste Interesse an den Tieren hatten. Er hatte schon oft erlebt, dass manche gar nicht nach den Vogelarten sahen, sondern nur die großen Tiere suchen wollten. Heute machte ihm seine Arbeit richtig Spaß.

„Tatsächlich, da lässt sich einer fallen", rief Johanna freudig. „Das ist ja toll!"

Auf ihrer Weiterfahrt sahen sie auch den von Josef erwähnten Affenbrotbaum. Er stand nicht alleine da. Mehrere Akazien waren noch zu sehen und über diesen ragten die Hälse der Giraffen heraus.

„Josef, dort sind Giraffen!", rief Tina. „Ich sehe zwar nur ihre Köpfe, aber es müssen welche sein."

„Stimmt", erwiderte Josef. „Das sind Massai-Giraffen. Ihre Fellzeichnung ist bei jeder einzelnen unterschiedlich. Ihr habt sicher schon eine Netzgiraffe gesehen. Da sind die Konturen des Netzes durchgehend, während bei den Massai-Giraffen die Konturen unterbrochen sind. Man kann es auch anders sagen, die Flecken innen sind zerrissen. Wir müssen jetzt aber wirklich weiter, sonst wird es in dem Massai-Dorf so voll. Ich weiß, es sind mehrere Jeeps heute unterwegs. An einem Affenbrotbaum können wir später noch stehen bleiben."

Schon von weitem sahen sie auf einer größeren Fläche das Dorf stehen. Nur die Dächer von den Hütten, denn rundherum befand sich eine dichte Dornenhecke.

„Bevor wir hinein gehen, möchte ich Euch noch ein wenig über das Leben der Massai erzählen. Natürlich nur, wenn es Euch interessiert." Josef sah sie fragend an.

„Na klar.", sagte Lukas und alle anderen stimmten ihm zu.

Und Josef begann:

„Die Massai waren ein kriegerisches Volk. Wie sie selbst von sich erzählen, lebten sie früher im Sudan und im Niltal. Sie kämpften gegen viele Völker, ja, sie verdrängten sie. Später kamen sie nach Tansania und Kenia. Die Jahreszahl weiß ich nicht, aber das ist Euch sicher auch egal, oder?"

„Ach, Zahlen vergisst man sowieso sehr schnell, Josef. Die brauchen wir nicht zu wissen." Jan sah die anderen fragend an. „Oder seid Ihr anderer Meinung?"

„Nein, aber lass doch Josef weiter erzählen."

„Die Massai sind ein Hirtenvolk. Ihre Rinder sind das wichtigste in ihrem Leben. Sie sind ihr ganzes Leben mit ihnen verbunden."

„Ich habe gehört, sie trinken das Blut ihrer Tiere?", fragte Jan.

„Die Krieger, sicherlich heute noch, aber alle anderen ernähren sich von pflanzlicher Nahrung.

Sie bereiten einen Brei aus Maismehl, Wasser, Milch und Zucker zu. Ebenso essen sie Brei aus Maisgrieß oder einen Hirsebrei. Es kommt selten Fleisch auf den Tisch."

„Aber wieso trinken die Krieger das Blut ihrer Tiere?", fragte Lukas.

„Das gehört mit zu ihrer Tradition. Sie schießen einen Pfeil in die Halsvene und lassen das Blut in eine Kalabasse laufen. Die Wunde wird mit Kuhdung abgedeckt und so verheilt sie ganz schnell wieder. Das Blut wird danach mit Milch gemischt und kräftig durch geschüttelt. Dieses Gemisch nennt man Saroi."

„Was ist eine Kalabasse?", wollte Sybille wissen. „Sicher ein Gefäß?"

„Das ist ein ausgehöhlter Kürbis. Er muss gut austrocknen. Danach ist er wasserfest."

„Ich habe noch eine Frage", sagte Johanna. „Wie kommen die Massai denn an Mais oder Hirse? Hier sind doch keine Felder?"

„Sie werden beliefert", erwiderte Josef lachend. „Es kommen regelmäßig Karawanen vorbei. Diese bringen auch die bunten Perlen mit, die sie zu Schmuck verarbeiten."

„Essen die Massai wirklich kein Fleisch?", fragte Tina.

„Doch, Ziegen und Schafe, aber selten. Nur zu besonderen Anlässen schlachten sie ein Rind. Seht, die Frauen der Massai erwarten uns schon. Ich halte hier und begleite Euch bis zum Eingang."

Josef hielt an. Fröhlich kamen kleine Kinder auf sie zu gerannt. „Mama, Mama", riefen sie.

Sybille, Tina und Johanna liefen auf den Eingang zu. Eine etwas rundliche Massai führte sie hinein. „Wollt Ihr nicht doch mit kommen?", rief Johanna Jonas, Jan und Lukas zu.

„Nein, wir suchen uns einen schattigen Platz. Vergesst nicht Aufnahmen zu machen", antwortete Jonas.

Die drei Frauen sahen sich um. Etwa 30 Hütten standen an der Seite der dichten Dornenhecke.

„Siehst Du hier Männer?", fragte Tina Johanna.

„Nein, keinen einzigen, aber das macht ja nichts. Ob wir wohl in so eine Hütte hinein dürfen?"

„Das werden wir gleich merken", erwiderte Sybille. „Sieh mal, dort drüben haben sie Schmuck aufgebaut."

„Ist doch klar", sagte Tina. „Das ist wie überall. Sie wollen uns welchen verkaufen."

„Wir können ihn uns ja ansehen. Ich brauche jedenfalls keinen. Als wir das erste Mal in Kenia waren, habe ich mir so ein Kollier aus Muscheln von den Massai mit genommen. Das ist zwar schön, wenn man gerade in Afrika ist, aber zu Hause zieht man es gar nicht mehr an." Johanna dachte daran, wie sehr sie Jonas darum gebettelt hatte. Er wollte es gar nicht kaufen, aber dann hatte er doch nachgegeben.

Vor der einen Hütte stand eine Massai und winkte sie zu sich.

„Komm Mama, komm", sagte sie und nahm Johanna an der Hand. Ehe diese sich verguckte, stand sie im Dunkeln. Tina und Sybille folgten ihr.

„Oh, das ist aber alles sehr niedrig", sagte Tina.

„Stimmt. Riecht Ihr eigentlich Dung?", fragte Sybille.

„Sollten wir?" Johanna lachte.

„Na ja, die Massai Frauen bauen doch die Hütten aus Lehm und Dung. Das habe ich gelesen", fügte sie noch hinzu.

„Nein, ich rieche nichts. Jedenfalls keinen Dung. Hier riecht es sowieso etwas eigenartig. Ich würde sagen, eher nach Vieh."

„Kein Wunder, hier am Anfang der Hütte ist ja auch der Stall für die Ziegen."

„Hast Du das auch gelesen?"

„Klar, es ist aber auch irgendwie logisch."

„Wieso das denn?"

„Man weiß doch, dass sie mit ihren Tieren leben und wenn tatsächlich einmal ein wildes Tier in die Hütte gelangen sollte, dann frisst es zuerst das Tier und nicht die Menschen."

„Da hast Du wirklich Recht. Ganz schön clever ausgedacht."

Sie kamen in einem kleinen, freien Platz.

„Sieht so aus, als ob das hier eine Feuerstelle sei." Tina sah sich um.

„Ob sie hier drin kochen?"

„Kann sein. Da ist ja auch ein Topf."

„Seht, dort sind noch zwei abgetrennte Räume." Neugierig ging Sybille hin.

„Ich glaube, darin schlafen sie."

„Aber sie haben ja nicht einmal ein Bettgestell. Nur Felle liegen hier herum."

„Keinen Stuhl und keinen Tisch. Die sind ja wirklich sehr arm dran", sagte Tina.

„Oh, und das ist alles auch noch sehr, sehr eng." Johanna bekam schon fast die Krise. „Lasst uns wieder hinausgehen Mir ist das hier zu stickig. Ohne Fenster kommt ja überhaupt keine Luft hinein!"

Draußen warteten schon eine Vielzahl von Massai Frauen mit ihren Kindern. Alle hatten die typische Festtracht an.

„Sieh mal, das kleine Kind hat ja ein Stück Holz durch das Ohrläppchen."

„Ich glaube, wir müssen Josef danach fragen. Hier bekommt man ja keine richtige Antwort. Sie sprechen nicht gut englisch und deutsch noch weniger. Wir wollen lieber ihrem Gesang zuhören." Johanna wollte auch schnell wieder aus dem eingezäunten Dorf weg.

„Ist Euch aufgefallen, dass nur Frauen zu sehen sind?", fragte Tina.

Um die Frauen bei ihrem Gesang nicht zu stören sagte Johanna ganz leise: „Hör doch erst einmal zu. Wir wollen doch nicht unhöflich sein." Tina hatte Recht. Es war kein einziger Mann im Dorf zu sehen. Allerdings hatten sie alle es schon gleich am Anfang bemerkt. Na ja, bei diesen Gerüchen und der Hitze konnte man schon zweimal darüber nachdenken. Johanna musste lächeln, aber sie sagte nichts darüber.

Johanna, Tina und Sybille verließen das Dorf. Draußen wurden sie schon von Jonas, Josef, Lukas und Jan erwartet.

„Na, hat es Euch gefallen?", fragte Josef.

„Ja, es war sehr interessant so ein Dorf zu sehen. Aber sag mal, wieso sind darin keine Männer?" Tina wollte dieses gleich wissen.

„Die jungen Massai Männer leben in einem eigenen Dorf. Das nennt sich Manyatta und ist nicht eingezäunt. Richtige Männer haben nämlich keine Angst vor wilden Tieren", fügte Josef noch lachend hinzu.

„Du machst Witze oder?" Sybille wollte es nicht glauben.

„Nein, das sind keine Witze. Die jungen Massai leben dort, um alle Tänze, Kämpfe und Lieder ihrer Vorfahren zu erlernen. Erst wenn sie alles können, werden sie von einem Priester ins Dorf zurückgeholt. Seht, dort kommen einige Massai Tänzer. Sie werden uns zeigen, was sie schon alles können."

Alle sahen hin. Die Massai bildeten eine Halbkreis, beugten sich nach vorne und wieder zurück und stöhnen dabei lauthals. Abwechselnd sprang einer so hoch er konnte in die Höhe, während die anderen einen Angriff vortäuschten.

„Diese Tänze habt Ihr sicher schon gesehen, oder?" Josef hatte offensichtlich genug davon.

„Ja, solche kommen auch ins Hotel", sagte Sybille.

„Seht Ihr, dort drüben", sagte Jonas. „Dort sitzen andere unter einem Baum und unterhalten sich. Sag mal Josef, arbeiten die Männer nichts?" Josef lachte. „Die Massai Männer überlassen das gerne ihren Frauen. Diese sind eigentlich für alles zuständig: Für´s Kinderkriegen, das Vieh zu hüten, sie müssen Brennholz sammeln und Kühe melken. Für die Männer gilt eine eigene Einteilung. Wenn sie noch ganz jung sind müssen sie sich um das Kleinvieh kümmern. Sind sie dann älter, müssen sie ihr Volk verteidigen und auf die Rinderherden aufpassen. Die Senioren schlichten Streitigkeiten oder denken darüber nach, was alles besser werden könnte."

„Na toll. Dann sind die Massai Männer ja richtige Paschas", sagte Tina.

„Ich habe mal noch eine andere Frage", sagte Johanna. „Kann es sein, dass ich eine Massai in einem T-Shirt gesehen habe?"

Josef lachte. „Ja, sicher kann das sein. Mittlerweile hat sich die westliche

Zivilisation bis hier her ausgebreitet."

„Und ich dachte schon, ich hätte mich getäuscht."

„Ein tanzender Massai hatte eine Armbanduhr an", sagte Lukas.

„Ja, so ist es heute. Früher sah man die Massai mit Lendenschurz. Sie hatten über ihrer Schulter einen Köcher hängen, in dem genügend Pfeile waren. Außerdem noch Feuerhölzer und ein Saugrohr sowie einen Beutel aus Leder, in dem das Gift für die Pfeile war. Der Bogen war immer griffbereit."

„Dann ist die Zeit hier ja auch nicht stehen geblieben." Jonas war gar nicht so verwundert.

„Heute tragen die Massai Männer einen Shouka. Das ist ein Umhang. Den kann man auf verschiedene Arten binden. Die Farben sind recht unterschiedlich. Nicht mehr nur rot. Dazu gehören noch ein Stock und breite Perlenarmbänder. Ihre Schuhe werden aus alten Reifen gefertigt."

„Ja, die Schuhe werden vorne abgeschnitten", sagte Johanna.

„Woher weißt Du das?", wollte Josef wissen.

„Ach, am Strand kenne ich einige Massai. Die haben mir das mal an Hand ihrer Sandalen erklärt. Es sei ein optisches Zeichen der Samburu."

„Die Frauen tragen auch den Shouka. Um den Hals einen schweren Reif aus Perlenketten. Ebenso natürlich an den Gelenken", fuhr Josef fort.

„Das sieht sehr schön aus", sagte Tina.

„Ja", sagte Josef. „Die Touristen sind immer ganz begeistert. Allerdings kann es vorkommen, dass ihnen dann irgendwann in Mombasa ein Gesicht bekannt vorkommt. Das kann eventuell ein Massai sein, der in der Stadt einen Job gefunden hat. Die Zeit bleibt nicht stehen. Auch hier nicht."

„Aber sag mal, warum haben die Frauen denn alle kahle Köpfe?", fragte Johanna.

„Das gehört zur Tradition", erwiderte Josef.

„Und an wen oder was glauben sie?"

„Sie glauben an Enkai. Dieser soll auf dem Ol Doinjo Lengai wohnen. Das ist ein heiliger Berg. Er ist der Gott aller Tiere und des Regens. Wenn Enkai wütend ist, dann lässt er Vulkane ausbrechen. Die Massai verehren ihn sehr, da sie glauben, er hätte ihnen alle Rinder geschenkt. Sie allein sollen sie hüten."

„Und wenn die Rinder einmal irgend eine Grenze überqueren?", fragte Tina.

„Dann überschreiten sie diese. Für sie gibt es keine Grenzen, wenn sie ihre Tiere zurückholen. Da halten sie sich überhaupt nicht an Gesetze."

„Gehen die Massai Kinder in eine Schule?"

„Ja, wenn eine in der näheren Umgebung ist. Missionare haben schon welche gebaut, aber ich weiß nicht wo die sind", sagte Josef.

„Könnt Ihr mal mit der Fragerei aufhören?", meldete sich Jan zu Wort. „Ihr löchert Josef!"

„Wir werden jetzt weiter fahren. Ich kann Euch ja unterwegs noch Fragen beantworten."

Sie liefen zum Jeep und stiegen ein.

„Da sind ja endlich mal Elefanten zu sehen", rief Sybille.

"Ja, und dort zwischen den Beinen läuft ein kleiner." Alle waren begeistert. Sie liefen direkt vor ihnen auf dem Weg.

„Da kommen wir sicher nicht vorbei", sagte Josef. „Ich nehme den ersten Abzweig. Das ist zwar ein kleiner Umweg, aber mit Jungtieren sind Elefanten nicht ungefährlich."

Josef fuhr etwas später nach rechts und nach ein paar Metern hielt er an und lachte.

„Jetzt kann ich Euch auch noch einen anderen Bewohner zeigen. Ich fahre ganz nah an ihn heran. Seid aber bitte vorsichtig und schließt die Fenster. Bei ihm weiß man nie, was er im Schilde führt." Gleich darauf sahen sie einen Affen am Wegesrand sitzen.

„Ist der toll!"

„Ach wie süß!"

„Was für einer ist das denn?"

Alle riefen durcheinander.

„Das ist ein Gelber Steppen-Pavian. Das könnt Ihr an der Farbe seines Fells sehen. Ein ziemlich großer."

„Ist das ein Einzelgänger?"

„Nein, sicher sind die anderen auch hier in der Nähe. Paviane leben in großen Gruppen. Allerdings sagt man, dass sie hauptsächlich im Tsavo Park leben. Na ja, Tiere kennen eben keine Grenzen."

„ Dann hat er sich wohl verlaufen. Schade, dass wir keine Banane dabei haben", sagte Johanna.

„Du hast doch gehört, die Fenster sollen zu bleiben!" Jonas schüttelte den Kopf. „Siehst Du seine scharfen Eckzähne?"

„Ich weiß es ja. War ja nur mal so dahin gesagt. Sind die verwandt mit den Meerkatzen? Die turnen bei uns im Hotel überall herum. Manchmal hat Jonas sie schon gefüttert."

„Ja", erwiderte Josef, „sie sind verwandt. Nun aber genug. Wir fahren weiter."

Die Fahrt führte sie durch die Buschsavanne. Die Galeriewälder hatten sie hinter sich gelassen.

"Ich hatte mir eine Savanne eigentlich ganz anders vorgestellt", sagte Sybille.

„Wie denn?" Tina sah Sybille fragend an.

„Na ja, eben nur Grasland und keine Bäume. Hier sieht man aber Bäume zwischendurch."

„Die gehören dazu", sagte Josef. „Dort, der Baobab ist zum Beispiel ein richtiger Wasserspender. Auch wenn er so vertrocknet aussieht, er kann er genügend Wasser speichern. Zu einer Savanne gehören auch Büsche. Seht mal nach rechts, dort sitzt ein Gepard." Josef hielt an.

„Der sieht ja toll aus", sagte Johanna. „Sucht er etwas zu fressen?"

„Sicherlich. Um diese Zeit muss auch er seine Jungen versorgen."

„Ich habe gelesen, er ist das zweitschnellste Tier auf der Welt. Jedenfalls zu Land. Nur der Wanderfalke ist noch schneller", bemerkte Jonas.

„Ja, das stimmt. Seht, er beobachtet die Thomsongazellen. Ein Gepard kann sehr lange in der Sonne sitzen. Er ist ja sehr schnell, aber ein Tier zu reißen setzt auch ein starkes Gebiss voraus. Das hat er aber nicht. So springt er einer Gazelle einfach während der Jagd in die Beine, sie fällt und schon kann er ihr in den Hals beißen."

„Na toll, gleich gefällt er mir nicht mehr", sagte Johanna.

„Liebe Güte, sei doch nicht schon wieder so. Ein Gepard muss doch auch seine Jungen füttern." Jonas kannte das nur zu genau. Immer litt Johanna mit den Schwächeren.

„Ist ja gut, Du hast ja recht", erwiderte sie und fügte hinzu: „Ach was ist das für eine liebe Schmusekatze."

Die anderen lachten und nachdem sie einige Aufnahmen gemacht hatten, fuhr Josef weiter.

„Wir werden jetzt zu den Nashörnern fahren", sagte er. „Sie werden streng bewacht", fügte er noch hinzu. „Manche Menschen sind ganz versessen auf ihre Hörner. Vor allem die Inder. In ihrem Aberglauben denken sie, wenn sie das Horn pulverisieren und mit Wein vermischen, würde ihre Potenz steigen."

„Das ist ja schlimm", sagte Johanna. „Dann wären ja wirklich bald keine mehr da."

„Was für Nashörner sind es denn? Breit-oder Spitzmaulnashörner?", wollte Lukas wissen.

„Es sind Spitzmaulnashörner. Ich erwarte gleich noch einen Funkspruch, wo sie sich gerade befinden."

„Dann bin ich schon gespannt auf sie", erwiderte Lukas.

Sie näherten sich den Büschen. Der Weg wurde immer holpriger.

„Das geht aber ins Kreuz", sagte Jonas.

„Ja, mir auch, aber wir wollen doch etwas sehen. Da muss man das schon in Kauf nehmen", sagte Johanna. Ihr tat auch schon alles weh.

„Seht, dort steht ein einzelnes", rief Josef. Vorsichtig fuhr er weiter. „Nashörner sind sehr scheu und ich will es nicht erschrecken. Sie sehen zwar nicht gut, aber dafür können sie sehr gut hören und riechen. Seht, es sitzt ein Madenhacker auf ihm."

„Madenhacker?", fragte Johanna.

„Ja, es ist eine Starenart. Alle Nashörner werden von Insekten befallen. Die Vögel helfen ihnen, sich der Zecken und Maden zu erwehren."

„Der Kuhreiher tut das auch oder? Davon habe ich mal ein Bild gesehen", sagte Jonas.

„Ja, auch dieser. Ihn sieht man auch wesentlich deutlicher", antwortete

Josef lachend.

„Wie kann man denn ein Spitzmaulnashorn von einem Breitmaulnashorn unterscheiden?", fragte Lukas weiter.

„Dazu musst Du den Kopf genauer betrachten. Ein sicheres Merkmal ist die Oberlippe. Diese ist spitz. Es ist auch kleiner als das Breitmaulnashorn. Die Größe kann man aber nur unterscheiden, wenn sie zusammen da stehen würden. Wichtig ist das Maul. Daran sieht man es."

„Gefährlich sind sie auf jeden Fall, oder?", wollte Tina wissen.

„Das Spitzmaulnashorn ist angriffslustiger als sein Artgenosse", erwiderte Josef. „ Beide Arten sehen nur so plump aus, können aber ganz schnell auf einen Feind reagieren. Vor allem, wenn sie ein Junges haben. Man erkennt das aber. Sie haben dann den Kopf auf dem Boden, den Schwanz halten sie in die Höhe und rennen ganz plötzlich auf ihren Feind los."

„Dann leben die Wildhüter ja recht gefährlich, wenn sie diese Tiere bewachen." Tina empfand eine eigenartige Anspannung.

„Die Tiere haben sich an ihre Bewachung schon gewöhnt." Josef erzählte lieber nicht, dass Jeeps auch schon angegriffen wurden. Nicht von diesen Nashörnern, aber Nashörner sind eben wilde Tiere.

„Wir fahren jetzt in den Busch hinein und dicht an sie heran. Wer aussteigen will kann das gerne tun."

Alle sahen sich an. Aussteigen?

„Warten wir es erst einmal ab", sagte Jonas.

Josef hielt an und kletterte auf das Dach des Jeeps um besser sehen zu können. Büsche und kleinere Bäume hatten ihm die Sicht vom Fahrerhaus aus versperrt. Sein Funkgerät piepste.

„Wir sind gleich an der richtigen Stelle", sagte er, als er wieder im Jeep saß. „Manchmal ist es eben nicht so einfach."

„Da sind sie", rief Sybille ganz aufgeregt. „Da ist ein kleines dabei. Ich sehe es."

„Schrei doch nicht so", sagte Jan. „Sie erschrecken vielleicht."

Die drei Wildhüter sahen sich um und winkten ihnen zu. Sie hatten Gewehre um und Stöcke in der Hand. Einer von ihnen saß richtig bequem auf einem Baumstumpf. Die drei Nashörner grasten ohne aufzugucken.

„Wer will aussteigen?", fragte Josef.

„Sollen wir?", fragte Johanna die anderen.

„Josef wird schon wissen, ob es gefährlich ist oder nicht", sagte Sybille.

„Na, ich weiß nicht. So richtig wohl fühle ich mich hier nicht." Tina sah ängstlich zu den Nashörnern.

„Ach komm, wir steigen aus." Jan nahm sie an der Hand und sie verließen den Jeep. Die anderen folgten ihnen. Schritt für Schritt, immer bedacht, dass nicht die herum liegenden Ästchen knackten.

Josef unterhielt sich mit den Wildhütern.

„Ihr könnt ruhig ein paar Aufnahmen von ihnen machen", sagte er.

„Ja, sieh mal, das eine Nashorn kommt sogar etwas näher." Johanna war begeistert.

„Oh nein, es hat den Kopf auf dem Boden!"

„Ja, und nicht zum Fressen!"

„Hör mal, es schnaubt."

„Zurück in den Jeep!" rief Josef. „Schnell weg. Es will angreifen!"

Sie hatten es gerade in den Jeep geschafft, als das Nashorn urplötzlich stehen blieb.

„Oh, das war jetzt aber nicht witzig!" Johanna war entsetzt. In solch eine Gefahr sollte wohl niemand unnötig gebracht werden. Sie sah zu den Wildhütern.

„Und die lachen auch noch", sagte sie zu Jonas.

„Klar, die werden das schon öfters erlebt haben." Josef sagte das, aber keiner glaubte, dass er auch überzeugt davon war.

„Kommt, lasst uns weiter fahren", sagte Jonas.

Josef willigte ein. Es war eine Zeit lang ganz ruhig in dem Jeep. Allen saß der Schreck noch in den Knochen. Es dauerte nicht lange und schon hielt Josef wieder an.

„Dort drüben", sagte er, „sind gestapelte Knochen."

Tatsächlich. Große und kleine Knochen, einschließlich einiger Schädel lagen dort auf einem ziemlich großen Stapel.

„Die sind sicher von Tieren", bemerkte Sybille.

„Na, von Menschen sicherlich nicht oder hast Du schon mal so ein Gebiss gesehen?" Jan lachte.

„Und für was ist das gut?", wollte Sybille wissen.

„Diese hier sind einfach aufgeräumt worden", sagte Josef lachend.

„Tiere lassen ja alles liegen. Aber dort drüben auf dem Ast sitzt ein Rotwangenhornrabe."

„Ach du liebe Güte, wie sieht der denn aus?" Johanna lachte. So einen Raben hatte sie ja noch nie gesehen. Er hatte rot umrandete Augen und am Schnabel hing auch etwas rotes herunter. Richtig schwarz war sein Gefieder.

„Diese Raben bauen ihre Nester entweder in Felsspalten oder in den Affenbrotbäumen. Wenn ihr noch weiter nach links auf diesen großen Ast dort drüben seht, dann kann ich Euch auch sagen, was das ist."

„Ich sehe ihn", rief Johanna. „Der sieht nach einem Raubvogel aus. Ich tippe der Größe nach auf einen Adler. Stimmt das?"

„Toll, es stimmt. Ich fahre ein bisschen näher heran. Dann könnt ihr ihn besser sehen. Keine Sorge, er wird wegen uns nicht weg fliegen."

Gesagt, getan. Der Adler saß zwar recht weit oben, aber da es ein kahler Baum war, konnten sie ihn durch die einzelnen Äste hindurch, gut sehen.

„Was ist es denn für einer?", fragte Johanna nach.

„Das ist ein Brauner Schlangenadler. Er erbeutet zwar gelegentlich auch Vögel, aber am liebsten frisst er alle möglichen Arten von Schlangen und kleineren Reptilien."

„Das sagt ja auch schon sein Name aus, oder?" Jonas stieß Johanna an.

„Musst Du mich immer ärgern?", fragte Johanna.

„Ach nein, Du weißt doch wie ich das meine oder?" Jonas lachte.

Josef sah die Beiden an.

„Ich habe schon bemerkt, dass Johanna großes Interesse an den Tieren und der Natur hat", sagte er und zwinkerte Johanna zu.

„Ja, das hat sie. Allerdings übertreibt sie bei Tieren manchmal."

„Der Schlangenadler sieht aber nicht so böse aus wie sonst die anderen Adler", sagte Johanna. „Sieh mal, wenn er zur Seite guckt, dann stellen sich richtig seine Kopffedern."

„Na, seinen Blick kannst Du ja gar nicht sehen. Er hat sicher auch gelb um die Pupillen herum." Jonas ließ nicht locker.

„Ich sehe sie ja nicht. Das habe ich auch gar nicht gemeint. Er sieht eben von hier unten putzig aus. Josef, lass uns doch noch nach anderen Vogelarten sehen."

„Dann müsst Ihr mehr in die Luft sehen", sagte dieser. „Ich werde ein bisschen danach suchen. Die Tiere am Boden habt Ihr ja schon gesehen."

„Alle Tierarten sicher nicht, aber wir gucken jetzt in die Luft", meldete sich Lukas zu Wort.

Josef fuhr weiter und hielt vor einem Termiten Hügel.

„Oh, das ist aber ein großes Gebilde." Jan war erstaunt. „Wir haben schon einmal einen gesehen, aber der war wesentlich kleiner. Stimmt´s Tina?"

„Ja, das stimmt. Dieser ist wirklich sehr groß."

„Man erzählt, dass ein solcher Hügel schon mal 7m hoch sein kann", erklärte Josef. „Er ist voll von Gängen und Luftschächten."

„Haben die Termiten denn Feinde?", fragte Johanna.

„Ja, natürlich den Ameisenbär, aber auch Erdferkel können so einen Hügel verwüsten. Für den Flammenkopfbart Vogel bietet der Hügel einen guten Brutplatz."

„Wie sieht der denn aus?", fragte Johanna.

„Dort drüben sitzt einer, seht Ihr ihn?" Josef zeigte nach rechts. „Durch seine bunten Federn kann man ihn sofort erkennen. Er ist so bekannt, dass 1993 eine Briefmarke sein Bild zeigte."

„Das ist ja toll." Johanna war begeistert.

„Ich habe auch etwas entdeckt", sagte lachend Jonas. „Direkt vor uns auf dem Weg läuft ein Huhn."

Wie aus einem Mund fragten alle: „Ein Huhn?"

„Das gefällt mir aber nicht", sagte Tina, als sie an diesem Tier vorbei fuhren. „Seht doch, was das für einen komischen Kopf hat."

„Ja, stimmt, da sieht man ja die blanke Haut." Sybille schüttelte sich.

„Aber die Federn sehen doch toll aus."

„Was ist denn an diesem gräulichen Farbton schön?"

„Ach, sieh doch genau hin. Die Federn sind nicht einfarbig. Da sind doch auch weiße Sprenkel zu sehen."

„Fahren wir jetzt eigentlich gleich zum Flugfeld?", fragte Jan.

„Nein, noch nicht. Wir haben noch Zeit. Ich zeige Euch jetzt erst eine Stelle, an der die Massai-Strauße sind", antwortete Josef, „ich hoffe wenigstens, dass welche da sind. Es ist noch ein bisschen früh. Meistens kann man sie während der Dämmerung besser finden. Aber warten wir es ab."

Lukas lachte: „Dann können wir ja sehen, wenn er vor lauter Angst seinen Kopf in den Sand steckt oder?"

„Nein", erwiderte Josef. „Das ist ein Märchen. Bei Gefahr laufen sie weg oder sie versuchen sich zu verteidigen. So ein Tritt von einem Strauß kann tödlich sein."

„Echt?"

„Ja. Manchmal sieht man sie mit anderen Herden laufen. Gazellen oder Zebras. Da sind immer aufmerksame Tiere mit dabei, die eine Gefahr sofort erkennen. Aber seht, dort sind Gazellen."

So langsam kehrte etwas Müdigkeit bei allen ein. Gazellen hatten sie schon in großer Anzahl gesehen. Josef verstand es aber immer wieder interessante Eigenschaften über die Tiere zu erzählen, so dass es nicht langweilig wurde.

„Siehst Du auch schon einen Strauß?", fragte Johanna.

„Nein, noch nicht", erwiderte Josef lachend. „Wer ist denn da schon ungeduldig?", fügte er noch hinzu.

„Ich habe gelesen, dass der Strauß das schnellste Lebewesen auf zwei Beinen ist. Stimmt das denn?" Johanna sah ihn fragend an.

„Wenn Du das gelesen hast, dann wird das schon stimmen. Man sagt, sie können bis zu 80 km/h schnell sein. Dabei haben sie eine sehr gute Lauftechnik entwickelt. Sie laufen bei so einer Geschwindigkeit nur auf den vorderen Zehen. Aber dort hinten habe ich sie entdeckt. Ich werde das schnell noch per Funk an die anderen weiter geben. Dann können alle die Strauße sehen."

„Gut, dass es Funk gibt", sagte Jonas. „Das ist doch eine sehr gute Erfindung."

„Stimmt, aber nun sind wir da."

Josef hielt in angemessener Nähe an.

„Die haben ja beinahe rosa Beine!", rief Johanna.

„Ja, das ist ein Merkmal der Massai Strauße. Überall wo keine Federn sind, sind sie rosa. Es gibt noch den Somali Strauß. Bei ihm sind diese Stellen blaugrau. Dieser lebt im Norden von Kenia."

„Ist das ein „Er" oder eine „Sie"?", wollte Tina wissen.

„Das ist ein Hahn. Ihr seht es an seinem Gefieder. Schwarz und an den Enden ist er weiß. Die Hennen sind dort drüben. Seht Ihr, sie sind graubraun. Die Natur hat das schon richtig eingerichtet, denn tagsüber brütet die Henne. Ihre Farbe gleicht ja der Erde und nachts, wenn alles schwarz ist, brütet der Hahn weiter."

„Wie viele Eier legen die Hennen denn?"

„Ich weiß es nicht ganz genau. 8 sind so die Regel."

„Hat der Hahn nur eine Henne? Ich frage nur, weil ich so viele Hennen in seiner Nähe sehe." Johanna zählt sie durch. „Ich sehe noch 5 andere Hennen."

„Ja, manchmal nur eine. Dieser hier scheint mehrere zu haben. Sie legen nach der Paarung alle Eier zusammen in ein Nest. Mehr als 20 Eier passen aber nicht unter den Strauß. Deshalb werden die restlichen einfach nicht ausgebrütet. Nun fahren wir aber weiter. Ich zeige Euch jetzt noch einen schönen Ausblick."

Sie fuhren eine Weile bergauf.

„Seht Ihr? Ist das nicht ein schöner Ausblick auf die Serengeti. Man nennt ihn den Wilderer Ausblick."

Ja, es war ein wirklich schöner Ausblick. Etwas unten lief gerade eine Hyäne. Sie war recht deutlich zu erkennen.

„Das ist eine Tüpfelhyäne", sagte Josef. „Ihr könnt es an den schwarzen Flecken sehen. Es gibt recht viele hier. Wir haben Glück, denn meistens sieht man sie nur gegen Abend."

„Wieso ist sie denn alleine?", wollte Sybille wissen. „Leben sie nicht in Rudeln?"

Josef lachte. „Ich weiß nicht, warum sie alleine ist. Es stimmt, sie leben in Rudeln."

„Vielleicht sollten wir sie einmal fragen?", fragte Lukas und lachte auch.

Sybille schüttelte den Kopf.

„Jetzt habe ich auch einmal eine Frage und bekomme so eine Antwort!"

„Dann werde ich Dir allein jetzt noch ein bisschen über sie erzählen", lenkte Josef ein. „Man denkt immer, dass Hyänen nur Aas fressen, aber das stimmt nicht. Sie mögen auch frisches Fleisch. Dabei sollte man allerdings nicht unbedingt zusehen, denn sie jagen brutaler als die anderen Tiere. Sie töten nicht mit einem Biss, sondern sie beißen oft einfach in die Hinterbeine und danach zerlegen sie es Biss für Biss."

„Hör´auf", sagte Sybille. „So genau will ich es gar nicht wissen."

„Ja, manchmal ist es schon grausam." Josef überlegte, ob er noch sagen sollte, dass der Rest des Rudels sich auch daran beteiligt, ließ es aber lieber. Das war eben nichts für Frauen. Um sie abzulenken deutete er nach rechts und sagte: „Dort sind Kaffernbüffel, aber die habt Ihr bestimmt schon gesehen."

„Oh, das sind aber viele. Hundert?", fragte Jonas.

„Bestimmt mehr als hundert", erwiderte Josef. „Es sind immer recht große Herden. Meist nur die Weibchen mit ihren Kälbern. Ich kann es von hier aus nicht erkennen. Es können ebenso nur Jungbullen sein."

„Und die alten Bullen? Wo sind die?"

„Oh, Ihr fragt aber Sachen? Die alten Bullen sind sicher etwas abseits der Herde."

„Auf jeden Fall sehen alle ganz friedlich aus."

„Das täuscht. Sie haben sehr viel Kraft. Ein Löwe greift sie eher selten an. Jedenfalls nicht die alten Bullen. Aber nun sind wir am Ende unserer Safari. Wir fahren jetzt zum Flugfeld. Wenn Ihr etwas entdeckt, halte ich natürlich an."

Sie fuhren los.

„Ich sehe Wildschweine", rief Tina. „Dort drüben. Ganz in der Nähe."

„Das sind keine Wildschweine, sondern Warzenschweine", sagte Josef. „Sie haben einen breiteren Kopf als Wildschweine. Vor allem sind sie tagaktiv."

„Dort ist noch eine Herde", rief Johanna.

„Das sind Gnus. Streifengnus", sagte Josef. „Sie haben den Mara Fluss heil überquert."

„Darüber haben wir schon sehr viele Filme gesehen", sagte Jonas. „Viele werden beim Überqueren von Krokodilen gefressen."

„Ja, das stimmt."

„Die sehen aber mager aus."

„Jetzt haben sie ja wieder zu fressen."

„Stimmt es, dass sie zu den Antilopen gehören?"

„Ja, zu den Kuhantilopen. Diese haben außer wilder Tiere den Menschen als Feind. Das Fleisch wird gerne gegessen und das Fell wird verarbeitet. Selbst aus dem Schwanz kann man Wedel herstellen."

Sie fuhren weiter. Josef sagte nichts mehr. Alle anderen hingen ihren Gedanken nach. Nach einiger Zeit fiel Josef etwas ein:

„Ich habe etwas vergessen", sagte er.

„Vergessen?"

„Ja. Es tut mir auch sehr leid."

„Sag schon, was hast Du denn vergessen?" fragte Jonas.

„Es tut mir wirklich sehr leid."

„Nun komm schon. Was ist es denn?"

„Hattet Ihr denn keinen Hunger?"

Alle sahen sich an und lachten.

„Sag bloß, Du hast etwas zu Essen dabei?" Lukas schmunzelte. „Und ich wundere mich die ganze Zeit schon, dass mein Magen knurrt."

„Meiner auch", sagten Tina und Sybille gleichzeitig. „Johanna, hattest Du keinen Hunger?"

„Ehrlich gesagt nein, nur Durst", antwortete diese.

„Mir ist das sehr unangenehm." Josef war ganz geknickt.

„Ach mach doch nicht so ein Gesicht. Wir sind ja nicht verhungert und ändern kannst Du es sowieso nicht mehr. Etwas gegen den Durst wäre jetzt die Lösung." Jonas hatte Mitleid mit Josef.

„Es ist wirklich nicht schlimm", sagten auch Lukas und Jan.

Josef hielt an und brachte die Lunchpakete, die er schon vor der Abfahrt bekommen hatte.

„Es ist alles nicht mehr genießbar, oder?", fragte er vorsichtig.

Natürlich sah alles wirklich nicht mehr frisch aus. Die Getränke waren mehr als warm, aber es half ja nichts. Durst hatten alle.

„Wir werden einfach etwas trinken. Egal ob zu warm oder nicht. Flüssigkeit ist immer gut", sagte Johanna.

Das taten sie und Josef ließ den Kopf immer noch hängen.

„Josef", sagte Jonas, „mach Dir keine Gedanken. Uns geht es gut und wir werden es auch keinem erzählen."

„Stimmt", fügten Sybille und Tina hinzu. „Mach Dir keine Sorgen."

Josef sah sie fragend an. Vielleicht würde ja wirklich keiner etwas sagen. Wenn doch, wäre er seinen Job für immer los.

„Dankeschön", sagte er deshalb. „Das werde ich Euch nie vergessen. Dankeschön."

Sie fuhren weiter und schon bald waren sie am Flugfeld angekommen. Das Flugzeug stand schon da. Alle stiegen aus, während Josef ihr Gepäck zum Flugzeug brachte. Als er zurück kam sagte er: „Ihr könnt noch nicht einsteigen, es muss erst noch getankt werden."

„Wo kann man hier denn tanken?", fragte Jonas.

„Dort stehen doch zwei Fässer. Siehst Du sie?"

„Das kann jetzt aber nicht wahr sein." Lukas schüttelte den Kopf. „Das sind doch 200 Liter Fässer. Mit solchen fangen wir bei uns das Regenwasser zum Gießen auf."

„Doch, doch. So wird hier getankt." Für Josef war das völlig normal.

„Ist doch jetzt völlig egal. Wir werden schon wieder bis an die Küste kommen." Jonas machte allen Mut.

„Das ist aber schon ein bisschen abenteuerlich oder?", fragte Tina.

„Kommt, wir gehen mal lieber nicht so weit nach vorne."

Mit gemischten Gefühlen sahen sie dem Tankvorgang zu. Josef kam zu ihnen und sagte:

„Ich sage jetzt Kwaheri. Es war sehr schön mit Euch. So nette Touristen hatte ich schon lange nicht mehr. Ihr habt sehr viel Interesse an den Tieren gezeigt. Ich hoffe, ich konnte Euch genug über sie erzählen."

„Ja, das hast Du", sagte Johanna. „Ich kann sicher im Namen aller sagen, dass es eine tolle Safari war. Du hast alles gefunden was sehenswert war. Besser hätten wir es gar nicht treffen können. Wir werden noch lange an Dich denken und Dich in sehr guter Erinnerung behalten."

Alle klatschten Beifall. Josef freute sich sehr und noch viel mehr, als er ein stattliches Trinkgeld bekam. Gerührt sagte er: „Ich werde Euch nicht so schnell vergessen."

Jonas, Johanna, Lukas, Sybille, Tina und Jan stiegen in das Flugzeug ein, als der Pilot ihnen ein Zeichen gegeben hatte. Noch einmal winkten sie Josef zu, der noch immer da stand.

„Es war wirklich eine schöne Safari", sagte Jonas. Alle stimmten ihm zu.

Als sie alle wieder wohlbehalten an der Küste gelandet waren, verabschiedeten sie sich.

„Es ist schön mit Euch gewesen", sagte Jonas.

„Das wollte ich gerade auch sagen", Lukas lachte.

„Ich auch", rief Jan.

Ihre Frauen nickten zustimmend.

„Ja, es war wirklich sehr schön. Wir werden noch lange daran denken. Wie lange bleibt Ihr denn noch in Kenia?", fragte Johanna und sah Sybille an.

„Noch drei Tage und dann geht es wieder zurück nach Hause", antwortete Sybille. "Komm, lass uns Adressen tauschen."

„Oh, Du schreibst Dich ja vorne mit „y"", bemerkte Johanna. „Ich hätte zuerst an ein „i" gedacht."

„Ja, vorne ist ein „y". Meine Eltern wollten das so. Mir ist das aber eigentlich egal."

„Na, dann werde ich mir das merken müssen." Johanna unterstrich den Namen dick.

„Nun wird es aber Zeit, dass wir zum Bus gehen", sagte Jonas. „Ich habe

das große Bedürfnis zu duschen und andere Klamotten anzuziehen. Macht´s mal gut. Wir hören sicher voneinander."

„Klar. Noch viel Spaß im Urlaub!"

Am Abend saßen sie mit all ihren Bekannten zusammen. Der Opa hörte ihnen aufmerksam zu.

„Eine bessere Safari als die in die Masai Mara gibt es nicht", sagte er. „Seid froh, dass Ihr diese zum Schluss gemacht habt. Ihr hättet Euch über die vorherigen dann nur geärgert. Die Masai Mara ist nun einmal die interessanteste. Schon wegen der Artenvielfalt."

„Ihr seid gerade wieder zum richtigen Zeitpunkt zurückgekommen. Morgen gibt es hier im Hotel ein riesiges Fest", sagte Holger. Er freute sich offensichtlich darauf.

„Was wird gefeiert?", fragte Jonas.

„Ein 60. Geburtstag von einem Gast aus Deutschland. Lasst Euch einfach überraschen."

„Ich verrate sicher nicht zu viel, wenn ich Euch sage, dass Ihr Waisenkinder sehen werdet", fügte der Opa noch hinzu.

„Ja, ich weiß, dass es hier ganz in der Nähe ein Waisenhaus gibt. Jonas, wir sind doch dort mit dem Bus vorbei gefahren." Johanna erinnerte sich, dass die Reiseleiterin sie darauf aufmerksam gemacht hatte.

„Ja, das stimmt."

„Man nannte es früher Kinderheim. Soweit ich weiß, wurde es von der Heilsarmee gegründet. Das muss so ungefähr vor 10 Jahren gewesen sein. So etwa 1985. Sie wollten diesen armen Kindern ein würdiges Leben ermöglichen. Wisst Ihr, viele Kinder leben von den Abfällen, die sie sich aus irgendwelchen Kübeln oder Behältern heraus fischen. In so einem Heim bekommen sie wenigstens anständige Nahrung. Dort sind auch Säuglinge, die einfach im Krankenhaus von den Eltern abgegeben wurden." Der Opa war sichtlich sehr bewegt von dem Schicksal der Kinder.

„Schweizer haben die Patenschaft für das Kinderheim übernommen und ich trage auch meinen Beitrag dazu bei", fügte er hinzu. „Wir sorgen für die Unterkunft, das ist ja klar, und für die Schulbildung. Anfallende Reparaturen inbegriffen. Es werden für die Kinder Bibelstunden abgehalten und sie können an Gospel-, Tanz- und Tamburinspielen teilnehmen. Ihr werdet sehen, die Kinder sind für alles dankbar."

„Dann haben wir ja morgen Nachmittag etwas vor. Ich freue mich schon darauf. Jetzt gehen wir aber schlafen. So langsam werde ich müde." Johanna zupfte Jonas am Arm.

„Komm endlich. Wir sind ja nicht den letzten Tag da."

Am nächsten Morgen liefen sie gleich nach dem Frühstück hinunter zum Strand. David war schon an seinem Shop und putzte seine Holztiere. Er winkte ihnen nur kurz zu, denn er war spät dran und musste sich beeilen, damit kein Staub auf den schwarzen Gegenständen war.

Helmut hatte wie immer eine Zeitung in der Hand und tat so, als würde etwas ganz wichtiges lesen.

„Ob er noch eingeschnappt ist?", fragte Johanna.

„Ach, lass ihm den Spaß. Wir müssen ja nicht bei ihm stehen bleiben." Jonas war noch müde und hatte keine Lust mit Helmut zu reden. Wenn er noch beleidigt war, dann sollte er es eben bleiben. Nach ihm musste er sich auf jeden Fall nicht richten. Aber Fehlanzeige. Helmut tat so, als hätte er sie gerade erst in diesem Moment gesehen. Er klemmte die Zeitung unter den Arm und kam auf sie zu.

„Hallo Mama, hallo Papa", sagte er ganz freundlich. „Schön, dass Ihr wieder da seid. Hat es Euch denn gefallen?"

„Ja", sagte Johanna, "es war sehr schön. Wir haben sehr viele Tiere gesehen und hatten einen tollen Safari-Führer."

„Das freut mich. Hier hat sich nichts geändert."

„Was soll sich hier auch in drei Tagen ändern?" Jonas lachte. „Wartest Du auf jemanden?"

„Ja, heute kommt ein Flugzeug. Da ist immer jemand dabei, dem man etwas verkaufen kann."

„Ja, ich weiß. Vor allem, wenn sie noch nicht mit anderen Touristen gesprochen haben." Jonas stieß in freundschaftlich in die Rippen.

„Ach Papa, wir müssen doch auch leben."

„Ja, sicher. Allerdings sollte man niemanden übers Ohr hauen. Das kommt bei den Touristen nicht gut an."

„Jonas, ärgere doch Helmut nicht", mischte sich Johanna ein.

„Ist ja schon gut. Helmut weiß ja sowieso wie wir darüber denken. Komm, lass uns weiter laufen. Vor allem mal im Meer schwimmen. Wir haben gerade Glück, dass die Flut da ist."

Beide blieben eine ganze Zeit lang am Strand. Es war herrlich im Meer zu schwimmen. Hin und wieder liefen sie ein Stück, unterhielten sich mit allen Beach-Boys, die sie kannten, und immer wieder lockte sie das Meer zum Hineingehen.

Auf dem Rückweg sahen sie schon von weitem, dass neue Touristen angekommen waren. Erstens an der Hautfarbe und zweitens an den Menschentrauben, die förmlich an ihnen hingen.

„So ist es uns auch beim ersten Mal hier ergangen", sagte Johanna lachend. „Weißt Du noch?"

„Klar, weiß ich das noch. Du fandest das erdrückend und ich hielt Dir alle vom Leib", erwiderte Jonas.

„Kein Wunder, dass Touristen die Beach-Boys nicht so gerne mögen."

„Vor allem diese Drängelei!"

„Jeder will zuerst sein Geschäft machen."

„Sie verstehen einfach nicht, dass jeder neue Tourist erst einmal gucken will. Nicht nach Geschäften, sondern nach dem Strand im eigentlichen Sinn."

„Komm, wir müssen dort sowieso vorbei. Lass und hoch zum Pool laufen."

Im Vorbeigehen hörten sie die bekannten Sätze wie: „Mama bist Du wieder da. Komm in mein Geschäft. Ich bin billiger Jakob oder heute ist ein Sonderangebot."

Einige Touristen gingen gleich wieder rückwärts, andere blieben stehen und versprachen an einem anderen Tag zu kommen, um etwas zu kaufen. „Das ist ja furchtbar hier" oder „Ich kaufe sowieso nichts" war ebenso deutlich zu hören.

„Ja, so kann man auch neue vergraulen." Jonas schüttelte den Kopf.

„Ach, das ist doch nur am ersten Tag", sagte Johanna. „Bis morgen haben sie alle schon ein bisschen dunklere Hautfarbe, so dass die Beach-Boys sie nicht mehr so sehr als neue betrachten."

„Es kann uns ja auch egal sein. Wir hatten und haben noch nie Probleme gehabt", erwiderte Jonas.

Nachmittags warteten Johanna und Jonas zusammen mit dem Opa in der Nähe des Pools. Wer war der Mann, der hier seinen 60.Geburtstag feiern wollte? Der Opa schien es zu wissen, aber er verriet keine Silbe. Es war richtig drückend. Keine günstige Uhrzeit um etwas zu feiern.

Dann hörten sie Kinderstimmen. Etwa 20 Kinder kamen singend in das Hotel. Alle hatten eine Uniform an und waren richtig fröhlich. Die zwei Frauen, die sie begleiteten, liefen hinterher. Johanna bekam Gänsehaut. Noch hatte sie keine Ahnung, was Waisenkinder mit einem europäischen Geburtstag zu tun hatten.

Alle Kinder stellten sich auf und warteten.

Da kam ein Mann herein. Für diese Tageszeit schick angezogen: Weißes Hemd und dunkle Hose.

Nun werden die Kinder sicher „Happy Birthday" singen, dachte Johanna, aber nein, stattdessen stellte sich der Mann vor die Kinder und redete mit ihnen.

„Das ist aber nicht Suaheli?", fragte Johanna den Opa, der diese Sprache perfekt beherrschte.

„Doch", erwiderte dieser. „Ein wenig Kauderwelsch, aber sie verstehen ihn. Sehen Sie, sie lächeln alle."

Der Gast drehte sich zu den Hotelgästen, die inzwischen zahlreich erschienen waren, um.

„Meine Damen und Herren, ich freue mich sehr, dass Sie an diesem heutigen Tag zu unserer kleinen Feier gekommen sind. Nein, ich habe nicht heute Geburtstag, sondern ich hatte diesen schon vor zwei Monaten.

Man wird ja immer gefragt, was man sich denn wünschen würde. Das ist in diesem Alter recht schwierig und deshalb habe ich mir ausschließlich Geld gewünscht. Dazu habe ich einen großen Kasten hin gestellt und als alle weg waren, habe ich gezählt. Er war eine stattliche Summe.

Dieses Geld habe ich mit Hilfe einiger Afrikaner in ein Tier umgewandelt, dass soeben gebracht wird."

„Ich werde verrückt", sagte Jonas. „Da kommt doch tatsächlich eine Kuh!"

Alle klatschten Beifall. Die Kuh fand dieses zwar nicht ganz so witzig, aber sie lief dennoch ruhig weiter. Bis zu den Betreuerinnen der Kinder. Da blieb sie stehen und zeigte gleich einmal, wie so ein Kuhfladen aussieht. Darüber mussten natürlich alle lachen. Am meisten die Kinder.

„So eine Kuh kostet ungefähr 50 bis 150 DM. Das können sich die meisten Kenianer gar nicht leisten", flüsterte der Opa. „Dabei ist eine Kuh so wichtig. Die Milch lässt sich gut verkaufen und somit kann man das Schulgeld für die Kinder bezahlen. Ein Kenianer verdient etwa 175 DM im Jahr, falls er Arbeit hat."

„Wie hoch ist denn das Schulgeld?", flüsterte Johanna zurück.

„Etwa 15 DM. Im Monat. Wer das bezahlen kann, kann sich glücklich schätzen. Allerdings ist Mittagessen und Betreuung mit dabei."

Der Gast meldete sich wieder zu Wort:

„Sie sehen, die Kinder freuen sich über die Kuh. Sie wissen, auch wenn sie noch ziemlich jung sind, dass sie nun genug Milch haben. Natürlich braucht eine Kuh auch Futter. Deshalb habe ich gedacht, wir sammeln ein wenig Geld ein. Ich würde mich freuen, wenn sie dadurch wenigstens den ersten Monat zu fressen hätte."

Daraufhin entstand eine allgemeine Unruhe. Keiner hatte Geld dabei. Alle liefen eilig zu ihren Zimmern, um es zu holen. Vor den Tresoren an der Rezeption bildete sich schon eine Schlange. "Das ist doch einmal eine gute Idee", war zu hören. „Das mache ich zu Hause auch so." Alle waren urplötzlich voller Begeisterung.

„Erstaunlich", sagte Jonas. „Wenn sonst irgendwelche Chöre beim Essen singen, sieht man solche Geberlaune selten."

„Stimmt. Jetzt weiß ich auch, wer der Spender ist! Es ist der krebskranke Mann, dessen Frau gestorben ist. Sein Gesicht kam mir gleich so bekannt vor."

„Da hast Du recht Johanna. Mir ist das gar nicht so aufgefallen, weil ich die Kuh und die Kinder beobachtete habe. Eine tolle Idee von ihm!"

Die folgenden Tage verbrachten Johanna und Jonas überwiegend am Strand. Beinahe wäre Johanna in einen braunen Seeigel getreten. Jonas konnte sie gerade noch davor bewahren. Abends berichtete sie dem Opa davon.

„Ich dachte, Seeigel seien immer schwarz", sagte sie „aber dieser war braun. Na ja, so wie die Farbe des Watts."

„Die Stacheln sind eigentlich immer schwarz. Das Gehäuse kann eine andere Farbe haben", erwiderte der Opa. „Ein Steinseeigel schimmert zwischen den Stacheln z.B. grün bis beige. Das sieht man eigentlich nur, wenn man genau hin sieht. Ich kenne mich mit den Unterschieden aber nicht ganz so gut aus."

„Was fressen Seeigel eigentlich?" Johanna gab keine Ruhe.

„Sie fressen eigentlich alles: Algen und was sie so an den Steinen finden. Ich glaube, sie werden manchmal in Meerwasserbecken eingesetzt, wenn dort zu viele Fadenalgen sind."

„Ich habe einmal gelesen, dass man auf Sardinien Seeigel essen kann", sagte Jonas.

„Na ja, wer es mag. Ich möchte sie nicht probieren." Der Opa lachte. „Ich habe mich an die kenianische Küche gewöhnt, aber mir ist das Essen in der Schweiz doch lieber. Ich fliege übrigens übermorgen zurück. Wenn ich gesund bleibe, komme ich nächstes Jahr wieder."

„Vielleicht sehen wir uns dann ja." Johanna sah Jonas fragend an.

„Wer weiß", antwortete Jonas. „Irgendwann will ich auch mal in ein anderes Land. Es gibt noch so viel zu sehen. Wir fliegen am Wochenende wieder zurück. So langsam wird es Zeit."

„Wieso wird es Zeit?" Johanna war etwas irritiert.

„Na ja, so langsam möchte ich auch wieder einmal laufen, ohne dass mich jemand etwas fragt oder gar etwas von mir haben will." Jonas lachte und fuhr fort: „ Ich weiß, Du hörst das nicht gerne, aber wenn Du ganz ehrlich bist, dann freust Du Dich doch auf schon auf zu Hause oder?"

„Ja, sicher. Ich brauche aber noch einen Elefanten aus Speckstein."

„Haben wir nicht schon genug?" Jonas schüttelte leicht den Kopf, aber bevor er noch etwas sagen konnte, nahm der Opa Johanna am Arm und sagte zu ihr: „Da weiß ich einen Shop, in dem Ihr Specksteintiere kaufen könnt. Ihr lauft aus dem Hotel heraus die Straße entlang und dann nach links die Straße hinauf. Dort findet Ihr eine riesige Auswahl. Es ist dort auch billiger als am Strand. Allerdings lässt der Inhaber nicht mit sich handeln. Es gibt aber doch noch einiges für Euch zu sehen. Seid Ihr denn schon in den Shimba Hills gewesen? Im Haller Park oder in Malindi?"

„Nein, da waren wir noch nicht", antwortete Johanna. „Vielleicht kommen wir da auch noch hin."

„Und heute Abend gehen wir mal früh ins Bett", sagte Jonas. Immer fand Johanna bei dem Opa Unterstützung. So ein alter Zausel. Zum Glück flog er ja wirklich bald nach Hause. Jonas fand den Opa zwar auch irgendwie nett. Er wusste viel und es wurde nicht langweilig, wenn er erzählte, aber immer suchte er die Nähe zu seiner Prinzessin. Was das bloß sollte? Er hatte sich vorhin gerade noch auf die Zunge gebissen. Beinahe hätte er gesagt, dass er froh sei, wenn der Opa nicht mehr wie eine Klette hängen an ihnen würde.

„Ja, heute gehen wir einmal früh schlafen." Johanna hatte an dem Gesicht von Jonas abgelesen, dass er den Opa gerade einmal wieder überhaupt nicht leiden konnte. Sie beschloss nichts zu sagen. Zum Streiten hatte sie jetzt keine Lust. Vor allem, es war einfach unnötig.

Am Abend ihrer Abreise war mal wieder Stromausfall. Im Zimmer war es stockdunkel. Die Koffer noch nicht fertig gepackt. Oft lag eine Kerze in der Nachttischschublade, aber da war keine zu ertasten.

„Mist, ich habe die Kerzen vergessen." Johanna war entsetzt. Im letzten Jahr hatten sie sich geschworen, nie wieder ohne Kerzen oder eine Taschenlampe irgendwo hin zu fliegen. Zu ärgerlich.

„Komm, wir gehen zur Rezeption. Dort bekommen wir sicher eine", sagte Jonas.

Sie nahmen sich an der Hand und liefen vorsichtig los.

„Oh, ich glaube, wir sind ganz in der Nähe vom Pool. Ich rieche Chlor."

„Ja. Man sieht aber auch gar nichts. Bleib schön neben mir."

Sie brauchten ziemlich lange bis sie ein kleines Licht an der Rezeption entdeckten. Freundlich fragten sie nach einer Kerze.

„Wir haben keine Kerzen mehr", sagte der Mann.

„Das kann jetzt aber nicht wahr sein, oder? Wir reisen morgen ab und müssen unsere Koffer packen."

„Wir haben keine Kerzen mehr."

„Vielleicht können sie einmal unter der Theke nach sehen? Da waren neulich Kerzen."

„Wir haben keine Kerzen mehr", kam wieder die Antwort.

„Mama, Papa, jambo, jambo", rief plötzlich eine Stimme. Es war Samson, der einst für die Aschenbecher zuständig war und die Leiter nach oben erklommen hatte.

„Jambo Samson, wir brauchen eine Kerze", sagte Johanna.

„Dann fliegt Ihr morgen nach Hause?", fragte Samson.

„Ja, aber ohne etwas zu sehen können wir nicht die Koffer packen."

„Pole, pole. Ich sehe nach."

Samson ging hinter die Theke, bückte sich und kam mit der Kerze zurück.

„Hier Mama, Feuer habt Ihr sicher selbst."

„Asante sana, Samson. Mir wollte er keine geben." Vorwurfsvoll sah Johanna den Mann an der Rezeption an.

„Mit Schillingen in der Hand wäre es ganz schnell gegangen. Mama, Ihr seid doch nicht das erste Mal hier! Ich sage gleich Kwaheri, denn ich muss mich noch um andere Gäste kümmern, die den Weg zur Rezeption nicht so gut kennen wie ihr."

„Kwaheri Samson. Es war wieder sehr schön hier."

Vorsichtshalber sagten Johanna und Jonas noch Bescheid, dass sie geweckt werden wollte. Sie erschraken heftig, als es früh morgens an ihre Zimmertür trommelte. Nicht nur einmal, sondern mehrmals hintereinander.

„Wir sind ja wach", rief Jonas, aber es trommelte weiter.

Jonas ging zur Tür und öffnete sie. Vor ihm stand ein lachender Askari mit einem Schlagstock in der Hand.

„Warum trommelst Du denn so lange an die Tür? Hast Du mich nicht gehört?"

„Doch Papa, habe ich, aber ich muss warten bis die Tür aufgemacht wird. Manche Touristen antworten, aber dann schlafen sie wieder ein. Sorry, aber ich muss immer warten."

„Macht doch nichts", sagte Johanna. „Die Hauptsache ist, dass die Leute pünktlich zum Flughafen kommen. Kwaheri."

Als sie auf den Bus warteten regnete es wie aus Kübeln.

„Kenia weint, weil wir abfliegen", sagte Johanna lachend zu Jonas.

„Ich würde es anders ausdrücken: Es wird Zeit, dass wir wieder nach Hause kommen. Regen in Kenia ist doch für Touristen Langeweile pur."

„Wieso? Ich habe schon immer bei Regen Darts mitgespielt oder etwa nicht?"

„Stimmt. Und eine Schulstunde Suaheli hinter dich gebracht."

„Klar. Das hat doch Spaß gemacht."

„Vor allem, weil es nur ein Angestellter war und kein richtiger Lehrer."

„Was ist denn mit Dir los? Bist Du mit dem falschen Fuß aus dem Bett gekommen?"

„Könnte sein." Jonas legte seinen Arm um Johanna und drückte sie.

„Dann denke doch einfach an die Masai Mara. Diese Safari war einfach wunderschön."

„Da hast Du aber recht. Es war wirklich sehr schön. Komm, lass uns einfach in Gedanken Kwaheri sagen. Wir werden schon noch einmal nach Kenia kommen."

Der Bus kam. Wieder einmal regnete es hinein. Da beide ganz hinten saßen, brauchten sie nur ihre Füße hoch zu heben. Das Wasser floss nach vorne. Natürlich sehr zum Ärger der vorne sitzenden Touristen. Einige spannten sogar Regenschirme auf.

„Ich glaube, die mit den Schirmen haben das auch schon öfters erlebt", sagte Johanna lachend zu Jonas.

„Ja, das kommt mir auch so vor. Denn wer nimmt schon einen Schirm mit."

„Profis."

„Da hast Du Recht. Ich würde auf so eine Idee jedenfalls nicht kommen."

„Wenn ich so über alles nachdenke, dann könnte man wirklich schon ein Buch darüber schreiben."

„Das ist eine gute Idee, aber warte einmal. Bis wir wieder zu Hause sind, hast Du sicher keine Lust mehr dazu. Man sagt das ja immer nur so dahin."

„Ach, warte es doch einfach einmal ab. Man soll ja nie „nie" sagen."

Jonas hatte recht. Als sie wieder zu Hause waren, hatte Johanna ihre Idee längst wieder vergessen.

1997
Malindi

„Mir hängt die Kälte gerade zum Hals raus", sagte Johanna. „Sollten wir nicht einfach in ein wärmeres Land fliegen?"

„Und an welches Land denkst Du?" Jonas sah Johanna schelmisch an.

„Vielleicht nach Kenia?"

„Dann lass uns einfach einmal nachsehen, ob wir ein geeignetes Hotel für uns finden."

„Willst Du etwa an die Südküste? Ich denke, wir wollen nicht mehr mit der Fähre fahren?"

„Nein. Wir fliegen wie immer in „unser" Hotel. Dort kennen wir alle und außerdem gefällt es uns dort."

„Dann holen wir morgen gleich einen Katalog und buchen so schnell es geht. Einverstanden?"

„Klar. Das kannst Du machen und abends sehen wir in aller Ruhe nach."

„Ach Jonas, ich freue mich schon darauf."

„Ich bin übrigens nur für Kenia, weil ich Angst habe, dass Du Entzugserscheinungen bekommst."

„Das kannst Du laut sagen", erwiderte Johanna. „Ein Jahr ohne Kenia ist gerade noch auszuhalten. Aber sag mal, wir wollten doch eigentlich frühestens im November hin fliegen? Du freust Dich doch immer auf die Nikolaus Feier und auf die gebastelten Rentiere aus Palmwedeln?"

„Ja, sicher, aber im März ist es doch auch schön. Außerdem möchte ich immer noch einen größeren Elefanten aus Speckstein."

„Du weißt aber, dass ich alles schleppen muss?"

„Komm, nur einen. Den schaffst Du schon."

„Hast Du auch gelesen, dass es in Kenia 1996 wieder Cholera gegeben hat? 483 Fälle. 14 Menschen sind daran gestorben. Das finde ich schon bedenklich."

„Das ist schlimm. Sie haben aber auch viele Bakterien im Wasser. Nicht umsonst heißt es, dass Touristen kein Eis essen und nur abgekochtes Wasser trinken sollen. Wenn man sich daran hält, passiert auch nichts." Nach einer Weile fragte Johanna: „Hast Du gelesen, dass Kenia im vorigen Jahr an den Olympischen Sommerspielen in Atlanta teilgenommen hat?", fragte Johanna und fügte lachend hinzu: „Sicher kann uns Helmut alle Ergebnisse sagen."

„Na, eines weiß ich auch", antwortete Jonas. „ Josef Keter hat eine Goldmedaille im 3.000 Meter Hindernislauf gewonnen. Die anderen werden wir sicher von ihm erfahren. Damit meine ich andere Medaillen.

Sie hatten nämlich nur eine goldene gewonnen."

„Und wie viele hatten wir?"

„Meinst Du Goldmedaillen?"

„Ja, die meine ich."

„Ich bin mir nicht sicher, aber ich meine es sind 20 Goldmedaillen. In der Gesamtwertung waren wir auf Platz 3. Die Kenianer auf Platz 38."

„Na prima, dann habt Ihr ja gleich genügend Stoff zum unterhalten."

„Ja, entweder zum Unterhalten oder zum Diskutieren. Das werden wir sehen. Helmut ist nicht immer freundlich und besser weiß er auch alles."

„Dann treffen sich wieder einmal die richtigen auf einander", sagte Johanna und zwinkerte Jonas zu. „Auf jeden Fall musst Du zugeben, dass Du das Interesse an Kenia nicht in dem einen Jahr verloren hast."

„Stimmt", erwiderte Jonas. Er flog sowieso gerne in dieses schöne Land und freute sich genau wie Johanna darauf.

„Meine Damen und Herren, auf der linken Seite sehen Sie nun den Kilimandscharo", sagte der Flugkapitän.

Johanna wachte auf.

„Oh, ich habe ja fast den ganzen Flug über geschlafen", murmelte sie vor sich hin.

„Ja, das hast Du. Rein in den Flieger, Augen zu und schon bist Du am Kilimandscharo. Das möchte ich auch einmal so erleben. Ich habe mich stattdessen mit den Stewardessen unterhalten."

„Das habe ich gar nicht mit bekommen." Johanna war doch ein bisschen erstaunt darüber. Normalerweise merkte sie, wenn Jonas seinen Platz verließ. Egal, jetzt dauerte es nicht mehr lange und sie waren wieder in Kenia. Zuvor freute sie sich aber erst einmal über das Frühstück. Der Kaffeeduft kam ihr schon entgegen.

„Ich glaube, der Kilimandscharo hat Schnee verloren", sagte Jonas. „Ich meine, er hätte mehr davon gehabt."

„Das stimmt. Es kommt mir auch so vor. Zum Glück hat mein Vater den Berg noch mit viel Schnee gemalt. So wie er einmal ausgesehen hat. Das wird ja ein richtiges Erinnerungsbild."

„Ja, mit dem Schnee auf dem Gipfel, weiter unten die Wolken und davor die Elefanten."

„So sieht er aber immer noch toll aus. Wir haben aber auch wirklich Glück, dass nicht so viele Wolken da sind."

Dieses änderte sich aber. Je näher sie Mombasa entgegen flogen, umso dichter wurde die Wolkendecke.

„Jonas, ahnst Du etwas?", fragte deshalb Johanna.

Jonas lachte. „Ja, wir haben wieder mal Regen bei der Ankunft in Mombasa, aber noch sind wir nicht ganz dort."

Der Flugkapitän meldete sich noch einmal: „Die Temperaturen bei der

Landung werden 23° sein. Es regnet."

„Na toll. Wie immer könnte man sagen." Jonas grinste.

„Macht nichts. Es wird sowieso immer ganz schnell wieder besser."

Nachdem die Warterei auf die Abfertigung und die Zöllner alles kontrolliert hatten, fuhren sie zum Hotel. Mittlerweile hatte auch der Regen aufgehört.

„Nun hoffe ich, dass unsere Koffer schnell kommen. Mir ist es so warm."

„Mir auch", erwiderte Jonas. „Vielleicht haben wir ja Glück. Erst sehen wir uns unser Zimmer an."

Johanna ließ Jonas allein zur Rezeption gehen. Sie setzte sich lieber hin.

„Nein, das Zimmer nehmen wir nicht. Wir haben ein ebenerdiges gebucht", hörte sie Jonas sagen. Das fing ja gleich gut an.

„Nein, ich warte auch nicht bis eins frei ist. Gebucht ist gebucht." Jonas ließ sich nicht aus der Ruhe bringen.

Der Angestellte schaute Jonas an. Wieder ins Buch und wieder zu Jonas.

„Nein, mein lieber. Schillinge rücke ich keine raus", hörte Johanna ihn sagen. „Wo kommen wir denn da hin?" Jonas blieb stur.

„Jonas, willst Du ewig hier herum stehen?" Johanna lief zu ihm hin.

„Nein, ich werde nicht ewig hier stehen, aber alles muss ich mir auch nicht gefallen lassen. Ich werde jetzt den Manager verlangen. Mal sehen ob das hilft."

Jonas drehte sich um und lief zu einer Tür, an der das Schild Manager hing.

„Papa, pole pole. Ich habe noch ein Zimmer gefunden!", rief sofort der Angestellte. „Es ist sogar ein viel schöneres."

„Geht doch", erwiderte Jonas und bekam den Zimmerschlüssel.

„Ein schöneres ist wohl ein Witz", sagte er, als sie in ihrem Zimmer waren. „Hier ist doch gar nichts renoviert worden."

„Das kannst Du jetzt aber nicht beurteilen Jonas. In diesem Hotel waren wir ja noch nicht."

„Egal, ich sehe auf jeden Fall nichts, was besonders schön ist. Du?"

„Lass es doch gut sein. Ich möchte jetzt viel lieber die Koffer haben. Wir müssen noch einmal zur Rezeption laufen."

Nach einer Stunde wurden die Koffer endlich zum Zimmer gebracht.

„Ins Handgepäck kommen jetzt immer die Badesachen", sagte Johanna.

„Das ist ja sonst kaum zu ertragen." Sie ärgerte sich darüber, dass sie wieder einmal nicht daran gedacht hatte.

„Vielleicht sollten wir auch den Reiseanbieter wechseln. So alte Busse haben andere nicht. Die Koffer werden auch nicht hinterher gebracht."

Jonas war nicht nur müde von dem Flug, sondern auch verärgert.

„Weißt Du, wir ziehen uns um und legen uns erst einmal an den Pool. Zum Strand können wir auch morgen laufen."

„Das ist eine gute Idee. Ich dachte schon, Du würdest sofort alle

Beach-Boys gleich begrüßen wollen." Jonas sah Johanna an. Woher kam denn jetzt der Sinneswandel?

„Auch wenn ich im Flugzeug geschlafen habe bin ich müde. Ich mag jetzt nicht laufen und schon gar nicht an den Strand."

Sie liefen zum Pool. Auf dem Weg dorthin, kamen sie an einem Plakat vorbei.

„Heute Abend Tanz" stand darauf.

„Toll", sagte Jonas. "Dann haben wir heute Abend ja gleich etwas vor."

„Ich will heute aber früh ins Bett. Die Akamba Tänzer haben wir schon so oft gesehen."

„Da hast Du nicht richtig gelesen", erwiderte Jonas. „Heute Abend spielt die Safari Sound Band. Du kannst wieder mit singen."

Johanna überlegte. Sie mochte all die Lieder der Band: Jambo, Jambo , Malaika , Nakupenda Wewe und Ahsante Sana konnte sie fast auswendig. Vielleicht wurde der Abend ja wirklich schön.

Jonas sah sie an. Ihrem Gesicht nach zu urteilen, war sie einverstanden.

„Dann schlafen wir nach dem Essen ein wenig, damit wir heute Abend fit sind."

Der Abend wurde wirklich ein Erfolg. Viele Gäste kannten die Songs und sangen mit. Jonas und Johanna beschlossen, am nächsten Abend in das Nachbarhotel zu gehen. Dort war der nächste Auftritt der Band.

„Und was tun wir tagsüber?", fragte Johanna.

„Wir können uns ja mal informieren, was für Busfahrten angeboten werden. Die ganze Zeit nur im Hotel oder am Strand zu sein, ist doch irgendwie langweilig, oder?"

„Das haben wir früher aber nicht so gesehen. Sollen wir einmal nach Malindi fahren? In dieser Gegend waren wir ja noch gar nicht." Johanna fand ihre Idee gut.

„Das sind ja fast 100 km von Mombasa aus? Willst Du so weit fahren? Ich weiß nicht, ob diese Gegend für Touristen zu gefährlich ist. Wir können ja unsere Reiseleiterin fragen."

„Du bist gut. Meinst Du, sie antwortet Dir ehrlich? Sie will doch Fahrten verkaufen. Da wird sie wohl niemandem davon abraten oder?" Johanna schüttelte den Kopf.

„Hier ist alles was Du tust nicht ungefährlich. Das wissen wir ja beide. Malindi ist auch nicht weit von Somalia. Da ist immer etwas los. Wir sollten es uns gut überlegen und dann entscheiden."

Dabei blieb es während der ersten Tage.

Am Strand trafen sie wie immer Helmut.

„Jambo Mama, jambo Papa", begrüßte er sie.

„Hallo", sagte Jonas und lachte. „Da fehlt noch, dass Du sagst: „Papa bist Du wieder da".

„Nein, das sage ich nie", kam die Antwort von Helmut. „Ich bin ja kein

Beach-Boy."

„Das weiß ich ja. War ja auch nur ein Spaß. Wir freuen uns Dich wieder zu sehen. Wie geht es Deiner Familie?"

„Hakuna matata, meine Frau arbeitet auch."

„Schön, dass alles in Ordnung ist", sagte Johanna. „Was arbeitet Deine Frau denn?"

„Mal dies und mal das. Sie verdient gut."

„Das ist jetzt nicht die Antwort, die ich erwartet habe, aber wenn Du nichts weiter sagen willst, dann ist das auch okay."

„Ich habe Euch voriges Jahr vermisst. Ihr seid nicht hier gewesen." Helmut sah die beiden fragend an.

„Wo seid Ihr gewesen?", wollte Helmut sofort wissen.

„Wir waren in Thailand." Jonas sagte es nur widerwillig. Zu krass war der finanzielle Unterschied zwischen Europäern und Afrikanern.

„Hat es Euch gefallen?"

„Ja, Thailand ist schön. Ein interessantes Land mit vielen Tempeln."

„Wenn ich einmal ganz viel Geld habe, dann fliege ich auch weg. Vielleicht zuerst nach Europa."

„Ja, wenn Ihr sparsam seid, dann wird das sicher einmal klappen."

„Und was habt Ihr hier vor? Wieder eine Safari?"

„Nein Helmut, wir wollen vielleicht mit dem Bus nach Malindi fahren."

„Malindi? Dann passt nur auf Euch auf. Es ist nicht ungefährlich für Touristen."

„Wegen Somalia?", fragte Jonas.

„Die Grenze ist von Malindi ungefähr 250 km weg. Da braucht Ihr keine Angst haben. Malindi hat eben keinen guten Ruf. Dort gibt es viele leichte Mädchen mit ihren Zuhältern."

„Na, damit haben wir kein Problem", sagte Jonas.

„Ich habe gehört, dass dort sehr viele Italiener ihren Urlaub verbringen", sagte Johanna.

„Europäer bedeuten keine Gefahr", sagte Helmut. „Da sind alle unterschiedlich, aber nie gefährlich. Nein, ich meine auch die Taschendiebe oder kleinen Betrüger."

„Mach Dir mal keine Sorgen. Wir kommen schon wieder heil zurück. Heute Abend sehen wir gleich nach, an welchem Tag das stattfindet."

„Gibt es hier am Strand etwas Besonderes?", wollte Johanna wissen.

„Eigentlich nichts. Oder doch: Paul, der frühere Polizist lebt nicht mehr. Er hatte wieder betrogen, kam ins Gefängnis und starb dort."

„Wer war noch mal Paul?" Jonas sah Johanna fragend an.

„Ach, eben der frühere Polizist. Er hatte so einen arg festen Händedruck. Mehr weiß ich auch nicht über ihn. Er war aber immer sehr nett."

„Dann kenne ich ihn bloß vom Sehen. Der Händedruck hat bei mir nicht stattgefunden." Jonas stieß Johanna in die Seite. „Hände werden nur mit Dir geschüttelt."

„Es gibt ein neues Hotel. Den Anfang müsstet Ihr noch gesehen haben", sagte Helmut.

„Ja, daran kann ich mich erinnern. Alle Steine wurden mit einer Schubkarre gebracht und meist waren die Räder platt." Jonas nickte zustimmend.

„Und bevor richtig gemauert wurde, fingen die Gärtner schon, an jeden Grashalm einzeln zu setzen. Und das noch in der Mittagshitze." Johanna hatte das direkt noch vor Augen.

„Komm Johanna, wir gehen weiter. David hat schon gewunken. Er freut sich offensichtlich."

„Ich habe es gesehen. Bis morgen, Helmut."

Sie liefen auf David zu. Er strahlte über das ganze Gesicht als er die beiden sah. Seine Zähne waren noch vergilbter geworden. Herzlich umarmte er die zwei. Jonas wurde davon so überrascht, dass er nicht einmal ausweichen konnte.

„Habari Mama, habari Papa?", fragte er sofort.

„Mzuri sana", antworteten Johanna und Jonas wie aus einem Mund.

„Das war wohl ein kleiner Test ob wir Dich noch verstehen", sagte Jonas.

„Wie geht es Euch?" hätte ich auch auf Deutsch fragen können", erwiderte David. „Ihr habt aber wie immer richtig geantwortet."

„Danke gut" ist aber auch die kleinste Übung." Johanna lachte. „Ich muss mich aber erst wieder einlesen. Zu Hause spricht ja keiner Suaheli mit mir."

„Ich weiß. Bis zum Ende Eures Urlaubs klappt es mit dem Verständigen in unserer Sprache viel besser."

„Dafür sorgt schon Samson im Hotel. Er fragt mich immer wieder ab. Sag mal, verkaufst Du jetzt auch Schmuck? Ich sehe hier welchen liegen?"

„Ja, für einen Juwelier. Damit verdiene ich ganz gut. Wenn Du etwas bestellst, dauert es gar nicht lange bis Du ein Schmuckstück gebracht bekommst. Kaufst Du außerhalb vom Hotel etwas, dann kann es immer passieren, dass Du überfallen wirst. Dann ist Dein Schmuck weg. Mich überfällt hier niemand. Deshalb ist es auf diese Art der sichere Weg."

„Und Du meinst, dass die Leute Dir vertrauen?", fragte Jonas.

„Aber Papa, sie vertrauen mir. Ich bin kein Betrüger." David schüttelte enttäuscht den Kopf.

„Das weiß ich ja David, aber ob andere das auch wissen?"

„David, Jonas hat nicht Unrecht. Es wird so viel Negatives über die Beach-Boys erzählt. Nicht alle sind ehrlich. Das weißt Du aber auch, oder?"

„Ja, manche denken nicht daran, dass sie mit Betrug nur alle Geschäfte der anderen verderben. Wir passen aber selber auf, dass dieses nur noch ganz selten vorkommt."

„Ja, dann wünschen wir Dir gute Geschäfte. Wir gehen jetzt weiter. Nein, wir gehen wieder ins Hotel. Irgendwie haben wir uns mit der

Zeit vertan. Wir sehen uns ja sowieso ab jetzt fast jeden Tag."
Auf dem Rückweg sagte Jonas zu Johanna:
„Eigenartig, ich dachte gerade, David würde Dich fragen, ob Du etwas kaufen möchtest. Er hat es aber nicht getan."
„Er hat sich sicher nicht getraut", erwiderte Johanna.
„Oder es ist ein Haken an der ganzen Geschichte. Du weißt, ich glaube nicht alles was sie hier erzählen."
„Keine Ahnung. Vielleicht fragt er ja noch. Wir sind ja gerade erst gekommen."

Ein paar Tage später war es dann soweit. Sie hatten eine Tagesfahrt nach Malindi gebucht.
Wieder mussten sie auf den Bus warten. Obwohl sie es ja von Kenia kannten, war es nicht gerade angenehm. Es war schwül, die Luftfeuchtigkeit sehr hoch.
„Ich glaube, wir nähern uns der Regenzeit", sagte Johanna. „Ich habe gelesen, dass ab April die Luftfeuchtigkeit steigt."
„Wir haben aber doch erst März." Jonas sah Johanna an.
„Weiß ich doch, aber ob das Wetter das auch weiß", erwiderte sie lachend. „Mir ist sowas von warm."
„Ja, wer wollte denn unbedingt von zu Hause weg?"
„Ist ja gut. Ich habe es ja nur festgestellt. Sieh, das wird unser Bus sein."
Tatsächlich fuhr ein Bus in die Einfahrt des Hotels. Da Johanna und Jonas die einzigen aus dem Hotel waren, ging alles ganz schnell und sie konnten los fahren.
„Ich hoffe, wir müssen nicht noch weitere Hotels anfahren", sagte Johanna.
„Ist doch egal. Geht es Dir wieder nicht schnell genug?", fragte Jonas.

„Meine Damen und Herren, ich möchte mich bei Ihnen kurz vorstellen: Mein Name ist Rosa. Wir fahren nun gemeinsam nach Malindi. Unseren ersten Stopp werden wir bei einer Schlangenfarm haben. Unterwegs werde ich Ihnen erklären, was es zu erklären gibt. Wenn Sie Fragen haben, dann stellen Sie sie ruhig. Dankeschön für Interesse."
„Dann bin ich ja einmal gespannt", sagte Johanna. „Vor allem, wer Fragen stellt."
„Das wirst Du schon hinbekommen", erwiderte Jonas.
Johanna und Jonas kannten ja schon den ersten Teil der Strecke. Sie fuhren los in Richtung Mtwapa Creek. Gleich rechts davon, wenn man über die Brücke gefahren ist, kommt man zum Kenya Marineland.
„Zu der Ruinenstadt Jumba la Mtwana werden wir nicht fahren. Sie ist etwa 3km rechts von der Straße. Wir sehen uns lieber Gedi an. Das ist interessanter", sagte Rosa. „Die B8 verläuft ungefähr 2 km vom Strand. Dort sind einige Hotels. Jetzt zum Beispiel kommt gleich der Abzweig nach Kikambala. In dieser Gegend kann man Wassersportarten

betreiben oder sich einfach nur am weißen Strand erholen. Natürlich kann man dort auch sehr gut nach Fischen tauchen.

Sehen Sie dort die Kaschu-und Mangobäume? Von dem Kaschubaum kann man nicht nur die Nüsse essen, sondern auch den Kaschu-Apfel. Dieser bildet sich aus dem Ende des Stieles der Nuss. Diesen Apfel kann man zu Marmelade oder Saft verarbeiten."

„Kaschu-Bäume?", fragte Johanna.

„So heißt der Baum, an dem die Cashewkerne wachsen."

„Den Namen habe ich noch nie gehört", sagte Johanna.

„Das kann ich mir denken", erwiderte Rosa lachend. „ Es wird meistens der englische Namen dafür verwendet. Diese Kerne sind am Stiel der Frucht. Nach dem Ernten werden sie geröstet, gewürzt und zum Verkauf angeboten. Sie sind sehr gesund."

„Ja, dass sie gesund sind weiß ich, aber sie haben auch viele Kalorien", sagte Johanna. „Ich weiß, dass 100 g etwa 600 Kalorien haben. Da braucht man nicht mehr viel essen. Ich esse sie am liebsten ungesalzen."

Rosa fuhr mit ihrer Erklärung der Landschaft fort:

„In dieser Gegend gibt es auch viele Bananenplantagen. Wir nutzen diese für den Eigenbedarf. Die Kochbanane zum Beispiel essen wir so, wie Sie zu Hause die Kartoffeln. Man kann sie kochen oder auch braten. Sie ist reif, wenn ihre Schale fast schwarz ist. Europäer würden sie so wahrscheinlich nicht kaufen oder essen."

„Wenn man weiß, dass es eine Kochbanane ist, dann würde man sie kaufen. Ich habe sie bei uns nur noch nicht gesehen", antwortete Johanna.

„Vielleicht haben Sie sie ja schon einmal gegessen? Bei einem afrikanischem Dinner?", fragte Rosa.

„Das kann schon sein", erwiderte Johanna lachend. „Ich probiere gerne afrikanische Gerichte."

„Auf der linken Seite sehen Sie Agaven Plantagen. Diese Pflanzen wurden 1893 von Florida nach Tansania eingeführt. Später dann auch zu uns."

„Welche Art von Agave ist es denn? Es gibt doch verschiedene, oder?", fragte Johanna.

„Es sind Sisal Agaven. Die langen fleischigen Blätter werden in besonderen Fabriken ausgequetscht. So bekommt man lange Fasern, die man dann verarbeiten kann. Für grobes Gewebe oder Seile und Schnüre. Mitten in diesen Plantagen liegt das Dorf Vapingo."

Von hinten rief eine Stimme: „Und wie lange dauert es noch bis Malindi?"

Alle sahen sich um. Da hatte wohl einer keine Lust mehr.

Rosa antwortete: „ Wir werden gleich Kilifi erreichen. Von dort sind es noch ca. 50km."

„Ach Du liebe Zeit, dann sind wir ja erst die Hälfte gefahren!"

„Ja, das kann man so sagen", erwiderte Rosa. „Sie merken ja selbst, dass der Busfahrer vorsichtig fährt. Die Straßen sind auf dieser Strecke nicht immer gut."

„Ich glaube, der Mann war noch nie in Kenia", flüsterte Johanna Jonas ins Ohr.

Jonas lachte. „Da hast Du sicher recht. Aber mach Dir keine Sorgen, bis wir wieder zurück fahren weiß er, dass man hier etwas mehr Geduld als zu Hause braucht."

Rechts und links der Straße sahen sie Kaschu-Bäume. Das dunkelgrüne Laub hing fast bis auf die Erde.

„Dort drüben sehen sie eine Fabrik in der die Cashewnüsse entkernt werden", fuhr Rosa unbeirrt fort. „ Die Stadt Kilifi lebt vom Tourismus, da sie viele Badestrände und einen Yachthafen hat. Nicht zu vergessen die Ruinenstätte Mnarani."

„Davon habe ich noch nie etwas gehört", sagte jemand.

„Jonas, hast Du davon schon einmal etwas gehört?", fragte Johanna.

„Nein, wieso auch. Früher hat mich ganz Afrika nicht so arg interessiert und jetzt haben wir ja eigentlich ziemlich schnell diesen Ausflug gebucht. Wann hätte ich denn etwas darüber nachlesen sollen? Frag doch Rosa, sie antwortet Dir sicher gerne."

Rosa hatte genau verstanden, was Johanna und Jonas gesagt hatten. Sie zwinkerte Johanna zu und sagte: „Ich werde Ihnen gerne etwas über die Ruinen erzählen. Es sind die Überreste einer ehemaligen Siedlung der Swahili."

„Was sind denn das für welche gewesen?", fragte einer.

„Swahili sind Menschen, die an der Küste leben. Das ist die Bezeichnung, die sie von den Arabern oder Menschen aus dem Oman bekamen."

„Und ich dachte, es sei eine Sprache."

„Ist es auch. Haben Sie schon einmal „Hakuna Matata gehört? Das heißt: Es gibt keine Probleme. Auch das Wort Safari, was ja Reise bedeutet, ist übernommen worden. Das alles stammt von den Swaheli ab. Man kann auch Suaheli oder Kisuaheli sagen. So manch ein Beach-Boy führt mit unterschiedlichen Bezeichnungen die Touristen in die Irre. Natürlich nur, wenn sie sich dafür interessieren."

„Ich habe schon alle drei Bezeichnungen gehört", sagte Johanna.

„Da sehen Sie es, entweder hat Sie jemand verwirren wollen oder derjenige hat es selbst nicht gewusst. Letzteres deutet darauf hin, dass die Schulbildung nicht ausreichend war. Wobei, das weiß eigentlich jeder." Rosa lächelte."Swaheli ist eine Bantusprache. Sie wird in Kenia oft mit vielen Fehlern gesprochen, aber das merken die Touristen nicht. Aber nun zu Mnarani. Etwa im 14. Jahrhundert wurde dieser Ort von den Arabern erobert. Diese nutzten Mnarani hauptsächlich für ihren Sklavenhandel. Die Sklaven wurden in einer Höhle aneinander gekettet und durch ein Loch im Felsen, so eine Art Brunnen, hinunter gelassen. Kam ein Schiff, wurden sie wieder hoch gezogen und verkauft. Das ist eine grausame Geschichte. Aus dieser Zeit stammen die Reste der Stadtmauer. Zu sehen ist eine große Moschee mit einem Minaret. Ebenso eine kleinere Moschee, von der man noch das Mihrab sieht."

„Oh, was ist denn ein Mihrab?", fragte Johanna.

„Das ist so eine Art Nische. Man muss sich das so vorstellen: Auf zwei Säulen liegt ein Bogen oder ein Gewölbe. Der Raum dazwischen liegt etwas weiter flach nach hinten. So könnte man denken, es sei eine Tür oder ein Durchgang vorhanden. Können Sie sich das bildlich vorstellen?"

„Ja", erwiderte Johanna. „Das kann ich."

„Es gibt dort auch noch viele Steingräber. Sogar ein achteckiges ist noch recht gut erhalten. Im 16. Jahrhundert übernahmen die Portugiesen die Macht. Übrigens hat man von Mnarani einen wunderschönen Blick auf Kilifi und den indischen Ozean."

„Dann hätten wir ja auch hin fahren können", sagte eine Stimme aus dem hinteren Teil des Busses.

„Dafür reicht unsere Zeit nicht", antwortete Rosa." Unser Ziel ist Malindi. Wie Sie alle wissen, werden wir Gedi besichtigen. Ich denke einmal, allzu viel Geschichte macht keinen Spaß. Aber lassen Sie mich noch hinzufügen, dass die Portugiesen nicht die letzten waren, die Mnarani Elend zu fügten. Auch vom Stamm der Galla wurde der Ort zerstört. Das war ein Volksstamm aus Somalia."

„Gibt es denn in Kilifi etwas zu sehen? Ich meine außer den schönen Ausblicken und dem Segelyachthafen?", fragte nun auch einmal Jonas.

„Wir werden auf der B8 bleiben. Kilifi liegt etwa 1km rechter Hand. Am Ortsausgang gibt es ein Minarett. Es gehört zu der Majid ul Noor Moschee. Der Markt ist für Touristen auch recht interessant."

„Einen Markt werden wir sicherlich auch in Malindi sehen, oder?", fragte Jonas weiter.

„Wo Touristen sind gibt es sowieso Märkte. Alle wollen ihre Produkte verkaufen. Natürlich auch an die Bevölkerung."

„Ich habe vorhin ein Schild gesehen. Da war ein Abzweig nach Tagaungu. Dort kann man sehr gut tauchen, oder? Ich habe es in einem Prospekt gelesen", fragte wieder ein Mann.

„Das stimmt. Es ist ein kleines Dorf in einer schönen Bucht. Die Bevölkerung lebt dort von der Fischerei und natürlich von den Touristen. Ach so, einen Steinbruch haben sie dort auch noch." Rosa freute sich offensichtlich, dass immer mal jemand nachfragte.

Von Kilifi sahen sie nicht viel. Die B8 führte sie zu dem Stammesgebiet der Giriamas.   Ihre rotbraunen Häuser wurden von mächtigen Kokospalmen überdeckt.

„Haben Sie schon etwas über die Giriamas gehört?", fragte Rosa.

„Nein, eigentlich nicht. Ich muss gleich mal fragen: Sind die Tanzgruppen, die immer in den Hotels auftreten, Giriamas? Ich meine, ich hätte den Namen schon gehört", sagte Jonas.

„Ja", fügte Johanna hinzu. „Sie schreien immer so laut, wenn sie für ihre Tanzabende aufmerksam machen wollen.

Rosa lächelte und sagte: „Die Giriamas sind eine der vielen Volksgruppen in Kenia. Sie gehören zu den Bantu Stämmen und sie sind einige der wenigen, die sich dem arabischen und indischen Einfluss entziehen konnten. Auch den Islam nahmen sie nicht an. Sie leben ausschließlich in der Küstenregion zwischen Mombasa und Lamu. Dort wo Touristen sind, führen sie ihre Stammestänze auf, aber das ist ja nur ein kleiner Teil von ihnen. Hauptsächlich sind sie Landwirte. Natürlich auch Jäger."

„Sie wohnen aber nicht immer in solchen Häusern, oder? Ich meine, ich hätte auch schon Hütten gesehen", fragte Johanna.

„Das stimmt", erwiderte Rosa. „Sie leben natürlich auch in Hütten. Die Häuser hier sind aus Stein und der Schlamm hält sie zusammen. Übrigens bestehen die Dorfgemeinschaften überwiegend aus Angehörigen. Das können durchaus einmal 70 Personen sein."

Danach wurde die Strecke ziemlich einsam.

„Wir fahren jetzt durch den Arabuko-Wald", sagte Rosa. „ Dieser Wald wurde schon 1943 unter Naturschutz gestellt, denn es gibt hier sehr viele Vogel- und Tierarten, die vom Aussterben bedroht sind. Einst war dieser Wald ein tropischer Urwald. Allein zwanzig Prozent der Vogelarten in Kenia leben hier. Von den Schmetterlingen sind es etwa dreißig Prozent. Zu den Vögeln zählt zum Beispiel die vom Aussterben bedrohte Sokoke- Eule. Sie kommt noch in den Usambara Bergen vor und ist wirklich sehr selten."

„Die Berge in Tansania? Wir haben sie nur von weitem gesehen", sagte Jonas.

„Dann kennen sie unser Land ja gut", sagte Rosa.

„Na ja, ein bisschen." Jonas strahlte über das ganze Gesicht.

„Es gibt hier aber auch ein ganz besonderes Säugetier. Es ist ein Goldrücken-Rüsselhündchen. Dieses ernährt sich von Insekten."

„Dann ist das Goldrücken-Rüsselhündchen ein Fleischfresser?", fragte Johanna. "Was für ein Name!"

„Ja", erwiderte Rosa. „Es frisst Käfer, Ameisen, Spinnen, Würmer und ebenso kleine Wirbeltiere."

„Was heißt eigentlich Arabuko?"

„Das heißt: Ort des Elefanten. Es gibt hier aber nicht sehr viele. Man nennt sie die Waldelefanten."

„Schade, dass wir hier nicht halten werden", sagte Johanna.

„Ja", erwiderte Rosa, „aber wenn man hier alles sehen will, dann ist das eine extra Tour. Ohne einen Guide würde man nur die Hälfte sehen. Er weiß wo die meisten Vögel sind und wo man zahlreiche Schmetterlinge oder riesengroße Bäume sehen kann."

„Schmetterlinge?", fragte Johanna. „Die würden mich sehr interessieren."

„Ja, hier gibt es einen ganz besonderen. Das heißt, der gefällt mir am besten. Es ist der Junonia oenone oder auf englisch: Dark Blue Pansy."

„Und wie sieht der aus?"

„Die Unterseite ist fast nur braun mit kleinen weißen Flecken an den Vorderflügeln. Ganz toll sehen die blauen Flecken auf den Hinterflügeln aus. Auf jedem befindet sich einer."

„Ich glaube, der Arabuko- Wald ist eine richtige Schatzkammer für alle, die die Natur lieben." Johanna war total begeistert.

„Ganz so ist es nicht. Nicht alle Menschen in ihren Dörfern sind von diesem Naturschutz begeistert. Früher konnten sie Holz schlagen, so wie es ihnen in den Sinn kam. Sie fischten, was sie nur fangen konnten und jagten, was ihnen vor die Flinte kam."

„Irgendwie kann ich das nachvollziehen. Sie hatten eben Hunger und es war ihnen kalt."

„Ja, aber alles mit Maß und Ziel. Es hilft ja nichts. Irgendwann ist alles weg. Ich denke, wir sollten jetzt lieber unser eigentliches Ziel ins Auge fassen."

„Wenn man sich vorstellt, dass wir uns nur etwa 110 km nördlich von Mombasa befinden, dann ist das doch ein mächtiger Unterschied. Der Strand und das Meer einerseits und hier der Wald. Wahnsinn." Auch Jonas war begeistert.

„Wie kommst Du gerade auf 110 km?", fragte Johanna.

Jonas lachte. „Das war nur geschätzt. Ob es stimmt weiß ich nicht."

Rosa wechselte einige Worte mit dem Busfahrer, bevor sie sagte: „Es sind tatsächlich ca. 110 km. Sie haben Recht. Noch wenige km und wir erreichen Malindi. Wir machen aber erst noch einen Abstecher zur Krokodilfarm am Casuarina Point."

„Siehst Du, dort ist ein Schild. Ein Hinweis zu einem Hotel. Da wollen wir doch auch noch hin, oder?", fragte Johanna.

„Nur Geduld. Wir machen alles der Reihe nach. Erst die Krokodilfarm, dann Malindi und auf dem Rückweg fahren wir zu dem Hotel und Gedi."

Irgendeiner sagte: „Das ist doch Jacke wie Hose. Wir könnten sowieso einmal anhalten. Ich müsste einmal wohin", fügte er noch hinzu.

Bevor Rosa antworten konnte, hielt schon der Bus an.

„Geschafft. Wir befinden uns jetzt also am Eingang des Malindi MarineNationalparks. Gleich daneben befindet sich die Krokodilfarm. Lassen Sie uns gleich hin gehen. Dort gibt es auch Toiletten."

„Ich bin ja mal gespannt, was es hier für Tierarten gibt", sagte Jonas zu

Johanna. „Krokodile haben wir eigentlich schon genug gesehen, oder?"
Johanna nickte zustimmend. „Hier soll es aber auch Schildkröten geben."
„Und Schlangen", sagte Jonas. „Schwarze Mamba, Grüne Mamba und viele andere Arten. Ich weiß es."
„Ach komm´, das haben wir doch vorher gewusst. Lass uns doch einfach alles ansehen." Johanna konnte nie genug von Tieren erfahren. Schlangen mochte sie zwar weniger und auch die Krokodile flößten ihr etwas Angst ein, aber wenn man sie hier sehen konnte, dann sollte man das schon tun.
„Hoffentlich legt Dir keiner eine Schlange um den Hals, so wie neulich abends an der Bar. Da bist Du mächtig erschrocken oder?"
„Ja, ich bin erschrocken", erwiderte Johanna. „Das hier ist aber anders. Da sind alle Tiere eingezäunt."
„Dann lassen wir uns einfach überraschen." Jonas merkte, dass Johanna leicht unleidlich wurde. Das wollte er auf keinen Fall, denn der Urlaub gefiel ihm viel zu gut. Es lohnte sich nicht, ihn mit Bemerkungen zu zerstören.
Leise sagte er zu Johanna. „Hast Du es schon gemerkt, Rosa unterhält sich ausschließlich mit uns?"
„Ja, klar. Vielleicht dösen die anderen lieber so vor sich hin", erwiderte Johanna lächelnd. „Es ist aber egal. Du kennst mich ja gut genug. Wenn ich eine Frage habe, dann stelle ich sie auch. Für Rosa ist es dann auch nicht so langweilig. Da muss sie ihren Text nicht herunter rattern."
„So wird es sein. Warte mal, ich frage auch etwas."
Jonas drehte sich zu Rosa um und fragte: „Wie oft in der Woche fahren Sie denn diese Strecke?"
„Zwei bis drei mal. Es kommt ganz darauf an, wie viele Leute diese Malindi Tour mit machen wollen."
„Dann kennen Sie ja fast jeden Stein."
„Ganz so schlimm ist es nicht", erwiderte Rosa. „Es macht mir Spaß. Vor allem lerne ich sehr interessante Menschen kennen. Mal sind sie nett und manchmal nicht. Nun gehen wir aber zu den Schlangen."

„Meine Damen und Herren", sagte Rosa. „Wir trennen uns hier, damit jeder für sich entscheiden kann, welche Tiere er lieber sehen möchte. Es befinden sich überall an den Gehegen Schilder, die Sie informieren werden. Wir treffen uns in ca. einer Stunde wieder wir."
„Wo gehen wir zuerst hin?", fragte Johanna Jonas.
„Lass uns zu den Schlangen gehen. Dann haben wir sie hinter uns."
„Rosa, wollen Sie mit uns laufen?" Johanna sah Rosa fragend an.
„Ja, gerne. Vielleicht kann ich Ihnen ja ein bisschen mehr erklären", antwortete Rosa.
„Prima, dann sehen wir uns gleich die Grüne Mamba an." Jonas lief voraus.

„Dass sie sehr giftig ist, weiß ich", sagte Johanna zu Rosa. „Ich habe sie schon im Hotel gesehen. Sie hatte sicher Angst, denn sie verschwand sehr schnell wieder."

„Ja, die Grüne Mamba ist nicht angriffslustig. Ihr Gift ist zwar gefährlich, aber wenn man schnell ärztliche Hilfe bekommt, sollte man es überleben."

Johanna blickte zweifelnd.

„Gut, im Hotel mag das zutreffen, aber im Busch? Da möchte ich keinen Kontakt mit ihr haben."

„Die Menschen hier wissen um die Gefährlichkeit und können damit umgehen", erwiderte Rosa.

Sie liefen zu Jonas, der vor einem Gehege stand, in dem eine riesige Schlange lag.

„Das ist eine Felsenpython", sagte er fröhlich. „Das steht hier auf dem Schild. Sie gehört zu den gefährdeten Tierarten. Rosa, ich finde es gut, dass sie nicht in einem Terrarium leben muss, sondern in so einer überdachten Freianlage lebt."

„Das finde ich auch", erwiderte Rosa. „Sie ist übrigens nicht giftig. Allerdings hat sie sehr scharfe Zähne, die auch Menschen verletzen können. Um ihre Beute zu töten, beißt sie zu und schlingt sich um ihr Opfer."

„Dann ist sie eine Würgeschlange?"

„Ja, so ist es. Man kann sie gelegentlich auch auf den Arm nehmen und sich fotografieren lassen. Sie haben nichts gegen Menschen und sind recht zutraulich. Sie ist in Afrika die größte Schlangenart und kann bis zu acht Meter lang werden. Ihre Beute sucht sie sich nachts. Aber kommen Sie, dort drüben liegt eine Puffotter; eine Viper. Sie kann bis 1,80 m lang sein und ist stark giftig."

„Die liegt ja ganz friedlich zusammen gerollt da", sagte Jonas.

„Das stimmt, denn jetzt verschläft sie den Tag. Sie wird erst in der Dämmerung und nachts aktiv. Diese Schlangenart fürchten wir alle. Mit ihrem Gift kann sie auf einmal vier Menschen töten. Aber auch für sie gilt, sie greift nur an, wenn sie sich bedroht fühlt."

„Hat sie denn natürliche Feinde?", wollte Johanna wissen.

„Ja, das hat sie. Ihr können Greifvögel und auch Hyänen gefährlich werden."

„Ach Du liebe Güte, dort ist eine Speikobra zu sehen. Auf dem Schild steht auch" Stark giftig". Das sind aber doch viele Giftschlangen hier."

„Eine gut bestückte Anlage", erwiderte Rosa. „Hier hat man wirklich einen tollen Überblick."

„Die Kobra gehört doch zu den Nattern oder?"

„Das stimmt. Zu den Giftnattern. Sie kann ihr Gift beim Beißen einsetzen oder eben auch ihre Beute anspucken. Daher ja auch ihr Name. Es gibt von ihr auch noch eine rote Ausführung. Diese war sogar 1996 auf einer afrikanischen Briefmarke, von Tansania, abgebildet. Sie ist ebenso sehr giftig.“

„Mir ist schon früher aufgefallen, dass es von Afrikas wilden Tieren viele Briefmarken gibt“, sagte Jonas.

„Auch das trifft zu. Aber nicht nur Tiere, sondern auch Volksstämme. Jetzt gehen wir zu den Krokodilen.“

„Die mag ich ja gar nicht“, sagte Johanna.

Jonas lachte. „Dabei hattest Du doch schon ein kleines auf den Armen.“

„Stimmt. Es war ganz weich. Das muss ich aber nicht noch einmal haben“, erwiderte Johanna.

Es waren eine Vielzahl von Krokodilen zu sehen. Große und kleine.

„Das sind Nilkrokodile“, erklärte Rosa. „Die größte Art der echten Krokodile. Sie können drei bis vier Meter lang werden.“

„Dösen sie den ganzen Tag?“, fragte eine Frau aus dem Hintergrund.

„Ja, tagsüber sonnen sie sich und nachts gehen sie ins Wasser um zu jagen“, erwiderte Rosa. „Ihre Hauptnahrung besteht aus Fisch. Sie können aber auch mal ein größeres Tier erwischen.“ Rosa lachte und fügte hinzu: „Es kommt eben darauf an, was sich an den Ufern so aufhält. Zebras, Stachelschweine und alle kleineren Reptilien sind zum Fressen immer geeignet. Aber sehen Sie dort drüben, dort liegt ein weißes Krokodil.“

„Wieso können Krokodile unter Wasser so gut sehen?“, wollte ein Mann wissen.

Johanna stieß Jonas an und sagte leise: “Was man doch alles für Fragen stellen kann.“

„Weißt Du es denn?“ erwiderte Jonas.

„Nein, eigentlich nicht“, sagte Johanna. “Aber vielleicht weiß ja jemand eine Erklärung dafür. Ich nehme diese Tatsache als gegeben hin.“

Rosa sah hilfesuchend zu dem Tierpfleger, der sich dazu gesellt hatte. Er sprach kurz mit ihr und Rosa übersetzte: „ Krokodile haben eine weitere Schutzhaut an den Augenlidern. Die können sie einfach darüber ziehen. So wie eine Taucherbrille. Dadurch können sie besser sehen und gleichzeitig sind ihre Augen geschützt.“

„Ich habe gelesen, dass Krokodile sehr hilfreich im Kampf gegen die Malaria sind“, sagte Johanna. „Stimmt das denn?“

Jonas sah Johanna verwundert an. Wo hatte sie das denn gelesen?

„Das klingt zwar eigenartig, aber es stimmt. Das hängt mit dem Kreislauf der Natur zusammen. Ich hatte doch gesagt, dass sich Krokodile von Fischen ernähren. Krokodile fressen Welse und Welse fressen kleinere Fische, die die Larven der Malaria Mücken gefressen haben. Würden Krokodile die Welse nicht fressen, würde sich der Malaria Erreger stark verbreiten. Aber lassen Sie uns nun zu dem weißen Krokodil gehen. Alle hier sind mächtig stolz darauf.“

Sie stellten sich alle vor das Gehege. Jeder wollte eine Aufnahme machen.

Der Tierpfleger sagte ein paar Worte zu Rosa.

„Jetzt will Tom uns ein Contergan Krokodil zeigen", übersetzte Rosa.

„Wie kommt er denn auf Contergan?" fragte Jonas. „Ich setze einmal voraus, dass die Tiere hier diese Medikamente nicht bekommen."

„Stimmt", erwiderte Rosa. „Da waren wieder Touristen am Werk. Sie werden es von den Beach-Boys ja kennen. Sie bekommen die unmöglichsten Sätze beigebracht oder eben auch Begriffe, die sie dann mit Stolz wieder versuchen anzubringen."

Tatsächlich sahen sie ein Krokodile, das nur einen Vorderfuß hatte. Es schien ihm aber gut zu gehen. Es war wohlgenährt.

„In freier Natur hätte es sicher keine große Chance, aber hier kann es viele Jahre alt werden. Nun müssen wir aber wieder zum Bus", sagte Rosa. „Malindi ist nicht mehr weit. Wir werden ein wenig durch die Stadt laufen und danach die Schnitzerwerkstatt besuchen."

„Können Sie uns auf der Fahrt dorthin etwas über die Stadt erzählen?", fragte ein Mann.

„Das werde ich gerne tun", erwiderte Rosa. „Sie wissen, wer Vasco da Gama war?"

„Ein portugiesischer Seefahrer", rief eine Stimme aus der hinteren Sitzreihe des Busses.

„Ja, er entdeckte den südlichen Seeweg nach Indien. Das war 1497. Ein Jahr später hinderten die arabischen Kaufleute von Mombasa ihn daran, seine Fahrt fort zu setzen. Da war er gerade auf dem Rückweg vom Kap der Guten Hoffnung. So wich er nach Malindi aus, sehr zum Ärger der Kaufleute von Mombasa. Beide Städte waren wie Feuer und Wasser, denn der Konkurrenzkampf war groß. Vasco da Gama blieb aber nur einen Monat in Malindi. Der dortige Sultan stellte ihm einen Navigator zur Verfügung und der Portugiese konnte weiter fahren. Für Vasco da Gama wurde direkt an der Küste ein Denkmal erbaut. Mit einem steinernen Segelschiff. Es hat auch ein Kreuz des Christusordens."

„Christusorden?", fragte Johanna.

„Das ist ein portugiesischer Ritterorden", antwortete Rosa und bevor Johanna weiter fragen konnte fuhr sie fort: „ Ebenso gibt es eine Kirche, die nach Vasco da Gama benannt wurde. Es ist die älteste katholische Kirche in Ostafrika. Wir fahren jetzt zu der Juma Moschee. Dort werden wir den Bus parken. Hier stand früher ein Säulengrab. Es wurde Jahrhunderte später aber an der Landzunge der Malindi Bucht wieder aufgebaut."

„So, wir steigen alle aus und laufen zusammen bis zur Schnitzerwerkstatt", sagte Rosa.

Kaum hatten sie alle den Bus verlassen, wurden sie von den Afrikanern umringt. Alle wollten irgendetwas.

„Laufen Sie einfach weiter. Das Gedränge ist hier immer so." Rosa lief voraus.

Jonas, Johanna und die anderen folgten ihr.

„Merkst Du an Rosa, dass sie Malindi gar nicht so mag?", fragte Johanna.

„Wie kommst Du denn darauf?" Jonas hatte nichts bemerkt.

„Sie erzählt über Malindi alles ziemlich knapp."

Jonas antwortete lachend: „Du willst doch sicher im Urlaub nicht mit Geschichte zugemüllt werden oder?"

„Nein, das sicher nicht, aber ich fand ihre Erklärungen eben sehr spärlich."

„Komm, Du wolltest nur mehr über den Christusorden wissen und Rosa hat einfach schnell weiter geredet. Stimmt´s?"

„Schnellmerker. Außerdem hätten wir zu den wenigen Sehenswürdigkeiten hin fahren können. Über die Juma Moschee hat sie überhaupt nichts gesagt. Darüber nachlesen kann ich zu Hause auch, aber sehen?"

„Ach hör einfach damit auf. Es ist wie es ist."

Sie kamen an vielen Buden mit allerlei Holzarbeiten, Masken oder Textilien vorbei.

„Oh, da vorne ist eine Metzgerei. Puh, da hängt ja alles an der Luft. Ich glaube, mir ist der Appetit für heute vergangen", sagte jemand.

Jonas musste lachen. „Wie in Mombasa auch. Hier gibt es keine gekühlten Ladentheken."

Kurz danach hatten sie den Eingang der Schnitzerwerkstatt erreicht.

„Sie werden ohne mich hinein gehen. Ich kenne ja alles schon in und auswendig. Sprachschwierigkeiten werden Sie nicht haben. Die Menschen hier passen sich sofort jedem Land an. Sie werden das ja auch von ihren Stränden kennen. Sie können gerne etwas von hier kaufen."

„Das ist ja wieder typisch", bemerkte jemand. „Ich wusste von Anfang an, dass das eine Verkaufsfahrt ist. Nur die Touristen ausnehmen. Etwas anderes kennen die hier nicht."

Jonas und Johanna gingen hinein.

„Hier wird ja tatsächlich alles mit der Hand geschnitzt", sagte Johanna. „Sieh doch mal, die Teile sehen alle gleich aus. Wie maschinell hergestellt."

„Ja, da hast Du recht. Wenn man die Figuren so alle am Strand sieht, glaubt man an Handschnitzerei schon gar nicht. Komm`, lass uns ein bisschen zusehen."

Es war so, als würden die Schnitzer überhaupt niemanden bemerken.

So vertieft waren sie in ihre Arbeit.

„Was sollen wir denn mal mit nehmen?", fragte Johanna vorsichtig. Sie wusste, dass Jonas auf solchen Fahrten nur selten etwas kaufen wollte.

„Such Dir einfach etwas aus. Es gibt hier ja genug."

Johanna stutzte. Wieso hatte Jonas seine Meinung denn geändert?

„Du brauchst jetzt gar nicht so erstaunt sein. Ich bin total begeistert von dieser Werkstatt."

„Komm, dann nehmen wir ein Flusspferd. So eines haben wir noch nicht zu Hause. Sieh mal, das hat eine Zahl."

Der junge Afrikaner ging mit ihnen zum Ausgang. Dort stand eine große Tafel auf der alle Namen der arbeiteten Menschen standen. Dahinter befand sich eine Nummer. So konnte festgestellt werden, wer anwesend war und wie viele Stücke derjenige dann verkauft hatte.

„Sieh mal Jonas, er hat schon zwölf Striche hinter seinem Namen."

„Dann scheint er ja fleißig zu sein", erwiderte Jonas.

„Ist Dir aufgefallen, dass wir gar nicht gehandelt haben?"

„Ja, Johanna. Ich habe bewusst nicht gehandelt. Erstens ist alles preiswerter als am Strand und zweitens soll er ja auch noch etwas verdienen. Ich glaube nicht, dass ich deshalb jetzt mein Gesicht verloren habe. Und wenn, dann ist mir das auch egal."

Als alle wieder zusammen waren gingen sie zurück zum Bus.

„Wir fahren jetzt zu einer Falknerei", sagte Rosa. „Haben Sie alle etwas gekauft?"

Gebrummel war zu hören. Irgendjemand sagte ja.

„Haben Sie Ihre Provision schon erhalten?", fragte einer.

Rosa sagte nichts.

„Das war jetzt aber gemein", sagte Johanna zu Jonas. „Das kann man denken, aber nicht laut sagen oder?"

Jonas stimmte Johanna zu. Es gab eben die unterschiedlichsten Touristen. Natürlich hatte der Mann Recht, aber Rosa verdiente sicherlich keine Unsummen als Reisebegleiterin und deshalb war es Jonas egal, ob sie nebenbei noch ein paar Schillinge bekam.

Der Bus hielt und alle stiegen aus.

„Dort hinten muss ein Falkner sein. Dort stehen viele Leute." Jonas deutete hin.

„Dann lass uns doch dorthin gehen. Schlangen habe ich genug gesehen", sagte Johanna.

„Ja, dort ist es auch sehr interessant." Rosa lief voran. „Wir werden Falken, Bussarde, Eulen und Habichte sehen. Vielleicht haben wir Glück und der Falkner hat einen auf der Hand."

„Das wäre ja toll." Jonas sah Johanna fragend an. „Das ist doch alles wie für Dich geschaffen, oder?"

„Stimmt, es interessiert mich sehr, aber ich habe auch einen riesigen

Respekt vor diesen Greifvögeln."

„Kommen Sie, wir stellen uns zu den anderen." Sie liefen auf die anderen vom Bus zu.

„Schön, dass Sie sich auch einmal um uns kümmern", sagte ein Mann. Johanna sah Jonas an. Leise fragte sie ihn: „Was soll denn das jetzt? Die ganze Zeit war kein Ton von den anderen zu hören und wenn, dann nur Gemecker, aber jetzt auf einmal will er alles erklärt haben."

„Vielleicht hat er ja auch Recht. Rosa darf die anderen nicht vernachlässigen. Warte es doch ab, vielleicht hat er ja auch ein paar Fragen."

„Sehen Sie, der Falkner holt einen Falken", sagte Rosa. „Sicher wird er ihn an einen von Ihnen weiter reichen."

So war es auch. Der Falkner hielt den Falken auf der Hand und zeigte ihn allen. Er wechselte einige Worte mit Rosa und sah sich fragend um.

„Wer möchte den Falken auf der Hand haben?", fragte Rosa.

Es meldete sich kein einziger. Auch nicht der Mann, der sich benachteiligt fühlte.

„Johanna, haben Sie Lust dazu?", fragte Rosa weiter. „Sie bekommen auch einen Handschuh an. Es ist nicht gefährlich. Sie brauchen keine Angst zu haben."

„Soll ich?" Johanna sah Jonas fragend an.

„Na klar doch. Du schaffst das schon. Ich mache eine Aufnahme davon."

Der Falkner brachte Johanna einen Handschuh. Sie zog ihn an und wartete gespannt ab. Behutsam nahm der Falkner den Falken von seiner Hand und ehe sie sich versah, hatte sie ihn direkt vor sich auf ihrer Hand.

Johanna strahlte. Das hatte sie ja noch nie erlebt. Und so ganz nebenbei dachte sie, hoffentlich wird auch das Foto etwas.

Nach einem kurzen Moment holte der Falkner ihn wieder zu sich.

„Na, bist Du zufrieden?", fragte Jonas.

„Das war toll und sicher einmalig", erwiderte Johanna.

„Das war ein Rotnacken-Falke", erklärte Rosa, wobei sie sich allen zuwendete. „Dieser Falke lebt in Baum- und Buschsavannen. Er ist unverwechselbar durch seine rot bis braune Färbung an seinem Kopf und Nacken. Sehen Sie, er hat gelbe Ringe um die Augen und seine Beine sind auch gelb."

„Durch die gelben Ringe um die Augen, sehen diese richtig groß aus", sagte Johanna. „Er ist wirklich sehr schön. Was frisst er denn?"

„Vögel, Insekten und Reptilien. Natürlich alles im Kleinformat."

„Also traut er sich an Krokodile nicht ran?", kam eine Frage.

Rosa schüttelte den Kopf und Johanna konnte sich ein Lachen fast nicht verkneifen.

„Ich sagte, im Kleinformat", sagte Rosa noch einmal. „Dazu zählen kleine Geckos oder Leguane."

„Wie kann man denn so eine blöde Frage stellen", sagte der Mann, der sich schon einmal zu Wort gemeldet hatte. „Ein Falke gegen ein Krokodil. Das hält man ja im Kopf nicht aus!"

„Aber meine Herren, ich denke, das war bloß eine Scherzfrage. Bitte streiten Sie nicht." Rosa sah zu Jonas. Ihm stand ein breites Grinsen im Gesicht.

„Wir gehen jetzt rüber zu den Eulen", sagte er und zog Johanna von den anderen weg. „Da haben wir aber eine eigenartige Gruppe erwischt."

„Ist doch egal. Ob mit oder ohne Meckerei, ich finde es schön."

„Sieh doch, der ist aber groß", rief Johanna.

„Das ist ein afrikanischer Uhu. Er lebt in Baum-und Strauch Savannen und er liebt offene Waldränder." Rosa las das von einem Schild ab.

Als sie bemerkte, dass Johanna und Jonas das gesehen hatten sagte sie: „Alles weiß ich auch nicht. Ab und zu muss ich schon mal nachlesen."

„Kein Problem", sagte Johanna. Man kann auch nicht alles behalten, was man so im Laufe der Jahre gelesen oder gar gelernt hat. Das geht mir auch so."

„Sieh mal, der kann ja seinen Kopf total verdrehen!"

„Ja, darüber staunen die meisten Menschen. Das liegt an seinen Augen. Diese kann er nicht bewegen, aber die Natur hat dafür einen Ausgleich geschaffen: Er kann seinen Kopf um 270° drehen."

„Jonas, wie haben in unserer Gegend doch auch einen Uhu?", fragte Johanna.

„Soweit ich weiß ja. Das stimmt, aber gesehen habe ich noch keinen", fügte er grinsend dazu.

„ Nachtaktive Vögel sieht man eben tagsüber selten oder gar nicht. Willst Du mich auf den Arm nehmen?"

„Nein, natürlich nicht. Mich interessiert viel mehr, was ein Uhu so frisst."

„Da kann ich weiter helfen", antwortete Rosa. „Er frisst Kleintiere oder auch Vögel, aber manchmal erwischt er auch ein etwas Größeres. Übrigens tötet er sie mit einem Biss. Manchmal auch mit seinen Krallen."

„Er frisst sie ganz, stimmt das?", wollte jemand wissen.

„Ja, so wie viele Greifvögel. Alles, was nicht essbar ist kommt wieder raus."

„Ich werd verrückt, da kommt ja eine Schildkröte direkt auf und zu", rief Johanna.

Rosa lachte. „Die ist nicht nur alt, sondern auch sehr zutraulich. Keine Sorge, sie will nur gestreichelt werden. Sie ist 120 Jahre alt."

„Und die lässt sich streicheln?", fragte jemand.

„Probieren sie es einfach."

Das ließ sich Johanna allerdings nicht zweimal sagen. Sie kraulte die Schildkröte am Kopf und sowie sie ihre Hand weg tun wollte, stupste die Schildkröte Johanna. Nach einer Weile sagte Johanna: „Will nicht mal jemand anderes streicheln?"

Sie drehte sich zu Jonas um, doch der hatte keine Lust. Stattdessen sagte er: „Ich habe den Seeadler entdeckt. Komm, lass uns mal dort gucken."

Sie ließen die Schildkröte stehen und gingen zu dem Adler.

„Das ist ein Schreiseeadler", sagte Johanna.

Jonas lachte. „Haben wir wieder ganz schnell das Schild gelesen?"

„Ich dachte, Du glaubst mir, dass ich das weiß", erwiderte Johanna.

„Ja, falsch gedacht. Du kennst zwar unsere heimischen Vögel sehr gut, aber nicht diese Vogelarten. Der sieht aber wirklich toll aus."

„Na Ihr Beiden, gefällt es Euch hier?" Rosa stand wie aus dem Nichts neben ihnen.

„Jetzt haben Sie mich aber erschreckt. Sie können sich ja richtig anschleichen", sagte Johanna.

„Ich wollte nur bemerken, dass dieser Adler eines der Wappentiere von Namibia ist."

„Interessant", sagte Jonas. „Manche afrikanischen Länder zeigen ihre Tiere auf Briefmarken, andere zeigen sie als Wappentiere."

„Ich werde nun die anderen zusammen trommeln. Wir fahren jetzt in ein Hotel zum Mittagessen. Ich sehe sie dann in etwa zehn Minuten am Bus." Rosa lief los.

„Dann laufen wir noch mal an der Schildkröte vorbei", sagte Johanna. „Ich möchte sie noch einmal streicheln."

„Von mir aus. Liegt ja beinahe am Weg." Jonas nahm Johanna an der Hand und sie liefen zu der Schildkröte. Johanna fing an sie zu streicheln, aber ganz plötzlich zuckte sie mit ihrer Hand zurück.

"Was war das denn?", fragte Jonas.

„Sie hat mich doch glatt gebissen!" Johanna hielt sich die Hand.

„Tut es sehr weh?"

„Quatsch, ich bin hauptsächlich erschrocken, aber scharfe Zähne hat sie schon."

„Ja so ist es, wenn man nicht genug bekommen kann."

„Zum Glück sind wir ja geimpft. Außer einem kleinen Kratzer ist sowieso nichts zu sehen."

„Dann ist es ja gut. Jetzt meldet sich aber doch mein Magen. Komm, wir können einsteigen."

Als sie alle im Bus saßen, fragte gleich ein Mann: „Wie weit ist es denn noch zu dem Hotel?"

„Etwa 17 km", erwiderte Rosa. „Sie haben alle sicherlich Appetit. Wir werden dort erwartet. Wahrscheinlich schon sehnsüchtig. Man kann bei so einer Fahrt aber nie sagen, wie lange man genau unterwegs ist."

„Wie geht es danach weiter? Also nach dem Essen?"

„Wir werden die Ruinenstadt Gedi besuchen."

„Das steht doch in den Buchungsunterlagen, oder?" Johanna sah Jonas an.

„Stimmt, aber wahrscheinlich möchte er sich auch etwas mehr mit Rosa unterhalten."

Johanna drehte sich. „Ja, das ist der Mann der schon gemeckert hatte."

„Ich glaube, ich habe gerade den Abzweig nach Gedi gesehen. Kann das sein?", fragte Jonas.

„Ja, aber dahin kommen wir ja erst nach dem Essen. Wir fahren Richtung Ozean", antwortete Rosa.

„Die Straße ist ja schnurgerade", sagte Jonas.

„Ja, auf dieser fahren wir etwa 6km. Ist Ihnen die ungebändigte tropische Vegetation aufgefallen? Das Hotel liegt auch wunderschön. Sie werden begeistert sein."

„Ja, das haben wir bemerkt, Rosa", sagte Jonas. „Wir sind hier ja schon einmal auf der Hinfahrt vorbei gekommen oder? Am Flugplatz und an Msabaha vorbei. Eben auf der B8. Wenn mich nicht alles täuscht, hast Du mit der ungebändigten tropischen Vegetation den Arabuko Wald gemeint?"

„Oh, da habt Ihr aber gut aufgepasst", erwiderte Rosa. „Manchen Touristen ist es ganz egal, was sie gerade sehen und oft hören sie nicht richtig zu. Ihr seid klasse!"

Es dauerte nicht lange, dann kamen sie an einen Kokoshain. Rosa hatte nicht zu viel versprochen. Mitten drin das Hotel, an einer Bucht gelegen. Alle standen da und sahen sich die Gegend an. Das sah ja wirklich märchenhaft aus.

„Wie heißt denn diese Bucht?", fragte Johanna.

„Das ist Turtle Bay. Also die Schildkröten Bucht. Diesen Namen hat sie von mehreren kleineren Inseln bekommen. Sie sehen es ja selbst an einigen Stellen: Sie ragen wie Schildkrötenpanzer aus dem Wasser. Etwa 6 km weiter von hier beginnt der Watamu Marine Nationalpark. Er ähnelt dem von Malindi. Zusätzlich befinden sich hier aber noch Mangroven Sümpfe im Mida Creek.

„Das Hotel ist im afrikanischen Stil gebaut, aber das werden Sie ja schon von Ihren Hotels kennen. Kommen Sie, wir gehen gleich hinein."

Alle setzten sich sofort an die Tische, skeptisch beäugt von den Hotelgästen.

„So schön wie es hier ist", sagte Johanna, „aber hier wollte ich nicht Urlaub machen. Jeden Mittag ein anderer Bus zum Essen."

„Ja, wie die Schmeißfliegen sind wir hier eingefallen", erwiderte Jonas lachend.

„Bitte bestellen Sie sich gleich etwas zu trinken. Unser Essen wird aus einer mchuzi wa nazi, sumbururu mit mboga und vaizi vya mviringo bestehen", sagte Rosa lachend. Dabei sah sie alle schelmisch an.

„Klar doch, das haben wir alle verstanden", antwortete ihr Jonas. „Die Hauptsache ist, dass es uns schmeckt."

„Keine Sorge. Die Kokosnuss-Suppe schmeckt sehr gut. Danach gibt es Thunfisch mit Spinat und Kartoffeln."

Nach dem Essen liefen sie für wenige Minuten an den Strand.

„Der Strand ist ja auch toll", sagte Johanna, „aber unserer ist auch nicht schlechter. Komm Jonas, Rosa will weiter fahren."

So fuhren sie los. Die schnurgerade Straße wieder zurück zu dem Ort Gedi. Dort bogen sie links ab und es dauerte nicht lange, dann hatten sie die Ruinen von Gedi erreicht.

„Meine Damen und Herren, wenn Sie über Gedi mehr erfahren wollen, dann laufen Sie bitte mit mir. Wenn nicht, können Sie gerne auch allein alles erkunden", meldete sich Rosa zu Wort. „Für Kenia sind diese Ruinen eine der wichtigsten archäologischen Fundstätten."

„Wir bleiben bei Rosa, oder?" Jonas sah Johanna fragend an.

„Na klar", erwiderte diese. „Ein bisschen will ich ja erfahren. Wenn es zu viel wird, können wir immer noch allein laufen. Guck, den gleichen Gedanken hatten doch einige."

„Also gut, dann laufen wir mit der Herde."

Nachdem Rosa am Kassenhäuschen für alle den Eintritt bezahlt hatte, kamen sie an ein datiertes Grab. Einem Grab, dessen Alter von Archäologen geschätzt wurde.

„Bevor Sie fragen, von welchem Zeitalter dieses ist: Es stammt von 1399. Wir kommen jetzt als nächstes zu dem Säulengrab. Es wird als typisches Bauwerk der Suaheli Küste bezeichnet. Man ist sich da aber nicht ganz einig. Die einen erkennen alt afrikanische Fruchtbarkeitssymbole, andere eher Formen der Totenverehrung. Weit mehr interessant ist gleich da vorne das Grab mit der achteckigen Säule."

Als sie davor standen sahen sie, dass die Säule auf einem Podest stand.

„Sehen Sie, hier werden wir an Moscheen erinnert. Die quadratischen, aber auch die bogenförmigen Nischen lassen das vermuten. Vielleicht hatte man darin Lampen oder Schmuck gestellt.

Wir laufen jetzt gleich nach links. Dort ist die Große Moschee."

„Man braucht aber schon sehr viel Fantasie, um an den Überresten eine Moschee zu erkennen", sagte jemand, als sie vor den Resten standen.

„Kommen Sie, wir gehen hinein", sagte Rosa. „Hier ist der Hof mit den Waschbecken, an dem die Gläubigen ihre Reinigung vornahmen."

„Na ja", sagte Johanna. „Wenn Rosa das so beschreibt, dann muss es wohl so gewesen sein."

„Fängst Du jetzt an zu zweifeln?", fragte Jonas.

„Nein, das sicher nicht, aber man muss schon genau hin sehen." Johanna sah sich um. „Das da hinten könnte ein Brunnen gewesen sein, oder?" Sie blickte zu Rosa.

„Ganz richtig. Das Wasser wurde aus diesem mit Ledersäcken über einen Kanal zum Becken geleitet", erwiderte Rosa. „Wir laufen jetzt wieder ein Stück zurück, dann gleich nach rechts zum Haus der Dhau."

„Wer hatte hier eigentlich früher gelebt?", wollte ein Mann wissen.

„Das liegt so ziemlich im Dunklen. Man vermutet, dass im 14. Jahrhundert hier eine Siedlung gewesen sein könnte. Sie haben ja am Anfang das datierte Grab gesehen. Im 15. Jahrhundert muss es wohl eine sehr reiche Stadt gewesen sein. Man fand chinesisches Porzellan, ebenso indische Glaswaren. Und denken Sie an das Wassersystem, was wir gerade gesehen haben. Jedenfalls die Reste davon. So etwas können nur Fachleute erstellen."

„Und was kam danach?", wurde weiter gefragt.

„Im 16. Jahrhundert verließ die Bevölkerung die Stadt. Allerdings wurde sie in der zweiten Hälfte davon wieder bewohnt. Es ist alles ein bisschen rätselhaft. Im 17. Jahrhundert wurden die Einwohner von den Stämmen der Galla getötet."

„Galla? Den Namen habe ich ja noch nie gehört." sagte Jonas.

„Das waren Nomaden, die von Somalia kamen und die ganze Küste ausplünderten", erwiderte Rosa. „Oh, jetzt sind wir vor lauter reden schon vorbei an dem Haus der Dhau und auch an dem Haus des doppelten Hofes."

„Das macht nichts", sagte Johanna. „Viel sieht man ja sowieso nicht."

„Wir laufen jetzt bis zum Großen Haus, sparen uns den Weg zum Südtor und kommen dann zu der Moschee der Sarkophage."

Allen war es heiß. So kurz nach dem Mittagessen war das auch kein Wunder. Außen sah man Bäume und immer wieder hörten sie Geräusche. Manchmal auch Schreie.

„Das sind Affen, die so brüllen", sagte Rosa.

„Ich glaube, wir brauchen ein bisschen Schatten", sagte eine Frau.

„Ja, ohne Hut auf dem Kopf ist das aber auch gefährlich", sagte Johanna leise zu Jonas. „Einen Sonnenstich hat man ganz schnell", fügte sie noch hinzu.

„Wir gehen jetzt an der Moschee nach rechts, den Westwall entlang. Dort war ein Haus und von dort geht es gleich wieder rechts zu dem Palast und den Häusern."

„Und dann reicht es", sagte ein Mann.

Johanna sah Jonas an. „Eigentlich kann ich dem Mann nur zustimmen. Wir stolpern über Steine, dort war mal eine Küche oder ein Bad. Alles aus Riffkalk, mit Kalkmörtel verputzt. Ich mag ja Geschichte, aber wenn man alles nur erahnen kann, dann sollte man vielleicht doch Archäologe sein."

Jonas lachte. „Wir haben uns die Fahrt aber freiwillig ausgesucht oder? Wer wollte denn unbedingt mal nach Malindi?"

„Es war ja auch interessant, aber nun wird es mir auch zu lang."

Rosa drehte sich um. „Ich kann Sie alle beruhigen, wir werden nicht mehr zu dem Giriama Dorf gehen. Unsere Zeit ist um. Der Busfahrer wartet sicher schon auf uns."

„Das Tanzen hätte mir jetzt gerade noch gefehlt. Vor allem die schrillen Töne dazu", meldete sich eine Stimme.

Die Rückfahrt nach Mombasa verlief ohne Zwischenfälle. Die meisten hielten den verpassten Mittagsschlaf. Johanna sah aus dem Fenster. Sie war wehmütig gestimmt, denn schon in einer Woche flogen sie wieder nach Hause. Auch wenn ihr jetzt sehr warm war, sie mochte dieses Wetter und den Geruch, der durch die geöffneten Fenster in den Bus hinein drang.

„Eine Klimaanlage wäre ja mal nicht verkehrt", sagte Jonas.

„Ich habe auch schon bessere Busse gesehen. Wahrscheinlich von anderen Reiseanbietern." Johanna war das aber eigentlich egal. Sie fand, dass dieses eben alles zu Afrika gehörte. Außerdem waren andere Reiseanbieter eben auch teurer.

Im Hotel gingen sie erst einmal zur Bar, um etwas zu trinken.

„Ich glaube, heute gehen wir mal früher ins Bett. Ich fühle mich wie gerädert", sagte Johanna zu Jonas.

„Nein, werden wir nicht, denn heute Abend ist Tanz. Das habe ich im vorbei gehen an der Tafel gelesen."

„Du willst doch nicht etwa tanzen?" Johanna schüttelte den Kopf.

„Na ja, das vielleicht nicht, aber wir können ja noch ein wenig mit den anderen zusammen sitzen. Komm, wir haben doch Urlaub."

„Dann lege ich mich jetzt aber an den Pool. Um zum Strand zu gehen ist es jetzt zu spät und außerdem mag ich weder Stufen laufen noch mich mit jemandem unterhalten. Ich bin müde."

Jonas lachte. „Das habe ich bereits bemerkt."

Abends saßen sie tatsächlich nicht sehr lange mit den anderen zusammen. Jonas hatte auch nicht mehr die allergrößte Lust. Vor allem hatten sie die Band schon mehrmals gesehen, so dass sie alle Lieder fast auswendig kannten. Auch die anderen Gäste unterhielten sich lieber als zu tanzen.

„Die Stimmung ist hier aber auch nicht gerade überwältigend", sagte Johanna zu Jonas.

„Ja, ein gutes Publikum macht doch schon viel aus. Ich sage es ja nicht gerne, aber Du hattest Recht. Wir hätten ruhig zu Bett gehen können. Wir hätten nichts verpasst."

„Du gibst mir recht?", fragte Johanna mit einem spitzbübischen Gesichtsausdruck. „Das kommt aber sehr unverhofft und ich kann es gar nicht glauben", fügte sie noch hinzu.

„Ausnahmsweise. Komm, wir gehen. Morgen gehen wir wieder an den

Strand und genießen den Trubel."

Wie geplant liefen sie am nächsten Morgen zum Strand. Die Askaris, die überall standen freuten sich immer, wenn die Beiden eine Zeit lang bei ihnen stehen blieben. Oft wurden sie gefragt, wie lange sie noch bleiben würden und ob sie etwas zu verschenken hätten. Manchmal waren sie aber auch nur neugierig und wollten wissen, wie es in Deutschland sei. Sie ließen sich aber auch manchmal selbst ein wenig ausfragen. Johanna tat das mit Begeisterung, so dass Jonas manchmal ungeduldig wurde.

„Hast Du gemerkt, was für einen Blödsinn die Touristen manchmal diesen Einheimischen erzählen?", fragte Johanna.

„Ja, ich finde, dass macht sich bei den Beach-Boys noch viel mehr bemerkbar. Ich denke nicht, dass sie hier zum Beispiel einen billigen Jakob haben. Das hat ihnen irgendjemand beigebracht. Du weißt ja, wie schnell sie sich auf die jeweiligen Gäste einstellen können. Darin sind sie spitze", erwiderte Jonas.

„Ja, ich weiß. Sie denken wir seien ein sehr reiches Land und jeder von uns hätte sehr viel Geld. Helmut hatte das doch einmal erklärt. Allein der Flug hier her zeigt ihnen den Reichtum. Von daher müssen sie ja denken, dass alle viel Geld hätten."

„Ein schlechtes Gewissen lasse ich mir auch von Helmut nicht einreden. Ich arbeite schließlich auch dafür, oder?"

„Das weiß ich doch, Jonas. Wir zwei können es nicht ändern, aber ein wenig abgeben können wir schon."

„Wir hören lieber auf darüber zu reden. Ich sehe alles etwas strenger als Du. Dich kann man ja immer um den Finger wickeln. Wenn zu Dir einer nett ist, würdest Du gleich alles verschenken."

„Aber hallo! Wir haben Urlaub, Jonas!"

„Stimmt. Deshalb gehen wir jetzt erst an David vorbei und dann gleich ins Wasser. Es ist Flut und wir können schwimmen."

Sie fanden David im Aufbruch.

„Wie läufst Du denn?", fragte Jonas. „Es sieht aus als ob Du Schmerzen hättest, oder?"

„Ja, Papa", erwiderte David. „Ich habe scheinbar einen Hexenkater."

„Was ist denn ein Hexenkater?", fragte Johanna lachend nach.

„Heißt das denn nicht so?" David sah sie erstaunt an. „Ich habe mich gebückt und konnte mich nicht mehr gerade hin stellen."

„Das ist ein Hexenschuss, David. Ein Kater macht zwar auch ab und zu einen Buckel, aber die Hexe nicht."

„Schießt denn eine Hexe?" David war sichtlich verwundert.

„Nein, natürlich nicht. Ich kann das so genau auch nicht erklären. Das kommt wahrscheinlich davon, dass der Schmerz so plötzlich in den Rücken schießt."

„Es tut aber sehr weh und wenn ich meinen Schmuck abgeliefert habe, gehe ich zum Doktor. Mit einer Spritze geht das wieder weg. Aber erst muss ich das Geld dafür verdienen."

„Wo musst Du denn hin laufen?", fragte Johanna nach.

„Bis zum letzten Hotel vom Strand. Eine Frau will einen kleinen, goldenen Elefanten haben. Sie hat gesagt, ich soll ihn ihr bringen."

„Einen Elefanten?"

„Ja, hier ist er." David zeigte Johanna den Elefanten.

„Der ist aber wirklich schön. Ein kleines Souvenir aus Kenia."

Jonas zog Johanna auf die Seite.

„Komm, David hat noch eine weite Strecke vor sich. Wir wollen ihn nicht aufhalten."

Am Strand war reges Getümmel. Alle Beach-Boys warteten auf neue Gäste. Wenn man nichts weiter damit zu tun hatte, war das manchmal sehenswert. Einige Touristen wehrten die Boys gleich ab, andere schienen schon beim ersten Mal genervt und manche reagierten mit bösen Blicken. Dass man die Beach-Boys damit nicht loswurde, war keinem so richtig bewusst. Jonas und Johanna hatten schon oft bei Gesprächen mit der Reiseleitung gehört, wie sich manche darüber beschwerten. Das half aber auch nichts. Das war aber nicht nur an diesem Strandabschnitt so.

Shandrack hatte Zeit zum Reden. Sein sogenannter Shop mit den geschnitzten Figuren blitzte richtig in der Sonne.

„Oh, bei Dir ist aber alles sehr sauber", lobte ihn Jonas.

„Ja, Papa. Das muss auch so sein. So kann ich alles besser verkaufen."

„Wir waren in einer Schnitzer Werkstatt und haben zugesehen, wie alles per Hand geschnitzt wurde." Jonas erzählte ihm, dass sie in Malindi waren.

„Dann glaubt Ihr uns jetzt, dass die Figuren nicht von Maschinen hergestellt werden?", fragte Shandrack.

„Klar doch. Wir hatten sowieso nicht daran gezweifelt", sagte Johanna.

„Na, ganz so stimmt das nicht, aber jetzt haben wir es ja selbst gesehen." Jonas hatte ab und zu schon mal Zweifel angemeldet.

„Von wo kommst Du eigentlich?", fragte Johanna. „Hier von Mombasa?"

„Nein, ich komme nur in der Saison hier her. Ich wohne in der Nähe von Nairobi. Dort wohnt auch meine ganze Familie. Das Geld, das ich hier verdiene, bringe ich mit nach Hause. Wir sind nicht reich."

„Könntest Du nicht auch in Nairobi Arbeit finden?"

„Ihr seid doch dort schon gewesen. Da habt Ihr bestimmt auch die vielen Menschen im Park liegen, sitzen oder stehen sehen. Die suchen alle Arbeit und nur wenige bekommen einen Tagesjob."

„Ja, haben wir gesehen."

„Da ist es besser für mich, hier an der Küste Geld zu verdienen. Das klappt nicht jeden Tag, aber es reicht am Ende der Saison doch für eine Weile. Oh, da kommen neue Touristen", fügte Shandrack noch hinzu.

„Dann gehen wir besser", sagte Jonas.

„Nein Papa, bleibt bitte da. Es macht einen guten Eindruck, wenn schon Kundschaft da ist."

„Na, dann werden wir uns mal in dem Shop hier umsehen", erwiderte Jonas. „Vielleicht hilft es ja."

Es kamen tatsächlich einige Leute und sahen sich die Gürtel und auch anderen Dinge aus Holz an.

„Johanna", rief Jonas extra laut. „Kannst Du mal gucken, ob das so ein Elefant ist wie der vom vorigen Jahr?"

Beinahe hätte Johanna gelacht, aber stattdessen antwortete sie: „Du meinst den, der so gut verarbeitet ist?"

„Ja, genau den."

„Hier sind solche. Willst Du noch einen mit nach Hause nehmen?"

„Nein, keinen Elefanten. Eher eine Giraffe oder einen Löwen."

Eine Frau stellte sich neben Johanna und fragte:

„Reißt das Holz denn zu Hause nicht?"

„Nein", antwortete Johanna. „Es verändert sich gar nicht. Die Qualität ist wirklich sehr gut."

„Wissen Sie", sagte die Frau, „wir sind den ersten Tag am Strand. Wir haben noch keinen Überblick."

Johanna lächelte sie an und sagte: „Hier haben sie einen guten Shop gefunden. Die Ware ist einwandfrei."

„Dann werde ich mir etwas zurücklegen lassen. Falls der Verkäufer das macht. Ich habe ja noch kein Geld dabei. Wir müssen erst noch wechseln gehen. Im Hotel scheint mir der Kurs nicht gut genug. Gibt es hier irgendwo eine Bank?"

„Ja, da müssen Sie aus dem Hotel heraus gehen, die Straße gleich rechts und immer gerade aus. Sie können sie nicht verfehlen. Es stehen zwei bewaffnete Askaris davor."

„Dankeschön, dann werde ich mir jetzt etwas aussuchen. Es scheint mir so, als seien Sie schon lange hier?"

„Ja, es sind schon ein paar Tage", erwiderte Johanna lächelnd und sie fügte hinzu: „Wir waren schon öfters hier an diesem Strandabschnitt."

„Das kann ich mir gar nicht so richtig vorstellen", antwortete die Frau. „Was ich bis jetzt gesehen habe, finde ich nicht gerade toll. Allein schon die Fahrt bis hierhin. Zuerst die schlimmen Zustände die man sieht, wenn man aus Mombasa heraus fährt und dann noch dieser klapprige Bus. Eine Klimaanlage scheint hier ein absolutes Fremdwort zu sein."

„So ging es uns eigentlich auch, aber wenn man dann wieder da ist, kommt es einem ganz normal vor. Jetzt werde ich aber meinen Mann von Shandrack weg holen. Wir wollen ja etwas essen. Danach ist ja immer noch Zeit um sich zu unterhalten."

„Die Verkäufer reden wohl alle deutsch?", rief die Frau Johanna noch hinterher.

„Fast alle. Sie lernen es in der Schule, falls die Eltern sich das Schulgeld leisten können."

Johanna hatte Jonas erreicht und drängte ihn zum Zurücklaufen.

„Du hast es aber heute eilig", sagte Jonas.

„Ich habe Durst. So einfach ist das. Wir haben jetzt lange genug in der Sonne gestanden."

„Na gut, dann gehen wir wieder zurück. Durst ist hier immer ein gutes Stichwort."

„Meinst Du es war richtig, dass wir Shandrack empfohlen haben?", fragte Johanna.

„Was soll denn daran falsch gewesen sein?"

„Na ja, wir kennen ihn ja so gut auch nicht", erwiderte Johanna.

„Ich traue ihm mehr als allen anderen. Das kann ich gar nicht richtig begründen. Du brauchst Dir deshalb aber nicht den Kopf zerbrechen. Ganz von allem abgesehen, kann auch jeder seine Erfahrungen selber machen."

Nach dem Essen liefen sie zurück zum Strand. Sie setzten sich in den Sand und beobachteten die Menschen. Neue Gäste zu beobachten, machte den Beiden richtig Spaß. Es gab so unterschiedliche Charaktere. Und wie schnell manche von ihnen einen Sonnenbrand bekamen.

„Warum sind eigentlich so viele unvernünftig und gehen gleich am ersten Tag in die pralle Sonne?"

Johanna verstand das nicht. Keiner blieb nur einen Tag und da könnte man sich doch am ersten Tag noch etwas vorsehen. Aber nein, den knappen Bikini an, ins Meer gehen und sich von der Sonne trocknen lassen.

„Guck mal Jonas, die junge Frau dort sieht heute Abend sicher von hinten aus wie ein Pavian."

„Na, das ist vielleicht ein Vergleich!" Jonas lachte.

„Stimmt aber", erwiderte Johanna.

„Ja, aber der Pavian hat den von Geburt an."

„Von mir aus. Rot ist aber rot und ich denke, dem Pavian tut das rot nicht weh."

„Johanna, was ist denn los? Magst Du streiten?"

„Nein, mag ich nicht. Du hättest mir aber auch einfach nur zustimmen können, oder?"

„Ach Du liebe Güte! Sieh mal, da kommt David zurück. Er kann sich ja fast gar nicht mehr richtig bewegen." Jonas deute nach links.

David sah tatsächlich nicht sehr gut aus. Seine schleppenden Bewegungen zeigten, dass er ziemliche Schmerzen haben musste. Der Sand war beim Laufen auch nicht gerade von Vorteil.

Als David sie erblickte, kam er zu ihnen und ließ sich neben ihnen direkt fallen.

Um ihn von seinen Schmerzen abzulenken, fragte Johanna gleich: "Hast Du den Elefanten verkauft?"

„Nein, Mama. Die Frau kam gar nicht an den Strand. Ich habe sie sitzen sehen, aber sie sah einfach weg."

„Oh, das tut mir leid", erwiderte Johanna.

„Ich habe einen Bekannten vom Hotel zu ihr geschickt, aber der sagte mir, sie hätte gar nichts bei mir bestellt."

„War es denn auch wirklich die richtige Frau oder hast Du Dich vielleicht verguckt?"

„Es war die richtige Frau."

„Und was tust Du jetzt?"

„Ich kann gar nichts tun. Zum Arzt kann ich ohne Geld auch nicht gehen."

Johanna sah Jonas an.

„Zeig uns doch noch einmal den Elefanten", sagte Jonas.

David holte den Elefanten aus seiner Hosentasche heraus. Jonas drehte ihn von einer Seite auf die andere.

„Was suchst Du denn?", fragte Johanna.

„Den Stempel", erwiderte Jonas. „Hab ihn gefunden."

„Dann ist er ja echt", sagte Johanna und sah Jonas fragend an.

„Ja, scheint so zu sein. Willst Du ihn denn haben?"

„Klar. Ich fand ihn heute Morgen schon schön."

„Pass auf David. Wir haben jetzt kein Geld hier, aber wir holen es nachher und dann kommen wir noch einmal zurück zu Deinem Shop und kaufen ihn Dir ab."

„Danke, danke Papa", sagte David. „Ihr könnt ihn gleich mitnehmen."

„Nein David, erst das Geld und dann die Ware."

„Papa, ich vertraue Euch doch. Nehmt ihn mit. Ihr kommt bestimmt zurück."

Das war Johanna und Jonas nicht recht, aber David wollte es nicht anders. So liefen beide zum Hotel, holten das Geld und Johanna ging damit wieder zu David. Jonas hatte keine Lust. Der weite Weg und die Hitze hatten ihn müde gemacht.

Freudestrahlend kam Johanna nach einiger Zeit zurück und hielt Jonas den Elefanten hin.

„Ich habe noch einmal nachgesehen, es ist ein Goldstempel drin."

„Na gut, ich bin mir da nicht so sicher, ob der auch stimmt. Jedenfalls haben wir ein gutes Werk getan. Das ist ja auch etwas."

Am nächsten Tag liefen beide gleich zu dem Shop von David. Da saß aber ein anderer, den sie noch nie gesehen hatten.

„Wo ist denn David?", fragte Jonas.

„David ist wieder beim daktari", erwiderte der junge Mann.

„Noch einmal beim Arzt?", fragte Johanna.

„Ndio, er hat immer noch mgongo."

„Heißt das Rückenschmerzen?"

„Ndio mama."

„Wenn Du ihn siehst, dann sage ihm doch recht gute Besserung von uns."

„Uns?"

„Ja, von Jonas und Johanna. Dann weiß er schon Bescheid. Wir kennen uns schon länger."

Der junge Mann nickte.

Am folgenden Tag war David wieder da. Er freute sich sehr als er Johanna und Jonas sah und kam gleich zu ihnen gelaufen.

„Jambo Mama, jambo Papa. Ich bin wieder gesund."

„Das ist schön David. Aber so richtig gut laufen kannst Du noch nicht, oder? Es sieht jedenfalls noch nicht einwandfrei aus." Johanna sah ihn von der Seite an.

„Ach es geht schon. Ich muss ja Geld für meine Familie verdienen. Zwei Tage Ausfall müssen erst wieder erarbeitet werden."

„Dann wollen wir Dich nicht lange aufhalten", sagte Jonas.

Die ersten Meter kamen sie direkt ohne Beach-Boys aus. Nur einer wollte ihnen etwas verkaufen. Die anderen sahen sich nach neuen Touristen um. Es hatte sich herum gesprochen, dass man mit Johanna und Jonas nicht dauernd Geschäfte machen konnte. Vor allem wollte sie keiner übers Ohr hauen. Helmut hatte da wohl seine Hand mit im Spiel. Er pfiff bloß kurz durch die Finger und schon blieben die anderen weg.

So vergingen die Urlaubstage ohne besondere Ereignisse. Johanna und Jonas waren täglich am Strand. Die Flut brachte zwar an manchen Tagen sehr viel Seegras mit, aber das störte die Beiden nicht. Der Opa hatte ihnen schon vor Jahren gesagt, dass das Meer dann noch gesund sei. Johanna fand das nicht so schön. Vor allem, wenn sie in Wasser gingen. Immer wieder klebte Seegras an ihren Beinen und sie war froh, wenn sie etwas weiter draußen schwimmen konnten.

„Sieh mal, Johanna. Dort drüben läuft die Frau von Helmut?"

„Ja, ich habe sie gestern schon einmal mit einem Europäer laufen sehen", erwiderte sie.

„Wir warten hier ein bisschen. Ich glaube, da kommt einer auf sie zu."

„Tatsächlich. Du hast Recht. Jetzt begrüßen sie sich."

„Dann wissen wir jetzt auch, mit was sie viel Geld verdient." Jonas lachte.

„Meinst Du wirklich, dass sie sich verkauft?" Dann hatte Holger also recht gehabt, dachte Johanna.

„Klar. Das kannst Du doch direkt sehen."

„Dann weiß ich jetzt auch, warum Helmut das nicht gesagt hat.

Vielleicht war es ihm uns gegenüber unangenehm."

„Quatsch. Helmut ist ein Schlitzohr. Er weiß nur zu genau, wem er etwas besser nicht sagen sollte."

Für Jonas war alles völlig klar.

„Das kann uns aber eigentlich auch egal sein. Das muss jeder selbst wissen." Johanna war ein wenig von Helmut enttäuscht. Am Anfang ihrer Bekanntschaft war er so ein netter Junge gewesen und dann so etwas!

„Komm, lass uns wieder zurück gehen. Die Koffer warten schon darauf, dass sie gepackt werden."

„So eilig?" Jonas grinste.

„Nein, nicht so eilig. Ich will es nur in aller Ruhe tun. Du kannst ja inzwischen an die Bar gehen. Dann bist Du mir aus den Füßen", fügte Johanna noch lachend hinzu.

Sie war ganz froh, dass der Heimflug früher als sonst war. Das Flugzeug kam zum ersten Mal von den Seychellen. Da fiel das Schlafen einfach weg. Sie hatte damit überhaupt kein Problem, denn sie konnte sehr gut im Flugzeug schlafen. Außerdem waren sie dann gleich morgens wieder zu Hause.

„Sie mal, dort vorne werden Tücher verkauft. Wenn Du willst, dann nimm Dir doch eins mit."

„Ja, das passt auf jeden Fall noch hinein. Mal sehen, wie weit ich den Preis hinunter handeln kann."

Johanna entschied sich für ein schwarzes mit goldenen Muscheln. Sie hatte das schon lange im Auge. Sie fand die Tücher praktisch und in Kenia konnte man so auch an den Strand laufen.

Zusammen mit Holger verbrachten sie den letzten Abend an der Bar. Er wollte Geld tauschen. Johanna und Jonas hatten sich darüber gewundert, denn wer tauschte schon Geld an der Bar?

„Kein Problem", sagte Holger. „Die Inder wollen ihre Devisen in Sicherheit bringen. Es kommt gleich ein Mann, der Geld tauschen will. Die Wahlen stehen vor der Tür."

„Und das tust Du?", fragte Johanna.

„Na klar", erwiderte Holger lachend. Jonas schüttelte den Kopf.

Nach einer Zeit gesellte sich ein Mann in einem Anzug mit einem Aktenkoffer in der Hand zu ihnen, aber gleichzeitig bemerkten Johanna und Jonas vier Askaris, die langsam auf die Bar zukamen.

Johanna wurde es ganz mulmig und stieß Jonas an.

„Was wollen die denn hier?", fragte sie deshalb.

Holger hörte dieses und sah sich um.

„Ich gehe erst mal zur Toilette", sagte er und verschwand.

Die Askaris stellen sich neben den Mann mit dem Koffer. Eine Weile schienen sie auf etwas zu warten. Auf Holger? Hatten sie ihn bemerkt? Oh je, Johanna hätte im Erdboden versinken können. Hoffentlich kommt Holger jetzt nicht, dachte sie, aber dieser hatte sie wohl bemerkt. Kurz darauf redeten die Askaris mit dem Mann und liefen mit ihm zusammen zur Hotelhalle.

„Jonas, was bedeutet das denn jetzt?", fragte Johanna.

„Ich denke, sie werden ihn mitnehmen. Komm wir haben ja nichts zu befürchten und laufen ihnen hinterher."

Da Johanna doch ziemlich ängstlich war, nahm er sie an der Hand und schlenderten los. Sie sahen, dass der Mann mit einem Auto weg gefahren wurde.

„Krumme Sachen lohnen sich auch in Kenia nicht", sagte Jonas. „Aber sieh mal, dort steht Holger hinter der Säule. Wir gehen zu ihm, ja?"

Holger stand da und war leicht irritiert. So hatte er sich das nicht vorgestellt.

„Dann war das wohl ein Satz mit x", sagte er lachend. „Da habe ich ja Glück gehabt", fügte er noch hinzu.

„Du machst aber auch Sachen", antwortete Johanna. „Am Strand tauschen und dann hier der Versuch. Wolltest Du verhaftet werden?"

„Nein, wollte ich nicht. Aber es war halt sehr verlockend", erwiderte er.

„Und das an unserem letzten Tag. So viel Aufregung wollte ich aber nicht." Johanna gruselte es immer noch.

„Wir sagen Dir jetzt gleich mal tschüss", sagte Jonas. „Wir müssen ja morgen sehr früh aufstehen."

„Die Koffer müssen auch noch zur Waage", fügte Johanna hinzu. Es war nach wie vor besser, wenn man das Gewicht schon wusste.

„Die sind ja wieder schwer", stöhnte Jonas. „Die Speckstein Figuren hätten wir eigentlich gar nicht gebraucht."

„Doch, die brauchen wir. Ich weiß auch schon genau wo ich sie hin stelle."

„Na, das dachte ich mir." Jonas schüttelte den Kopf. „Ich muss sie ja nicht abstauben", fügte er noch hinzu.

Es war jedes Jahr so. Auf den Regalen standen Tiere aus Holz und aus Speckstein. Vasen, die nicht einmal wasserfest waren und nun kamen noch Figuren hinzu. Ganz abgesehen von den Schalen und Dosen, die eigentlich niemand brauchte. Aber so war Johanna. Was ihr gefiel musste sie auf jeden Fall haben. Oft konnte er den Überfluss ja drosseln, aber meist setzte sie ihren Kopf durch.

Am Flughafen stellten sie fest, dass er eine neue Gestalt angenommen hatte. Die Abflughalle sah direkt europäisch aus.

„Jonas, sind wir hier blind angekommen? Mir ist der Flughafen bei unserer Ankunft gar nicht in dieser Art aufgefallen."

„Da waren wir müde und haben es eben nicht registriert", erwiderte Jonas. „Ist aber gut geworden. Bei dem Andrang war das schon mehr als fällig."

„Dann sollten sie aber auch noch ihre Geschwindigkeit bei der Abfertigung ändern. Pole pole mag ich jetzt gar nicht mehr hören."

„Dann sagen wir jetzt einfach „Kwaheri Kenya". Vielleicht kommen wir ja wieder."

Wie nach jedem Urlaub berichteten die beiden ihren Kindern und dem Rest der Familie, was sie alles erlebt hatten. Johanna und Jonas zehrten noch eine ganze Zeit von Kenia. Beide waren mittlerweile der Meinung, dass es auf jeden Fall sehenswert sei.

Wie immer verblasste aber alles mit der Zeit. Der Alltag hatte sie bald eingeholt. Doch im November mussten sie sofort wieder an alles denken. Die Zeitungen waren voller schlechter Nachrichten über Kenia und Ägypten.

„Jonas, da können wir ja froh sein, dass wir nicht eine Nil-Kreuzfahrt gemacht haben", sagte Johanna.

„Wieso?"

„Hier wird über ein Blutbad in Luxor berichtet. Da wären wir doch auch hingekommen."

„Stimmt. Und wo war das genau?"

„Das war vor dem Hatschepsut- Tempel. 58 Urlauber sind getötet worden! 4 deutsche und 35 Schweizer."

„Und wer hat sich dazu bekannt?"

„ Fundamentalisten. Sie wollen die Haupteinnahmequelle vernichten und einen Gottesstaat errichten."

„Dann haben wir ja alles richtig gemacht."

Jonas wollte nicht näher darauf eingehen. Wer weiß, ob Johanna nicht Angst bekam und sie nie wieder nach Kenia kommen würden. Er hatte schon im August einen Bericht gelesen in dem stand, dass die Touristen in ihren Hotels bleiben sollten. Es hatte Brände auch an der Küste gegeben, Menschen wurden ausgeraubt und auch getötet. Angeblich wurden die Touristen sehr gut geschützt. Das konnte man glauben oder auch nicht. Alles würde mit dem bevorstehenden Wahlkampf zusammenhängen. Die Konflikte entstanden durch Neid zwischen den Bewohnern vom Land und den Küstenbewohner. Es waren viele Küstengrundstücke an die Kikuyus und die Luos verkauft worden. So traf reich auf arm und das konnte auf Dauer nicht gut gehen. Der Tourismus war aber der größte Devisenbringer für Kenia. Danach folgten erst Kaffee und Tee. Ein Arbeitsplatz bedeutete für zehn Menschen Essen.

Jonas musste an Shandrack denken. Seine Familie wohnte in der Nähe von Nairobi und er hatte erzählt, dass er sein verdientes Geld mit nach Hause nehmen würde. Blieben die Touristen weg, dann müsste sich auch Shandrack nach einer anderen Arbeit umsehen. Jetzt war aber erst einmal die Regierung gefragt. Sie musste für die Sicherheit der Touristen sorgen.

Johanna riss Jonas aus seinen Gedanken.

„Fahren wir nächstes Jahr wieder nach Kenia?", fragte sie.

„Lass doch erst einmal das nächste Jahr kommen. Nach Ägypten auf keinen Fall und Kenia lassen wir einfach mal offen. Es ist ja noch eine Weile Zeit. Bis dahin beruhigt sich sicher alles wieder."

„Dann werde ich in den nächsten Monaten aufmerksam die Zeitung lesen." Johanna sah Jonas an.

„Tu das, aber denk daran, so genau wird selten darüber berichtet. Ich meine damit die vielen kleineren Überfälle. Die liest man doch nicht hier in der Zeitung", erwiderte Jonas.

„Du hast mal wieder Recht. Wir können aber auf die Warnungen vom Auswärtigen Amt achten. Allerdings möchte ich nicht unter Polizeischutz irgendwo hinfahren. Das auf gar keinen Fall."

Johanna ließ offensichtlich nicht locker.

„Genauso werden wir es tun. Wir achten auf Meldungen vom Auswärtigen Amt."

Johanna musste noch lange an Kenia denken. Wer war wohl unter den Betroffenen? Sie holte sich das Fotoalbum und blätterte es durch. So ein schönes Land. Die vielen Tiere, die es dort zu sehen gab. Schon bekam sie Sehnsucht. Für sie war Afrika wie ein Virus. Der Opa hatte gesagt, wenn man einmal dort war, kommt man nicht mehr davon los. Da hatte er Recht, aber das verstand sie erst jetzt. Damals hatte sie nur darüber gelächelt und es nicht glauben wollen. Jonas ging es ebenso, aber das gab er natürlich nicht zu. Wenn Jonas von ihren Reisen erzählte, dann konnte sie aber heraus hören, dass er ebenfalls gerne dort war.

„Lass uns doch die afrikanische Kassette anhören. Mir ist gerade so nach Jambo Jambo", sagte Johanna.

„Mir zwar nicht, aber wenn Du es willst, dann hören wir sie uns an."

So saßen beide da und sangen mit. In Afrika klang alles zwar viel schöner, aber sich zu Hause zu erinnern war auch recht schön.

„Jonas, wir können ja noch Suaheli", sagte Johanna lachend.

„Das kann ja hier auch keiner korrigieren", erwiderte Jonas. „Bei Dir wundert mich das nicht."

„Weißt Du was, ich freue mich schon auf nächstes Jahr." Johanna kniff Jonas in den Arm.

„Langsam Prinzessin, das dauert noch."

„Sag bloß Du hattest auch gerade an den Opa gedacht?"

„Wieso? Wegen der Prinzessin?"

„Ja, tu nicht so. Wer weiß, ob wir ihn noch einmal sehen. In seinem Alter wird das ja von Jahr zu Jahr schwieriger."

„Und schon hast Du recht."

Es gab noch weitere Nachrichten in der Presse. Es wurde berichtet, dass mindestens 42 Menschen getötet und die Häuser zwischen Malindi und Tiwi niedergebrannt wurden. Eine Katastrophe für den Tourismus in Kenia, denn die Besucher wurden bewacht. Sie kamen sich vor wie in einem Gefängnis.

1999
Südküste - Strandurlaub

„Wie sieht es denn hier aus", sagte Jonas lachend als er von der Arbeit nach Hause kam. „Sag bloß du malst wieder?"
„Das sieht man doch oder?", erwiderte Johanna. „Ich dachte mir, für das Treppenhaus könnten wir einige Bilder gebrauchen."
„Zeig mal, was wird es denn für ein Bild?"
Jonas staunte nicht schlecht. „Das wird ja eines von Sansibar!"
„Ja, ich dachte, ich wage mich einmal daran. An die Straße mit den Menschen und auch an den Platz, an dem alle mehr oder weniger herum gammeln. Eigentlich wollte ich Dich damit ja überraschen. Da war ich offensichtlich nicht schnell genug mit dem Wegräumen."
„Das ist aber wirklich eine gute Idee."
Jonas sah Johanna eine Weile zu, obwohl er wusste, dass sie das nicht besonders leiden konnte. Sie wollte ohne Zuschauer malen und in die Welt der Farben abtauchen.
„Da sind ja dreißig Menschen drauf. Wahnsinn!" Jonas sah sie bewundernd an. „Das wird sicher toll."
„Das Bild mit der Straße ist schon fertig. Da sind einunddreißig Menschen drauf." Johanna sah Jonas freudestrahlend an.
„Jetzt höre ich aber wieder auf. Man muss ja nicht alles an einem Tag fertig bekommen", sagte sie lachend.
„Da muss ich Dich gleich einmal fragen ob Du dieses Jahr wieder nach Kenia willst." Jonas sah sie fragend an.
„Wieso fragst Du? Magst Du denn hinfahren?"
„Fahren nicht, aber vielleicht könnten wir ja wieder hinfliegen", erwiderte Jonas lachend.
„Meinst Du, es ist ungefährlicher als voriges Jahr?"
„Ach so, Du denkst an die vielen Zeitungsausschnitte, die Du gefunden hattest."
„Ja, die fand ich nicht gerade toll. Erinnerst Du Dich daran?"
„Klar doch. Du hast sie mir ja immer gezeigt."
„Warte mal, ich hole das Fotoalbum"
„Hast Du sie etwa mit eingeklebt?"
„Ja, habe ich."
Gemeinsam sahen sie sich die Ausschnitte an.

„Da war doch auch das Attentat in Nairobi, sieh mal hier." Jonas deutete auf das Foto.

„Ja, das war auf die amerikanische Botschaft."

„Schlimm, aber die anderen Aufnahmen sind auch nicht gerade schön."

„Ich denke aber, dass nach über einem Jahr die Touristen nicht gefährdet sind oder meinst Du doch?" Jonas sah Johanna fragend an.

„Man kann sich auch alles schön reden", erwiderte sie. Sie freute sich ja, dass Jonas wieder nach Kenia wollte.

„Sollen wir mal wieder zur Südküste fahren?"

„Was, Du willst noch einmal mit der Fähre übersetzen? Das wollten wir doch nicht mehr."

„Man kann seine Meinung ja auch wieder ändern. Lass uns mal nach einem Hotel sehen. Der Diani Strand soll sehr schön sein."

„Ja, dann gehen wir am besten gleich morgen zum Reisebüro. Aber zuerst muss ich noch meine Ärztin fragen, ob ich meine Stützstrümpfe anziehen soll oder nicht." Johanna gruselte es etwas bei diesem Gedanken, aber wenn es sein musste, würde sie das schon aushalten. Es musste sein, einschließlich der Tabletten gegen Thrombose. „Seien Sie vorsichtig, damit Sie nicht in eine Muschel treten" hatte ihre Ärztin gesagt.

Johanna und Jonas saßen am Flughafen. Die Zeit zum Abflug wollte wieder einmal gar nicht vorbei gehen.

„Haben wir unsere Impfpässe eigentlich dabei?", fragte Jonas.

„Klar. Aber ich glaube nicht, dass die irgendjemand sehen will."

„Stimmt. Als wir auf Sansibar waren mussten wir aber unbedingt gegen Gelbfieber geimpft sein. Das sei Vorschrift. Und? Hat jemand danach gefragt?"

„Nein, hat keiner. Geschadet hat es uns aber nicht, oder?" Johanna lächelte vor sich hin. Männer, dachte sie. Als ob das Impfen schlimm gewesen wäre. Sie hatten beide nichts davon gemerkt. Keinerlei Nebenwirkungen oder doch? Auf einmal war sie sich da gar nicht mehr sicher. Bei Lariam war das anders. Sie wurde lahm wie eine Schnecke. Das fiel im Urlaub ja nicht groß auf, aber zu Hause fand sie es beinahe unerträglich. Jonas dagegen vertrug diese Tabletten sehr gut. Na ja, jeder war eben anders.

„Zu welchem Gate müssen wir denn?", fragte Johanna.

„A 53, steht hier auf dem Ticket."

„Dann lass uns doch schon hoch gehen."

Sie liefen an den Gates entlang.

„Dort ist es", rief Johanna. „Aber vielleicht auch nicht. Sieh mal, da sind ja Tische aufgestellt und es gibt Sekt?", fragend sah sieh Jonas an. Er sah es auch uns sah noch mal auf den Tickets nach.

„Doch, wir sind hier richtig."

Sofort kam eine Stewardess auf sie zu. In der Hand hatte sie zwei gefüllte Sektgläser.

„Stoßen Sie mit uns an. Unser Flugzeug fliegt zum ersten Mal nach Sansibar."

„Wir wollen aber nach Mombasa", sagte Johanna.

„Selbstverständlich", erwiderte die Stewardess. „Wir landen erst in Mombasa."

„Na, das ist ja mal eine angenehme Überraschung." Jonas nahm den ersten Schluck.

„Wir haben auch noch Bananen und Kokosnüsse für sie."

„Das wird ja immer besser", sagte Johanna lachend. „Ich werde mir eine Banane holen."

„Können wir auch einmal bei Sonnenschein ankommen?", fragte Johanna nach der Landung Jonas.

„Stell Dich nicht so an. Diese Wetterlage müsstest Du doch mittlerweile kennen. Ist bestimmt gleich wieder vorbei."

Wie immer dauerte auch die Zollabfertigung recht lange. Regen und Wärme erzeugten eine Schwüle, die fast alle Passagiere dazu veranlasste, ihre warme Kleidung auszuziehen. Auch Jonas zog seine Jacke aus.

„Schwitzt Du nicht?", fragte er Johanna.

„Doch, aber wenn ich mir meine Jacke über den Arm hänge, wird es mir nicht wesentlich kühler. Außerdem kann ich dann auch nicht so gut das Gepäck von einer Hand in die andere wechseln. Meine Stützstrümpfe kann ich sowieso hier nicht ausziehen."

„Na, dann musst Du eben schwitzen. Sei so gut und rede nicht gleich Suaheli mit den Zöllnern. Sie müssen nicht sofort wissen, dass wir schon öfters hier waren. Das verlängert dann nur wieder die Abfertigung."

„Gut. Dann bin ich eben still."

Sie kamen gut durch den Zoll. Es wurden nur kurze Fragen gestellt und schon standen sie vor dem Flughafen.

„Das ging aber fix", sagte Johanna. „Ich glaube, sie hatten heute wenig Lust die Touristen zu schikanieren."

„Vielleicht sind sie auch froh, dass überhaupt welche kommen? Sieh mal, wir müssen zu diesem grauen Bus."

„Oh, der ist ja mal modern!"

„Ja, wir haben ja auch den Reiseanbieter gewechselt", sagte Jonas.

„Stimmt. Ich glaube, wir fliegen jetzt nur noch mit diesem", erwiderte Johanna.

Noch sechs weitere Touristen stiegen mit ein.

„Will denn keiner mehr zu der Südküste?"

„Wahrscheinlich nicht. Quatsch, es kommen ja noch mehr Flieger an."

Auf der Fahrt zu der Likoni Fähre sahen sie nicht viel. Zu stark war der Regen. Die eigentliche Straße schien zu einem Fluss zu werden.

Der Bus fuhr auf die Fähre, ganz dicht an die Reling.

„Wir bleiben alle im Bus", sagte der Fahrer.

„Was?" Johanna sah Johann an.

„Dann ist es ja viel gefährlicher! Sieh mal, dicht neben uns parkt ein weiterer Bus!"

Jonas hatte das auch gesehen und genau wie Johanna fand er das nicht witzig.

„Da müssen wir jetzt durch Johanna", sagte er.

„Wenn ich das vorher gewusst hätte, dann hätten wir lieber unseren Urlaub an der Nordküste verbracht."

„Stimmt. Nun ist es aber so. Es wird schon gut gehen."

Mit Entsetzen dachte er an den Bericht, den er 1994 gelesen hatte. Dort wurde berichtet, dass die Fähre total überfüllt gewesen sei. Statt 150 Passagiere waren fast 300 Menschen an Bord. Keiner hatte überlebt. Jonas hatte damals Johanna gar nichts davon erzählt. Er war nicht leichtsinnig, aber Unglücke passieren immer wieder irgendwo. Gerade in ärmeren Ländern.

Mit einem Höllenlärm ging die Überfahrt los.

„Das diese Fähre immer noch fährt", sagte Johanna. „Die ist doch sicher schon so alt wie Methusalem, oder?"

„Soviel ich weiß, gibt es sie seit 1937. Das ist schon eine lange Zeit. Sie ist aber die einzige Verbindung in den Süden. Alle Waren, die nach Tansania ausgeführt werden, müssen die Fähre nutzen. Da ist es ja kein Wunder, dass sie immer überfüllt ist", antwortete Jonas. „Denk doch auch an die vielen Kinder, die in Mombasa zur Schule gehen und an alle, die in Mombasa oder in der Umgebung eine Arbeit haben."

„Da wäre ein Brücke doch sinnvoller, oder?"

„Das wäre aber viel zu teuer. Sieh doch, wir sind gleich drüben angekommen. Ich glaube, das war jetzt nicht mehr als eine viertel Stunde."

„Ich bin aber doch froh, dass es gleich vorbei ist", erwiderte Johanna. „Und in drei Wochen dann noch einmal das Vergnügen! Puh, ich darf gar nicht dran denken. Aber sag mal, hier verlassen ja auch laufende Menschen die Fähre!"

„Klar, zuerst kommen die Reisebusse, die Lastwagen, die Pkws und dann die Menschen. Demnach verlassen die Menschen zuletzt die Fähre. Keine Angst, das verteilt sich jetzt sicher schnell. Wir haben es ja heil überstanden."

Tatsächlich ging alles viel schneller als Johanna es vermutet hatte. Auf dem Weg zu dem Bus, der sie ins Hotel bringen sollte, drehte sie sich noch einmal nach der Fähre um.

„Jonas, da fahren schon wieder Autos rauf. Machen die denn keine Pause?"

„Sicherlich nicht. Die Fähre fährt ja den ganzen Tag hin und her. Wir sind ja noch früh dran und da wird sicher mancher noch zur Arbeit nach Mombasa müssen."

Der Bus fuhr ein Stück ziemlich steil bergauf. Zwischen vielen Palmen entlang.

„Wir fahren über Waa, Tiwi und Ukunda. Danach haben wir dann unser Ziel erreicht", sagte die Reiseleiterin, die unterwegs zugestiegen war.

Die Straße war relativ gut und nach etwa 30 km waren sie in ihrem gebuchten Hotel.

Johanna und Jonas standen an der Rezeption und warteten auf ihren Zimmerschlüssel.

„Pole, pole kann man hier sagen", sagte Jonas. Worauf die Angestellte hinter dem Tresen ihn sofort ansah.

„Hallo Papa", sagte sie mit einem verbindlichen Lächeln. „Bist Du wieder da?"

„Nein, ich bin zum ersten Mal hier in diesem Hotel", erwiderte Jonas.

Die Angestellte sagte darauf etwas zu ihrer Kollegin und schon kam jemand mit einem Bändchen in der Hand.

„Ach Du liebe Güte", sagte Johanna. „Wir bekommen ja ein Bändchen"

„Johanna, das ist doch bei AI so !", sagte Jonas. „So etwas hatten wir ja noch nie gebucht."

„Das finde ich aber blöd. Dann hat man zu Hause ja einen weißen Rand am Gelenk", murmelte Johanna.

„Ist doch nicht schlimm. Lass es Dir nicht so fest machen, dann kannst Du es ja immer verschieben."

„Du bist gut. Sieh mal, mein Band ist ganz fest."

„Dann lass es Dir weiter stellen. Aber nicht jetzt. Es dauert sonst ja noch länger."

„Dann aber auf jeden Fall morgen", erwiderte Johanna.

Jonas fragte nach dem Zimmerschlüssel.

„Sie können jetzt erst einmal frühstücken gehen. Die Koffer lassen Sie hier. Sie werden dann zu ihrem Zimmer gebracht."

„Wenn es geht, möchten wir ein Zimmer im ersten Stock", sagte Jonas.

„Ich werde es versuchen."

„Hoffentlich dauert das jetzt nicht zu lange. Ich möchte meine warmen Sachen aus ziehen."

Johannas Laune war nicht mehr die beste.

„Lass uns einfach frühstücken gehen", sagte Jonas zu ihr.

„Ich habe aber keinen Hunger."

„Dann trinkst Du eben nur etwas. Komm, mach nicht so ein Gesicht. So ewig werden wir sicher nicht warten müssen."

Jonas nahm sie an der Hand und sie suchten den Frühstücksraum.

„Das geht aber bergab", sagte Johanna. "Ich glaube, wir sind hier gar nicht in dem richtigen Hotel, oder?"

„Wenn sie uns hier entlang schicken, dann wird das schon stimmen. Es liegen doch zwei Hotels dicht nebeneinander."

„Wir werden es ja sehen. Ich freue mich jetzt erst einmal auf eine Tasse Kaffee."

Nachdem sie diese getrunken hatten, liefen sie wieder bergauf zur Rezeption und sie bekamen den Zimmerschlüssel. Der Weg führte beide wieder bergab.

„Hier möchte ich aber nicht dauern rauf und runter laufen", sagte Johanna.

„Brauchen wir doch auch nicht. Erst wieder beim Abflug", erwiderte Jonas. Aber es sollte dann doch anders kommen.

Als sie vor ihrem Rundbau standen und sich das Zimmer angesehen hatten, sagte Johanna: „Nein, das möchte ich nicht."

Jonas wunderte sich. Was hatte denn Johanna auf einmal? Deshalb fragte er nach: „Wieso denn? Es ist doch hell und geräumig. Außerdem sind wir direkt in der Nähe vom Pool."

„Sicher, aber hast Du auch gesehen, dass gleich gegenüber die Bar ist? Meinst Du wir können hier einschlafen wann wir wollen oder erst, wenn die Musik zu Ende ist?"

„Stimmt. Dann müssen wir eben noch einmal zur Rezeption."

„Na toll! Das fängt ja gut an. Ich schwitze und meine Beine sind auch schwer." Johanna wurde zunehmend mürrischer.

„Komm, das lässt sich jetzt eben nicht ändern. Wir werden schon noch ein passendes Zimmer bekommen." Jonas merkte auch den Flug und die hier herrschende Hitze, aber wenn Johanna nicht so nahe an der Bar wohnen wollte, blieb ihnen ja nichts anderes mehr übrig.

Das nächste Zimmer war im ersten Stock. Sie mussten eine Außentreppe laufen, die ziemlich schmal war, doch dieses Zimmer gefiel Johanna. So ganz ebenerdig wollte sie sowieso nicht wohnen.

„Zum Glück werden die Koffer gebracht. Die Treppe ist ja echt eng", sagte Jonas. „Das Zimmer behalten wir jetzt aber."

So langsam hatte er auch keine Lust mehr sich unnötig zu bewegen.

„Dann packe ich jetzt die Koffer aus. Wir sollten die warmen Sachen endlich ausziehen."

„Ich setze mich so lange an die Bar", sagte Jonas.

„Schon klar, aber zuerst musst Du mir bei den Strümpfen helfen. Ich glaube, sie sind angeklebt", erwiderte Johanna.

Es war wirklich eine schwierige Angelegenheit.

„Dass Du die ausgehalten hast", sagte Jonas.

„Im Flugzeug war das doch kein Problem. Erst hier in der Hitze, aber nun brauche ich sie nicht mehr. Erst wieder beim Rückflug. Geh ruhig an die Bar. Ich komme nach, wenn ich alles im Schrank habe!"

An der Bar herrschte schon ein reges Treiben. Jeder hatte Durst. Die jungen Männer hinter der Bar bedienten alle recht zügig.

„Oh, die sind aber schnell", sagte Johanna.

„Stimmt. Das ist für Kenia ziemlich ungewöhnlich. Ich finde das schon mal toll." Jonas grinste so vor sich hin.

„Aber am ersten Tag bleiben wir hier abends nicht so lange sitzen."

„Dann warte es doch einfach mal ab." Jonas kannte das ja und sagte lieber nichts mehr dazu.

„Lass uns jetzt einfach alles erkunden. Wir laufen gleich mal zum Strand."

Johanna wollte wissen, ob da auch so viel los war wie an der Nordküste von Mombasa.

Es war Ebbe und einige Touristen liefen spazieren. Hin und wieder war ein Beach-Boy zu sehen. Wie überall boten sie ihre Waren an. Auffallend war, dass sie sehr viele wunderschöne Muscheln in den Händen hielten. Es dauerte nicht lange und schon wurden sie angesprochen.

Johanna schüttelte den Kopf.

„Nein, wir brauchen keine", sagte sie, als der junge Mann ihr eine hinhielt.

„Das ist auch verboten", fügte sie noch hinzu.

„Eine darf man mit nehmen", bekam sie zur Antwort.

„Nein, darf man nicht. Ende der Diskussion", mischte sich Jonas ein. „Das ist verboten und ihr solltet Euch auch daran halten. Komm Johanna, wir laufen weiter."

Der junge Mann rief zornig etwas hinter den beiden her.

„Jetzt wird er auch noch frech." Jonas hatte zwar nicht verstanden, was er rief, aber seiner Gestik nach, war es nichts Erfreuliches.

„Ach lass ihn. Sicher braucht er das Geld."

Der nächste bot ihnen eine Fahrt zum Riff an, ein anderer geschnitzte Türschilder.

„Hier ist es doch einiges anders", bemerkte Johanna. „So oft sind wir sonst nicht angesprochen worden."

„Das kommt Dir nur so vor. Sie wissen ja nicht, dass wir uns mit ihren Sprüchen auskennen und nicht auf irgendetwas herein fallen."

„Und sie wissen, dass wir aus Deutschland kommen." Johanna wunderte sich immer wieder darüber. Irgendwie hatten die Beach-Boys ein Gespür dafür.

„Du darfst nicht vergessen, dass sie deutsch in der Schule lernen. Ein paar aufgeschnappte Worte von uns und schon können sie uns einordnen."

Als sie nach einer Weile zurück liefen, kam einer mit einer Flasche Öl in der Hand direkt auf sie zu.

„Mama, brauchst Du Öl?", fragte er.

„Nein, wir haben alles dabei", erwiderte Johanna.

„Aber nicht so eines."

„Das brauchen wir nicht. Wir haben genug von zu Hause mitgenommen."

„Aber dieses werdet Ihr noch brauchen. Möchtest Du einmal daran riechen?"

Johanna tat ihm den Gefallen.

„Das ist Kokosöl, Mama. Gut für Insekt!"

„Ja, das riecht man. Wir brauchen aber wirklich keines."

„Johanna komm jetzt. Wir gehen zurück ins Hotel." Jonas hatte genug.

„Wenn wir keines mehr haben, dann kommen wir zu Dir", versprach Johanna, worauf sie böse von Jonas angesehen wurde.

„Versprich doch nichts, was Du nicht halten kannst", sagte er.

Dass es anders kommen würde, daran dachten beide allerdings nicht.

„Hast Du den Mann gesehen?", fragte Johanna Jonas auf dem Rückweg.

„Ja, der hatte den Rücken voller Stiche."

„Hoffentlich reicht unser Autan", sagte Johanna. „Ich glaube, wir reiben uns am besten heute Abend gleich damit ein. So möchte ich nämlich nicht aussehen."

„Ach, wer weiß wo der Mann gewesen ist. Vielleicht an irgendeinem Sumpf. Hier am Meer gibt es doch keine Mücken. Der Wind treibt sie doch von alleine weg."

„Egal, ich reibe mich ein." Johanna fing es direkt an zu jucken.

„Dann tu das. Ich brauche den Geruch nicht um mich herum."

Freudestrahlend begrüßte sie der Kellner zum Essen.

Jonas und Johanna sahen sich an. „Der ist aber freundlich", sagte Johanna.

„Na ja, er tut ja gerade so als würde er uns kennen." Jonas mochte das nicht. Er war bei jedem vorsichtig, wenn er ihn nicht kannte. Johanna konnte man allerdings mit Freundlichkeit immer überzeugen.

„Wir haben heute Abend ein afrikanisches Dinner", sagte der Kellner.

„Da gibt es dann nur afrikanische Gerichte, oder?", fragte Johanna.

„Nein, nicht nur. Aber Sie sollten sie einmal probieren."

Den Nachmittag verbrachten sie unter einer Palme. Alle anderen schattigen Plätze waren natürlich belegt. Die meisten hatten schon morgens ihre Handtücher auf die Liegen gelegt. Eine Unart, die aber überall auf der Welt vorkommt.

Am Abend waren sie schon gespannt auf das Essen.

„Probierst Du etwas von dem afrikanischen Essen?", fragte Johanna.

„Ich weiß noch nicht. Erstmal gucken, wie es aussieht."

„Ich werde auf jeden Fall alles probieren." Johanna hatte sich schon gedacht, dass Jonas lieber europäisches Essen bevorzugen würde.

„Ich passe eben etwas auf meinen Magen auf", sagte Jonas. „Maniok werde ich auf keinen Fall essen."

„Und warum nicht?"

„Da ist sehr viel Blausäure drin."

„Und die vertragen die Afrikaner?"

„Nein, nicht in rohem Zustand. Die müssen entgiftet werden."

„Oh, und das können sie?"

„Warum fragst Du? Du weißt doch, dass hier viel Maniok gegessen wird. Für manche ist das ein Grundnahrungsmittel."

„Dann werde ich den Kellner fragen, wie sie Maniok zubereiten."

„Tu was Du nicht lassen kannst. Ich werde auf jeden Fall nichts davon essen."

Johanna hatte keine Bedenken. Sie ging auch sofort auf einen großen Kübel zu.

„Das ist Hirsebrei", sagte der Kellner. Er hatte das Interesse von Johanna bemerkt und lief sofort hinter ihr her.

„Oh, ist da noch etwas anderes drin als Hirse? Ich sehe da noch etwas anderes." Johanna sah ihn an.

„Ja, da sind noch Bananen drin. Unsere Gäste mögen das."

„Und was ist in diesem Topf?"

„Das ist Ugali. Das ist ein Maisbrei. Den kann man auch mit den Händen essen."

„Na, ich glaube, das werde ich nicht tun." Johanna schüttelte den Kopf.

„Mama, das kann man. Du musst etwas Brei in die Hände nehmen und eine Kugel formen. Danach kannst Du sie in die Soßen tunken. In dem nächsten Topf ist Pilau."

Johanna sah in den Topf hinein.

„Da ist Fleisch drin", sagte sie zu dem Kellner.

„Ja, vom Lamm oder der Ziege. Manchmal auch Rindfleisch. Vermischt mit den Karotten, den Tomaten und dem Reis schmeckt das sehr gut."

Johanna schöpfte sich etwas davon auf ihren Teller.

„Und was ist das für eine Soße?"

„Kokosmilch kommt mit dazu", erwiderte der Kellner. „Guten Appetit".

Jonas inzwischen auch einen Teller vor sich stehen.

„Was isst Du?", wollte Johanna wissen.

Jonas lachte. „Auch afrikanisch. Das ist Mais mit roten Bohnen und Kartoffeln. Ich glaube, Spinat ist auch noch mit dabei. Siehst Du, hier ist etwas Grünes zu sehen. Ich werde mir noch ein wenig Fleisch dazu holen. Dort drüben habe ich Hähnchen gesehen."

Beiden hatte das afrikanische Essen geschmeckt, wenn auch nicht mit riesiger Begeisterung.

„Das war gut gewürzt, oder?" Johanna sah Jonas fragend an.

„Ja, aber ich glaube, noch einmal muss ich das nicht essen."

„Brauchst Du auch nicht. Wir finden dann schon etwas anderes, falls es

so einen speziellen Abend noch einmal gibt."
„Ich denke, alle drei Wochen wiederholt sich die Speisekarte. Das wird hier wie in allen Hotels sein. Komm, lass uns etwas trinken gehen."

An der Poolbar saßen schon recht viele Gäste. Die Kellner standen in einem Innenraum und wuselten hin und her.
„Was wollen wir denn trinken?"
„Ich trinke auf jeden Fall einen Kenya Cane. So zur Vorsorge, damit ich das Essen besser vertrage", sagte Jonas lachend.
„Das dachte ich mir", erwiderte Johanna. „Diese Ausrede hört man häufig. Ich trinke aber auch einen mit."
„Sieh mal, der Kellner hat hier eine ganz andere Flasche in der Hand", sagte Jonas als sie ihr Getränk bestellt hatten.
„Meinst Du das deshalb, weil der Kenya Cane hier nicht aus einer Afrika Flasche ausgeschenkt wird?"
„Ja. Weißt Du noch wie stolz wir waren, als wir die leere Flasche mitnehmen konnten?"
„Ja, und jetzt steht sie nutzlos zu Hause im Schrank."
„Sicher, aber eine Flasche, die den ganzen Kontinent darstellt, ist mal etwas anderes."
„Vielleicht sollte ich sie einmal mit einer farbigen Flüssigkeit füllen, damit man Afrika besser erkennt."
„Ja, wenn wir wieder zu Hause sind", antwortete Jonas und fügte hinzu: "Wir sind ja gerade erst angekommen und jetzt werden wir erst einmal anfangen unseren Urlaub zu genießen."

Am nächsten Morgen gingen sie auf die Suche nach einem schattigen Platz. Am Pool lagen wieder Handtücher und unter den Palmen wurde gespritzt.
„Was spritzen die denn da? Oh, dass stinkt aber."
„Ja, das riecht wie ein Insektenmittel."
„Dann laufen wir erst ein bisschen am Strand entlang. In dem Gestank möchte ich nicht liegen. Aber sieh mal, dort ist ein Gast. Er gibt dem Gärtner Schillinge. Ich habe es genau gesehen. Was soll denn das jetzt bedeuten?"
„Keine Ahnung. Vielleicht reist er ja heute noch ab."

Nachdem sie vom Strand zurückkamen, war der Geruch verflogen und sie fanden eine Palme, die beiden genug Schatten bot.
Johanna fand die ersten Tage meist schlimm. Sie musste im Schatten liegen, denn es war ja klar, dass sich ihre Haut erst an die Sonne gewöhnen musste. Die Strahlen wurden von Stunde zu Stunde stärker. Aus diesem Grund wollte sie nach einer Weile auch wieder zum Strand. Jonas kannte das schon und sagte: "Aber ohne Hut gehen wir nicht los. Am besten ist es, wenn wir unsere T-Shirts anziehen."

„Einverstanden. Eincremen hast Du vergessen zu sagen."

„Das ist doch aber mehr als selbstverständlich." Jonas verstand den kleinen Seitenhieb von Johanna. Manchmal war sie so versessen auf die Sonne, dass sie die Gefahren eines Sonnenbrandes einfach unterschätzte. Dem wollte er ja nur vorbeugen.

„Und die Badeschuhe nehmen wir einfach in die Hand." Wer wusste schon ob da nicht scharfe Muscheln lagen.

„Wenn Du fertig bist, können wir los laufen. Nach rechts oder nach links?", fragte Johanna.

„Lass uns einfach nach links laufen." Jonas nahm sie an der Hand und kurz darauf waren sie am Strand.

Es war Ebbe und deshalb beschlossen beide, etwas hinaus zu laufen.

„Das tut unseren Füßen gut", sagte Johanna. „Meine sind noch ganz geschwollen von dem langen Sitzen."

„Das kennst aber doch, oder? Dann musst Du etwas mehr trinken. Das hilft."

„Ja, das hatte mir mal eine Frau an der Nordküste gesagt. Erinnerst Du Dich? Als wir im Marineland waren."

„Ja, daran kann ich mich gerade noch erinnern. Komm, wir sollten nicht trödeln, sondern laufen."

Wie es so ist, wurden sie nach ein paar Minuten von einem jungen Afrikaner angesprochen. Seinem Aussehen nach gehörte er in die Kategorie Bootsfahrer. Das kannten beide schon und so wunderten sie sich nicht, dass er gleich fragte, ob sie mit ihm und seinem Boot zur Sandbank hinaus fahren wollten.

„Wir haben kein Geld dabei", wehrte Jonas ab. „Das siehst Du ja. Keine Tasche, nur die Badesachen."

„Das macht nichts. Ihr könnt nach dem Essen bezahlen."

„Nein danke, wir wollen nicht an die Sandbank."

„Papa, ich muss aber etwas verdienen. Wenn Du kein Geld hast, dann hast Du bestimmt ein T-Shirt."

Jonas sah Johanna an und fragte: „Sollen wir? Ein T-Shirt haben wir bestimmt übrig, oder?"

Johanna tat so als würde sie überlegen.

„Okay, eines haben wir sicher übrig", erwiderte sie. „Aber wir sind bis zum Essen wieder zurück?"

„Kein Problem Mama. Dort vorne liegt mein Boot, mein Einbaum. Wir können gleich los fahren. Ich heiße Hans."

„Den Namen habe ich hier ja noch nie gehört", sagte Johanna.

„So haben mich meine Eltern taufen lassen. Das ist die Abkürzung von Johannes. Da gab es schon viele Päpste mit diesem Namen."

„Dann sind Deine Eltern sicher sehr fromm."

„Ja, sie gehen immer in die Kirche."

„Gibt es hier denn eine?"

Johanna hatte auf der Fahrt zum Hotel keine gesehen.

„Ja, gleich oben an der Straße. Wenn ihr wollt, zeige ich sie Euch.“

„Ach lass mal“, sagte Jonas. „Die finden wir schon alleine.“ Er wollte einsteigen, aber was war denn das? Da war ja Wasser im Boot. Jonas sah Hans fragend an.

„Kein Problem Papa. Das schöpfe ich raus.“

Johanna fand das nicht witzig. Jonas sah es an ihrem Gesicht.

„Das Wasser ist so niedrig, so dass wir nicht in Gefahr sind. Wir können doch schwimmen oder?“, beruhigte er sie.

Als sie endlich im Boot saßen, fuhren sie ganz gemütlich zur Sandbank. Mit einer Stange wich Hans immer wieder Felsen aus, aber das war nicht weiter schlimm. Auch wenn es manchmal ganz schön wackelte.

„Jonas, meine Füße sind schon nass!“

„Meine auch“, erwiderte Jonas. „Dann muss Hans auf dem Heimweg eben noch einmal schöpfen.

Es dauerte nicht lange und beide konnten an der Sandbank aussteigen.

„Ich lasse Euch hier jetzt raus. Ihr könnt auf der Sandbank laufen. Passt aber auf, dass ihr Euch nicht an den scharfen Kanten schneidet.“

„Scharfe Kanten?“

„Ja, die gibt es hin und wieder. Es ist auch glitschig. Passt einfach auf“, erwiderte Hans. „Sehr warm sind die Tümpel. Darin könnt Ihr baden oder die vielen kleinen Bewohner bewundern.“

Johanna und Jonas liefen los.

„Gut, dass wir unsere Badeschuhe an haben. Hier gibt es ja Seeigel ohne Ende.“

„Wir befolgen eben immer nützliche Ratschläge“, erwiderte Jonas lachend. „Schuhe und Kappe, T-Shirt oder Hemd an. So wird es empfohlen, oder?“

„Stimmt, aber sieh mal da vorne. Da leuchtet etwas. Lass uns gleich mal nachsehen.“

Johanna lief etwas schneller.

„Oh wie schön! Das ist ja ein Seestern! Fünf Zacken und rot gezeichnet. Toll! Schade, dass ich keinen Foto dabei habe.“

„Ja, der ist wirklich schön. Aber sieh mal, hier sind noch mehr!“ Jonas zeigte auf eine nahe gelegene Stelle. "Und dort ist ein Krebs! Er sieht aus einer Muschel heraus!“

„Dann ist es ein Einsiedlerkrebs.“ Johanna war begeistert.

„Woher kennst Du denn seinen Namen?“

„Weil ich zu Hause darüber gelesen habe“, erwiderte Johanna. „Mich hat fasziniert wie die Natur ihnen ein Zuhause gibt. Manchmal benutzen sie auch Schneckenhäuser als Wohnung.“

„Wieder etwas gelernt“, sagte Jonas lachend. „Zum Glück weißt Du so viel über Tiere.“

„Viel nicht, aber was mich interessiert merke ich mir schon.“

„Sag ich doch."

„Aber da kommt ein Reiher. Siehst Du ihn?"

„Bin doch nicht blind. Wahrscheinlich hat er Hunger."

„Jetzt ist der Tisch hier aber auch reich gedeckt. Die vielen kleinen Wassertümpel sind ja voll von Lebewesen."

„Und er bekommt nicht mal nasse Füße."

„Witzig! Als ob ihm das etwas ausmachen würde."

„Johanna, hier liegt eine Seegurke. Beinahe hätte ich sie nicht gesehen. Sieh mal, sie liegt dort in einer Spalte."

„Die mag ich nicht. Da gibt es schönere Dinge."

„Wie wäre es denn mit diesem Schwamm hier?"

„Nein, die finde ich auch nicht schön. Pass auf, dass Du ihn nicht verletzt."

Nach einer Weile hörten sie Hans rufen.

Er winkte ihnen zu und deutete an, dass sie zurück fahren müssten.

„Schade", sagte Johanna. Hier könnte ich noch viel länger bleiben."

„Du merkst aber, dass die Sonne immer stärker wird, oder? Außerdem kommt die Flut. Die Wellen schwappen schon stärker über die Sandbank."

„Das habe ich auch schon bemerkt. Dann fahren wir schnell zurück. Ich traue dem Einbaum nicht. Am Ende müssen wir noch zurück schwimmen. Komm, lass uns etwas schnell zu Hans hin laufen."

So eilig hatte es Hans aber nicht. In aller Seelenruhe schöpfte er wieder Wasser aus seinem Boot.

„Habt Ihr schöne Tiere gesehen?", fragte er.

„Ja", sagte Johanna." Sehr schöne Seesterne."

„Das war der Rote Stern von Afrika." Hans war stolz darauf, dass er das wusste. Man sah es ihm richtig an.

„Heißt der so?"

„Ja, und man muss aufpassen, dass die Touristen sie nicht mit nach Hause nehmen."

„Nur die Touristen?", fragte Jonas. „Ich denke, Ihr selbst plündert alles um es zu verkaufen."

„Nein Papa, ich tue das nicht." Hans sah Jonas an.

„Ich habe Dich ja auch nicht gemeint. Aber alles auf die Touristen schieben finde ich nicht okay."

Johanna sah zu Jonas hin.

„Ich denke, wenn Touristen sie nicht kaufen wollten, müssten die Afrikaner auch keine vom Riff oder von der Sandbank holen. Essen kann man sie doch nicht, oder?"

„Seesterne kann man als Dekoration verwenden." Jonas ärgerte sich ein bisschen, dass Johanna wieder einmal die Afrikaner in Schutz nahm. Aber so war sie eben.

„Nun lass uns aber wieder zurück fahren. Es kommen immer mehr

Wellen." Jonas half Johanna ins Boot, danach stieg Hans ein.

„Das schaukelt jetzt aber sehr", sagte Johanna.

Jonas erwiderte lachend: „Stimmt. Zum Glück kann man hier aber immer noch stehen."

Hans begann den Einbaum mit seinem Stock vorwärts zu schieben. Allerdings musste er immer wieder Felsbrocken umschiffen. Ehe er sich versah, hatte ihm eine Welle den Stock aus der Hand geschlagen. Er griff danach und hielt sie fest, aber nur bis zur nächsten größeren Welle. Dann trieb die Stange zwischen den Wellen umher.

„Papa, ich muss ins Wasser. Bleibt bitte sitzen. Es kann Euch nichts passieren."

So saßen Johanna und Jonas mutterseelenallein in dem Boot. Die Wellen kippten es mal nach rechts und mal nach links, so dass sich beide richtig festhalten mussten.

Hans kam zum Glück nach kurzer Zeit samt der Stange angeschwommen.

„Das Wasser steigt aber auch schnell!", sagte Johanna. „So etwas brauche ich aber nicht noch einmal", fügte sie noch hinzu.

„Ach komm, es ist doch nichts passiert", versuchte Jonas sie zu beruhigen.

„Hans hätte uns viel früher zurück rufen müssen. Er weiß doch besser als wir, wie schnell die Flut wieder da sein kann. Da brauchst Du gar nicht so zu lachen."

„Du siehst doch selbst, wie unangenehm ihm das ist."

„Wir hätten gar nicht mit ihm fahren sollen!" Johanna gab nicht nach. „Zuerst musste Wasser aus dem Boot geschöpft werden und jetzt so etwas."

Hans sah Johanna an.

„Mama, nicht böse sein. Es ist doch nichts passiert", sagte er.

„Wenn man kein Geld hat, kann man ein Boot auch nicht reparieren. Dann muss man eben so fahren. Auch wenn die Wellen stärker werden. Wir könnten hier auch schwimmen." Hans tat Jonas irgendwie leid.

„Na klar, zwischen all den Felsbrocken durch." Johanna war wirklich wütend. So hatte sie es sich nicht vorgestellt.

Hans sagte keinen Ton mehr. Als sie wieder am Strand waren gab er beiden die Hand.

„Ihr müsst nichts bezahlen. Es war alles mein Fehler."

„Kommt gar nicht in Frage", sagte Johanna. „Ich komme gleich nach dem Essen zu Dir."

Jonas sah Johanna an. Ja, so war sie. Erst sauer und dann tat ihr Hans leid. Er sah das aber genauso. Sie mussten ja wirklich Geld verdienen. Die meisten jungen Männer ernährten ihre Eltern und Geschwister. Kinder waren ja immer reichlich vorhanden.

Nach dem Essen ging Johanna und suchte Hans. In der Mittagshitze war es fast leer am Strand, aber sie fand ihn unter einem Felsvorsprung sitzen.

„Ich habe Dir ein Hemd und Geld mitgebracht. Ist das okay?"

„Asante sana", erwiderte Hans. „Ich bin sehr froh darüber und hatte nicht geglaubt, dass Du so schnell nicht mehr böse auf mich bist."

„Ach, das ist schon längst vergessen. Vielleicht solltest Du aber wirklich darauf achten, dass Du die Leute früher ins Boot zurückholst. Die Flut kennen die wenigstens von ihnen."

„Ja, Mama", antwortete Hans brav. "Wirst du mich empfehlen?"

„Ich kenne noch nicht viele Leute hier, aber ich werde dran denken, wenn mich jemand fragen sollte."

Danach lief sie wieder zurück zum Hotel. Sie wollte auch aus der Sonne gehen. Lieber eine Runde im Pool schwimmen, dachte sie. Es war wirklich sehr heiß.

Abends an der Bar unterhielten sie sich mit einem Ehepaar, die am nächsten Tag zum Einkaufen fahren wollten.

„Wir fahren zu dem Shop hier in der Nähe. Wollen Sie vielleicht mitkommen?", fragte die Frau.

„Ich heiße übrigens Maria", fügte sie noch hinzu.

„Jonas, wollen wir?", fragte Johanna sofort.

„Ich weiß zwar nicht, was Du unbedingt kaufen willst, aber wenn Du willst, dann fahren wir mit."

„Und mit was fahren wir eigentlich?", fragte Johanna.

Maria lachte. "Wir fahren mit einem Matatu."

„Ist das so ein Taxi der Einheimischen? Ich habe davon schon gehört. Es soll sehr billig sein."

„Ja und es ist immer wieder ein Abenteuer", antwortete Maria.

„Die sind doch immer so überladen, oder?" Jonas war nicht ganz so begeistert. Er hatte sie schon fahren sehen.

„Ach, das macht doch nichts. Es ist alles ein bisschen eng, aber die Strecke ist ja relativ kurz."

Marias Mann grinste so vor sich hin.

„Ich heiße Karl und ich denke, wir bleiben gleich bei dem Du. So eine Fahrt muss man unbedingt einmal ausprobiert haben. Das können wir aber morgen noch besprechen, oder?"

„Ich dachte mir, wir fahren so gegen 15 Uhr. Dann sind wir wieder zurück bevor es dunkel wird", sagte Maria sofort. „Nehmt Kleingeld mit. Die Fahrt kostet drei Schillinge."

„Dann treffen wir uns um diese Zeit an der Rezeption", antwortete Jonas.

Als Johanna und Jonas zu ihrem Zimmer liefen, fing Johanna an sich zu kratzen.

„Was hast Du denn?", fragte deshalb Jonas.

„Mich juckt es eben. Und nicht gerade wenig."

„Bist Du denn gestochen worden?"

„Nein, ich habe nichts bemerkt. Es juckt eben nur heftig."

Im Zimmer angekommen sah Johanna gleich nach. Sie hatte am Bauch viele rote Pusteln.

„Sieh doch! Mein Bauch sieht aus wie ein Reibeisen und meine Beine fangen auch an zu jucken!"

„Dann werde ich Dich gleich einreiben. Ich glaube, mein Rücken fängt auch an."

„Lass mich mal nachsehen. Tatsächlich!"

„Das sind aber keine Schnakenstiche. Eher Flohstiche!"

„Mach keinen Blödsinn Jonas. Sind das vielleicht Sandflöhe? Wir waren aber doch nicht lange am Strand!"

„Nein, das nicht, aber wir haben unter den Palmen im Gras gelegen."

„Das ist ja super! Mir graut schon vor morgen. Wo sollen wir uns denn da hinlegen? An den Pool?"

„Da wird uns erst einmal nichts anderes übrig bleiben. Das werden wir morgen aber sehen. Vielleicht liegen ja mal nicht so viele Handtücher auf den Liegen."

„Jonas", rief Johanna. „Dann hat der Beach-Boy mit Insekten die Sandflöhe gemeint. Kann das sein?"

„Ja, so wird es gewesen sein. Morgen suchen wir ihn am Strand. Er ist sicher da."

Am nächsten Morgen liefen sie schnell zum Pool. Tatsächlich fanden sie noch zwei unbelegte Liegen und nach dem eine Weile vergangen war sagte Jonas: „Sieh mal dort unten. Da spritzt ein Angestellter etwas über das Gras."

„Ich habe es schon gerochen", erwiderte Johanna, die so vor sich hin gedöst hatte. „Das ist pure Chemie."

„Mach doch mal die Augen auf! Da kommt ein Gast und gibt ihm etwas in die Hand."

„Ist doch klar. Wer schmiert hat auch keine Sandflöhe. Das war gestern dann sicherlich auch so."

„So ist es." Jonas schüttelte den Kopf.

„Dann lass uns einfach zum Strand laufen und das Öl kaufen. Hast Du Schillinge dabei?"

„Ja, habe ich."

Beide liefen zum Strand und bald fanden sie auch den Ölverkäufer. Es schien, als ob er auf sie gewartet hätte, denn er kam direkt auf sie zu.

„Jambo Mama, jambo Papa. Habt Ihr gut geschlafen?"

„Ja, Du auch?", antwortete Jonas.

„Nein Papa, nicht so gut. Es war sehr heiß und wir haben keine Klimaanlage so wie Ihr. Braucht Ihr Öl?"

„Ja, ich hoffe, Du hast welches dabei." Jonas sah ihn fragend an.

„Das habe ich immer dabei. Dort drüben liegt meine Tasche. Es hat Euch also erwischt", fügte er noch hinzu.

„Ja, es sieht ganz danach aus. Bitte verkaufe uns eine Deiner Flaschen."

„Papa, zeig mir mal Deinen Rücken. Oh ja, aber eine wird nicht reichen. Das sieht nicht so gut aus."

„Wir nehmen erst einmal eine", sagte Jonas. „Wenn sie nicht reicht kommen wir eben wieder."

Sie bekamen eine Flasche und liefen direkt wieder zum Pool.

Johanna begann sofort mit dem Einreiben.

„Oh, irgendwie stinkt das Zeug. Und nach Kokos riecht es auch nicht", sagte sie.

„Ach, das verfliegt doch wieder. Die Hauptsache ist, dass es hilft."

„Jetzt sehen wir aber aus wie in Öl gebadet", sagte Jonas lachend.

„Macht nichts. Hauptsache, es kommen keine Flöhe mehr."

Das war ein Trugschluss. Die Flöhe kamen.

Jonas schlug öfters auf seinen Bauch. Johanna auf ihre Beine.

„Weißt Du, was der Vorteil von dem Öl ist?", fragte Johanna. „Jetzt bleiben sie sofort kleben und stechen nicht mehr."

„Dann wird es wohl so sein, dass wir noch so eine Flasche brauchen." Jonas ging zur Dusche und sprang in den Pool.

„Komm Johanna, hier kann man es aushalten."

Na, das konnte ja noch heiter werden, dachte Johanna, kam aber ebenfalls ins Wasser. Nach dem ihre Hände schon ganz aufgeweicht waren, gingen sie zur Bar. Dort saßen schon Maria und Karl.

„Seid Ihr schon schwimmen gewesen?", fragte Maria.

„Ja, aber nur im Pool. Wir müssen aber gleich noch zum Strand Öl holen", erwiderte Johanna.

„Öl ?"

„Ja, die Sandflöhe haben uns voll erwischt." Johanna zeigte auf ihre Arme.

„Ach, das ist doch noch gar nichts", sagte Maria lachend. „Du hättest mich mal vor ein paar Tagen sehen sollen. Ich sah aus wie ein Streuselkuchen."

„Und wie habt Ihr die weg bekommen?", wollte Jonas wissen. Sein Rücken juckte sehr und je länger sie sich darüber unterhielten, umso mehr kam er in Versuchung zu kratzen.

„Bei uns wird jetzt etwas mehr unter den Liegen gespritzt. Das riecht zwar nicht gut und ist viel Chemie, aber es verfliegt auch ganz schnell."

„Ohne oder mit Schillingen?", wollte Jonas wissen.

„Ab und zu fällt schon mal etwas ab." Karl grinste in sich hinein.

„Kenia life nennt man das dann, oder?" Johanna schüttelte leicht den Kopf.

„Lieber so als die Flöhe", erwiderte Karl. „Fahrt Ihr denn nach dem

Essen mit zum Einkaufen?"

„Ja", sagte Johanna. „Wir hatten ja schon 15 Uhr ausgemacht. Bleibt es bei dieser Zeit?"

„Ja, da kommen die Matatus ziemlich häufig."

Am Strand holten sich Johanna und Jonas noch eine Flasche Öl. Der Beach-Boy schien schon wieder auf sie gewartet zu haben.

„Jambo Mama, jambo Papa, braucht Ihr noch Öl?", fragte er.

„Ja", erwiderte Johanna.

„Dann hat das Öl geholfen?"

„Kann ich so nicht sagen, aber die Flasche ist schon fast leer. Wir hätten gerne noch eine Flasche."

„Die wird Euch helfen", sagte der Beach Boy. „Es ist gute Medizin."

„Ja toll", sagte Jonas. Er bezahlte und sie gingen zurück ins Hotel.

„Wenn mir das jemand vorher gesagt hätte, dann hätten wir uns einen anderen Strandabschnitt ausgesucht", sagte Johanna zu Jonas.

„Sicher, aber wir wollten ja nicht so viel Trubel. Deshalb sind wir ja hier am Galu Beach."

„Der Diani Beach soll aber keine Flöhe haben." Johanna wurde immer missmutiger.

„Bist Du Dir da sicher? Die liegen doch direkt nebeneinander."

„Das habe ich vorhin so im Vorbeigehen gehört."

„Ach komm, es ist wie es ist. Wir ölen uns ein und werden damit leben können."

Jonas fand das zwar auch nicht witzig, aber was sollten sie denn jetzt noch daran ändern. Das Hotel wechseln wäre eine Möglichkeit, aber darauf hatten beide keine Lust. So lange alles nicht schlimmer wurde, war das ja auszuhalten. Allerdings hatte er gehört, dass ein Mann sogar ins Krankenhaus musste und Infusionen bekommen hatte. Der Gedanke an ein kenianisches Krankenhaus war weniger angenehm.

Kurz vor 15 Uhr standen beide vor dem Hotel und warteten auf Maria und Karl. Es war heiß. Der Wind wehte kaum.

„Dort kommen sie", sagte Johanna. „Prima, sie sind pünktlich."

„Dann werden wir uns jetzt in ein Abenteuer stürzen", erwiderte Jonas.

Gemeinsam liefen die vier zur Straße und es dauerte gar nicht lange, da sahen sie schon ein Matatu kommen.

„Das ist schon voll", sagte Johanna etwas enttäuscht.

„Nein, so werden diese Autos hier gefahren", erwiderte Karl. „Einer von ihnen hängt immer außen an der Tür."

Das Matatu hielt an. Karl lieferte gleich für alle einige Scheine ab und sie stiegen ein.

„Einsteigen kann man das hier aber nicht nennen. Da sollte man besser hineinzwängen sagen."

Alle vier hatten noch einen Platz gefunden; der draußen hängende

Mann schlug heftig an den kleinen Bus und schon fuhr das Matatu los.
„Das kann man ja gerade noch aushalten", sagte Johanna. „Ganz schön eng und vor allem warm."
Sie konnte gerade noch sehen, dass Maria und Karl sich lächelnd an sahen. Ob da am Ende noch mehr Menschen einsteigen? Den Gesichtern der Beiden nach würden sie wahrscheinlich noch einmal anhalten. Tatsächlich, an der Straße standen Touristen. Ein kurzer, heftiger Schlag auf den Bus und dieser hielt an.
„Was, die vier sollen hier auch noch mit?" Johanna ahnte schreckliches.
„Klar", erwiderte Karl. „Wir sitzen in einem Matatu."
„Aber wo sollen die denn noch hin?"
„Warte es ab, so voll ist es ja noch gar nicht." Karl zwinkerte ihr zu.
Ehe sich Johanna versah, setzte sich eine Frau zwischen Jonas und sie. Ein Mann zwängte sich noch daneben. Johanna blieb fast die Luft weg. Die anderen beiden Touristen saßen schon zwischen den Sitzen. So langsam brach Johanna der Schweiß aus.
„Jonas, wir hätten lieber ein richtiges Taxi nehmen sollen", sagte sie leise zu ihm.
„Nein, wir wollten doch ein Matatu kennen lernen oder nicht?"
„Ja, ich weiß, aber hast Du Dir das so vorgestellt?"
„Nein. So nicht, aber so schlimm finde ich es jetzt auch nicht. Hörst Du, es klopft schon wieder."
Der Bus hielt wieder an. Noch drei Afrikaner stiegen ein. Gespannt wartete Johanna darauf, wo sie denn noch einen Platz finden würden.
„Jetzt werde ich aber verrückt! Sie setzen sich einfach bei den anderen auf den Schoß!"
„Platz ist in der kleinsten Hütte", rief Karl ihr lachend zu.
„Jetzt sind wir aber auch gleich da", beruhigte Maria sie. Ihr gefiel das alles auch nicht besonders, aber es war eben preiswert und die paar Minuten konnte man schon durchhalten.
Sie hielten durch, aber die vier waren doch froh, als sie vor den Geschäften hielten und sie an die frische Luft konnten.
„Afrikaner haben schon einen eigenartigen Geruch an sich, oder?", fragte Maria Johanna.
„Ja, es war wirklich ein strenger Geruch. Wir haben das einmal erklärt bekommen. Daran ist die Ernährung schuld. Sie essen ja auch wirklich ganz anders als wir." Johanna musste an Helmut denken. Er roch auch irgendwie eigenartig und von ihm hatte sie es auch gesagt bekommen.
„Johanna weiß immer ganz genau wer hinter ihr läuft", sagte Jonas und er fügte hinzu: „Sie riecht einen Afrikaner."
Karl musste lachen. „Das habe ich ja noch nie gehört!"
„Das kannst Du ruhig glauben. Sie riecht es eben und ich habe sie schon oft genug getestet. Europäer riechen höchstens nach einem Deo oder Duschgel. Bei den Afrikaner vermischt sich Gemüse mit Schweiß."
Karl lachte immer noch. „Und wenn ein Europäer schwitzt?"

„Dann riecht er nur nach Schweiß", erwiderte Johanna. „Sollten wir jetzt aber nicht mal nachsehen, was es hier alles zu kaufen gibt?"
„Ich habe Durst und möchte lieber irgendwo etwas trinken", sagte Jonas und sah Karl fragend an.
„Eine gute Idee", erwiderte dieser. „Die Frauen kommen auch ohne uns klar."

Maria und Johanna gingen zielstrebig auf ein Souvenir-Geschäft zu.
„Gebt nicht so viel Geld aus", rief Karl noch hinterher.
„Männer!", sagte Johanna. „Einkaufen können wirklich nur Frauen richtig. Vor allem länger etwas suchen."
„Da hast Du vollkommen Recht. Lass uns hinein gehen." Maria lief voraus.
Nachdem sie Jambo Mama aus allen Ecken gehört hatten, konnten sie mit dem Stöbern beginnen.
„Findest Du nicht auch, dass es hier all die Gegenstände gibt, die man auch am Strand kaufen kann?" Johanna nahm einen Elefanten aus Holz in die Hand. „Und der ist auch noch teurer."
„Das kann ich nicht beurteilen. An unserem Strand laufen ja wirklich nicht viele Beach-Boys."
„Ja, das ist mir auch schon aufgefallen. Massai sieht man auch nur wenige und auch nicht jeden Tag. Wahrscheinlich sind wir zu weit südlich von den Touristenstränden."
„Du wirst es nicht glauben, aber ich habe am Strand noch nichts gekauft. Du?" Maria sah Johanna fragend an.
„Klar. Wir haben die meisten Sachen am Strand gekauft. Das ist doch ganz einfach. Ein bisschen handeln und schon klappt es." Johanna konnte das gar nicht verstehen. Sie war Meister im Handeln, allerdings ging sie nie über die Schmerzgrenze. Da passte sie unheimlich auf. Es war sowieso alles sehr billig und sie hatte sich schon oft über Touristen geärgert, die die Beach-Boys immer weiter nach unten handeln wollten. Hinterher beschwerten sie sich auch noch, dass sie zu viel bezahlt hätten.
„Wenn wir wieder bei uns am Strand sind, gehen wir beide einfach mal handeln. Einverstanden?"
Maria nickte mit dem Kopf. Karl würde sich zwar wundern, aber sie wollte es probieren.
„Dort drüben gibt es Schmuck." Johanna deutete auf einen langen Tisch. „Lass uns mal hin gehen."
Beide nahmen hin und wieder einen Armreif oder eine Kette in die Hand.
„So ein Lederarmband mit Perlen sieht doch hübsch aus, oder?", fragte Maria Johanna.
„Das stimmt, aber überlege Dir genau, ob Du es auch tragen wirst. Damit meine ich zu Hause."

„Stimmt, aber das ist sicher mit allen Souvenirs so oder? Trägst Du alles, was Du schon mal mitgenommen hast?"

„Nein, deshalb sage ich es doch. Das sind Erfahrungswerte." Johanna lächelte so vor sich hin. Wie oft hatte sie sich schon etwas mitgenommen und nun lag es in irgend einer Schublade. Klar, manchmal sah sie sich noch alles an, aber von tragen konnte keine Rede sein.

„So ein Kupferreif sieht doch recht nett aus." Maria hatte ihn schon am Handgelenk. „Sie mal, der ist zweifarbig."

„Ja, das ist Kupfer mit Stahl. Solche habe ich auch zu Hause. Ich glaube, es sind sogar fünf."

„Soll ich diesen nehmen?", fragte Maria.

„Ja, dann nimm ihn doch. Aber am Strand bekommst Du ihn preiswerter."

„Kann ja sein, aber wer weiß, ob ich ihn da angeboten bekomme." Maria bezahlte ihn und ließ den Reif gleich am Arm.

Johanna erinnerte sich noch genau an den jungen Mann, der fast jeden Tag mit einem neuen Reif kam und sie dazu ermunterte, sie brauche ja nicht nur einen. Jonas war damals gar nicht davon begeistert, aber schließlich stimmte er zu. Sie sah sich das Armband mit den beidseitigen Schlaufen an. Winzige Perlen waren daran. Sie staunte immer wieder, was die Massai so zusammen fügten. Leider war dieses Armband auch mehr als unpraktisch. Sie hatte eines und später dann verloren, weil die Schlaufen nicht hielten. Was ihr besonders gefiel, waren die Schlüsselanhänger. Damit konnte man etwas anfangen. Sie hielten jedenfalls.

„Sieh doch, da ist ein Armreif aus Kokosnuss Schale. Sie sind ja wirklich einfallsreich. Der sieht auch nicht schlecht aus." Maria konnte gar nicht mit Staunen fertig werden.

„Und hier sind welche mit Muscheln." Johanna lachte. „Hast Du die wirklich noch nie gesehen?"

„Nein, habe ich nicht. Ich glaube, wir gehen mal weiter. Dort drüben sind Taschen."

Stofftaschen mit Giraffen darauf und Sisal Umhängetaschen hingen an einem kleinen Holzgestell. „So eine nehme ich. Die kann man zu Hause immer gebrauchen", sagte Maria.

„Ich gehe solange zu den Holztieren. Uns fehlt noch ein schwarzes Nashorn für unser Regal."

Johanna lief zur anderen Seite aber leider fand sie kein Nashorn, das zu ihrer gesuchten Größe passte. Dann eben nicht, dachte sie.

„Und jetzt suchen wir noch einen Sarong für mich", sagte Maria, die inzwischen neben ihr stand. „So nennt man doch das Wickeltuch oder ist das ein Sari?"

„Ja, das nennt man so. Das haben eigentlich die Inder eingeführt. Den Sari tragen die Frauen und die Männer den Sarong. Vor allem die Fischer. Nackter Oberkörper und ab Gürtel den Sarong."

„Gut, dann frage ich nach einem Sarong.“
Schon wollte Johanna ihr sagen, dass man die am Strand auch bekommt, aber sie ließ es lieber. Schließlich wollte Maria ja hier einkaufen und am Strand konnte sie ja immer noch einen kaufen.
„Das Tuch muss ich aber erst einmal um mich herum wickeln. Gar nicht so einfach. Guck, das passt schon mal nicht. Ich brauche ein längeres.“
Maria probierte ununterbrochen und Johanna wartete geduldig. Es gab aber auch eine riesige Auswahl. Viele Farben und Muster. Ja, das brauchte halt seine Zeit.
Maria packte den Sarong in ihre Tasche mit der Giraffe.
„Passt er da noch rein?“, fragte Johanna schelmig.
„Klar, die Schale mit dem dreibeinigen Holzständer will ich mir noch holen. Da drüben steht sie. Da sind auf den Beinen Elefanten.“
Johanna sagte nichts dazu. Jeder muss seine Erfahrung schon selber machen. Auch so ein nutzloses Teil, was niemand zu Hause wirklich brauchen kann, dachte sie.
Endlich war Maria fertig mit einkaufen. Johanna hatte die Lust dazu scheinbar im Hotel gelassen. Viel lieber wäre sie jetzt am Strand gewesen. Ihr graute schon vor der Heimfahrt mit dem Matatu.
Hoffentlich wurde es nicht wieder so voll. Das sah aber nicht danach aus. Zu viele Touristen waren hier und die wollten natürlich auch wieder zurück.
Karl und Jonas standen schon vorne an der Straße.
Gerade wollte beide zu ihren Männern hin laufen, als ein Afrikaner Johanna zurief: „Mama bist Du wieder da?“
Johanna sich den jungen Mann an. Kannte sie ihn? Sie entschloss sich mit nein zu antworten.
„Ich kenne Dich“, sagte der Afrikaner. „Erinnerst Du Dich an mich? Ich heiße Ronaldo.“
„Nein“, erwiderte Johanna. „Wir waren noch nie an dieser Küste. Ich kann Dich nicht kennen.“
„Du kennst mich nicht von hier, aber wir sehen uns noch. Ich erkläre es Dir später.“ Ronaldo drehte sich um und lief zu seinen Freunden.

„Na Mädels, habt Ihr alles bekommen was Ihr wolltet?“, fragte Karl.
„Ja, haben wir“, erwiderte Johanna.
„Aber Du hast doch gar nichts in der Hand?“, fragte Jonas.
„Nein, hier gibt es so vieles was wir schon längst zu Hause haben“, antwortete Johanna.
„Nicht mal ein Andenken an unsere Fahrt hierher?“, hakte Karl nach.
„Nein, nicht mal das.“
Jonas sah sie fragend an. „Das wundert mich jetzt aber doch. Deinem Gesicht nach möchtest Du wieder zurück oder täusche ich mich?“
„Du hast recht“, erwiderte Johanna. „Es wird Zeit. Im Dunkeln möchte

ich nicht mit dem Matatu fahren."

„Stimmt", sagte Maria. „Ich will das auch nicht. Kommt, wir stellen uns an die Straße. Es kommt bestimmt bald eines."

Sie sollte Recht haben. Schon nach kurzer Zeit kam ein Matatu angefahren.

Karl sprach mit dem draußen hängenden Mann. Dieser nickte ihm freundlich zu und sie zwängten sich alle vier noch in den Bus. Es saßen überwiegend Afrikaner darin.

„Wie hat mal jemand in einem Buch geschrieben: Ich rieche Afrika oder so ähnlich?" Jonas lachte.

„Wir sind ja schließlich auch in Afrika. Da kann es ruhig danach riechen", erwiderte Johanna.

Plötzlich hielt das Matatu an.

„Wo sind wir denn hier?", fragte Johanna.

„Keine Ahnung. Dort drüben scheint eine Art Supermarkt zu sein. Vielleicht will der Fahrer ja noch etwas für sich einkaufen", sagte Karl. Doch da sollte er sich getäuscht haben, denn der Fahrer blieb sitzen, die Afrikaner stiegen aus.

„Und was ist jetzt los? Warum fährt er denn nicht weiter?" Johanna sah fragend Jonas an.

„Stesheni ya mwisho", rief unterdessen der Fahrer.

„Nini?" fuhr es Johanna geradeso heraus.

Der Fahrer sagte etwas, aber Johanna verstand nur noch nenda kwa migun. Sie überlegte. Was hieß das noch einmal? Es könnte zu Fuß gehen heißen.

„Niko wapi hapa?" fragte Johanna und weiter zu den anderen erklärte sie: Das heißt wo bin ich hier?"

„Hii ni duka la soko kuu", erwiderte der Fahrer. „Stesheni ya mwisho."

„Ja, ich sehe, dass da drüben ein Supermarkt ist, aber wir wollen ja zum Hotel", sagte Johanna.

„Dann müssen Sie das nächste Matatu nehmen", antwortete der Beifahrer, der wieder eingestiegen war.

„Und wann kommt das? Es wird ja bald dunkel."

„Mama, hast Du Angst im Dunkeln?" Der Beifahrer grinste.

„Nein, habe ich nicht. Aber so war das nicht ausgemacht. Wir hatten gefragt, ob das Matatu bis zum Hotel fährt."

„Dann hat der Fahrer Euch nicht verstanden. Er spricht ja kaum Deutsch. Steigt also bitte aus. Wir drehen wieder um."

Karl gab ihm ein paar Schillinge und sie stiegen aus.

„Und was machen wir nun?", fragte Maria.

„Auf das nächste Matatu warten. Kann ja nicht ewig dauern. Ich gehe aber erst einmal rüber und hole uns etwas zu trinken." Karl lief über die Straße.

„Frage gleich mal nach dem nächsten Matatu. Vielleicht weiß das ja jemand." Johanna sah auf ihre Uhr. „ Alle Geschäfte machen gegen 18 Uhr zu. Es sind nur noch wenige Minuten bis dahin."

„Wenn mir das jemand vorher gesagt hätte, wäre ich lieber mit einem Taxi gefahren", sagte Maria.

„Ach komm, es ist doch nichts passiert. Das war eben ein Missverständnis." Johanna versuchte sie zu beruhigen.

Jonas sah zu Maria und sagte: „Gegen Afrikaner darfst Du bei Johanna nicht viel sagen. Sie nimmt sie immer in Schutz. Für mich sieht es so aus, als seien wir hier extra abgesetzt worden, damit dieser Supermarkt auch etwas verdienen kann."

Johanna warf Jonas einen bösen Blick zu. „So eine Bemerkung musste ja von Dir kommen. Das ist einfach eine Unterstellung."

Jonas musste lachen. „Siehst Du, so ist sie. Immer für die anderen."

Karl brachte die Getränke und verteilte sie.

„Es soll nicht lange dauern bis das nächste Matatu kommt", sagte er.

„Oh je, weißt Du wie die Afrikaner „nicht lange" definieren? Den Begriff kann man hier ziehen so lang man will."

Maria blickte erschrocken zu Jonas. „Und die Dunkelheit rückt immer näher!"

„Wir sind doch zu viert. Was soll denn schon passieren. Wir haben nichts, was sie von uns rauben könnten." Karl versuchte Maria zu beruhigen.

„Klar, hier sind alle Verbrecher. Das weiß doch jeder", sagte Johanna.

„Beruhigt Euch. Da vorne kommen Lichter. Vielleicht ist es ja ein Matatu."

Es war keines, sondern ein Lastwagen. Alle Gesichter wurden länger.

„Pole, pole", sagte Jonas. „Dann warten wir eben weiter."

Über eine Stunde war vergangen ehe ein Matatu angefahren kam. Es war bereits stockdunkel. Maria und Johanna waren in den Supermarkt gegangen, ihre Männer an der Straße geblieben.

„Könnten Sie uns helfen?", fragte Johanna einen jungen Afrikaner. „Wir müssen zurück ins Hotel und brauchen ein Matatu, das auch wirklich dorthin fährt."

„Ndiyo Mama. Ich gehe mit raus."

Er lief zu dem angekommenen Matatu und redete mit dem Fahrer.

„Alles hakuna matata. Ihr werdet sicher zurück gebracht."

„Asante sana", erwiderte Johanna.

„Na, ob das auch stimmt?" Maria sah ungläubig zu Johanna. „So langsam verliere ich sämtliches Vertrauen."

„Nein, ich glaube ihm. Es sind nicht alle unverschämt."

„Nun kommt aber auch", rief Jonas und alle stiegen ein.

Die Fahrt dauerte nicht lange. Wohlbehalten erreichten sie das Hotel.

„Beinahe hätten wir ja auch laufen können. Das war ja nur ein Katzensprung", sagte Jonas lachend.

„Ich glaube, wir haben es richtig gemacht. Wir werden uns schnell umziehen und essen gehen. Ich habe Hunger. Wir treffen uns dann danach an der Bar." Karl hatte Hunger und Durst.

Am nächsten Morgen überlegten Johanna und Jonas, was sie denn unternehmen könnten.
„Weißt Du was? Wir laufen einfach heute Vormittag am Strand entlang. Magst Du das?", fragte Johanna.
„Ja, dann lass uns aber nach links laufen. Da waren wir noch nicht."
„Bis zum Strand von Chale Island?"
„Ich vermute, Du hast zu Hause auf der Karte nachgesehen, was alles so in der näheren Umgebung ist, oder?" Jonas kannte Johanna nur zu gut. Sie suchte alles im Internet, um sich möglichst gut zu informieren.
„Jetzt hast Du mich erwischt", erwiderte Johanna lachend. „Ja, ich habe ganz tolle Bilder davon gesehen. Chale Island ist eine kleine Insel vor der Küste. Dort gibt es Korallen und Mangroven Wälder."
„Und wie weit ist das zu laufen?", wollte Jonas wissen.
„Da stand etwa 10 Kilometer vom Diani Beach entfernt. Da kannst Du aber einige Meter abziehen, weil wir ja am Galu Strand sind. Ganz davon abgesehen, laufen wir ja nicht auf der Straße. Wer weiß, wie sie das gemessen haben."
„So weit willst Du laufen?"
„Das weiß ich doch jetzt noch nicht. Vielleicht ist ja wirklich zu weit für uns, aber wir können es ja probieren, oder?" Johanna nickte Jonas zu. „Komm, wir laufen los."

Es war herrlich zu laufen. Keine Touristen weit und breit zu sehen. Sie kamen vorbei an Sandhügeln, kleineren Rinnsalen und hin und wieder begegneten sie auch Müll.
„Es ist wirklich schade, dass so viele ihren Müll einfach so hin werfen", sagte Johanna.
„Stimmt, aber das sind nicht nur die Touristen, die einfach alles fallen lassen. Sie mal dort, diesen Kanister hat nur ein Afrikaner hier entsorgt." Jonas fügte lachend hinzu: „ Touristen habe ich noch nie mit Benzin am Strand gesehen."
„Oh, der ist auch nicht ganz leer. Hier riecht es richtig danach."
„Dann liegt er noch nicht lange hier. Aber egal, Müll ist Müll."
Sie liefen weiter. Mal durch das Wasser, hin und wieder schwammen sie auch ein Stück, aber meist liefen sie am Strand entlang.
„Weißt Du noch, als wir das erste Mal in Kenia waren?", fragte Jonas.
„Klar, aber wie kommst Du denn jetzt darauf?"
„Sieh mal dort vorne. Da steht ein einzelner Afrikaner", erwiderte Jonas.
„Sollen wir umkehren?", fragte Johanna lachend zurück. „Wegen dem einen?"

„Nein, natürlich nicht. Ich wollte bloß mal sehen, ob Du noch weißt, dass wir damals sofort umgekehrt sind."

„Ja aber sicher weiß ich das noch. So etwas vergisst man doch nicht. Und schon läuft er auf uns zu."

„Rennen oder stehen bleiben?" Jonas ließ nicht locker.

„Aber zuerst hören wir uns an, was er von uns will." Johanna lachte. Das Jonas sie nur aufziehen wollte, überhörte sie.

„Jambo Mama, jambo Papa", sagte der junge Mann mit einem Leidensgesicht.

„Jambo habari", erwiderte Johanna.

„Oh, Du kannst Suaheli?", fragte der etwas zerlumpte Beach-Boy.

„Nein", erwiderte Johanna. „Ich kann nur die Redewendungen, die hier so üblich sind."

„Möchtest Du Dich mit uns unterhalten oder möchtest Du etwas ganz anderes?", fragte ihn Jonas.

„Papa, ich habe kein Geld mehr", erwiderte dieser. Zur Bekräftigung verzog er sein Gesicht noch mehr.

„Das ist schlecht", sagte Jonas. „Wie Du siehst haben wir überhaupt nichts dabei. Wir wollen nur am Strand entlang laufen."

„Ihr könnt aber doch welches holen?"

„Na, jetzt geht es aber los. Das glaubst Du doch nicht wirklich, oder?" Jonas schüttelte den Kopf.

„Aber ich habe noch nichts gegessen und kann mir auch nichts kaufen."

„Dann solltest Du versuchen zu arbeiten", erwiderte Jonas und Johanna merkte, dass Jonas keine große Lust hatte, dieses Gespräch weiter zu führen.

„Ich könnte Dir ein Hemd schenken. Das kannst Du dann verkaufen. Aber Du musst zu uns kommen", sagte sie deshalb.

Jonas sah Johanna kritisch an.

Der junge Mann lächelte und nickte.

„Mama, ich komme heute Nachmittag zu Euch", sagte er.

„Nein", sagte Jonas. „Komm besser heute Abend."

„Ja, Papa, ich komme an das Hotel. Asante."

Dann lief er wieder zurück. Johanna und Jonas bemerkten erst danach, dass etwas weiter eine kleine Hütte stand.

„Wieso denn erst heute Abend?", wollte Johanna wissen.

„Ganz einfach. Sonst macht er uns den ganzen Nachmittag kaputt. Aber komm, lass uns weiter gehen."

„Ich glaube, viel weiter sollten wir vielleicht lieber nicht gehen. Sie mal nach dem Stand der Sonne", sagte Johanna.

„Ich will ja nichts sagen, aber wer von uns beiden hatte denn gesagt, dass wir die paar Kilometer schaffen werden?", fragte Jonas lachend.

„Oder hat uns etwa der Beach-Boy so lange aufgehalten?"

„Das ist doch völlig egal. Wir drehen wieder um", erwiderte Johanna. Jonas hat Recht, dachte sie. Tatsächlich hatte sie geglaubt, dass sie bis zum Strand von Chale Island kommen würden. Nun war nichts daraus geworden, aber egal, schön war es auf jeden Fall gewesen.

Kurz vor dem Abendessen lief sie aus dem Hotel hinaus. Das Hemd hatte sie mehr oder weniger versteckt. Sie kannte sich ja aus mit den Askaris. Alles wollten sie haben. Dabei bekamen sie doch die ganze Saison über von so vielen Gästen etwas geschenkt. Sicher, es sah schon etwas eigenartig aus. Um diese Zeit mit einem Handtuch über dem Arm aus dem Hotel zu laufen. Egal. Sie hielt immer ein was sie versprochen hatte.

Draußen an der Straße sah sie sich um. Richtig, dort an einer Palme stand der junge Mann vom Strand. Und wer stand eine Palme weiter? War das noch ein junger Afrikaner? Und wieso kamen sie zu zweit? Sollte sie vorsichtshalber umkehren? Noch war der Eingang des Hotels nur ein paar Meter entfernt. Stell Dich nicht so an, sagte sie zu sich selbst. Wenn man nur ein Hemd hat, dann kann man ja nur dieses eine weggenommen bekommen. Auch das Handtuch war auch nicht der Rede wert. Sie lief los und bemühte sich ein sorgloses Gesicht zu machen.

„Asanate sana Mama, dass Du wirklich gekommen bist", sagte der Boy vom Strand. „Ich hatte es eigentlich gar nicht geglaubt. Aber ich war mit meinem Bruder sowieso hier in der Gegend."

„Dann ist der andere da an der nächsten Palme Dein Bruder?", fragte Johanna. „Warum steht er denn nicht neben Dir?"

„Wir dachten, Du hättest vielleicht Angst vor zwei Beach-Boys."

„Sehe ich denn so ängstlich aus?"

„Nein, Mama. Ich bin froh, dass ich ein Hemd bekomme."

„Na, dann wollen wir das gleich mal aus dem Handtuch rollen. Hier ist es. Ich hoffe, Du bekommst genug Schillinge dafür. Es ist kein altes Hemd. Es ist nur zu eng." Johanna gab es dem jungen Mann.

Hastig nahm dieser es ihr aus der Hand, hob es in die Höhe und winkte seinem Bruder zu. Er strahlte über das ganze Gesicht.

„Mama, das ist ja wirklich ein gutes Hemd. Alle Knöpfe sind noch dran und nichts ist eingerissen. Da brauche ich nicht einmal zum Hemden-Doktor."

Johanna musste beinahe lachen. Schuh-Doktor war ihr ja schon bekannt, aber Hemden-Doktor? Es gab doch immer wieder neue Einfälle von den jungen Leuten. Allerdings war es sicher so, dass er das Wort Schneider nicht auf Deutsch wusste. Sie wussten sich eben in allen Lebenslagen zu helfen.

„Dann viel Erfolg beim Verkauf. Ich muss jetzt wieder zurück. Vielleicht sehen wir uns ja noch einmal am Strand."

„Das werden wir sicher. Ich werde auf Euch warten", sagte der Beach-Boy.

Johanna lief zurück. Sie beschloss, Jonas nicht alles zu erzählen. Vor allem nicht, dass der junge Mann auf sie warten wollte. Da war Ärger schon vorprogrammiert und den brauchte sie nicht. Sehr wahrscheinlich würden sie in diese Richtung sowieso nicht mehr laufen.

„Du hast aber lange gebraucht", sagte Jonas gleich zu Johanna. „Ich sitze schon eine ganze Weile hier."
„Es ging eben nicht schneller", erwiderte Johanna. „Lass uns einfach etwas essen und dann können wir ja noch ein bisschen durch das Hotel laufen. Wir haben ja sicher noch nicht alles erkundet."
„Ja, das können wir tun." Jonas ging schon mal vor. Es gab wieder ein Themen-Dinner. Dieses Mal war es eher europäisch. Bei der Hitze hatten beiden keinen so großen Hunger, aber da alles sehr appetitlich angerichtet war, bedienten sie sich gerne.
„Hat es Dir geschmeckt?", fragte Johanna.
„Na ja, die Nudeln nicht so, aber wir sind ja in Afrika. Da muss man eben Abstriche machen."
„Ich fand die Kartoffeln auch nicht so toll, aber Du hast Recht, wir sind eben anderes Essen gewöhnt."
„Wir gucken gleich mal nach den Webervögeln, ja?"
„Ja, können wir, aber bitte nicht wieder so lange. Du findest immer kein Ende mit Deinen Beobachtungen."
„Klar, Du hörst schon den Ruf des Kenya Cane", antwortete Johanna lachend.
„Sieh mal, es gibt sogar einen Friseur", sagte Johanna.
„Da musst Du aber jetzt nicht hin, oder?" Jonas stieß sie leicht an und grinste.
„Natürlich nicht, aber dies ist das erste Hotel, in dem sich eben einer befindet. Die anderen hatten keinen. Das nenne ich mal fortschrittlich."
„Da hast Du ausnahmsweise mal Recht. Aber komm, lass uns zu den anderen gehen."

Wie jeden Abend traf man sich abends an der Bar. Was sollte man auch sonst tun. Die Dunkelheit war nichts für Touristen und außerdem gab es auch nur noch zwei Lokale. Diese waren schon tagsüber leer. Johanna fand das eigentlich sehr schade für die hier lebenden Menschen. All inclusive war wirklich übel. Einmal waren sie die Straße entlang gelaufen und eingekehrt. Es war ein richtig schönes afrikanisches Lokal, aber: Sie waren die einzigen Gäste. Da wurde man zwar sofort bedient, aber nachdem sie etwas getrunken und sich ein wenig umgesehen hatten, war es dann doch eher langweilig. Deshalb blieb abends eben nur die Bar übrig. Dort gab es immer Gesprächsstoff.
„Was machen eigentlich Eure Floh-Stiche? Jucken sie noch?", wollte Maria wissen, die mit Karl schon an der Bar saß.
„Nein, irgendwann haben wir sie gar nicht mehr bemerkt", antwortete Johanna. „Wahrscheinlich mögen sie hauptsächlich weiße Haut", fügte

sie lachend hinzu.

„Na ja, ich habe mich mit der Reiseleiterin unterhalten. Sie meinte, es seien so viele, weil die Luftfeuchtigkeit gerade recht hoch sei", erwiderte Maria. "Ich glaube das aber nicht. Sie tat so als sei das sonst nicht der Fall."

„Ist sie denn das erste Mal in Afrika?", fragte Johanna schelmisch. „Uns haben sie schon mal die Klimaanlage freiwillig angemacht, weil das Holz im Zimmer schon ganz schimmelig werden wollte. Das war zwar an der Nordküste, aber das dürfte ja egal sein."

„In welchen Monaten seid Ihr denn schon in Afrika gewesen?", fragte Karl.

„Nur einmal waren wir im August", antwortete Jonas. „Sonst immer im November, Februar oder März."

„Ich habe einmal gelesen, die Luftfeuchtigkeit wäre an der Küste von Kenia ungefähr 75%.", sagte Karl.

„Das kommt dann wieder auf den Monat an", erwiderte Jonas. „Im November ist sie höher. Da sind es 82%."

„Dann bedeutet das ja, dass es in Kenia immer schwül ist. Egal ob Nord- oder Südküste." Maria sah Karl fragend an.

„Und somit hat die Reiseleiterin keine Ahnung von Afrika." Johanna stimmte Maria zu. „In Nairobi sind die Temperaturen allerdings ganz anders. Stimmt`s Jonas?", sie sah Jonas fragend an. „Erinnerst Du Dich, dass wir richtig gefroren haben, als wir aus dem Flieger ausstiegen? Das war doch ein heftiger Temperatur Unterschied. Wir hatten leichte Kleidung an und mich friert es jetzt noch wenn ich daran denke."

„Du übertreibst jetzt aber ein bisschen." Jonas konnte sich sehr gut daran erinnern. Johanna hatte damals wirklich gefroren.

„Wenn Ihr nur über jemanden herziehen könnt!", sagte Karl. „Wenn dauernd irgendwer was bei ihr meckert, dann kann man ja schon mal was Falsches sagen, oder?"

„Ja, ja, nimm sie nur in Schutz." Maria lachte. „So schick ist sie ja nun auch nicht."

„Na dann Prost", sagte Jonas. „ Wir wechseln mal besser das Thema."

So gingen die Tage dahin.

Johanna und Jonas liefen oft aus dem Hotel und gingen die Straße entlang. Interessantes gab es nicht zu sehen. Gegenüber standen einige Hütten in denen Souvenirs angeboten und verkauft wurden.

„Hörst Du auch Kinder singen?", fragte Johanna.

„Ja, die Stimmen kommen von ganz da vorne. Lass uns einfach hingehen."

Dort angekommen, schoben sie vorsichtig den Vorhang zur Seite. Kinder saßen auf Bänken, ganz vorne ein Mann, der andächtig seine Noten in der Hand hielt.

„Kommen Sie doch herein", sagte er freundlich. „Sie befinden sich hier in der Neuapostolischen Kirche. Ich bin hier der Gottesdienstleiter und übe mit den Kindern für den Sonntagsgottesdienst."

Johanna und Jonas stellten sich an die Seite.

„Sie können sich ruhig zu den Kindern setzen", sagte er und zu diesen sagte er etwas, was beide nicht verstanden.

Johanna und Jonas setzten sich hin und sofort begannen alle Kinder wieder zu singen.

„Jonas", sagte Johanna ganz leise, „das ist aber wunderschön."

Der Gottesdienstleiter lächelte.

„Sie singen jetzt nur für sie. Es ist sehr selten, dass Touristen in unsere kleine Kirche kommen."

„Ich habe schon Gänsehaut." Johanna nahm die Hand von Jonas und drückte sie fest.

Als die Kinder fertig waren, kam der Gottesdienstleiter zu Johanna und Jonas.

„Sie wundern sich sicher, dass es hier eine Kirche gibt?", fragte er die beiden.

„Ja", sagte Jonas.

„Viele Eltern haben nicht einmal das Geld für den Bus nach Ukunda. Für die Kinder wäre die Strecke zu Fuß zu weit. Deshalb haben wir uns diese Hütte als Kirche eingerichtet. Die Kinder freuen sich, wenn sie hier sein dürfen."

„Das sieht man den Kindern an", sagte Johanna.

„Sie wissen sicher, dass wir eine christliche Kirche sind?"

„Wissen wäre wahrscheinlich übertrieben. Ich habe es mir bei dem Gesang nach einfach nur gedacht", antwortete Johanna.

„Wissen Sie auch, dass wir eine internationale christliche Kirche sind? Wir sind über 10 Millionen Christen. Unsere Grundlage ist die Heilige Schrift."

„Auch das wusste ich nicht." Johanna bemerkte, dass Jonas keine so große Lust auf Religion hatte. Deshalb wollte sie lieber nichts mehr fragen, aber der Gottesdienstleiter fuhr fort:" Wir haben drei Sakramente. Die Heilige Wassertaufe, die Heilige Versiegelung und das Heilige Abendmahl."

„Was bedeutet Heilige Versiegelung?"

Jonas stieß Johanna in die Seite, aber Johanna wollte ihre Frage noch beantwortet haben.

„Bei der Heiligen Versiegelung wird der Gläubige von Jesus Christus in ein Lebensbuch eingetragen. Das ist das Buch des Lammes. Damit gehört er zur Braut des Herrn und ist ein Erstling im Reich des Herrn. Zusammen mit der Taufe wird so die Wiedergeburt aus Wasser und Geist gebildet."

„Johanna, nun ist es aber genug. Wir wollen sicher nicht zu einem anderen Glauben überwechseln, oder?" Jonas nahm sie an der Hand und zog sie einfach weg.

Johanna drehte sich zu dem Gottesdienstleiter um und sagte: „Das war sehr interessant." Dabei lächelte sie ihm zu. Dieser gab den Kindern ein kurzes Zeichen und sofort fingen sie an zu singen.

„Jonas, lauf doch nicht einfach weg. Lass uns noch einmal zu hören", sagte sie, aber Jonas lief weiter.

„Jonas, das war jetzt aber nicht nett von Dir", sagte Johanna als sie ein paar Meter von der Hütte weg waren.

„Wieso? Er hätte sicher noch stundenlang weiter erzählt. Es ist ihre Aufgabe die Menschen zu bekehren."

„Das hat er doch gar nicht versucht", entgegnete Johanna.

„Nein, natürlich nicht, aber es hätte sicher nicht mehr lange gedauert." Jonas ärgerte sich über Johanna. Sie bemerkte selten irgendetwas Negatives bei Afrikanern.

„Lass es gut sein, wir wollen doch nicht anfangen zu streiten. Er hat seine und wir unsere Religion, aber..."

„Ja aber... für Dich war alles natürlich sehr interessant."

Als sie am Abend mit Maria und Karl an der Bar saßen fragte Jonas: „Seid Ihr auch schon mal in der Kirche an der Straße gewesen?"

Maria schüttelte den Kopf. „Wo soll denn da eine sein? Karl, hast Du die Kirche gesehen?"

„Nein, ich habe schon lange mehr keine gesehen. Weder innen noch außen", erwiderte Karl.

„Das dachte ich mir", sagte Jonas lachend. „Wir haben sie auch nur durch Zufall entdeckt. Johanna konnte sich gar nicht von dem Gottesdienstleiter, so nannte er sich, trennen. Es ist eine Neuapostolische Kirche."

„Das sagt mir jetzt nichts, aber ich denke, Du wirst mir erklären was das für Menschen sind." Karl grinste zu Maria hinüber.

„Lass Dich nicht auf dem Arm nehmen, Jonas. Karl hat mit keiner Kirche etwas im Sinn."

„Das kann ich aber so nicht stehen lassen", erwiderte dieser. „Im Geschichtsunterricht habe ich immer aufgepasst oder weißt Du vielleicht das Vasco da Gama 1498 ein Holzkreuz in Malindi aufgestellt hat?"

Maria schüttelte den Kopf.

„Das war ein Kreuz von der katholischen Kirche. Es gibt aber auch evangelische Kirchen und orthodoxen Kirchen."

„Ich glaube, Du hast uns von Deinem Wissen überzeugt", sagte Jonas. Er wollte keinen Streit hervorrufen. „Lasst uns erst einmal etwas trinken und dann können wir ja noch einmal am Strand entlang schlendern."

„Das ist eine gute Idee", sagte Johanna. "Vielleicht erleben wir ja mal einen schönen Sonnenuntergang."

„Das wäre so richtig passend zu unserem letzten Abend." Maria und

Karl stimmte ihr lächelnd zu.

Am nächsten Morgen reisten Maria und Karl ab.
Johanna und Jonas liefen am Strand. Auch sie würden diesen nicht mehr lange genießen können. In Gedanken war Jonas schon öfters bei der Hinfahrt zum Flughafen. Sie sollten ja schon sehr früh vom Hotel abgeholt werden. Das war kein Problem, aber ihm graute es schon vor der Fähre. Ein Glück dachte er, dass sich Johanna noch keine Gedanken machte.
„Sieh mal Jonas, dort vorne kommt doch tatsächlich ein Massai", sagte sie freudig. "Er hat einen Speer in der Hand."
„Na klar, dann ist ja der Tag gerettet", erwiderte Jonas.
„Ich meine, es kommt ein richtiger Massai."
„Woran willst Du das denn erkennen?" Jonas schüttelte leicht den Kopf. „Hast Du nicht selbst gesehen, dass die Massai vom Strand später umgezogen in Jeans zu ihrem Sammelbus laufen?"
„Ja, die Plastik-Massai werden sie von den echten genannt. Ich weiß es, aber dieser sieht ganz anders aus."
„Das dachte ich mir doch", sagte Jonas. „jetzt kommt er direkt zu uns."
„Jambo Mama, Jambo Papa", begrüßte sie der junge Mann. „Seid Ihr schon lange hier? Ich habe Euch noch nicht gesehen."
Johanna lachte und erwiderte: „Wir reisen in drei Tagen ab. Was verkaufst Du?"
„Nichts, Mama. Ich laufe nur zu meinen Brüdern."
„Du hast ja ein ganz tolles Armband an", sagte Johanna.
Jonas sah sie erstaunt an. Was sollte denn das? Sie hatten doch schon jede Menge davon. Aus Leder, aus Kupfer und aus bunten Perlen.
„Das habe ich aus ganz vielen kleinen Perlen für mich selbst gemacht."
„Und Du willst es mir nicht verkaufen?" Johanna ließ nicht locker.
„Nein Mama. Es ist nur für mich gedacht."
„Du könntest Dir doch ein neues auffädeln, oder?"
„Was ist auffädeln?"
„Ach so, auffädeln bedeutet, wenn man eine Perle auf die andere mit einem Faden miteinander verbindet."
„Ja", sagte der Massai. „Das könnte ich tun, aber ich werde es nicht tun. Die Perlen sind so klein und da brauche ich sehr lange Zeit."
„Wir haben ja keine Zeit mehr, deshalb kannst Du mir doch dieses verkaufen und machst Dir dann in aller Ruhe ein neues Armband oder?"
Der Massai lachte. „Ich werde es nicht verkaufen."
Jonas zog Johanna am Arm.
„Lass ihm doch sein Armband. Du siehst doch, dass er es für sich haben will."
Johanna blieb stur.

„Kommst Du morgen auch wieder hier vorbei? Überlege es Dir doch noch einmal. Ich hätte es so gerne."

„Vielleicht komme ich morgen wieder, Mama."

„Sagst Du mir noch Deinen Namen?"

„Ich heiße Rüdiger."

„Das ist für einen Afrikaner sicher ein seltener Name, oder?"

„Ja Mama, das ist ein deutscher Name. Er bedeutet: Der Ruhmreiche mit dem Speer."

„Deshalb hat er auch den Speer in der Hand", sagte Jonas und grinste. Rüdiger sah ihn an und lächelte.

„Ja, deshalb trage ich den Speer. Bis morgen. Wir sehen uns wieder."
Er drehte sich um und lief weiter den Strand entlang.

„Tutaonana baadaye", rief Johanna ihm nach.

Erstaunt drehte sich Rüdiger noch einmal um und kam zurück.

„Mama, das heißt tutaonana kesho. Bis morgen. Baadaye heißt „nachher".

„Asante sana", sagte Johanna.

„Vizuri", erwiderte Rüdiger und lief endgültig weg.

Am nächsten Tag wartete Rüdiger schon am Strand auf Johanna und Jonas. Er hielt ein Paar Schuhe in der Hand.

„Willst Du die Schuhe verkaufen?", fragte Jonas.

„Nein Papa, die will ich Mama schenken", erwiderte Rüdiger.

„Schuhe für Mama?" Jonas konnte sich ein Grinsen nicht verkneifen.

„Das ist ja toll", sagte Johanna." Die kann ich zu Hause gut gebrauchen."
Nun musste Jonas aber wirklich lachen.

„Zu Hause?"

„Ja klar, die sind doch sehr bequem." Schon probierte sie den einen an.

„Sieh doch mal, sie passen wie angegossen." Johanna strahlte über das ganze Gesicht und Jonas sagte nichts mehr, aber er fragte sich, wo und wann sie diese denn anziehen würde. Massai Schuhe! Kaum zu glauben.

Rüdiger freute sich über Johanna. Er hatte das richtige Geschenk ausgesucht.

„Hast Du Dir überlegt, ob ich Dein Armband mit nach Hause nehmen kann?", fragte Johanna.

„Oh Mama, ich habe so lange gebraucht bis es fertig war. Sieh doch wie klein die Perlen sind." Er hielt ihr sein Handgelenk hin.

„Ja, das sehe ich, aber gerade deshalb hätte ich es so gerne. Armbänder mit großen Perlen kann man überall am Strand kaufen. Dieses aber nicht. Weißt Du, für mich ist es dann ein ganz besonderes Armband. Außerdem ist es von einem echten Massai." Schelmisch sah sie ihn von der Seite an und fuhr fort: „Komm, gib Dir doch einen Ruck."

„Mama, was ist denn ein Ruck?" Rüdiger konnte mit diesem Wort offensichtlich nichts anfangen.

„Na, jetzt wird es aber schwierig dieses Wort zu erklären", sagte

Johanna zu Jonas und zu Rüdiger gewandt: „Das Wort bedeutet, dass man zum Beispiel eine Bewegung macht, die schnell und kurz ist, aber man kann es auch für eine Redensart verwenden. Das geht dann so: Du willst mir doch eigentlich das Armband gar nicht geben, aber wenn Du Dich dazu überwindest, also es mir doch überlassen willst, dann hast Du Dir einen Ruck gegeben."

„Jetzt habe ich es verstanden", erwiderte Rüdiger.

„Und, was sagt Dir Dein Herz?" Johanna ließ nicht locker.

Offensichtlich sagte ihm sein Herz nichts.

„Mama, kwaheri", sagte es und lief davon.

Jonas sah Johanna an. „Das war wohl ein Satz mit x oder?"

„Ja, so sieht es aus. Ich hätte es wirklich gerne gehabt, aber wenn sein Herz so sehr daran hängt, dann kann ich es ja auch verstehen."

Am Tag ihrer Abreise liefen sie morgens noch einmal zum Strand. Zeit war noch genug, aber irgendwie war der letzte Tag nicht mehr so ganz toll. Das war aber immer so.

„Ist Dir aufgefallen, dass Rüdiger gestern nicht zu sehen war?", fragte Jonas.

„Klar, aber das dachte ich mir schon. Er wollte nicht mehr von mir genervt werden", erwiderte Johanna.

„Du bist aber wirklich hartnäckig. Das Armband ziehst Du zu Hause doch sowieso nicht an."

„Wer sagt denn das?"

„Ich. Hast Du all die anderen Armbänder aus Kupfer oder Leder jemals getragen?"

„Nein, aber ich habe sie alle noch. Ich habe gerade neulich überlegt, dass die Kupferarmbänder hier viel zu billig verkauft werden."

„Prima, dann erzähle es doch den Beach -Boys. Die Schlüsselanhänger der Massai werden schon teurer verkauft als vor einigen Jahren."

„Ach, sei doch nicht so zynisch. Du weißt doch, dass ich gerne handle und dieses Armband hat mir wirklich sehr gefallen. Und apropos Schlüsselanhänger. Wie viele bei uns zu Hause haben denn ihre Autoschlüssel daran hängen? Und wenn wir gerade dabei sind, ich möchte auf jeden Fall noch einen großen Speckstein Elefanten mitnehmen."

„Johanna, jetzt reicht es aber wirklich. Auch noch einen großen. Weißt Du was der wiegt?"

„Nein, weiß ich nicht, aber ich habe schon viele Kleidungsstücke auf die Seite gelegt, die wir zu Hause nicht unbedingt brauchen."

„Und die willst Du am letzten Tag noch tauschen?" Jonas schüttelte den Kopf. „Ohne mich", fügte er noch hinzu.

„Du kannst ja auf der Liege bleiben. Ich mache das schon", erwiderte Johanna. Sie hatten ja noch den ganzen Tag Zeit. Die Koffer wollte sie sowieso erst kurz vor dem Abendessen packen. Da Jonas ihr dabei sowieso nicht half, konnte sie sich ihre Zeit ja auch einteilen wie sie es wollte.

So nahm Johanna nach dem Mittagsessen ihre Kleidungsstücke mit zum Pool. Allerdings wurde sie schon einige Teile auf dem Weg bis dorthin los. Klar, die Angestellten wussten genau, wer abfliegen würde.
„Mama, wo gehst Du hin?", fragte gleich ein Kellner.
„Zum Pool", antwortete Johanna. „Du möchtest aber sicher auch etwas, oder? Komm, suche Dir etwas aus. Jetzt hast Du noch die Auswahl."
„Ich brauche ein Hemd", antwortete der Kellner.
Oh, wenn Jonas diesen Satz gehört hätte, wäre er wieder ausgeflippt, dachte Johanna. Er empfand es als unverschämt, wenn man Ansprüche stellte. Johanna war da anders, denn erstens sprachen nicht alle ein gutes Deutsch und er hatte sicher nataka ins deutsche falsch übersetzt. Deshalb erwiderte sie: „Vielleicht solltest Du lieber nataka sagen? Ich möchte. Das klingt viel besser, oder?"
„Ja, mama. Naweza kuijaribu mwillini?"
„Ach Du liebe Güte, ich kann ja nicht so gut Suaheli. Was heißt das denn?" Johanna lachte. „Heißt das vielleicht anziehen?"
„Probieren, ob es passt", erwiderte der junge Mann.
„Ja, das kannst Du gerne."
Für Johanna war es völlig klar, dass er auch die anderen Sachen im Auge hatte. Sie hatte aber nicht vor ihm alles zu geben. Es gab ja noch einige, die sich auch über etwas freuten.
„Mama, ni inapwaya sana."
Seine Handbewegung erklärte diesen Satz. Es war zu weit.
„Kein Problem Mama, ich gebe es meinem Bruder. Asante sana."
Ja, so waren sie alle. Was nicht für sie selbst ist wurde weiter gegeben oder verkauft.
„Okay, dann behalte es und verkaufe es in Mombasa", erwiderte Johanna. Er sollte sie nicht für dumm verkaufen. Auch diesen Trick hatte sie schon kennengelernt.

Sie lief weiter bis zu der Mauer, die das Hotel vom Strand trennte. Es war Ebbe, so dass sie die Stufen hinunter laufen konnte. Bei Flut stand das Wasser fast bis zur Oberkante und einmal schlugen sogar die Wellen oben drüber.
Der Strand war fast leer. In der Mittagszeit saßen die Beach-Boys irgendwo im Schatten und von den Touristen waren auch nur wenige zu sehen. Es war eben zu heiß, aber das machte Johanna nichts aus. Ihre Haut war braun genug und außerdem wollte sie schon einmal von Kenia Abschied nehmen. Sie freute sich auf zu Hause, aber so lange sie in diesem Land war wollte sie alles noch genießen. Sie setzte sich auf die letzte Stufe der Treppe und sah zum Riff hinaus. Die ersten

Beach-Boys kamen schon mit Muscheln zurück und sehr bald bekam sie welche angeboten. Sie lehnte ab. Muscheln standen unter Artenschutz und die Zollbeamten machten da kurzen Prozess. Das verstanden die Beach-Boys nicht. Wie sollten sie das auch. Sie brauchten das Geld um ihre Familie zu ernähren. Für sie war es ein täglicher Kampf. Auch die Ranger von WWF konnten sie davon nicht abhalten. Diese liefen öfters am Strand entlang und waren mit ihren grünen Uniformen sehr gut zu erkennen.

So saß Johanna da und hing ihren Gedanken nach.

Sie wollte eigentlich schon wieder ins Hotel gehen, als sie von weitem einen Massai erblickte. Ob das Rüdiger war? Das musste sie erst noch abwarten. Und tatsächlich, er war es. Freudestrahlend kam er auf sie zu.

„Jambo Mama", sagte er erfreut. „Ich freue mich, dass Du noch da bist."

„Jambo Rüdiger, ich freue mich auch", erwiderte Johanna. „Möchtest Du Dir ein paar Sachen aussuchen?"

„Ja, gerne. Ich habe heute noch kein Geschäft gemacht."

„Du hast ja auch sehr wenig dabei", sagte Johanna.

„Mama, ich muss das noch lernen. Meine Brüder lachen immer über mich. Da verliere ich den Mut."

Johanna überlegte. Was war das denn jetzt für eine Masche? Das hatte sie ja noch nie gehört. War das jetzt die Mitleidstour? Sie sah ihn sich genauer an. Hatte sie sich in ihm getäuscht? Nein, sicher nicht. Er hatte ihnen nie etwas verkaufen wollen. Was sollte er aber auch verkaufen. Die ganzen Kettchen trug er selbst und in der Hand hatte er nur seinen Speer. Sie erinnerte sich an einen Beach-Boy von der Nordküste, der sich auch immer nur unterhalten wollte und stundenlang neben ihnen herlief.

„Zum Verkaufen brauchst Du keinen Mut", sagte sie deshalb zu ihm. "Wenn Touristen etwas nicht brauchen, dann sagen sie es schon. So wie wir. In all den Jahren haben wir schon so viele Sachen mit nach Hause genommen, so dass wir wirklich nichts mehr kaufen. So zum Spaß tauschen wir auch."

Rüdiger sah sie an. „Manche beschimpfen uns. Oder sie handeln so lange, dass für uns kein Verdienst mehr übrig bleibt."

„Ja, ich habe das auch schon gesehen. Solche Menschen gibt es leider. Darüber ärgere ich mich auch. Da müsst Ihr aber durch."

„Was bedeutet durch?"

„Gute Frage, das heißt so viel wie: Das müsst Ihr eben aushalten. Man sagt es umgangssprachlich, aber das führt jetzt zu weit." Johanna lachte. „Ich bin kein Deutschlehrer. Komm, such Dir etwas aus. Ich muss wieder ins Hotel zurück. Jonas wird sicher schon ungeduldig."

Doch Rüdiger machte keine Anstalten. Er stand nur da und schien zu überlegen.

„Mama, ich möchte Dir etwas geben", sagte er nach einer Weile.

„Was möchtest Du mir denn geben?"

„Gib mir bitte Deine Hand."

„Meine Hand?" Was sollte denn das? Johanna zögerte ein wenig, doch sie hielt sie ihm hin.

Rüdiger berührte sie nicht, sondern er band ihr sein Kettchen um ihr Handgelenk und strahlte über das ganze Gesicht.

„Für Dich Mama", sagte Rüdiger. „Damit Du mich nicht vergisst." Er drehte sich um und ging mit schnellen Schritten weg.

„Dankeschön, Rüdiger", rief Johanna ihm nach. „Bleib doch stehen. Du wolltest Dir etwas aussuchen!"

Doch Rüdiger lief weiter ohne sich noch einmal umzudrehen.

Leicht irritiert nahm Johanna alle Sachen über den Arm und ging zum Pool. Dort erwartete sie schon Jonas.

„Konntest Du nicht schneller wieder zurück kommen?", fragte er.

„Du hast mich doch nicht etwa vermisst", erwiderte Johanna und schubste ihn leicht an.

„Na, sehr erfolgreich bist Du ja nicht gewesen. Du bringst ja alles wieder mit."

„Wenn um diese Zeit keiner da ist, dann ist das eben so. Ich werde alles unserem Room-Boy geben. Dem passt sicher einiges und den Rest verkauft er dann sowieso."

„Lass mich raten, der Massai hat Dich so lange aufgehalten."

„Von lange kann ja nicht die Rede sein, aber Du hast Recht. Sieh mal, was er mir überlassen hat."

Freudestrahlend hielt sie Jonas ihre Hand hin.

„Oh, dann hat er sich ja doch von seinem Kettchen getrennt. Das hätte ich mir ja denken können."

„Dann bist Du ein Hellseher. Ich war auf jeden Fall völlig überrascht und habe mich riesig darüber gefreut."

„Und wann trägst Du das Kettchen?"

„Ich werde es schon tragen. Das wirst Du sehen. Aber was hast Du in der Zwischenzeit gemacht?"

Johanna wollte lieber das Thema wechseln.

„Ich habe nachgesehen, wann wir heute Nacht geholt werden. So gegen 3 Uhr. Da bekommen wir wenig Schlaf ab."

„Das ist nicht so schlimm. Wir können ja im Flugzeug schlafen. Ich wollte, wir hätten die Koffer schon die Wendeltreppe hinunter getragen."

„Langsam oder besser gesagt polo pole. Erst würde ich sie einmal packen. Denke dran, dass wir sie an der Rezeption noch wiegen."

„Dann werden wir jetzt einen Kaffee trinken gehen, noch mal in den Pool springen und danach fange ich mit dem Packen an."

Nach dem Abendessen saßen sie noch eine Zeit lang an der Bar. Auch die Barkeeper wussten, dass sie abreisen würden. Sie waren noch freundlicher als die vergangen Tage.

„Weißt Du Johanna", sagte Jonas. „So langsam freue ich mich auf zu Hause. Keiner fragt mich ob ich etwas für ihn habe und ich muss nicht dauernd Hände schütteln und das Wort Jambo werde ich auch so schnell nicht wieder nutzen."

„Ach komm, so schlimm ist das doch auch nicht gewesen. Wir sind nun wirklich oft genug in Kenia gewesen. Die Menschen sind hier eben so.

„Papa", sagte der Kellner, „ich habe gehört, dass man für Kenia demnächst ein Visum braucht."

„Was?" rief ein Mann. „Auch noch Eintritt bezahlen? Werden wir denn nicht genug übers Ohr gehauen?"

Jonas drehte sich entsetzt um. Was sollte das denn?

„Dann brauchen Sie ja auch nicht mehr hier her zu fliegen, wenn Ihnen ein Visum zu teuer ist", antwortete er zu dem Mann.

„Mischen Sie sich nicht ein", erwiderte dieser. „Sie sind doch dauernd umringt von diesen Schwarzen."

„Hat Sie das gestört?", fragte Jonas.

„Nein, wenn sie bei Ihnen stehen nicht. Mich sollen alle in Ruhe lassen."

Johanna bemerkte, dass Jonas ziemlich wütend war und deshalb stieß sie ihn leicht an.

„Lass das Johanna. Solche Typen mag ich nicht", erwiderte er deshalb ziemlich lautstark.

Der Mann warf Jonas einen bösen Blick zu.

„Ich wusste, dass Sie nur für die Schwarzen sind. Ein Visum bezahle ich auf jeden Fall nicht."

Vorsichtig sagte der Kellner hinter Theke zu Jonas: „Papa, ich habe es ja nur gehört. Vielleicht stimmt es ja gar nicht."

Jonas warf ihm einen Blick zu, aber Johanna ahnte, dass Jonas nicht ruhig sein wollte. Sie zog ihn von der Theke weg. Damit verschlimmerte sie allerdings nur alles. Jonas stellte sich direkt neben den Mann und sagte: „Ich hoffe, Sie kommen nicht noch einmal in dieses schöne Land. Auf solche Menschen können die Menschen hier verzichten."

„Das glaube ich nicht. Sie sind doch alle nur scharf auf unser Geld. Das ist es doch."

„Kann es sein, Johanna, dass ich jetzt irgendetwas nicht richtig verstehe? Auf der ganzen Welt gibt es Hotels, die sich über Gäste freuen. Über Gäste, die ihren Urlaub bezahlen. Warum sollte es denn hier anders sein? Weil Kenia ein armes Land ist?" Jonas ließ nicht locker.

„Da laufen aber auch nicht dauernd Halbwilde neben einem her", erwiderte der Mann.

„Jonas komm. Hör auf zu antworten. Er will Dich doch jetzt nur provozieren." Johanna wollte allem ein Ende setzen. „Komm, wir müssen früh aus dem Bett. Und zu dem Kellner gewandt sagte sie: „Kwaheri, tumefurahishwa sana na makaazi yetu."

Der Kellner lachte. „Mama, das hast Du gut gelernt. Kwaheri."

„Ja, ich habe es vorhin auswendig gelernt."

„Und was heißt es?" fragte Jonas, während der Mann nur den Kopf schüttelte und zu Johanna sagte: „Sagen Sie nur, sie haben ein Wörterbuch dabei."

„Es heißt: Es war ein sehr angenehmer Aufenthalt." Den Mann ignorierte sie total und gab ihm keine Antwort.

So gingen beide zu ihrem Zimmer und hofften, die Zeit bis zum Abflug würde schnell vergehen. Jonas musste Johanna bei den Stützstrümpfen helfen. Sie wollten und wollten einfach nicht sitzen. Durch die hohe Luftfeuchtigkeit wollten sie keinen Millimeter rutschen. 20 Minuten dauerte alles pro Bein, aber dann war auch das geschafft. Doch dann kam es anders als sie es sich vorgestellt hatten.

So gegen 2 Uhr wurden sie wach. Auch ohne von einem Askari geweckt zu werden. Als er kam und an die Tür klopfte waren sie schon fix und fertig angezogen.

Jonas stöhnte unter der Last der Koffer. Die Wendeltreppe war nicht sehr breit, so dass sie hin und wieder an das Holz schlugen.

„Jetzt wissen die Leute unter uns, dass wir abfahren", sagte Johanna.

„Da kann ich aber nichts dafür", erwiderte Jonas. „Du hast doch die Koffer so voll beladen oder?"

Johanna antwortete vorsichtshalber nicht darauf. Streit musste jetzt nicht unbedingt sein.

Endlich waren sie den Berg zur Rezeption hinauf gelaufen. Aber was war denn dort los? Eigentlich sollten dort viel mehr Leute zur Abfahrt bereit stehen, aber es waren nur zwei. Darunter auch der Mann von der Bar. Na prima, dachte Johanna. Jetzt sitzt er uns ja direkt auf der Pelle. Der Reiseleiter kam auf sie zu und sagte." Meine Damen und Herren, Sie können wieder zurück auf Ihr Zimmer gehen. Der Flug fällt heute aus. Sie fliegen morgen ab. Zur gleichen Zeit. Selbstverständlich kostet Sie das nichts. Auch Getränke und das Essen sind frei."

Johanna sah Jonas an und sagte: „Dann sind wir eben noch einen Tag hier. Das macht doch nichts. Wir müssen nur zu Hause anrufen und Bescheid sagen."

Der Mann von der Bar wurde sofort wütend. „Ich sage es ja, nicht mal ein Flug klappt hier richtig!", rief er. „Wie war das noch mal mit dem Visum? Eintritt, aber nur mit Schwierigkeiten verbunden! Nein Danke!"

Jonas blieb ruhig und Johanna war froh darüber.

„Lass uns wieder zurück laufen. Dann schlafen wir noch ein wenig", sagte er und schnappte sich die Koffer.

Den Berg wieder hinunter, die Wendeltreppe wieder hinauf. Jonas war richtig erschöpft als sie in ihrem Zimmer waren und legte sich gleich auf das Bett. Johanna öffnete schnell einen Koffer und holte einige Kleidungsstücke wieder heraus. Sie konnten ja schließlich nicht den ganzen Tag mit Jeans herum laufen. Es war ein Glück, dass sie die Shirts und kurzen Hosen ziemlich oben drauf gelegt hatte. So waren sie noch nicht zu stark zerknittert. Die Stützstrümpfe musste sie auch wieder loswerden. Da Jonas schon eingeschlafen war, quälte sie sich eben allein damit herum. Danach schlief auch sie endlich ein.

Am nächsten Morgen staunten doch einige, dass sie noch im Hotel waren. Viele wollten wissen warum und wieso. So verging der Vormittag recht schnell und am Nachmittag liefen sie noch einmal am Strand entlang.
Johanna dachte, dass sie vielleicht noch einmal Rüdiger sehen würde, aber das war nicht der Fall. Es war nicht viel los. Die frisch angekommenen Gäste blieben meist den ersten Tag im Hotel weil sie der Sonne noch etwas aus dem Weg gehen wollten. Da hatten die Beach-Boys auch nicht viel zu tun.
Doch dann kam doch noch einer. Es war Ronaldo.
„Jambo Mama, jambo Papa, wie geht es Euch?", fragte er lachend.
„Danke gut, aber nun erzähle uns doch bitte, wo Du uns schon einmal gesehen hast", sagte Johanna. „Wir waren noch nie in diesem Hotel", fügte sie hinzu.
„Mama, ich habe manchmal in der Nähe von Helmut gesessen. Ihr kennt doch Helmut oder?"
„Ja, wir kennen Helmut, aber der arbeitet an der Nordküste", erwiderte Jonas.
„Ich manchmal auch. Wenn Ihr gekommen seid, dann hat mich Helmut immer weg gejagt. Er wollte mit Euch allein sein. Ihr habt auch sehr oft bei Steve gestanden und für James habt Ihr Krücken mitgebracht."
Johanna lachte: „Die Buschtrommeln funktionieren hier aber gut. Aber Du hast recht, vom Sehen kennen wir Dich auch."
„Euer Flugzeug ist heute nicht geflogen", sagte Ronaldo.
„Woher weißt Du das denn?", fragte Jonas.
„Ich habe gehört wie die neuen Gäste erzählt haben, dass sie beim Landen Glück gehabt hätten. Bei uns spricht sich so etwas schnell herum."
„Ja, und deshalb sind wir noch hier. Beinahe hätten wir uns gar nicht getroffen", lachte Johanna.
„Wir müssen uns jetzt zum Essen umziehen. Kwaheri Ronaldo."

Inzwischen hatten sie gehört, dass am Flugzeug eine Turbine ausgetauscht werden musste. Besser hier in Kenia als irgendwo abstürzen, hatte Jonas zu ihr gesagt. Das stimmte, aber so ein „geschenkter" Tag war eigentlich gar nicht schön. Beiden ging es so:

Wenn die Koffer gepackt sind, ist der Urlaub zu Ende.
Zuerst überlegte Johanna, ob sie die Stützstrümpfe auslassen sollte. Sie wollte aber kein Risiko eingehen und deshalb begann die ganze Quälerei wieder von vorne.

Auf der Fahrt zur Fähre konnten sie sehr viele Menschen im Dunklen laufen sehen. Sie liefen sehr nah an der Straße und der Busfahrer musste sehr aufpassen. Wenn sie an kleineren Hütten vorbei fuhren, roch es sehr stark nach Rauch, vermischt mit Kaffeeduft. Johanna hing ihren Gedanken nach. Diese Gerüche hatte sie sonst noch nie erlebt. In keinem anderen Land außer in Afrika. Innerlich musste sie diesen Gedanken gleich wieder korrigieren, denn Tunesien liegt ja auch in Afrika, aber da roch es nicht so. Dann muss man eben Kenia dazu sagen, wenn man diese Eindrücke zu Hause erzählt.

Am Flughafen war es wie immer. Alle wollten so schnell es geht abgefertigt werden. Kenianische Schillinge wechselten die Besitzer. So manch ein Afrikaner verdiente sich gutes Geld dazu. Jonas und Johanna lehnten diese Schmiererei ab. Geduld hatten sie ja im Urlaub genug geübt. In Kenia musste man für alles viel Zeit haben aber, aber die hatte man ja sowieso.
Innerhalb der Abflughalle waren alle Geschäfte noch zu. Es war einfach noch zu früh. Nur ab und zu sah man einen Afrikaner mit Getränken durchlaufen. Die Zeit des Abflugs wollte gar nicht vergehen.
Endlich wurden sie zur letzten Kontrolle aufgerufen. Noch einmal die Pässe zeigen, obwohl sie ja schon die Bordkarten in den Händen hatten. Jonas sah Johanna an. Er verkniff sich darüber zu schimpfen. Das tat er sonst, aber dieses Mal blieb er ruhig. Johanna war leicht verwundert, aber als sie sich umsah, sah sie den Mann von der Bar und da wusste sie, warum Jonas ruhig war. Er wollte nicht Wasser auf die Mühle geben. Und gerade als sie dieses gedacht hatte, hörte sie schon die Stimme hinter sich.
„Was ist denn das hier für ein Flughafen. Ich hatte doch alles schon vorgezeigt!", schimpfte er.
Jonas grinste. Du wirst schon sehen was du davon hast, dachte er.
Die Zollbeamtin sah den Mann an. „Auf die Seite", sagte sie streng zu ihm.
„Schon mal was von „bitte" gehört?" Widerwillig stellte sich der Mann neben sie und erwiderte ihr in barschem Ton: „Ich habe nichts zu verzollen."
„Machen Sie Ihre Hosentaschen leer."
„Da ist nichts drin, aber wie Sie wollen. Ich werde mich über Sie beschweren. Ich bin vorhin schon gründlich kontrolliert worden!"
Er zeigte ihr seine leeren Hosentaschen. „Sind Sie jetzt zufrieden?"
„Das war jetzt die falsche Frage", flüsterte Jonas Johanna zu.

„Ziehen Sie Ihre Schuhe aus!"

„Jetzt geht es aber los! Was soll ich denn in den Schuhen haben?"

Die Zollbeamtin blieb ruhig. „Wenn es noch länger dauert, werden Sie Ihr Flugzeug verpassen", erwiderte sie ihm.

So langsam wurden die übrigen Touristen auch unmutig. Schließlich hatten alle schon genug gewartet. „Dann tun Sie doch einfach was sie sagt!" ertönte von weiter hinten eine Stimme.

So war es dann auch. Die Zollbeamtin ließ den Mann von der Bar weiter laufen. Erst im Flugzeug machte er sich wieder bemerkbar.

„So etwas habe ich noch nie erlebt! Ich fliege nie wieder hier her. Das waren nur Schikanen. Sonst nichts", rief er allen zu. Doch keiner antwortete ihm.

So endete dieser Urlaub.

„Manchmal macht eben doch der Ton die Musik", sagte Johanna zu Jonas. „Ich bin nur froh, dass Du nichts mehr dazu gesagt hast."

„Ich war nur Dir zu Liebe ruhig", antwortete Jonas. „Es gibt manchmal Leute mit denen man sich aber auch über alles streiten könnte. Wären wir noch im Hotel geblieben, hätte es sicher noch manche Auseinandersetzung gegeben", fügte er lachend hinzu.

Johanna sagte nichts dazu. Sie schloss die Augen und dachte schon an zu Hause, aber nicht ohne zuvor noch Kwaheri Kenia zu sagen.

Jonas kam freudestrahlend nach Hause.

„Johanna, ich habe meinen Urlaub eingetragen. Im November geht es ab in die Sonne!"

„Und wohin? Weißt Du das auch schon?", erwiderte sie.

„Wie wäre es zur Abwechslung mal mit Kenia?"

„Abwechslung ist gut", sagte Johanna lachend. „Hast Du schon mal nachgezählt wie oft wir schon dort waren?"

„Nein, warum sollte ich auch. Ich weiß doch, dass Du gerne dorthin fliegst. Es bleibt bloß wie immer die Frage ob Nord- oder Südküste."

„Obwohl wir wieder „Eintritt" bezahlen?"

Das Wort Eintritt wurde bei ihnen zum geflügelten Wort seit sie es an der Nordküste an der Bar gehört hatten. Inzwischen hatten sie es noch mehrmals gebraucht. Zwei verschiedene Hotels hatten Sie in den letzten Jahren noch an der Südküste besucht. Reiner Erholungsurlaub. Nette Leute kennengelernt und die Sonne ausgenutzt.

„Ich glaube, jetzt ist mal wieder die Nordküste dran oder?", sagte sie deshalb.

„In unser altes Hotel?"

„Nein, da möchte ich nicht hin. Wir haben ja gehört, dass sich dort alles verändert hat."

„Nein, unser ganz altes Hotel meinte ich nicht, sondern das von 2002. Aber ganz wie Du willst. Dann lass uns mal auf die Suche gehen. Erst einmal jeder für sich und dann vergleichen wir alles."

„Ja, die Vor- und die Nachteile. Ich bin schon mal gespannt, welches Du aussuchst."

Beide hatten ja keine Schwierigkeiten sich zu einigen, aber ein bisschen Spaß musste schon vorher sein.

„Ich nutze auf jeden Fall das Internet", sagte Johanna.

„Und dann buchen wir im Reisebüro, einverstanden?" Jonas setzte sich sofort an seinen Schreibtisch.

Johanna überlegte kurz, aber dann sagte sie zu Jonas, dass sie doch gerne in das letzte besuchte Hotel an der Nordküste fliegen würde.

Jonas lachte. „Das habe ich mir schon gedacht, allerdings bis ins Hotel werden wir auch in diesem Jahr nicht fliegen können. Eine kleine Strecke mit dem Bus bleibt uns erhalten."

„So hatte ich das ja auch nicht gemeint. Mir fiel nur ein, dass wir dort nette Ehepaare getroffen hatten, die dort Stammgäste waren. Erinnerst

Du Dich? Vielleicht treffen wir sie ja wieder. Wir hatten uns doch gut verstanden. Und außerdem hat der Nyali Beach keine Sandflöhe."

„Seit wann brauchen wir denn Unterhaltung?", neckte er sie. „Die Sandflöhe sind allerdings ein gutes Argument."

„Ach hör auf. Lass uns lieber nachsehen ob zu Deinem Termin noch Plätze im Flugzeug frei sind."

Sie fanden einen Flug und auch in dem ausgesuchten Hotel war noch Platz. Nun wurden wieder die Koffer gepackt. Das bedeutete, dass sie Geschenke aussuchten, die sie entbehren konnten. Es war zwar alles gebraucht, aber immer in sehr gutem Zustand.

„Ob wir damit gut durch den Zoll kommen?", fragte Johanna.

„Sicher, es sind ja alles unsere Sachen. Aber vielleicht könntest Du Dein erlerntes Suaheli lieber weg lassen. Das erregt nur die Aufmerksamkeit der Beamten. Unsere Pässe sind voll genug mit Stempeln von Kenia. Da brauche ich die Frage, ob wir viele Freunde haben eigentlich nicht."

„Ich sage dann einfach hapana", erwiderte Johanna lachend.

„Nein kann ich selber sagen. Hör doch einmal auf mich." Jonas.

Am Flughafen war viel los. Allerdings hatten die beiden keine Eile. Sie hatten ihre Sitzplätze reservieren lassen. Das fanden beide recht angenehm. Ihre Wasserflaschen hatte sie fast leer. So kamen sie ohne Beanstandungen durch den Zoll. Aber genau wusste man das vorher ja nie. Mal waren sie unheimlich kleinlich, aber manchmal ließen sie die Leute zügig durch die Schleusen laufen.

„Jonas, ich werde mal nachfragen, ob ich meine Spritze mit ins Flugzeug nehmen darf", sagte Johanna. „Ich möchte nicht erst noch hier zur Toilette gehen. Im Flugzeug sieht das doch sowieso keiner."

„Wie Du meinst", erwiderte Jonas. Für Johanna waren die Heparin-Spritzen wichtig.

Johanna fragte nach und kam etwas entsetzt zurück.

„Das hätte ich jetzt aber nicht erwartet. Weißt Du was der Beamte gesagt hat?"

„Nein, aber Du wirst es mir bestimmt gleich sagen."

„Er sagte, wenn ich die Spritze brauche, dann soll ich sie mitnehmen."

„Und wo ist jetzt das Problem?"

„Eine Spritze könnte aber auch zu einer Waffe werden. Irgendwie finde ich das nicht so richtig, oder?"

„Der Beamte hat sicher gesehen wer vor ihm steht."

„Du brauchst das jetzt nichts ins Lächerliche zu ziehen. Ich finde es bedenklich."

„Und ich sage, sie kennen die Vorschriften und halten sich daran. Nimm sie mit und gib jetzt einfach Ruhe."

Das fängt ja gut an, dachte Johanna. Jonas konnte ja anders darüber denken, aber sie fand es eben nicht richtig.

Das Flugzeug war bis zum letzten Platz besetzt. Natürlich brauchte alles seine Zeit. Immer wieder bekam Johanna einen Stoß von irgendwem, der gerade den Gang entlang lief. Dann saßen aber auch die letzten Passagiere und sie flogen los.

Nach dem Abendessen wollte Johanna schlafen. So wie immer, aber daraus sollte nichts werden.

In dem Flugzeug war eine Gruppe aus einem anderen Land. Sie saßen kreuz und quer verteilt. Da sie von Natur aus schon eine laute Stimme hatten, war die Unterhaltung nur recht schwer zu ertragen. Da sich aber niemand darüber beschwerte, dachte Johanna, dass sie irgendwann sicher einschlafen könne. Sie bemühte sich wirklich, aber an Ruhe oder Schlaf war nicht zu denken.

„Jonas, ich werde gleich verrückt", sagte sie.

„Dann hole doch die Stewardess. Sie wird sie schon zur Ruhe bringen", erwiderte Jonas.

„Stören sie Dich denn nicht?"

„Ja sicher, aber ich schlafe ja sowieso nicht. Ich denke, sie haben alle einen über den Durst getrunken. Sieh doch, da setzt einer gerade die Flasche wieder an."

Statt Jonas zu antworten klingelte Johanna nach der Stewardess, die auch sofort kam.

„Was kann ich für sie tun?", fragte sie freundlich.

„Sie könnten bitte diese Schreierei quer durch die Reihen unterbinden", antwortete Johanna. „Das halte ich nicht aus. Ich würde gerne schlafen. Außerdem sind alle total betrunken."

Erstaunt sah die Stewardess sie an. „Betrunken? Ich habe aber jedem nur ein Bier gebracht."

„Das kann ja sein, aber in den Plastiktüten sind noch Getränke. Wir haben es gesehen!" Johannas Stimmung sank. Ob die jungen Männer wohl ruhig sein würden?

Natürlich nicht. Die unterhielten sich weiter lautstark und mittlerweile störte das immer mehr Leute. Ein unruhiges Murmeln war aus fast allen Seiten zu hören.

Wieder kam die Stewardess. Sie redete auf einen Mann ein, der gleich am Zwischengang neben Johanna saß. Dieser allerdings schnitt nur Grimassen. Er verhöhnte sie und lachte lauthals.

Völlig genervt lief die Stewardess nach vorne zum Flugkapitän.

Jonas und Johanna waren jetzt gespannt wie es weiter gehen würde.

„Sie bekommen nichts mehr zu trinken", sagte die Stewardess. "Bitte geben sie mir ihre Plastiktaschen. Das ist eine Anordnung vom Kapitän!"

Gelächter. Die Stewardess holte einen Kollegen dazu, was aber auch nichts half.

Dann kam die Durchsage vom Flugkapitän persönlich, die nach

Stunden für Ruhe sorgte.

„Meine Herren, wenn Sie jetzt nicht ruhig werden, fliege ich den Kilimanjaro Flughafen an und Sie werden dort aussteigen. Schlafen können Sie eventuell in Arusha. Das war jetzt die letzte Ermahnung. Ich hoffe, Sie haben mich verstanden."

Nach einigen Minuten herrschte tatsächlich Ruhe.

Johanna musste zur Toilette, aber sie kam recht schnell wieder zurück.

„Das ging aber fix", sagte Jonas.

„Von wegen", erwiderte Johanna. „Dort liegt einer auf dem Boden. Auch noch quer. Da kann ich nicht drüber steigen und die Stewardess konnte ihn nicht wecken. Ich laufe zur nächsten Toilette."

„Dann bin ich mal gespannt, ob er in Mombasa aufwacht." Jonas grinste vor sich hin. In dessen Haut wollte er nicht stecken.

Als das Flugzeug dann zur Landung ansetzte, staunten Johanna und Jonas nicht schlecht, denn alle schienen völlig normal zu sein. Keiner torkelte, sondern alle waren darauf bedacht, den anderen Passagieren Platz zu machen.

„Da kann man mal sehen, was der Alkohol anrichten kann", bemerkte Johanna. Sie hatte natürlich nicht mehr einschlafen können und das brachte ihre sonst meist gute Laune ziemlich auf den Nullpunkt.

„Vergiss es jetzt einfach. Wir haben Urlaub. Du kannst ja heute Abend früh schlafen gehen." Jonas glaubte zwar nicht wirklich daran, aber das wollte er Johanna natürlich jetzt nicht sagen.

Immer wieder sonntags, nein, immer wieder Regen in Mombasa. Jahre zuvor hatten sie sich immer darüber gewundert, weil es so gar nicht in ihre Vorstellung von Afrika passte, aber heute war es einfach ein Bestandteil ihrer Ankunft.

Den Zoll passierten sie recht zügig. Keine Fragen oder Koffer öffnen. Es ging wirklich recht schnell.

Die Busfahrt dauerte knapp 10 Minuten. Auf der Straße herrschte reger Verkehr, denn viele liefen zu ihren Hotels zum Arbeiten. Da sie mit einem moderneren Bus als sonst fuhren, vermisste Johanna den typischen Kaffeeduft und die verbrannte Luft. Die Fenster waren eben dicht und die Klimaanlage war zu kühl für ihren Geschmack. Das sagte sie Jonas lieber nicht. Er würde sie wieder auslachen. Von wegen Afrika riechen!

Die Zimmer im Hotel waren schon bezugsfertig. Jetzt konnte Johanna erst einmal in aller Ruhe die Koffer ausräumen und alles aufhängen. Bügeln kam im Urlaub nicht in Frage. Das hatte sie ganz am Anfang gemacht und Jonas hatte das nicht verstehen können. Mittlerweile hatte sie aber gemerkt, dass sämtliche Knitter fast allein wieder verschwanden. Die hohe Luftfeuchtigkeit machte die Kleidung schwer und zog alles wieder glatt. Es gab ja keine Schränke. Eine Stange in einer Ausbuchtung ersetzte diese. Davor war noch eine Stange mit einem Vorhang. Nicht schön, aber afrikanisch.

„Ich ziehe schon mal los", sagte Jonas. „Ich habe Durst."

„Ja, mach das. Ich komme dann nach", erwiderte Johanna. Sie war so müde und hatte jetzt keine Lust auf Begrüßungen jeglicher Art. Schnell war die Kleidung aufgehängt und in Schubladen verstaut, so dass sie beschloss, sich für eine Weile auf das Bett zu legen. Einfach nur eine Weile dösen, aber kaum hatte sie die Augen geschlossen, war sie auch schon fest eingeschlafen.

„Wo bleibst Du denn?", weckte sie die Stimme von Jonas. „Alle haben sich schon gewundert, dass Du nicht kommst."

„Das macht mir gar nichts aus, Jonas. Ich konnte kaum noch auf den Füßen stehen. Seit gestern 6 Uhr bin ich auf. Den ganzen Tag, die ganze Nacht und da bin ich eben müde geworden."

„Du hast ja Recht. Jetzt bist Du aber wieder fit und wir können ein wenig durch das Hotel laufen. Dein Kreislauf muss ja auch etwas zu tun haben, oder?"

„Na gut. Viel lieber würde ich einfach weiter schlafen."

„Das bringt nichts. Dann liegst Du ganze Nacht wach und das Problem fängt morgen wieder von vorne an. Komm, wir laufen."

Weit kamen sie nicht, denn nun hatten die zwei Ehepaare sie entdeckt.

„Schön Dich zu sehen, Johanna. Wir können uns ja da vorne an den Strand setzen und uns erzählen, wie es uns in der Zwischenzeit ergangen ist. Jonas hat uns schon von dem Flug berichtet. So etwas haben wir zum Glück noch nicht erlebt", sagte Cornelia. Claudia schloss sich ihr sofort an und nickte.

„Ja, das war nicht so toll, aber nun sind wir ja hier und werden unseren Urlaub genießen", erwiderte Johanna.

„Gefällt Euch Euer Zimmer?", wollte Claudia wissen.

Johanna lachte. „Ja. Als wir hinein gingen waren die Vorhänge noch zugezogen. Jonas ist ja gleich etwas trinken gegangen, so dass er gar nicht unsere Aussicht auf das Meer gesehen hat. Er wird sich freuen. Man hört es rauschen. Ich glaube, durch dieses Geräusch bin ich eingeschlafen."

„Dann könnt Ihr heute Abend gleich noch den Sonnenuntergang sehen. Der ist wunderschön", sagte Cornelia.

„Ja", stimmte Claudia zu. „So richtig schön kitschig. Wie auf einer Postkarte und wenn Ihr Glück habt, fährt gerade ein Schiff durch die Sonne."

„Das werde ich mir morgen ansehen. Wir gehen heute früh schlafen. Komm Jonas, wir laufen weiter. Ich habe im Flugzeug lange genug gesessen."

„Ja, dann bis heute Abend oder besser gesagt bis morgen. Johanna hat Recht. Erst richtig schlafen und dann den Urlaub genießen", sagte

Jonas.

„Weißt Du Jonas, heute mag ich nicht mal reden. Mir ist gerade alles zu viel."

„Das macht nichts, wir haben ja noch so viel Zeit."

Am nächsten Tag war die Welt für Johanna wieder in Ordnung. Gleich nach dem Frühstück suchten sie sich eine Liege in der Nähe vom Strand unter einer Palme aus. Direkt am Strand konnte man nicht liegen. Eine Mauer trennte sie davon, aber das war kein Problem. Johanna und Jonas liefen sowieso die meiste Zeit irgendwo hin. Entweder nach rechts oder nach links.

„Jonas", hatte Johanna beim Frühstück gesagt. „Hast Du bemerkt, dass hier sehr viele Gäste Afrikaner sind. Das finde ich so schön an diesem Hotel. Da sind wir mitten im Leben und nicht so abgeschirmt."

„Ja, ich habe es bemerkt und finde es auch nicht schlecht. Allerdings hat es mich in den anderen Hotels ohne Afrikaner auch nicht gestört. Das ist doch völlig egal, oder?"

„Ich muss da immer an Helmut denken. Er wünschte sich so sehr für sich und seine Landsleute, dass sie abends mit den Touristen an der Bar sitzen könnten. Erinnerst Du Dich an ihn?"

„Klar, erinnere ich mich an ihn. Aber Du wirst doch jetzt nicht denken, dass die normalen Afrikaner einen Drink bezahlen können. Hier sind nur welche mit Geld."

Johanna lachte. „Ja, dann sind es aber viele."

Abends saßen sie mit den zwei Ehepaaren an der Bar. Claudia und Hubert waren aus Norddeutschland. Rau, aber herzlich. Cornelia und Jürgen waren Rheinländer. Immer für Späße zu haben. Sie fuhren schon seit vielen Jahren in dieses Hotel und waren stolz, dass der Manager sie auf das Herzlichste begrüßte. Vor allem wurden sie zu den Cocktail Partys eingeladen. Für sie war das wichtig. Alle vier waren zehn oder noch mehr Jahre älter als Johanna und Jonas, aber das machte nichts. Vom Laufen hielten sie nicht so viel. Ihre Zimmer waren hinter einer Wiese und dort standen auch ihre Liegen. Aus diesem Grund sahen sie sich meist nur abends nach dem Essen an der Bar. Von dort aus hatte man einen schönen Blick auf das Meer. Allerdings zog es dort auch mehr, aber eine dünne Jacke hatten sie immer mit dabei.

„Wenn Ihr Glück habt, könnt Ihr morgen auf der Cocktail Party mit dabei sein", sagte Claudia.

„Wieso denn das?", fragte Johanna.

„ Es werden jede Woche andere Gäste von dem Chef ausgesucht. Wenn es Euch trifft, dann findet Ihr morgen früh einen Zettel in Eurem Zimmer."

„Das muss nicht sein", sagte Jonas.

„Na klar, Du willst wieder kneifen", sagte Hubert. „Es ist aber eine sehr nette Geste, oder?"

„Dann warten wir es doch einfach ab. Vielleicht übergehen sie uns ja", brach Johanna das Thema ab.

Am nächsten Tag fanden sie tatsächlich eine Einladung. Cocktail Party 18 Uhr.

„Was soll ich denn anziehen?" Johanna sah Jonas fragend an.

„Das weiß ich doch nicht. Sie einfach im Schrank nach. Du hast doch genug dabei", erwiderte Jonas.

„Männer haben es doch wirklich einfach. Eine lange Hose und ein Hemd. Fertig."

Jonas lachte. „So habe ich mir das auch gedacht. Einen Smoking werde ich sicher nicht brauchen. Wir laufen jetzt aber ein wenig am Strand entlang oder hattest Du etwas anderes vor?"

„Nein, was soll ich denn vorhaben? Es ist ja Ebbe."

Am Strand war nicht besonders viel los. An der Hotelmauer entlang befanden sich einige Shops der Afrikaner. Es war schon richtig heiß, so dass beide dem Meer entgegen gingen, um sich wenigstens die Füße abzukühlen. Zum Glück hatte Johanna eine seidenes Tuch um die Schulter hängen. So gab es dort keine verbrannten Stellen. Na ja, ihre Kappe auf dem Kopf war nicht schön, sondern einfach alt und verblichen. Johanna hing aber daran. Ein Stück Erinnerung an vergangene Tage in Kenia. Sie lächelte vor sich hin, als sie darüber nachdachte.

Jonas dagegen hatte nur eine Kappe auf und eine kurze Hose an. Johanna hatte ihn überzeugen können, dass er ein T-Shirt mitnehmen musste. Das schlenkerte er hin und her. Er hatte es nicht gewollt, aber dann hatte er doch nachgegeben.

Es dauerte nicht lange bis Johanna sagte: „Jonas, wir haben einen Afrikaner hinter uns."

„Kann sein", erwiderte dieser und fügte lachend hinzu: „Du und Deine Nase." Er drehte sich um und tatsächlich lief ein Afrikaner hinter ihnen her. Jonas wunderte sich darüber nicht wirklich, denn Johanna konnte tatsächlich unterscheiden, ob ein Afrikaner oder ein Weißer hinter ihnen war.

„Ich denke, wir werden ihn gleich kennen lernen."

Ehe Johanna Jonas antworten konnte, lief ein älterer Mann schon neben ihnen, drehte sich zu ihnen um und sagte: „Jambo Mama, jambo Papa. Seid Ihr heute gekommen?"

„Ja, das siehst Du doch an unserer Hautfarbe", erwiderte Jonas. Johanna ärgerte sich über diese Antwort. Dieser Unterton gefiel ihr nicht und deshalb antwortete sie: „Ja, wir sind gestern früh hier angekommen."

„Wo lauft Ihr hin?", wollte fragte der Mann weiter.

„Wir genießen nur die Wärme und drehen gleich wieder um", sagte Johanna. „Und wo läufst Du hin?"

„Ich laufe zum Shanzu Strand. Dort arbeite ich manchmal."

„Dann ist das ja gar nicht weit, oder? Wir waren früher oft dort."

„Nein, dort vorne läuft man um den Felsen herum und dann ist man bald da. Wollt Ihr mit kommen?"

„Nein", sagte Jonas. „Heute nicht. Vielleicht morgen."

„Ja, das geht. Es ist diese Woche noch Ebbe. Ich heiße John. Treffen wir uns morgen wieder hier?"

„Ja, wir werden da sein. So gegen 10 Uhr? Kennst Du Zacharias?"

„Ja, den kenne ich und morgen bringe ich Euch morgen zum Shanzu Strand."

„Wenn das jetzt mal kein Fehler war", sagte Jonas.

„Was soll das denn jetzt? Jonas, er hat bestimmt keine Hintergedanken."

„Ja, glaub Du nur immer an das Gute im Menschen." Jonas grinste. „Aber gut, wir werden morgen mit ihm laufen."

Am nächsten Tag gingen sie gleich zum Strand. Es war zwar noch vor 10 Uhr, aber John war schon da und als er die beiden sah, kam er sofort auf sie zu.

„Jambo Mama und Papa", begrüßte er sie mit einem Lachen im Gesicht. „Ihr seid aber sehr pünktlich. Dann können wir ja gleich loslaufen."

„Habari za asubuhi", erwiderte Johanna.

„Du sprichst Suaheli?"

„Nein, nur die wichtigsten Worte", erwiderte Johanna. „Guten Morgen gehört auch dazu."

Sie liefen los. Um den von John erwähnten Felsen herum und schon bald sahen sie den Shanzu Strand.

„Jetzt können wir allein weiter laufen", sagte Jonas.

John stutzte.

„Wolltet Ihr nicht zu Zacharias?"

„Ja, aber Zacharias finden wir alleine."

„Bist Du Dir da sicher?"

„Ja, das bin ich. Wir kennen genau seinen Standort."

„Dann wünsche ich Euch alles Gute", sagte John und ließ Johanna und Jonas stehen.

„Was war das denn jetzt?", fragte Johanna.

„Nichts, oder? Vielleicht ist er beleidigt weil er uns direkt zu Zacharias bringen wollte."

„ Kann sein, aber wo war jetzt der Fehler?" Johanna sah Jonas an.

„Lass es einfach gut sein. Dein Gespür war richtig."

Sie liefen weiter am Strand entlang. Die Hotelanlagen waren oben auf den Felsen schon zu sehen. Johanna war gespannt, ob sie einen von den früheren Beach-Boys sehen würden. Sie hatte noch alle vor Augen.

„Jonas, wo sind denn die Beach-Boys? Hier ist ja überhaupt nichts los?"

„Dort vorne stehen einige, aber Du hast Recht. Kein Vergleich zu früher."

„Ja, aber weißt Du wer dort steht? Dort ist Helmut!"

Johanna zog Jonas in die Richtung des Mannes, der dort stand.

„Quatsch, wenn so wenige da sind, dann muss das doch nicht Helmut sein."

„Ich täusche mich nicht", erwiderte Johanna. „Das ist er."

„Wenn Du es meinst, aber er erkennt uns sicher sowieso nicht. Komm lass uns an ihm vorbei laufen."

Zu spät, denn Johanna lief schon auf den Mann zu.

„Jambo Helmut", sagte sie.

Der Mann drehte sich sofort um und freute sich.

„Jambo Mama, jambo Papa", sagte er mit einem Lachen im Gesicht. „Wohnt Ihr wieder hier?"

„Nein, Helmut, wir wohnen am Nyali Beach. Wie geht es Dir und Deiner Familie?" Johanna sah ihn an. Statt geschenkter Kleidung trug Helmut einen dunklen Anzug und ein weißes Hemd. Aber dick war er geworden. „Was arbeitest Du denn?", fragte sie ihn deshalb.

„Ich verkaufe nur noch Safaris", erklärte Helmut. „Solche, die Ihr nie machen wolltet."

Jonas lachte. Ja, das war Helmut. Er hatte nicht vergessen, dass sie nicht mit ihm einen Safari Vertrag abgeschlossen hatten.

„Dann läuft Dein Geschäft sicher gut. Aber sag einmal, warum ist hier denn nichts los?"

„Die Touristen haben sich über die Beach-Boys beschwert. Schon seit Jahren und deshalb haben sie oberhalb der Hotels einen Platz zugewiesen bekommen. Dort haben sie ihre Stände und können ihre Sachen verkaufen."

„Und die Safaris darfst Du hier verkaufen?"

„Ja, Safaris darf man hier verkaufen. Ich warte gerade auf ein Ehepaar. Vielleicht kommen sie, aber vielleicht auch nicht. Das weiß ich nicht genau, aber warten muss ich noch eine Weile. Vielleicht haben sie verschlafen."

„Dann sehen wir Dich vielleicht später noch einmal. Wir laufen jetzt durch ein Hotel zum Shanzu Dorf. Mal sehen, was es da so alles gibt. Kwaheri Helmut."

Auf dem Weg durch das Hotel sahen sie, dass sich vieles verändert hatte. Fast der ganze afrikanische Stil war dahin. Als sie an ihrer Lieblingsbar vorbei kamen, fragte Johanna: „Möchtest Du an dieser noch sitzen, Jonas? Das helle Holz passt doch nicht mehr dazu oder?"

„Stimmt, es sieht viel zu europäisch aus. Ich finde das sehr schade."

„Ich glaube, es war gut, dass wir uns all die Jahre andere Hotels ausgesucht haben", erwiderte Johanna.

Auf der Straße zum Shanzu Dorf hatte Johanna Sand zwischen ihren Zehen und zog den Schuh aus. Dabei sah sie automatisch nach hinten und sah, dass Helmut ihnen hinterher lief.

„Jonas, Helmut läuft hinter uns", sagte sie deshalb.

Jonas drehte sich nicht um, aber sagte: „Siehst Du, er will nichts mehr mit uns zu tun haben. Du hättest ihn auch gar nicht ansprechen müssen."

„Ach, ich denke, er ist nur neugierig wo wir hingehen."

Schon von weitem sahen sie, dass das Dorf gewachsen war. Neue Gebäude waren entstanden mit vielen Geschäften.

„Hier haben die Inder wohl ihr Geld angelegt. Das sind ja richtige Kaufhäuser." Johanna war erstaunt. „Die kleinen Hütten der Afrikaner sind ja verschwunden!"

„Kaufhäuser ist jetzt wohl übertrieben, Johanna. Ich würde eher sagen Häuser mit Geschäften."

„Das ist doch egal. So sah es vor ein paar Jahren auf jeden Fall nicht aus."

„Da hast Du recht, aber sieh mal dort vorne. Da sind einige Holzhäuser. Da scheint auch viel Betrieb zu sein."

„Jonas, ich sehe dort einen Mann stehen, den wir auch kennen!"

„Bist Du Dir da sicher?" Jonas grinste vor sich hin. Johanna hatte wirklich ein gutes Gedächtnis und vor allem merkte sie sich alle Namen, die sie schon einmal gehört hatte. Und sie konnte sie auch sofort zuordnen.

„Wer soll es denn sein?"

„Jonas, dort vorne steht Steve."

„Lass mich nicht dumm sterben, wer war das denn?"

„Bei ihm hast Du immer die Sportnachrichten gelesen. Er saß doch meistens vorne an der Straße. Der, der für die Engländerin gearbeitet hatte."

„Meinst Du?"

Aber noch bevor Johanna antworten konnte, kam Steve lachend auf sie zu.

„Mama, Papa jambo jambo. Ihr seid wieder da!", rief er. Er freute sich richtig.

„Jambo Steve, Johanna hat Dich auch gleich gesehen. Arbeitest Du jetzt hier?"

„Ja Papa, meine Chefin hat ihr Haus verkauft und ist wieder in England. Die Inder haben ihr Leben hier unmöglich gemacht."

„Das kann ich mir denken. Sie war ja sehr gut im Geld umtauschen."

„Seid Ihr schon lange da? Und wo wohnt Ihr?"

„Wir sind am Nyali Strand und sind hierher gelaufen. Aber sag mal, hier hat sich ja viel geändert."

„Ja, Papa, wir haben jetzt Häuser aus Holz. Es kommen viele Touristen zu uns. Lauft Ihr auch wieder zurück?"

„Nein, wir werden mit einem Taxi zurück fahren. In der Mittagshitze möchten wir nicht zurück laufen."

„Ich besorge Euch einen guten Fahrer, Papa. Kommt bei mir wieder vorbei, wenn Ihr Euch alles angesehen habt. Ich bin hier vor dem Haus."

„Ja, Steve, so werden wir es machen. Bis später."

Johanna und Jonas liefen noch einige Meter weiter. Helmut war an ihnen vorbei gelaufen; er winkte ihnen nur kurz zu. Sicher hatte er gesehen, was er sehen wollte. Er hatte es noch nie leiden können, wenn sie sich mit anderen unterhielten.

Es war schon sehr heiß, die Straße staubig und mittlerweile roch es überall nach Essen. Johanna wollte zurück ins Hotel.

Sie gingen zu Steve, der sofort einen Taxifahrer rief.

„Sag ihm bitte, er soll nicht zu schnell fahren. Und bitte mache einen Festpreis mit ihm aus."

„Das habe ich schon getan, Papa", erwiderte Steve. „Kommt bald wieder. Ich habe mich sehr gefreut."

„Wir haben uns auch sehr gefreut. Kwaheri Steve."

„Mama. Kwaheri." Steve umarmte beide.

So fuhren sie mit dem Taxi zurück.

„Pole, pole", sagte der Fahrer beinahe ununterbrochen. Dabei lachte er.

„Ja, langsam kommt man auch ans Ziel." Jonas lachte mit.

Als sie im Hotel angekommen waren und bezahlen wollten, wollte der Fahrer keine Schillinge haben.

Statt sie zu nehmen sagte er nur: „Die Freunde von Steve sind auch meine Freunde." Und ehe Jonas noch etwas sagen konnte, fuhr der Taxifahrer davon.

Johanna und Jonas sahen sich an. Das war ja beinahe unglaublich.

„Wenn Steve das Taxi bezahlt hat, dann hätte der Fahrer doch mindestens ein Trinkgeld nehmen können", sagte Johanna.

„Vielleicht hat Steve ihm aber gesagt, dass dürfe er nicht." Jonas war auch irritiert. „Das habe ich auf jeden Fall nicht erwartet."

„Es ist ja lieb von Steve, aber wir können das ja gar nicht mehr gut machen. Das finde ich jetzt weniger schön."

„Ja, stimmt, aber zerbreche Dir jetzt nicht weiter den Kopf. Wir können es nicht mehr ändern."

Als sie am Abend mit Cornelia, Jürgen, Claudia und Hubert zusammen an der Bar saßen, wollte Claudia wissen, wo sie denn den ganzen Tag über gewesen seien. Johanna erzählte von ihrem Spaziergang zum Shanzu Dorf und von der Heimfahrt.

„Was, Ihr habt nichts für das Taxi bezahlen müssen?", fragte Hubert.

„Nein, wir durften es einfach nicht", erwiderte Johanna lachend.

„Das war ein Geschenk von Steve und das durften wir nicht abschlagen."

„Na, Ihr habt ein Glück! Aber wie hat Euch denn gestern die Cocktail Party gefallen? Wir haben Euch danach gar nicht mehr gesehen."

Johanna sah Jonas an. Ach ja , die Cocktail Party. Was sollte man denn darüber sagen? Sie waren doch alle dort gewesen und fanden es ganz nett.

„Sie haben sich wirklich sehr viel Mühe gegeben", sagte Cornelia.

„Und die Snacks waren auch gut", fügte Claudia hinzu.

„Ja, es war schon okay", erwiderte Jonas.

„Alle schick angezogen, stimmt." Johanna wollte eigentlich nichts dazu sagen. Für sie war das alles total auf die Europäer zugeschnitten gewesen. Mit Afrika hatte das nur sehr wenig zu tun und vor allem verstand sie nicht, wieso man da so ein Getöse drum herum machen musste.

„Wir freuen uns immer sehr darauf", sagte Hubert.

„Dann ist es ja gut", erwiderte Jonas, „Aber ich muss nicht unbedingt die Hand des Managers schütteln."

Oh, oh, Johanna sah Missmut aufkommen.

„Ihr müsst ja nicht noch einmal hin gehen", kam prompt die Antwort von Jürgen. „Wir dachten, wir tun Euch einen Gefallen damit."

„Dann habt Ihr den Manager bestochen?", fragte Jonas.

„Bestochen nicht, aber wir haben ihn gebeten, Euch einzuladen."

„Dankeschön. Das war nett. Jetzt haben wir auch mal eine extra Cocktail Party kennen gelernt." Johanna wollte keinen Unfrieden. „Was trinkt Ihr? Ich bringe Euch etwas mit, wenn ich zur Bar gehe."

„Kenya Cane", riefen fast alle gleichzeitig.

Damit war der Frieden wieder hergestellt.

So vergingen die Tage. Strand, Pool und Bar im Wechsel. Natürlich wurde zwischendurch auch gegessen. Johanna und Jonas kannten mittlerweile alle Speisen, die das Hotel zu bieten hatte. Klar, dass sich das Essen wiederholte. Damit konnten aber beide leben.

Am Strand gab es nicht viel zu erleben. Nur selten kamen Beach-Boys vorbei. Die Touristen schienen ihr Ziel erreicht zu haben: Ruhe am Strand.

Johanna und Jonas war das ein wenig zu viel Ruhe, aber das änderte sich an einem ihrer letzten Tage.

Sie trafen auf einen jungen Mann, der doch recht zögerlich auf die beiden zukam.

„Jambo Mama, jambo Papa", grüßte er freundlich.

„Habari?", fragte ihn Johanna.

Jonas musste grinsen. Warum fragt sie denn wie ihm es geht? Sie wollte mal wieder ihre Suaheli-Kenntnisse testen.

„Ich heiße Hodari", erwiderte der junge Mann und seine Augen strahlten.

„Oh, den Namen habe ich noch nie gehört. Jonas Du?"

„Nein, habe ich auch nicht."

„Das ist ein kenianischer Name. Er bedeutet, dass ich voller Energie bin", antwortete Hodari.

Jonas stutze. Bei ihr sah Energie zwar etwas anders aus, aber vielleicht kam sie bei ihm ja noch zum Vorschein. In Kenia war schließlich pole

pole ein sehr beliebtes Wort. Nein, nicht nur ein Wort. Hier ging alles langsam. Wie waren wohl seine Eltern auf diesen Namen gekommen?

„Wo gehst Du hin?", fragte Jonas.

„Ich suche Arbeit", erwiderte Hodari.

„Hier am Strand? Was verkaufst Du denn? Du hast ja gar nichts in der Hand? Etwa Safaris?"

„Nein, keine Safaris. Wie lange bleibt Ihr noch hier?"

„Noch knapp eine Woche", antwortete Johanna.

„Dann habt Ihr ja noch Zeit."

„Ja, ein wenig. Nun sag schon, was Du uns anbieten willst." Johanna und Jonas hatten es sofort bemerkt. So waren die Jungs eben. Erst einmal bla bla bla und dann kam eventuell ein Pferdefuß.

„Seid Ihr das erste Mal in Kenia? Sicher nicht, denn Du sprichst ein paar Worte Suaheli, Mama."

„Wir sind schon sehr oft hier gewesen", erwiderte Jonas.

„Schade", sagte Hodari. „Dann brauche ich Euch gar nicht erst fragen."

„Komm, frag` einfach."

„Ich wollte Euch gerne den Haller Park zeigen, falls Ihr da noch nicht gewesen seid."

Johanna sah Jonas fragend an. Im Haller Park waren sie tatsächlich noch nicht gewesen, obwohl dieser damals von ihrem Hotel aus recht nahe war.

„Dann sage uns doch einfach, wie das alles gehen soll. Hast Du denn ein Auto? Hin laufen geht nicht. Das ist zu weit." Johanna sah Jonas zustimmend an.

„Nein, ich habe keines, aber mein Freund. Er fährt uns alle hin und ich zeige Euch den Park. Das kostet nicht viel."

„Und wann soll das sein?" Johanna freute sich, dass Jonas auch zum Haller Park wollte. Sie hatte diesen schon immer mal im Sinn, aber da sie ja sonst oft eine große Safari unternommen hatten, hatten beide zu noch einem Ausflug danach nie die richtige Lust.

Hodari überlegte. „Wann fliegt Ihr nach Hause?"

„Am Wochenende. Wir könnten entweder gleich morgen oder spätestens übermorgen", erwiderte Jonas.

„Ich komme in einer Stunde wieder hier an den Strand und sage Euch Bescheid."

Noch ehe Jonas antworten konnte, lief Hodari davon.

„Das hat er ja prima hinbekommen! Und was machen wir jetzt? Zurück ins Hotel gehen oder hier am Strand warten?" Jonas sah Johanna fragend an.

„Lass uns einfach etwas trinken gehen und dann laufen wir noch mal an den Strand. Ich möchte mir nur ungern vor der Heimfahrt einen Sonnenstich holen", erwiderte Johanna.

„Ja, das passiert eben, wenn man nichts auf dem Kopf hat." Jonas lachte und fügte hinzu: „Ich sagte auf dem Kopf und nicht nichts im Kopf hat. Ich hoffe, Du hast das auch so verstanden?"

Johanna sagte vorsichtshalber nichts dazu.

Nach einer Stunde liefen sie zurück zum Strand. Hodari stand schon wartend da und winkte ihnen zu.

„Es hat geklappt", sagte er. „Wir können so gegen 11 Uhr los fahren. Im Haller Park ist es die beste Zeit, um dann so gegen 14 Uhr bei der Fütterung der Giraffen dabei zu sein. Zuvor zeige ich Euch alles andere. Ist Euch das recht?"

„Ja, wir können auch einmal auf ein Mittagessen im Hotel verzichten."

„Dann bis morgen."

„Warte mal Hodari, wir haben noch gar nicht über den Preis geredet. Ich muss doch erst noch Geld wechseln."

„800 Kenia Schillinge für das Taxi hin und zurück. Ich bekomme 200 und der Eintritt kostet 600 Kenia Schillinge für Mama und 600 für Papa."

„Und Du führst uns durch den Park?"

„Ja Papa, ich führe Euch. Wir treffen uns vor dem Hotel."

Abends an der Bar erzählten Johanna und Jonas den anderen von dem geplanten Ausflug.

„Na, wenn das mal gut geht", sagte Cornelia. „Ich traue hier keinem."

„Hast Du schon mal schlechte Erfahrungen gemacht?", fragte Johanna.

„Nein, ich nicht, aber man hört immer wieder davon", erwiderte Cornelia.

„Super, dann wünsche uns doch einfach, dass alles klappt." Johanna konnte es nicht leiden, wenn man alle über einen Kamm scherte.

Jonas sah Johanna an. Sie war immer freundlich und höflich, aber wenn es um die Afrikaner ging und jemand etwas Schlechtes über sie sagte, stellten sich sofort bei ihr die Nackenhaare.

„Da kann ja nicht viel schief gehen", sagte Jonas. „Vielleicht kostet es ein paar Schillinge mehr, aber das wäre nicht der Weltuntergang. Wir erzählen Euch morgen wie es gewesen ist."

Cornelia hatte gemerkt, dass Johanna Vorurteile nicht leiden konnte und deshalb sagte sie: „Ich habe es ja nur so dahin gesagt. Es wird eben doch immer sehr über diese Fahrten auf eigene Faust geredet. Das weißt Du aber auch selbst, oder?"

„Ja, das weiß ich. Ist ja schon gut. Wir werden es morgen einfach testen und danach erzählen." Johanna wollte in den letzten Ferientagen keinen Unfrieden.

Sie blieben noch eine Weile sitzen und sahen auf das Meer. Der Mond schien direkt daraus aufzusteigen. Jeden Abend sah das so toll aus. Johanna atmete tief die Luft ein. Kenia war wirklich ein schönes Land. Und es roch auch nach Kenia. Selbst am Meer, ganz ohne Kaffeeduft und verbrannte Erde.

Am nächsten Morgen frühstückten sie ausgiebig.

„Jonas, wie hieß der junge Mann noch einmal?"

„Hodari."

„Den Namen kann ich mir nur sehr schlecht merken."

„Ja, es ist ein ungewöhnlicher Name. Du hast aber von ihm ja gehört, dass es ein kenianischer Name ist."

„Na, egal. Ich muss ihn ja nicht rufen."

„Wer weiß", erwiderte Jonas lachend. „Wenn er auf einmal wegläuft?"

Als sie zum Hoteleingang kamen, stand Hodari schon wartend da.

„Jambo Mama, jambo Papa", sagte er freudestrahlend.

„Du bist aber pünktlich", erwiderte Jonas.

„Ich weiß. So wollen es alle Touristen. Keiner will nur eine Minute warten. Dabei ist es doch fast egal, wann wir dort sind."

„Na, egal ist das nicht. Wir wollen die Fütterung der Giraffen sehen." Jonas sah Hodari von der Seite an.

„Aber Papa, die werden doch um 14 Uhr gefüttert. Bis dahin können wir hin und her fahren. Unser Taxi steht dort vorne an der Straße."

„Wieso nicht hier am Eingang?", wollte Johanna wissen.

„Sie dürfen nicht hier stehen. Es sind andere Taxis." Hodari lief etwas schneller auf das wartende Auto zu.

„Jonas", sagte Johanna. „Machen wir gerade einen Fehler?"

„Wieso denkst Du das? Du vertraust doch immer gleich allen, oder?"

„Dann vertraust Du ihm echt?" Johanna wunderte sich.

„Ja, tue ich. Es war so ausgemacht und jetzt fahren wir mit."

Sie stiegen beide ein und die Fahrt ging los. Die Strecke war ihnen ja bekannt und sie wollten gar nicht nachzählen, wie oft sie schon an dem alten Zementwerk vorbei gefahren waren. Den Haller Park hatten sie schon öfters im Sinn, aber irgendwie entschieden sie sich immer für eine andere Tour. Jonas hatte schon sehr viel über René Haller gelesen, zumal der Opa aus der Schweiz ganz begeistert von ihm erzählt hatte. Jonas bewunderte seinen Werdegang. Vom Gärtner zum Tropen-Agronom. Das erreichte auch nicht jeder. Jonas freute sich auf den Park. Er wollte sehen, was aus dieser Landschaft um das Zementwerk herum geworden war.

Vor dem Eingang redete Hodari mit dem Fahrer, der daraufhin wegfuhr. Als Hodari wieder bei den beiden stand, machte er ein trübseliges Gesicht.

„Was ist los?", fragte Jonas. „Gibt es Schwierigkeiten mit dem Taxi?"

„Nein, Papa. Da ist alles okay, aber ich darf nicht mit in den Park."

„Und das weißt Du erst seit eben?" Jonas sah in etwas ungehalten an.

„Papa, ich hatte es vergessen. Aber ich kenne hier einen Führer. Er wird Euch alles zeigen."

„Wieso darfst Du nicht in den Park?", hakte Johanna nach. „Ist dieser nur für Touristen?"

„Nein, Mama, nicht nur für Touristen. Ich darf Euch bloß nichts erklären."

„Lass es gut sein, Johanna. Wir laufen einfach mit einer Gruppe mit oder hinterher." Jonas sah sie an. „Jetzt mach doch nicht so ein Gesicht. Wir sind jetzt hier und werden auch die Giraffen-Fütterung erleben."

Hodari rief einem anderen Afrikaner etwas zu und dieser nickte.

„Bezahlt erst einmal Euren Eintritt und dann lauft Ihr mit Tom mit. Er weiß Bescheid. Ich bin dann heute Nachmittag wieder hier." Hodari lief einfach weg.

„Na das ist ja wirklich mal etwas anderes. Komm Johanna, lass uns bezahlen gehen und dann wird es schon klappen."

„Meinst Du Hodari holt uns wieder ab?", fragte Johanna.

„Bestimmt. Vielleicht hat er sich ja wirklich nur vertan. Jetzt ist es wie es ist."

Mit ihrem Ticket in der Hand liefen sie zu Tom. Der wollte es aber gar nicht sehen, sondern er nickte nur. Johanna bemerkte, dass die schon da stehenden Touristen sie beide skeptisch an sahen. Auch Jonas hatte das bemerkt, aber ihm machte das überhaupt nichts aus.

„Ach Du liebe Güte", sagte Johanna, als Tom zu reden begann. „Jetzt müssen wir aber unsere Englisch-Kenntnisse zusammen kratzen. Das scheinen alles Engländer zu sein."

Jonas lachte. „Ja, Du kannst mir ja alles übersetzen", und fügte hinzu: „Falls Du alles verstehst."

So liefen sie mit, aber alles verstanden sie nicht, was Tom so erzählte. Vieles mussten sie sich zusammenreimen.

Die Fabrik hieß früher Bamburi Portland Zementfabrik. Schon 1971 begann René Haller mit dem Renaturierungsprogramm, denn die Fabrik hinterließ eine Steinbruch-Wüste. Kein natürliches Leben konnte bestehen. Viele Versuche schlugen fehl. Auch wollten nicht alle Bäume wachsen. Sie brauchten ja Nährstoffe, die aber nicht da waren.

Aber da bekam er Hilfe von einem Tier. Es war der Tausendfüßler.

„Jonas, hat Tom eben den Tausendfüßler gemeint?"

Jonas lachte. „Ja, aber er sagte Mombasa Express. Erinnerst Du Dich noch daran, dass uns Samson diesen Begriff gleich am Anfang unserer Reisen gesagt hatte?"

„Stimmt. Dort im Hotel waren sehr viele. Und die wurden hier im Park angesiedelt?"

„Ja, hat Tom gesagt."

„Ich glaube, das müssen wir zu Hause noch einmal nachlesen."

Sie bleiben an einem riesigen Baum stehen. Tom stellte sich zu Johanna und Jonas.

„Das ist eine Kasuarine. Sie kann bis zu 35m hoch werden", sagte Tom auf Deutsch. „Es tut mir leid, dass ich nur englisch rede, aber diese Gruppe kann kein Deutsch. Ich hatte nicht gewusst, dass Hodari jemanden für den Parkbesuch gefunden hatte."

„Das haben wir uns schon gedacht", erwiderte Jonas. „Er war auch so schnell weg. Wir konnten ihn gar nicht fragen. Es ist aber nicht schlimm. Ein wenig englisch verstehen wir und zur Not können wir ja alles nachlesen."

„Hodari kommt nach der Führung wieder." Tom nickte ihnen bekräftigend zu. Dann lief er wieder zurück zu den Engländern. Johanna und Jonas ebenso.

Die Gruppe blieb vor einigen Palmen stehen.

„Die Kokospalmen und auch die Kiefern kamen mit dem salzhaltigen Boden zurecht. Zumal der Mombasa Express tüchtig mit half. Er begann sich von den Nadeln der Kasuarine zu ernähren. So wurde durch ihn die Humusbildung beschleunigt."

„Jonas, hast Du das eben richtig übersetzt? Humus Beschleunigung durch einen Tausendfüßler?"

Jonas lachte. „Ich denke schon, dass Tom das gerade erzählt hat."

„Weißt Du denn was Kasuarinen sind?"

„Das sind Bäume, die so ähnlich wie bei uns die Buchen aussehen", antwortete Jonas. „Du hast doch eben gerade erst vor einer gestanden!"

„Stimmt. Du hast schon darüber gelesen oder?" Johanna sah Jonas bewundernd an.

„Freilich. In der Schule kannte sicher nicht mal ein Lehrer diese Bäume." Jonas grinste. Er hatte offensichtlich mehr übersetzen können als Johanna.

„Höchstens ein Biologie-Lehrer." Johanna lief weiter. Den anderen nach.

Tom ließ alle anhalten. „Wir können jetzt erst einmal etwas trinken gehen. Dann gehen wir zur Giraffen-Fütterung und danach zu den anderen Tieren. Dort vorne können wir uns hinsetzen." Er deutete auf ein Holzhaus mit Bänken im vorderen Bereich.

Johanna und Jonas setzten sich hin.

„Jonas, dreh Dich mal um. Siehst Du wer da kommt?"

Jonas drehte sich sofort um.

„Das ist ja Hodari? Er kommt direkt auf uns zu. Na, dem werde ich etwas erzählen."

„Nein, lass das bitte. Es ist doch alles gar nicht schlimm."

„Dann wird er es immer wieder so machen." Jonas lachte aber dabei.

„Aber Du hast ja Recht, die Menschen hier sind ja alle selber groß."

Hodari blieb etwas abseits von den beiden stehen.

„Setz Dich doch zu uns", sagte Jonas. „Ich hole Dir gleich etwas zu trinken. Aber wie bist Du denn jetzt hier hinein gekommen?"

„Wir haben einen anderen Eingang gefunden", erwiderte Hodari. „Nur für arme Menschen, die auch die Tiere sehen wollen."

„Dann gibt es also eine undichte Stelle?" Johanna sah Hodari fragend an.

„Ja, aber die kennen nur ganz wenig", antwortete Hodari.

Johanna sah Jonas an. Hoffentlich lässt er ihn jetzt in Ruhe, dachte sie. Zu ihrer Freude sah sie in seinem Gesicht keinen Ärger mehr. Er fragte Hodari sogar wo er denn wohne, wenn keine Touristen mehr in Kenia waren.

„Ich wohne in Nairobi", sagte Hodari.

„Oh, das ist aber weit weg. Hast Du dort eine Wohnung?", wollte Johanna wissen.

„Nein, ich schlafe bei Freunden oder unter Bäumen."

Jonas sah, dass Johanna entsetzt war.

„Und von was lebst Du?", fragte er.

„Von Gelegenheitsarbeiten. Wenn man will, dann findet man schon etwas. Das sind die unterschiedlichsten Arbeiten. Mal arbeite ich auf den Baustellen oder ich mache Botengänge. Wenn gar nichts da ist, bettle ich. So wie viele hier."

„Das dachte ich mir schon", sagte Jonas. „Es ist hier ein hartes Leben."

„Ja", erwiderte Jodari. „Anders als bei Euch in Deutschland. Dort könnt Ihr Euch alles kaufen was Ihr wollt."

„Wer erzählt denn so einen Quatsch. Wir müssen auch arbeiten und unser Geld selbst verdienen."

„Doch, dass haben schon viele Leute aus Deutschland erzählt", erwiderte Hodari hartnäckig.

„Dann hast Du die falschen Leute getroffen. Bei uns bekommt man auch nichts geschenkt. Aber so ist das immer wieder. Manche Touristen lügen das Blaue vom Himmel. Ich weiß gar nicht, was sie damit eigentlich bezwecken wollen."

„Lass es gut sein, Jonas", mischte sich Johanna ein. „Wir haben das ja schon mehrfach gehört. Woher haben denn zum Beispiel die Beach-Boys all ihre Ausdrücke, die sie so im Laufe des Tages verwenden? In der Schule haben sie sie bestimmt nicht gelernt oder?"

Hodari sah sie verwundert an.

Jonas sagte nichts dazu. Eine Weile schwiegen alle.

„Kommt,", sagte Hodari, „die Giraffen-Fütterung fängt gleich an. Bei Tom stehen schon die Engländer."

Jonas bezahlte und sie liefen gemeinsam hin.

Für die Fütterung war extra ein Geländer vor dem eingezäunten Bereich errichtet worden. Die Giraffen konnten mit ihren langen Hälsen sehr weit darüber hinweg kommen.

„Beißen Giraffen eigentlich?", fragte Johanna.

„Nein, würde ich sagen", erwiderte Tom. „Sie hat zwar 32 Zähne, aber statt zu beißen würden sie Dich eher mit ihren Hufen erschlagen oder mit dem Hals umhauen. Du musst ja nicht unbedingt die ganze Hand in ihr Maul stecken. Vielleicht würdest Du dann die Zähne spüren, wenn sie es zu macht." Tom lachte und fügte hinzu: „ Keine Angst, es sind Pflanzenfresser. Es sind Rothschildgiraffen. Kennt Ihr den Unterschied zwischen einer Rothschild- und einer Massaigiraffe?"

„Bis jetzt haben wir alle drei Arten gesehen: Die Massaigiraffe, die Netzgiraffe und eben hier die Rothschildgiraffe, aber unterscheiden kann ich die nicht voneinander", antwortete Johanna.

„Dann erkläre ich es Euch schnell noch, bevor die Engländer mich etwas fragen. Die Rothschildgiraffe gibt es im Westen Kenias, die Netzgiraffe in Nordkenia und die Massaigiraffe lebt vorwiegend in Südkenia."

Johanna sagte lachend: „Daran kann ich sie aber auch nicht unterscheiden, oder? Da muss es doch auch Merkmale geben."

„Ja, sicher. Die Massaigiraffe und die Rothschildgiraffe sind fast gleich groß."

„Demnach ist die Netzgiraffe also kleiner. Sag doch mal eine Zahl, damit ich es mir besser vorstellen kann." Johanna ließ nicht locker.

„Die Netzgiraffe wird nur bis 5,20 hoch." Tom lachte. „So ganz genaue Zahlen habe ich nicht im Kopf."

„Und das ist der einzige Unterschied?"

„Oh, aber nur noch diese eine Frage ja? Sieh mal, die anderen warten auf mich. Wenn sie es melden bekomme ich Ärger. Die Massaigiraffe hat gefleckte Beine bis unten hin, bei der Rothschildgiraffe ist das Unterteil der Beine nicht gezeichnet und die Netzgiraffe hat auf ihrem Fell dünne, weiße Linien, die ein Netz bilden. Reicht Dir das jetzt?"

Johanna nickte. Nein, Ärger sollte Tom durch sie nicht bekommen.

Doch dann setzte Jonas das Gespräch fort.

„Ich habe neulich einen Film gesehen in dem gezeigt wurde, wie zwei männliche Giraffen mit einander gekämpft haben. Das geschah alles per Kopf", sagte Jonas.

„Ja, und davon kann einer ohnmächtig werden", ergänzte ihn Tom. „Aber eigentlich sind sie ganz friedliche Tiere. Mit ihren Hufen können sie aber auch bei akuter Gefahr einen Löwenkopf zerschlagen." Tom lächelte so vor sich hin. Was doch Touristen alles fragen konnten!

„Weglaufen ist auch eine Möglichkeit", sagte Johanna.

„Sicher, aber beide laufen eine ähnliche Geschwindigkeit. So etwa 60 km pro Stunde. Allerdings ist der Löwe dabei nicht so ausdauernd." Tom sah Johanna an und dachte, hoffentlich kommen nicht noch mehr dieser Fragen.

„Das hängt sicher mit seinem Körpergewicht zusammen, oder?"

„Ja, der Löwe wiegt bis zu 250 kg und die Giraffe zwischen 500 und 800 kg. Aber geht einmal weiter vor, jetzt geht die Fütterung los." Tom wollte keine Fragen mehr beantworten.

Tatsächlich kamen die Giraffen angelaufen. Johanna hielt ihre Hand flach mit Trockenfutter hin und sofort spürte sie die lange blaue Zunge darauf.

„Die ist aber lang und richtig blau", rief Johanna begeistert. „Jonas, komm, gib ihr doch etwas," rief sie ihm zu. „Sieh mal wie lang die Zunge ist!"

„Ist doch klar, so kommt sie besser um die Stacheln der Akazien herum", erwiderte Jonas.

„Gib es zu, Du hast schon zu Hause über sie nachgelesen oder?"

„Na klar. Besser man weiß vorher Bescheid."

„Du hast noch was vergessen", sagte Johanna lachend.

„Und was?"

„Dass man dann auch keine dummen Fragen stellen muss!"

„Okay, aber das hast jetzt Du gesagt."

„Willst Du jetzt noch ewig hier stehen bleiben? Die anderen laufen schon Tom hinterher."

„Na gut, aber die schönen Augen musst Du Dir erst noch ansehen. Sie haben ja so tolle lange Wimpern! Ach, es sind schöne Tiere." Johanna war total von ihnen begeistert.

Hodari hatte die ganze Zeit etwas weiter hinten gestanden.

„Wartest Du auf uns?", fragte ihn Johanna. „Wir kommen sofort. Jonas, gibt es eigentlich noch mehr Tier Arten mit einer blauen Zunge?"

„Ach Johanna, überlege doch selbst einmal. Erinnerst Du Dich noch an den einen Hund, der immer an unserem Garten vorbei gelaufen ist?"

„Ja, es war ein Chow Chow oder?"

„Soviel ich weiß, hat dieser auch eine blaue Zunge oder der Eisbär, den wir im Zoo gesehen haben."

„Du hast Recht, Jonas. Mir sind sie nur gerade nicht eingefallen."

„Sag mal, müssen wir denn unbedingt mit Tom und den Engländern laufen? Ich frage Hodari ob er auch etwas über den Park und seine Bewohner weiß." Jonas sah Hodari an und dieser nickte bereitwillig.

Johanna lächelte so vor sich hin. Klar war er dazu bereit. Lockte da vielleicht eine zusätzliche Bezahlung? Nach den zahlreichen Aufenthalten in Kenia, hatten sie schon viele Erfahrungen gemacht. Nur ganz selten geschah irgendetwas ohne Trinkgeld. Klar, als sogenannter reicher Mann, wurde das auch von einem Weißen erwartet.

Hodari übernahm die Führung.

„Wir gehen jetzt zu den Elan Antilopen. Wenn wir Glück haben, kommen sie ganz nah an den Zaun. Sie sind die Menschen gewöhnt, auch die hellhäutigen", sagte Hodari.

Tatsächlich, es standen zwei zwischen den Bäumen und grasten. Hinter ihnen sah man eine Wiese mit Büschen und Sträuchern.

„Sie sehen ja beinahe aus wie unsere Rinder", sagte Johanna.

„Ja, aber sie haben gedrehte Hörner, siehst Du sie?", erwiderte Jonas.

„Ja, das sehe ich. Sie sind ganz gerade und nach innen gedreht. Toll,

dass wir sie so nah sehen können. Das sind sicher Elenantilopen oder?"
Johanna sah Hodari fragend an.

„Ja, ich glaube sie heißen so", erwiderte dieser.

„Na prima, Hodari weiß echt viel. Nur gut, dass er kein Führer ist",
flüsterte Jonas leise.

„Ach Jonas, dann hätten wir eben mit Tom mit laufen müssen. Ist doch
egal. Ich kann ja aushelfen."

„Du?"

„Na klar. Die Elenantilopen gehören zu den Hornträgern. Das habe ich
mir behalten als ich darüber gelesen habe. Da wir bei uns solche Tiere
nicht haben, habe ich mich eben über viele Tierarten schlau gemacht.
Denke ich jedenfalls."

„Dann frage ich jetzt aber, wieso hier nur zwei von ihnen stehen. Leben
sie nicht auch in Herden?"

„Doch. Sie sind gesellig. Aber sieh mal, sie haben helle Querstreifen.
Es sind tatsächlich Elenantilopen. Daran kann man sie nämlich auch
erkennen." Johanna war mit sich zufrieden.

„Mama, wir laufen jetzt weiter. Hier entlang kommen wir zu den Nil-
Krokodilen. Seht, dort drüben am Teich werden wir sie finden." Hodari
lief los und Johanna und Jonas hinterher.

„Herrlich, auch der Teich liegt in einer grünen Umgebung mit vielen
Bäumen drum herum. Aber wieso sagst Du Nil-Krokodil? Die leben
doch nur am Nil oder?" Johanna sah Hodari fragend an.

„Nein, sie leben nicht nur am Nil, Mama. Auch an anderen Gewässern
in Afrika."

„Wieder etwas gelernt." Johanna lachte. „Sie sind sicher sehr gefährlich."

„Sie fressen alles, was sie erreichen können", erwiderte Hodari.

„Ich hatte einmal ein ganz junges Krokodil auf der Hand", erwiderte
Johanna. „Das fühlte sich ganz weich an."

„Dann seid Ihr sicher auf einer Krokodil-Farm gewesen. Da kann man
sie anfassen."

„Ja, da bekamen wir gesagt, dass sie streng geschützt sind. Aber
ob so ein Maschendraht uns vor ihnen schützt? Ich finde das schon
gefährlich, oder?"

„Mama, bei uns werden sie doch gefüttert. Sie sind satt und greifen hier
sicher keine Menschen an."

„Dann lass uns aber trotzdem weiter gehen. So toll finde ich diese Tiere
auch nicht. Wo gehen wir jetzt hin?"

Hodari holte einen Zettel aus seiner Hosentasche und las nach. Sicher
hatte Tom ihm einiges aufgeschrieben. Als Hodari merkte, dass Johanna
ihm zusah, steckte er ihn schnell wieder weg.

„Wir laufen jetzt zu den Stachelschweinen", erwiderte Hodari. „Wenn
Ihr schon mal eine Safari gemacht habt, dann habt Ihr es sicher nicht
gesehen."

„Das stimmt. Wir haben aber nur Warzenscheine gesehen, keine Stachelschweine. Wieso?" Jonas drehte sich zu Hodari um, der mit Johanna hinter ihm lief.

„Sie schlafen tagsüber in ihren Erdhöhlen und nachts gehen sie auf Futtersuche", antwortete Hodari. „Sie fressen Pflanzen, aber zur Not manchmal auch kleine Wirbeltiere. Bei uns im Park kann man sie besser sehen."

Tatsächlich kamen sie an ein weitläufiges Gehege, in dem sich ein Stachelschwein befand.

„Das hat aber wirklich sehr viele Stacheln", sagte Johanna.

„Sie doch einmal auf Deinem schlauen Zettel nach, ob Tom Dir aufgeschrieben hat, wie lang die Stacheln sind?", sagte Jonas zu Hodari, wofür er einen leichten Stoß mit dem Ellenbogen von Johanna bekam.

Hodari stutze für einen Moment, aber dann antwortete er lachend: „Dann habt Ihr es bemerkt?"

„Ja, das haben wir, aber nun brauchst Du Deinen Zettel auch nicht mehr vor uns verstecken." Jonas sah ihn aufmunternd an.

„Hier steht, dass die Stacheln bis zu 50 cm lang werden können. Das Stachelschwein hat starre und auch weiche Borsten. Die an der Schwanzspitze sind kurz und hohl. Wenn es nervös ist und sich aufregt, dann rasseln sie, wenn es mit dem Schwanz wedelt."

„Das wussten wir noch nicht", sagte Johanna. „Und jetzt lass Deinen Zettel draußen."

So schnell wie sie das Stachelschwein gesehen hatten, so schnell verschwand es auch wieder hinter den herum liegenden Baumstämmen.

„Welches Tier werden wir jetzt sehen?", fragte Jonas.

„Wir gehen jetzt zu den Flusspferden."

„Die haben wir in der Masai Mara ohne Zaun gesehen", sagte Jonas.

Gleich an dem Gelände der Flusspferde sahen sie Kraniche.

„Hodari, dort stehen zwei Kraniche, aber was sind denn das für Vögel, die links von ihnen fressen?"

„Die nennt man Ibis. Sie mögen die Sümpfe, die hier im Park sind. Wir haben Glück, dass die Flusspferde gerade aus dem Wasser kommen. Sicher werden sie gleich gefüttert."

„Gefüttert? Sie können doch hier auch grasen. Es sieht doch alles so schön grün aus."

„Das kann ich Euch nicht sagen. Sie fressen pro Tag sehr viel. Um diese Uhrzeit kommen sie eigentlich immer aus dem Wasser."

Nachdem sie eine Weile die Flusspferde beobachtet hatten, liefen sie weiter. Sie liefen durch dichten Baumbestand, an Tümpeln und kleinen Teichen vorbei. Überall war Vogelgezwitscher zu hören. Johanna erkannte die Webervögel sofort, da sie fast in allen Hotels zu sehen waren. Allerdings flogen hier auch andere Vogelarten.

„Hodari, was für ein Vogel sitzt dort?" Johanna zeigte nach rechts. „Ist das ein Eisvogel?"

„Nein, Mama, er sieht nur so ähnlich aus. Tom hat mir gesagt wie er wirklich heißt, aber ich muss es leider ablesen. Wenn Ihr nächstes Jahr wieder kommt, dann werde ich es Euch gleich sagen können. Es ist ein Haubenzwergfischer. Er gehört aber zu dieser Art Vögel."

„Toll, so einen habe ich noch nie gesehen. Wie blau seine Federn leuchten. Siehst Du, unter seiner Kehle ist er weiß und sein Bauch ist orange."

„Ja, ich sehe es", erwiderte Hodari. „Aber dort drüben ist auch ein ähnlicher Vogel. Er sieht aber nicht so bunt aus. Das ist ein Graufischer."

„Ich rate einmal, er gehört auch zu den Eisvögeln. So schwarz weiß sieht er aber auch sehr schön aus. Ach, hier sind doch sehr viele Tiere, die man zu Hause gar nicht sehen könnte. Die Eisvögel gibt es bei uns in Europa auch, aber diesen habe ich noch nicht einmal auf einem Foto gesehen."

Hodari lachte. „Nein Mama, der fliegt auch nicht so einen weiten Weg. Er bleibt hier."

Die Zeit verging wie im Flug und so langsam mussten sie an die Heimfahrt denken. Im Dunkeln wollten Johanna und Jonas nicht unbedingt fahren. Johanna beobachtete aber immer wieder Schmetterlinge, die in einer Vielzahl zu sehen waren. Die beiden Männer wurden schon etwas ungeduldig.

„Johanna, nun komm doch bitte. Zu Hause haben wir auch schöne Schmetterlinge, oder?"

„Ja, ich komme ja schon. Wo ist denn die Riesenschildkröte?"

„Da kommen wir gleich vorbei. Sie ist in der Nähe des Ausganges. Lass Dich aber nicht von den Affen anspringen, die da vorne auf der Wiese sind. Sie können große Wunden herbeiführen. Auch wenn sie sehr zutraulich sind, die sind gefährlich." Hodari nickte bekräftigend.

„Da vorne ist die Schildkröte", rief Johanna. „Komm` Jonas, ich möchte sie einmal anfassen."

„Was gibt es da viel zum Anfassen? Der Panzer ist doch ganz fest." Jonas konnte Johanna nicht mehr halten. Ohne nur auf seine Antwort zu warten, lief sie auf die Schildkröte zu. Ob sie Angst hatte, dass sie ihr davon laufen würde?

„Sie heißt Mzee und ist über 100 Jahre alt", sagte Hodari.

Ein kleiner Junge saß auf der Schildkröte. Seine Beine passten nicht einmal um den Panzer, sondern hingen frei in der Luft. Mzee bewegte sich nur einige Millimeter. Also keine Gefahr, für den Jungen, der offensichtlich seinen Spaß hatte.

Wieder holte Hodari seinen Zettel heraus.

„Das ist eine Seychellen-Riesenschildkröte Aldabra. Es gibt nicht mehr sehr viele von dieser Art."

Johanna überlegte eine wenig. „Bei uns gibt es sie aber auch. Da musst Du nur in einen Zoo gehen", sagte sie.

„Zoo?", fragte Hodari.

„Kennst Du diesen Ausdruck nicht? Dort können sich Leute Tiere ansehen, die sie sonst niemals sehen würden. Zum Beispiel Löwen, Tiger, Leoparden oder Giraffen, Elefanten, Bären und viele mehr. Sie sind dann in Wildgehegen untergebracht. Es gibt aber auch Volieren. Dort sieht man die Vogelarten. Ich kann das jetzt gar nicht alles aufzählen, aber Du weißt jetzt was ein Zoo ist, oder?"

„Ja, Mama, das habe ich schon einmal gehört. Ich war mal mit auf einer Safari und weil die Löwen wegen der Touristen nicht weg gelaufen sind, sagte einer: „Das ist ja alles wie ein großer Zoo."

„Da vorne kommen Tom und die Engländer", sagte Jonas. „Sicher kann er uns mehr über die Schildkröte erzählen."

„Sie kommen aber aus der anderen Richtung." Johanna sah Hodari an.

„Dann waren sie sicher noch bei den Schlangen", erwiderte dieser. Er war etwas beleidigt, denn da Jonas auf Tom warten wollte, hatte er wohl nicht genug erzählt.

„Was machst Du denn für ein Gesicht?", fragte prompt auch Johanna noch.

„Ich hätte besser lernen sollen." Hodari senkte seinen Kopf.

„Ach, Du hast eben abgelesen. Wo ist denn da das Problem? Bei den nächsten Touristen kannst Du dann alles auswendig."

Tom hatte die drei jetzt erreicht.

„Seid Ihr mit Hodari zufrieden gewesen?", fragte er.

Worauf Johanna schnell Jonas in die Seite stieß und leise sagte, er solle jetzt bitte keine Bemerkung machen.

„Ja, alles hakuna matata", sagte Jonas. „Den Rest kannst Du uns jetzt ja noch beantworten."

„Und das wäre?"

„Wie alt können denn diese Riesenschildkröten werden?"

„Das weiß man nicht ganz so genau. Man schätzt bis zu 150 Jahre. Und falls Ihr noch wissen wollt wie schwer sie werden können, dann sage ich gleich mal, dass sie es bis zu 250 kg schaffen. Der Bauchpanzer ist etwa 120 cm. Wusstet Ihr, dass sie durch die Nase trinken?"

„Echt oder machst Du jetzt einen Witz?" Johanna sah Tom fragend an.

„Doch das stimmt. Sie haben sich dem Aldabra Atoll angepasst. Von dort kommen sie ja. Da gibt es den schwammigen Kalkstein, in dem das Regenwasser ja sofort wieder versickert, aber mit ihren Nasenlöchern konnten sie aus jeder Steinritze das Wasser aufsaugen. Seht, die Nasenlöcher sitzen bei ihr am Kopf ganz weit vorne."

„Das ist ja wirklich sehr interessant." Johanna sah sich den Kopf von Mzee ganz genau an.

„Es gibt aber noch ein typisches Merkmal. Normale Schildkröten ziehen zum Schlafen ihren Kopf ein. Dann ist der Kopf unter ihrem Panzer. Die Seychellen Riesenschildkröte dagegen schläft mit ausgestrecktem Hals und ausgebreiteten Beinen. Sie kann sonst nicht richtig atmen."

„Oh, das ist aber gefährlich", sagte Johanna.

„Nein, denn in der Natur haben diese ausgewachsenen Tiere keine Feinde. Da sterben sie eher an der großen Hitze. Gefährdet sind sie nur, wenn sie noch klein sind."

„Da ist sicher wieder der Mensch der Feind, oder?"

„Ja, so kann man es sagen. Sie werden ja gerne gegessen."

„Und wo schlafen sie? Werden sie abends in eine Art Unterkunft gebracht?" Johanna sah Tom fragend an.

„Nein, sie schlafen immer dort, wo sie sich gerade befinden. Hier finden sie zum Schutz sehr viele Bäume. Sie leben hier wie in einem Paradies."

„Ich habe einmal ein Bild gesehen, da saß ein Vogel auf dem Hals einer Schildkröte. Jonas, erinnerst Du Dich noch daran als ich es Dir gezeigt hatte?"

„Ja", erwiderte dieser. „Das sah aus wie bei den Dickhäutern. Da picken doch auch die Vögel herum."

Tom grinste. „Ja, die hier strecken extra den Hals ganz hoch, wenn sie einen Vogel hören. Sie lassen sich so das Ungeziefer entfernen. Und jetzt sind wir fertig. Ich hoffe, es hat allen gefallen. Wir sind alle sehr stolz auf unseren Haller Park. Den Menschen gibt er Arbeit und den Tieren ein sicheres Zuhause. Kwaheri."

Mit diesen Worten lief Tom zum Ausgang. Alle anderen beobachteten noch eine Zeit lang die Seychellen -Riesenschildkröte.

„Dann wollen wir jetzt aber doch wieder zum Hotel zurück fahren", sagte Jonas. „Ich hoffe, unser Taxi steht vor dem Park."

Hodari nickte zustimmend. „Es ist sicher da. Er hat es versprochen."

„Dann bin ich mal gespannt", erwiderte Jonas.

Johanna warf ihm einen kurzen Blick zu. „Warum zweifelst Du daran?"

„Ach, nur so." Jonas, Johanna und Hodari gingen zum Ausgang.

„Papa, dort ist Euer Taxi. Ihr könnt gleich einsteigen." Hodari wirkte irgendwie erleichtert, was auch Johanna bemerkte.

„Fährst Du mit zum Hotel?" fragte sie.

„Nein , Mama, ich bleibe hier bei Tom. Wir laufen dann zusammen nach Mombasa."

„10 Kilometer?" Johanna sah Hodari an.

„Ja, das ist doch nicht viel. Wenn wir kein Geld für den Bus haben, laufen wir die Strecke immer. Hin und zurück. Wir haben im Dunkeln keine Angst. Kwaheri Mama und Papa."

Mit diesen Worten ließ er Johanna und Jonas allein.

Zufrieden stiegen sie vor dem Hotel aus. Es war ein sehr schöner Tag gewesen. Der Haller Park würde ihnen auf jeden Fall in guter

Erinnerung bleiben.

Am Abend erzählten sie an der Bar von ihrem Ausflug und dachten mit Wehmut daran, dass sie nur noch zwei Tage hier sein würden.

„Alles geht einmal zu Ende", sagte Jonas.

„Aber es war ein schöner Urlaub. Ich frage mich nur, warum wir nicht schon viel früher diesen Ausflug gemacht haben. Wir haben ja schon beinahe gegenüber von dem Haller Park gewohnt."

„Wir haben das immer wieder verschoben", erwiderte Jonas. „Bei den Shimba Hills waren wir auch noch nicht und die sind nur 30 Kilometer von Mombasa entfernt."

„Für uns war dieses Wildschutzgebiet nicht interessant genug, oder?"

„Ja, wir wollten die richtig wilden Tiere sehen und nicht nur Pferde und Rappen Antilopen."

„Dabei ist das Gebiet deshalb so bekannt geworden. Na ja, was nicht ist kann ja noch werden." Johanna musste zugeben, dass sie eigentlich nicht dorthin wollte. Sicher, es gab dort auch noch Elefanten, Giraffen und Kaffernbüffel, aber das war ihr nicht genug gewesen. Im Haller Park hatte sie allerdings gemerkt, dass man auch an anderen Tieren Gefallen finden konnte.

„Vielleicht bei unserem nächsten Urlaub." Jonas nickte zustimmend.

„Lass und doch noch zu der Limbo-Show gehen. Heute brauchen wir ja noch nicht auf die Uhr sehen." Johanna stand auf und lief los, während Jonas noch sein Glas austrank.

Es war schon erstaunlich mit welchen Mitteln die Afrikaner eine Show boten. So stellten sie einfach Bestelltische übereinander und turnten an ihnen hoch hinauf. Auch mit Feuer konnten sie umgehen und ihre Stammestänze waren zwar recht laut, aber sehr rhythmisch. Meist holten sie dazu auch noch Gäste, aber das sah dann nur noch komisch aus, wenn diese mit dem Po wackelten.

Am letzten Tag fing Johanna schon morgens an zu packen.

„Oh, Du hast es diesmal aber eilig", sagte Jonas. „Wir haben doch noch den ganzen Tag Zeit, oder?"

„Weiß ich, aber was ich jetzt schon packe, brauche ich später nicht zu tun. Ich will gleich noch ein paar Kleidungsstücke extra legen. Für unseren Zimmerjungen."

„Dann gehen wir aber noch mal an den Strand.", erwiderte Jonas.

Am Strand war einiges los. Ganz im Gegensatz zu den vorherigen Tagen. Johanna und Jonas standen noch oben auf der Strand Mauer des Hotels.

„Neue Touristen sind angekommen. Sie wissen genau, wann ein An-oder Abreisetag ist. Wenn die Beach-Boys doch einmal begreifen würden, dass man am ersten Tag erst einmal müde ist und nur kurz sehen möchte, wie der Strand aussieht." Jonas schüttelte den Kopf.

„Sag das nicht. Manchmal lassen sich auch welche gleich überrumpeln."
Johanna und Jonas hatten auch dieses schon erlebt. Hinterher schimpften dann alle auf die Beach-Boys.

„Sieh mal, dort kommen Kamele."

„Ja, ich sehe es. Eine ganze Familie. Zwei Männer voran und drei Kinder oben drauf. Ob sie einen Ausflug machen?" Johanna sah ihnen nach.

„Kann sein, aber ich denke sie wollen zeigen, wie viele Personen auf einem Kamel reiten können. Das ist vielleicht gut für das Geschäft. Hast Du sie fotografiert?"

„Ja", sagte Johanna. „Sie haben es auch nicht bemerkt."

„Gut, denn sonst hätten wir nur Theater um Schillinge gehabt. Sie wollen ja immer Geld dafür."

„Von der Mauer aus ist das ja kein Problem. Später sehen sie uns sowieso nicht mehr", erwiderte Johanna.

„So eine bist Du? Das hätte ich von Dir gar nicht gedacht", antwortete Jonas lachend.

„Ich lerne eben dazu." Mit der Zeit hatte sich Johanna auch einige Tricks angeeignet. Jetzt wollten sie aber keine Schillinge mehr ausgeben. Vielleicht brauchten sie ja noch welche am Flughafen.

„Komm, lass uns noch ein wenig laufen. Sonst geht die Zeit ja überhaupt nicht um."

„Freut sich da jemand auf zu Hause?" Jonas sah Johanna an.

„Klar, jetzt wird es Zeit. Aber das ist ja immer so. Erst freut man sich auf den Urlaub und dann eben wieder auf zu Hause. Vor allem haben unsere Sachen schon den Geruch von Kenia angenommen."

„Und wie riechen sie?"

„Klamm und muffig."

„Und so riecht Kenia?"

„Nein, das Land riecht anders, aber Du brauchst jetzt keine Wortklauberei veranstalten. Du weißt schon wie ich es meine, oder?"

„Du hast ja recht Johanna. Ich freue mich auch wieder auf zu Hause."

Mitten in der Nacht wurden sie geweckt und zum Flughafen gebracht. Dort herrschte schon reges Treiben. Ein Flugzeug war gerade gelandet und die abfliegenden Passagiere waren auch sehr zahlreich.

Es wurde der Pass mehrmals kontrolliert, was Jonas immer wieder auf die Palme brachte. Johanna musste ihn zurück halten. Sich mit dem Sicherheitspersonal zu streiten brachte rein gar nichts. Sie machten sofort kurzen Prozess und kontrollierten dann aber auch alles. Zum Glück war es den beiden noch nicht passiert, aber sie hatten es schon mit angesehen. Ja, sie waren da nicht zimperlich.

„Sieh mal Jonas, den Mann dort auf dem Stuhl haben sie aber in der Mangel! Der ist ja total blass!"

„Ich sehe ihn, Johanna", erwiderte Jonas. „Er ist sicher sehr aufgeregt. Jetzt muss er auch noch seine Schuhe aus ziehen! Ich glaube, er kippt gleich um." Jonas schüttelte den Kopf. Auch die anderen Passagiere hatten es bemerkt. Es ging ein Gemurmel durch die Reihen, das sich aber in lautes Schimpfen umwandelte.

„So eine Unverschämtheit! Alles nur Schau! Ich glaube die spinnen, das ist einfach nur Getue, um die „Weißen" einzuschüchtern", wurde gerufen. „Sie kontrollieren an der einen Tür und wenn man noch etwas kaufen will, kann man durch eine gegenüberliegende Tür sich sofort die Kontrolle ersparen."

Es wurde immer lauter. Erst als ein höherer Beamter kam und auf sie einredete, ließen die Zollbeamtinnen den Mann in das Flugzeug steigen. Gestützt von einem jüngeren Mann.

Durch diese Zeitverzögerung hatte es der Flugkapitän eilig. Als alle Passagiere saßen, rollte die Maschine los. Sie kam aber nicht weit und hielt nach ein paar Metern wieder an. Was war denn jetzt los?

Der kalkweiße Mann saß zusammen gesunken in seinem Sitz. Der junge Mann neben ihm war völlig aufgeregt und versuchte den Kopf des Mannes nach oben zu halten, was aber nur bedingt klappte.

Jonas sah aus dem Fenster.

„Johanna, jetzt kommt ein Krankenwagen!"

Eilig wurde die Tür aufgerissen und zwei Sanitäter kamen in das Flugzeug. Sie hoben den Mann hoch und brachten ihn aus dem Flugzeug. Der junge Mann folgte ihnen. Für die beiden fand der Heimflug nicht statt.

Es herrschte eine bedrückende Stille.

„Jonas, hätte man das nicht schon beim Zoll merken müssen?", fragte Johanna.

„Keine Ahnung. Es hat ihm alles sicher nicht gut getan. Komm denke nicht so viel darüber nach. Jetzt kann man sowieso nichts mehr ändern. Ich hoffe nur, dass dem Mann jetzt geholfen werden kann."

Kwaheri Kenia.

Epilog

„Jonas, kannst Du bitte das Fenster auf machen?", rief Johanna.

„Und die Türe zu?", fragte Jonas.

„Nein, die kann auf bleiben, aber warum fragst Du?"

„Bist Du Dir sicher, dass auf Deinem Schreibtisch nichts wegfliegt?"

„Ja, bin ich."

„Dann bist Du also fertig mit Deinem Buch?"

„Ja, bin ich. Es fliegt nichts weg. Aber sag mal, Du denkst doch nicht, dass das Fenster in dieser langen Zeit nicht auf war?"

„Nein, natürlich nicht, denn sonst würde es ja nach Afrika riechen?"

„Lästere Du nur. Ich bleibe bei meinen Eindrücken über Kenia. Es ist ein wunderschönes Land."

„Das habe ich auch nicht angezweifelt. Sei doch nicht gleich so angriffslustig Johanna. Jetzt möchte ich Dein Buch aber lesen."

„Das kannst Du gerne tun. Solltest Du Schreibfehler darin finden, dann kannst Du sie gerne behalten."

Es vergingen einige Tage.

Jonas hatte alles gelesen und sich gewundert, was Johanna alles noch wusste. Dass die Fotoalben alle sorgfältig beschriftet waren, war ein großer Vorteil gewesen.

„Musstest Du noch viel recherchieren?"

„Ja, das musste ich und oft bin ich tagelang einfach stecken geblieben. Da es aber Spaß gemacht hat, sehe ich darin keinen Nachteil. Weißt Du was, ich werde noch einige nützliche Tipps anfügen. Das ist nie verkehrt."

„Stimmt, und wer Dein Buch liest braucht nicht erst lange zu suchen. Denkst Du auch an ein Inhaltsverzeichnis?"

„Stimmt. Dann kann man besser nachschlagen, wenn man etwas über eine bestimmte Safari wissen möchte."

„Dann sieht es ja beinahe nach einem Reiseführer aus, oder?"

„Vielleicht. Es ist aber eher eine Reiseerzählung. Die Personen sind mehr oder weniger frei erfunden; die Dialoge meistens auch. Aber was wir erlebt haben stimmt natürlich."

„Ich denke, dann hast Du jetzt noch eine Weile zu tun. Soll ich das Fenster auf lassen?"

„Nein, schließe es lieber. Ich denke, ich brauche viele Zettel, um irgendwie Ordnung in alles zu bringen."

„Dann lasse ich Dich besser allein." „Ja, dann werde ich den letzten Teil noch fertig machen. Mir ist gerade noch eingefallen, dass ich die Sätze in Suaheli übersetzen muss. Man kann ja nicht voraussetzen, dass sich die auf Anhieb jemand merken kann."

„Du hast aber etwas in Deinem Buch vergessen!", fiel Jonas gerade noch ein.

„Was denn?", kam die Antwort von Johanna zurück.

„Ich habe doch auch einmal Geld am Strand getauscht", erwiderte Jonas lachend. „Und nicht mal wenig. Für Deinen Schmuck!"

„Ich weiß", erwiderte Johanna. „Da mir das überhaupt nicht gefallen hat, habe ich es nicht erzählt. Ich hatte so große Angst um Dich."

Vokabeln von Johanna

Wie in allen Ländern sollte man auch in Kenia die wichtigsten Wörter wissen:

Danke = Asante
Vielen Dank = Asante sana
Bitte = tafadhali
Ja = Ndiyo
Nein = Hapana

Diese wenigen Worte reichen erst einmal aus, um die Form zu waren. Hat man Interesse, dann eignen sich weitere Worte:

Jambo = Hallo (Dieser Gruß wird den ganzen Tag angewendet)
Gute Nacht = Lala salama
Auf Wiedersehen = Kwa heri
Wie geht es ihnen? = U hali gani

Erstaunen weckt man hervor, wenn man nach dieser Antwort gleich sagt:

Na wewe? = Und Ihnen?

Es reicht aber auch, wenn Sie antworten:

Sehr gut, danke = Nzuri sana, asante oder:
Kila kitu sawasawa = Alles in Ordnung

Da die Aussprache zwischen Nord- und Südküste unterschiedlich ist und manche auch sehr schnell sprechen, ganz im Gegensatz zum Laufen, sagt man:

Tafadhali sema pole pole? = Könnten Sie bitte langsamer sprechen?

Reicht das nicht, dann sagen Sie:

Sifahamu = Ich verstehe nicht
Nafahamu = ich verstehe

In Kenia geht alles etwas langsamer:

Pole pole = langsam (Bevor Sie darüber schimpfen, denken Sie an die Hitze) Brauchen Sie etwas schnell:

Fanya haraka = Beeilen Sie sich (Das hört allerdings keiner gerne)

Wenn Getränke oder das Essen nicht so ist wie Sie es gerne haben möchten, dann kann man das natürlich sagen. Dafür braucht man keine ganzen Sätze, sondern es reicht, wenn man entsprechende Wort dazu verwendet.

heiß = moto
kalt = baridi oder baridi sana (zu kalt)
Einige Getränke:
Kahawa = Kaffee
Soda ya ndimu = Limonade
chai = Tee
chakle = Kakao
maziwa = Milch

Pompe oder bia = Bier
Möchten Sie bezahlen:
Nataka kulipa = ich möchte bezahlen
Nataka kwandika = ich möchte unterschreiben
Was sich natürlich keiner im Urlaub wünscht ist ein Arzt:
Daktari = Arzt
Daktari wa meno = Zahnarzt
Duka la dawa = Apotheke
Hospitali = Krankenhaus
Daktari wa macho = Optiker
Will man auf eigene Faust mit dem Bus fahre, dann gibt es dafür zwei
Schilder: Kituo cha Basi = Bushaltestelle
Kituo cha basikwa mahitaji tu = Bedarfshaltestelle
Der Busfahrer sagt Ihnen bescheid, wenn es nicht mehr weiter geht mit:
Stesheni ya mwisho = Endstation
Wenn man Zahlen kennt, dann ist das auch kein Nachteil:
moja = eins
mbili = zwei
tatu = drei
nne = vier
tanao = fünf
sita = sechs
saba = sieben
nane = acht
sitini = neun
kumi = zehn
kumi na moja = elf
Also ist kumi na mbili zwölf. Es steht zuerst kumi und danach die
entsprechende Zahl; jedenfalls bis:
ishirini = zwanzig , danach
ishirini na mbili = einundzwanzig usw. thelathini = dreißig
arobaini = vierzig
hamsini = fünfzig
sitini = sechzig
sabini = siebzig
themanini = achtzig
tsini = neunzig
mia = hundert

Die Aussprache ist nicht schwer, auch wenn es auf den ersten Blick so
aussieht. Da macht Übung eben den Meister.

Welche Tiere man sehen kann

Entschließt man sich zu einer Safari, dann sollte man bedenken, dass Tiere keine Grenzen kennen.

Alles, was man darüber nachlesen kann und auch angepriesen wird, bedeutet nicht, dass man es tatsächlich sehen wird. So spielt zum Beispiel ein guter Guide eine große Rolle, die Jahreszeit in der man sich gerade befindet und deshalb auch das Wetter. Auch wenn die Artenvielfalt sehr groß ist, braucht man ein klein wenig Glück dafür.

Hier einige Tiere aus dem Amboseli - Park, die Johanna und Jonas gesehen haben oder eben sehen wollten:

Elan Antilope
Elefant
Flußpferd
Gaukler
Gelber Pavian
Gepard
Grantgazelle
Impala
Kaffernbüffel
Klippschliefer
Kronenkranich
Löwe
Marabu
Massai Giraffe
Massai Strauß
Sekretär
Steppenzebra
Thomsongazelle
Warzenschwein

Der Tsavo Ost und West Nationalpark ist nicht weniger Artenreich:

Baumschliefer
Elefant
Elenantilope Fleckenhyäne
Gelber Pavian
Gepard
Giraffengazelle
Grantgazelle
Graufischer
Grüne Meerkatze
Grünschwanzglanzstar
Goldpieper
Helmperlhuhn
Ibis
Impala

Kaffernbüffel
Klippspringer
Kirks Dikdik
Kronenkranich
Kuhreiher
Löwe
Marabu
Maskenpirol
Maskenweber
Massai Giraffe
Nilgans
Riedkormoran
 Spitzmaulnashorn
Das ist nur eine ganz kleine Auswahl.
Die Wahrscheinlichkeit ist hoch, dass man sie sehen kann.

Inhaltsverzeichnis

Danksagung

An dieser Stelle möchte ich ein herzliches Dankeschön an meinen Mann sagen. Ohne ihn hätte ich Kenia nicht so erleben können, wie ich es erlebt habe.

Ein weiteres Dankeschön geht an meine Enkelin Katja, die vom ersten Tag an alles lesen „musste" und mir einige Tips gab, die ich gerne angenommen habe. Abgesehen davon beseitigte sie die vielen kleinen Tippfehler, die sich schon mal eingeschlichen hatten.

Und zum Schluss noch einmal ein Dankeschön an meinen Sohn Knut und seine Frau Katja. Sie bereiteten das Buch für den Druck vor. Ich kann zwar schreiben, aber wie man etwas per Computer einfügt, wollte ich nicht noch lernen.

Vielen Dank Euch allen für Eure Hilfe.